律师公司业务创新与案例

CORPORATE LAW PRACTICE

INNOVATION AND CASE

中华全国律师协会公司法专业委员会 编著

北京大学出版社
PEKING UNIVERSITY PRESS

图书在版编目(CIP)数据

律师公司业务：创新与案例/中华全国律师协会公司法专业委员会编著. —北京：北京大学出版社，2015.7

ISBN 978-7-301-25985-6

Ⅰ. ①律… Ⅱ. ①中… Ⅲ. ①公司法—中国 ②律师业务—中国
Ⅳ. ①D922.291.91 ②D926.5

中国版本图书馆 CIP 数据核字(2015)第 139202 号

书　　名	律师公司业务：创新与案例
著作责任者	中华全国律师协会公司法专业委员会　编著
策划编辑	陆建华
责任编辑	苏燕英
标准书号	ISBN 978-7-301-25985-6
出版发行	北京大学出版社
地　　址	北京市海淀区成府路 205 号　100871
网　　址	http://www.pup.cn　http://www.yandayuanzhao.com
电子信箱	yandayuanzhao@163.com
新浪微博	@北京大学出版社　@北大出版社燕大元照法律图书
电　　话	邮购部 62752015　发行部 62750672　编辑部 62117788
印 刷 者	北京宏伟双华印刷有限公司
经 销 者	新华书店
	730 毫米×1020 毫米　16 开本　23.25 印张　469 千字
	2015 年 7 月第 1 版　2015 年 7 月第 1 次印刷
定　　价	49.00 元

出版说明

编写本书的缘由

中华全国律师协会公司法专业委员会(以下简称公司法委员会)于2014年组织委员对《公司法》及其相关司法解释相继修正等新形势下律师公司法业务的创新问题进行了认真梳理和专项调研,目的是通过对新形势下律师公司法业务实务操作中的创新、经验、典型案例的汇集和整理,归纳和总结出律师开展公司法实务所遇到的各类前沿问题,增强律师应对各类前沿问题的实务操作的能力,帮助律师提高从事公司法业务的业务水平,同时向有关立法机关、司法机关和行政部门提出相应的立法和司法建议。调研完成后,形成了一批具有典型意义的文章与案例,公司法委员会经反复论证后,决定筛选、优化这些文章和案例,并组织公司法委员会委员进行评析,公司法委员会通过主任办公会等形式,多次就调研的整体思路、方案设计、应该注意的重点问题,在筛选、优化、评析方式、方法等方面作出了详细的安排,并提出了具体要求,就工作布置和分工进行了多次商讨,最终形成本书,经过部分骨干委员审校完善后,再发送给全体作者对文章与案例提出进一步完善的建议,经两轮深加工以后,提交出版。

本书的主要内容

本书分为律师公司业务新形势下的机会与挑战、《公司法》修正的建议与争鸣、律师公司非诉业务的实务与创新、律师公司诉讼业务的实务与创新，以及律师公司业务案例的分析与启示五大部分。

本书涉及的主要公司法实务具体前沿问题与研究成果主要包括：

1.《公司法》修正给律师业务带来的机会与挑战方面的研究成果；

2. 创新投资及创新律师服务方面的研究成果；

3. 律师公司非诉业务的突破和创新方面的研究成果；

4.《公司法》修正的建议与争鸣方面的研究成果；

5. 涉及公司成立和公司章程制定方面的研究成果；

6. 律师在公司的工商登记过程中出具法律意见书方面的研究成果；

7. 股权众筹、互联网时代小微企业融资方面的研究成果；

8. “新三板”上市融资方面的研究成果；

9. 企业法律风险管理方面的研究成果；

10. 认缴资本制下的股东义务与责任方面的研究成果；

11. 股权转让方面的研究成果；

12. 证券虚假陈述民事赔偿案件中系统风险的认定标准方面的研究成果；

13. 涉及公司僵局处理方面的研究成果；

14. 互联网公司尽职调查方面的研究成果；

15. 公司破产清算方面的研究成果。

本书的读者对象

本书由全国律协公司法专业委员会从委员及其他具有丰富经验的执业律师的公司业务经验、总结文章和案例中经反复筛选，分门别类编撰而成。

本书可供律师、企业法务人员、法学理论研究者、法律院系的师生、立法部门、行政管理部门和司法部门的专业人士等使用。

作者

本书作者为全国律协公司法专业委员会的委员或其他经验丰富的律师。公司法委员会是全国律协理事会批准设立并进行组织管理和业务活动指导的下属法律业务专业委员会。

本书所选文章与案例，是作者执业感悟和研究的结果，并不代表公司法专业委员会以及全国律协的意见。在此特别要向北京大学出版社的蒋浩先生、陆建华先生和苏燕英女士表示感谢，感谢他们为此书的出版发行所付出的辛劳和智慧。

由于编辑时间仓促，加之对具体律师公司业务的办理可能仁者见仁、智者见智，以及与此相关的理论研究并无定论，本书中的不妥甚至谬误之处敬请见谅，也敬请读者不吝赐教。

全国律协公司法专业委员会
2015年6月

目 录

第一部分 律师公司业务新形势下的机会与挑战

第二部分 《公司法》修正的建议与争鸣

第五部分 律师公司业务案例的分析与启示

第一部分

律师公司业务
新形势下的机会与挑战

论《公司法》修正给律师业务带来的机会与风险

张 庆[*] 李琦文[**]

[摘要] 2013年12月28日,第十二届全国人民代表大会常务委员会第六次会议表决通过了全国人大常委会《关于修改海洋环境保护法》等七部法律的决定。其中,《中华人民共和国公司法》(以下简称《公司法》)修改了12个条款,主要涉及三个方面。此次《公司法》的修正,给律师业务带来了大量诉讼业务与非诉业务,如未实缴注册资本股东涉及的案件、公司章程设计等,但与此同时,也给今后的律师执业带来了风险。本文就此次《公司法》修正后,给律师业务带来的新的机遇和风险展开论述。

[关键词] 公司法 律师业务

《公司法》的每一次修正,都反映出社会发展变革的需要,把实践当中遇到的新问题和政策性文件上升到法律层次,使得修改后的《公司法》指向性更加明确,操作性更加规范,对企业的设立、发展和经营无疑将起到积极的指导作用。《公司法》自1993年颁布实施以来,历经1999年、2004年两次修正,并经2005年和2013年两次修订,达至现状。2013年12月28日,第十二届全国人民代表大会常务委员会第六次会议表决通过了全国人大常委会《关于修改海洋环境保护法》等七部法律的决定。其中,《中华人民共和国公司法》修改了12个条款,主要涉及三个方面。《公司法》的此次修正,给律师业务带来了新的机遇。

一、《公司法》修正的主要内容

(一) 将注册资本实缴登记制改为认缴登记制

公司的注册资本是公司在登记机关登记注册的资本额,也叫法定资本。注册资金是国家授予企业法人经营管理的财产或者企业法人自有财产的数额体现。注册资本与注册资金的概念有很大差异。注册资金所反映的是企业经营管理权;注册资本则反映的是公司法人财产权,所有的股东投入的资本一律不得抽回,由公司行使财产权。注册资金是企业实有资产的总和,注册资本是出资人实缴的出资额的总和。注册资金因随时有资金的增减而发生改变,即当企业实有资金比注册资金增加或减少20%以上时,要进行变更登记。而注册资本非经法定程序,不得随意

---

* 北京公元博景泓律师事务所主任,全国律协公司法专业委员会主任。
** 北京公元博景泓律师事务所律师。

增减。

注册资本认缴制是指在公司登记注册时，股东可以不实际缴付或只实际缴付部分所认缴的注册资本，剩余部分按照公司章程规定的期限缴付，股东以其认缴的出资为限承担法律责任的制度。

按照修正前《公司法》的规定，申请设立公司，股东必须实缴资本，即使分期缴纳的，对股东首次出资额也有着严格的限制，并且剩余出资额也需要在一定时限内缴足。修正前的《公司法》为了更好地保障注册资本的如期、足额认缴，还要求在公司注册申请登记之前，需要先由依法设立的验资机构对股东缴纳的出资进行验证，可以说修正前的《公司法》对股东实缴资本的把控十分严格。而修正《公司法》却放宽了对股东实缴资本的把控，首先，对于分期缴纳的注册资本，修正《公司法》不再强行设定认缴期间，取消了原来规定的“公司全体股东的首次出资额不得低于注册资本的百分之二十，也不得低于法定的注册资本最低限额，其余部分由股东自公司成立之日起两年内缴足；其中，投资公司可以在五年内缴足”的规定，并且一人设立有限公司的，也不再需要一次性足额缴纳全部出资。其次，修正《公司法》将实缴登记制度完全改为认缴登记制度，即关于认缴出资额、出资方式、出资期限等，可以全凭公司股东在章程中自主约定，营业执照中只体现全体股东拟认缴的出资额，而不体现已经实际缴纳的出资额。简而言之，如果公司注册资本是 50 万元，按照新修正的《公司法》，无论一个或者多个股东，都可以选择在首期不出资，只需在承诺的期限（根据章程规定，股东自行设置时间）一次或者分次缴足注册 50 万元即可。但需要注意的是，认缴制仅适用于除部分金融类的全部内资企业，外资企业需 2 年内缴足注册资本。也就是说，修正《公司法》彻底解决了过去公司股东“无处筹钱”这一最大难题，然而，与此同时也必须看到由此可能引发公司表面上债务承担能力与实际严重不符的情况出现。

（二）放宽注册资本登记条件

修正前的《公司法》规定，设立有限责任公司最低注册资本为 3 万元，股份有限公司最低注册资本是 500 万元，一人有限责任公司最低注册资本是 10 万元。修正《公司法》取消了这些规定，不再要求企业必须达到一定的注册资本方可设立公司，也不再限制公司设立时股东的首次出资比例，并且不再限制股东的货币出资比例。修正《公司法》降低了公司设立登记的门槛，使“白手起家”成为了现实。

（三）简化登记事项和登记文件

修正前的《公司法》规定，股东认缴出资额需要经过验资机构验收资本，办理公司设立登记时，需要提交验资证明文件。但由于修正《公司法》将注册资本实缴登记制度改变为认缴登记制度，即公司在注册时不再要求提交已实缴资本的验资情况，并且公司营业执照也不需要载明公司实收资本，因此，修正《公司法》取消了在公司登记时需要提交验资报告的规定，减少了登记事项所需要的材料，简化了登记程序，这对于怀揣创业梦想的人来说，也是一项便利举措。

修正《公司法》规定有限责任公司股东认缴出资额、公司实收资本不再作为公司登记事项。公司登记时，不需要提交验资报告。实践中，为了提交一份验资报告，企业往往派专人在银行、工商行政管理部门和会计事务所之间多次“往返跑”。若是企业出资者新投入资本、整体改制、设立分公司等情况下的变更验资，则更是流程繁多、手续繁琐。根据修正前《公司法》的规定，企业注册资本的验资报告均应由会计师事务所提供，企业为此需要向会计师事务所交纳数千元的相关费用，数千元对于创业初始的小企业来说，也是一笔不小的负担，验资报告的取消，相应降低了企业的经营成本。

修正《公司法》将股东的出资额、公司的实收资本不再作为公司的登记事项，减少了政府部门对市场自治事项的干预，对发挥社会组织的监督自律作用、强化企业自我管理、加强市场主体经营行为监管和经营场所管理、切实保障交易安全、增加市场主体的活力有着十分显著的积极意义。

总体来讲，《公司法》的修正，进一步降低了公司设立的门槛，减轻了投资者的负担，便利了公司准入。在充分发挥现代公司制度优势的前提下，能够更加充分地激励投资者的投资热情，鼓励创新、创业，特别是对于促进小微企业、创新型企业的设立、成长，对拉动内需，增强经济发展实力具有重要意义。

二、《公司法》修正后可能新增的律师业务

本次《公司法》修正后，设立公司的门槛降低，小微企业的数量和增长速度都会随着时间的推移逐步增加，由于多数小微企业的法律意识相对较为淡薄，势必为律师带来大量的“开荒”工作。

（一）公司章程设计

在量身定制公司章程之前，关于如何依据修正《公司法》的规定制定公司章程的咨询业务，有可能大量出现，但如何将简单的咨询业务转变为为公司量身定制公司章程，或以某一股东的利益为出发点制定公司章程，乃至受聘担任该公司的法律顾问等业务，则依赖于律师对修正《公司法》有透彻的理解和实际操作方面的经验。

《公司法》修正前制定公司章程，大多数企业都只是将名称、住所、资本额、股东名称、董事人数等事项予以填写，对其他事项基本上复制工商局的范本，毫无个性可言，无法实至名归地成为公司运作管理的章程。但在认缴制下，公司章程需要根据公司形式和规模的不同，在公司股东的出资期限、出资顺序、未按期缴足情形下利润分配权的调整、股东会议决事项及程序、董事会议决事项及程序、股权转让事项的特别规定等方面应有各种不同的设计。

由于认缴制的实施，会比以往对公司章程的制作提出更加个性化的要求，企业主或股东往往会要求增加更多保障条款，使得在发生争议时有据可依。这主要反映在股东对出资应缴未缴的情形下如何调整股权、公司治理结构中如何设置和调整相应规则等情形，这些都在客观上催生了要求律师为企业量身定做更具有操作性的精细化章程的业务需要。

（二）公司注册登记程序全程介入

工商行政管理部门需要核实股东身份，但如果所有公司股东均需到登记管理部门进行身份核实，不仅加大了部门的工作量，也会令公司注册程序更加繁琐，办事效率大幅下降。早在《公司法》修正前，工商行政管理部门审核股东身份程序就存在核实股东身份困难的问题，但由于需要实缴出资，冒用他人身份可能性相对较小；但《公司法》修正之后，实缴出资变为认缴出资，而且修正《公司法》未对出资时间作出具体规定，很可能导致滥用他人身份注册公司的情况发生。为避免类似情况的发生，由律师全程介入，对股东身份进行见证，代理公司股东完成注册登记程序，有利于登记管理部门更快速地核实股东身份，避免发生违法利用他人身份代持股权的行为。

（三）尽职调查业务的增加

由于修正《公司法》将注册资本实缴登记制改为认缴登记制，且实收资本不进行登记，交易双方很难判别相对方的资信情况，使交易安全成为突出问题。为此，交易双方都有可能聘请律师进行尽职调查，调查的内容相对于《公司法》修正前要更加详细，未经工商行政管理部门验证、登记的信息更是重中之重，以确保交易双方获取可信的相对方的资信情况。

（四）未实缴注册资本股东涉及的案件增加

由于认缴制的实施，会产生股东认缴但尚未实缴或未完全实缴期间，公司资产不足以清偿公司到期债务的情况。这时，公司债权人有权要求未实缴注册资本的股东在其认缴范围内承担连带责任。同样，如果由于股东未在公司章程规定的时间内实缴注册资本，给公司或其他股东造成了经济损失，公司或其他股东同样有权向未按章程规定实缴注册资本的股东主张权利。

（五）制定股权转让方案业务的增加

由于认缴制的实施，会大量产生股东认缴尚未实缴或未完全实缴期间转让股权的情况。这种情形下的股权转让与实缴制下的股权转让不尽相同。在实缴情形下，股东转让的股权是一种完全的权利，受让方成为股东后就取得了对公司的利润分配权和管理权。但在认缴未实缴的情形下，股权转让后，新股东取得的股权是一种不完全或有瑕疵的股权。因为原股东在未实缴出资的情形下，根据《公司法》的规定,是不享有利润分配权的,而且是否享有管理公司的权利及权利是否与认缴额一致,也需要公司章程的规定,没有利润分配权和管理权的股权,对于受让股权的新股东不具有实际意义。也就是说,如果股权转让的标的包括原股东对公司应尽的实缴义务,则股权转让的受让方亦应继续履行出资义务,股权转让实为股东权利义务的概括转让,产生新老股东的身份更替;如果股权转让的标的不包括原股东对公司应尽的实缴义务,则新股东取得股权而无需向公司履行出资义务,原股东的出资义务是否当然转移给新股东?进而,如前所述,新股东取得的股权将因未实缴出资而缺乏利润分配权,形成毫无意义的股权。

因此,认缴制下的股权转让,转让双方应当就尚未履行的实缴义务的继续履行问题达成协议,而不是简单的股权交割,并且,在股权转让时,还应参照公司章程对认缴股权的转让作出约定,这就使得律师在转让协议的设计过程中,有着举足轻重、不可替代的作用。

三、新增业务可能带来的执业风险及防范

由于法律、法规的新增和改动,在新出现的律师业务中机遇与风险并存。防范律师业务风险,从根本上来讲需要律师对将要从事的业务的相关法律法规有正确的理解和深入的研究,并且要对新修改的法律及时学习,快速掌握。

(一)公司章程设计瑕疵带来的风险及防范

由于公司章程设计的委托方有可能是使用公司章程的公司,也可能是该公司的股东,因此,在公司章程的设计过程中,源于委托人权利义务不尽相同,律师设计公司章程的侧重点也大相径庭,如果在公司章程的设计中出现瑕疵,导致公司或股东利益遭受损失,律师对此难辞其咎。

因此,在签订关于制作公司章程的合同时,应尽量规避风险,保证委托人完全了解并认同律师制作的公司章程的意义。在制作公司章程时应规定明确、详尽的公司股东的出资期限、出资顺序、未按期缴足情形下利润分配权的调整、股东会议决事项及程序、董事会议决事项及程序、股权转让事项的特别规定,在保证任意记载事项合理合法前提下,保障委托人的利益最大化。

(二)代理公司注册登记业务的风险及防范

如前文所述,律师在代理公司注册登记业务时,需要对股东身份进行核实并出具见证意见,但由于律师的职业限制,无法做到全面验证股东身份的真实性,尤其是自然人股东,如果因此给公司或他人造成损失,律师难以避免负担相应的法律责任。

因此,律师在从事该业务时,应保证两名以上律师同时操作,并要求委托人提

供全面且详细的身份证明，如法人股东在工商行政管理部门备案的档案、自然人股东户籍地公安机关开具的证明等。

应该说，《公司法》的修正，为律师拓展新业务创造了良好的条件，但在开拓业务的同时，律师也面临着诸如前文所述的各类法律风险的困扰。《公司法》的修正是历史进程的一个必然阶段，而律师理应在法律修改的进程中成为先驱者，在机遇和挑战并存的环境下不断地完善和充实自我，从而不断开拓业务领域，为律师行业的发展和社会的文明进步作出贡献。

创新投资及创新律师服务之困局

龚志忠*

[摘要] 由于投资需求具有多样性,投资交易具有了无限的可创新性,律师的公司业务也随之具有了无限的可创新性。中国律师时常遇到的是投资创新需求及创新手段与刻板的投资管制体制之间的矛盾。出资方式、投资条件、股东权益设置、公司治理等投资交易方案设计本应是投资人根据各自需求自主协商、自由创新的天地,但囿于陈规,投资人的合理需求和创新手段最后往往屈从于落后制度的管制。本文所述的涉外投融资交易就面临这样的困局。

[关键词] 投资 律师服务 创新 困局

一、背景

在一项拟议中的外商投资项目中,外方掌握制造、装配及检测一种防腐蚀抗磨损新材料的成套技术,包括"WP"中外专利权及配套专有技术。外方本意向中方授予专利及专有技术实施许可作为与中方合作的基本模式,中方则希望外方以技术出资的方式共同设立外商投资项目公司作为合作的基本模式。

经过数轮协商,中外双方达成原则一致:在外方不转移技术所有权(包括技术的中国专利权和专有技术的所有权)且获得保底回报的前提下,寻求建立合资项目公司的一切可能机会。于是,中方要求中国律师基于以上前提设计并论证一切可行的交易方案,方案重点是项目公司的组织形式、双方的出资方式和双方的股东权益划分。

二、律师进行方案设计所考虑的重大问题

律师设计项目公司设立方案需要解决的创新性问题主要有两个:外方技术许可使用权出资和外方股东的保底收益要求。

(一) 技术实施许可权(即技术使用权)出资的法律依据

技术成果和知识产权的使用权能否用来出资,是一个在理论上和实践中都存在争议的问题,外商投资交易又是需要获得中国政府批准或备案的事项,因此,中外双方除自身要进行交易的商务和法务协商谈判以外,还存在将以专利及专有技

---

* 北京市嘉润道和律师事务所主任,全国律协公司法专业委员会副主任。

术的实施许可权出资报请发改部门、商务部门及工商部门批准、备案及登记的法定程序，这既给方案设计留下很大的创新空间，又使得方案的可行与否存在很大的不确定性。

1. 外商投资法律的有关规定

根据《中华人民共和国中外合资经营企业法》（以下简称《中外合资经营企业法》）及其实施条例的规定，合营企业的合营者以非货币出资的方式仅限于“建筑物、厂房、机器设备或者其他物料、工业产权、专有技术、场地使用权”。

根据《中华人民共和国中外合作经营企业法》（以下简称《中外合作经营企业法》的规定，合作企业的合作者的投资或提供的合作条件，除现金外，可以是“实物、土地使用权、工业产权、非专利技术和其他财产权利”。

上述法律、法规中的“工业产权”，包括已获中国政府当局颁发有效权利证书的中国专利权、中国著作权/版权和中国商标权；而“专有技术”或“非专利技术”，一般理解是指技术的所有权。

综上，通行和理论解释和惯常实务操作都是：以技术成果出资的，应当转移该技术的所有权，无论该所有权登记与否。

2.《公司法》的有关规定

在《公司法》层面上，可以用来出资的非货币财产包括“实物、知识产权、土地使用权”，并没有规定知识产权的使用权。不过，《公司法》同时还规定“可以用货币估价并可以依法转让的非货币财产”作价出资。《公司法》这种列举式和概括式并用的定义方式，导致对知识产权的使用权出资问题产生两种截然相反的观点。

根据“可以用货币估价并可以依法转让的非货币财产”这一规定，用来出资的非货币财产至少应满足两个条件：一是可以估价；二是可以合法转让。鉴于知识产权具有可无限复制性，并且许可使用权存在期限和地域范围，因此其能否评估一个公允价值，是存在疑问的。不过这是个技术问题，可以由专业的评估机构解决。而使用权无疑是可以依法转让的，如此看来，如果技术的使用权能够评估其价值，理论上就应当是可以用来出资的。相反的观点对此则质疑：《公司法》认可的出资方式是“财产”还是“财产权利”？“财产”包不包括“财产权利”？而使用权（例如知识产权的使用权）到底是“财产”还是“财产权利”？《公司法》规定的“非货币财产”与《中外合作经营企业法》规定的“其他财产权利”是何关系？

实践中，各地商务、工商部门对技术使用权出资的认识和做法并不统一。多地商务部门和工商部门对外的口径都是，以知识产权出资的，必须转移所有权；除土地使用权可以用于对公司出资外，不认可其他财产使用权出资。

尽管如此，鉴于这一问题具有可争议性，法律规定也不明确，在政府鼓励创新、鼓励创新投资、鼓励法无明确禁止民事主体即可行的环境下，不排除中方基于与政府的沟通而获准以技术使用权出资的可能。

(二)与技术使用权出资有关的实务风险

以技术使用权出资带来的法律风险与被投资企业的组织形式无关。无论项目公司是合营企业还是合作企业,也不论合作企业是否具有法人资格,项目公司因股东以技术使用权出资而面临的实务风险都是同样的。

就本项目而言,大体来说,以技术使用权出资后,由于外方继续保有技术的所有权,项目公司取得的是合同权利,是对人权而非对世权,项目公司的权利受制于外方,项目公司也不能以权利主体身份对抗第三人,于是项目公司可能面临以下几种主要风险情形:

1. 外方转让技术所有权

外方向第三人转让技术后,新的所有权人与项目公司之间可能会就技术的使用期限或区域产生纠纷,这取决于外方出资时与中方及项目公司之间是否有明确的约定。退一步说,即使产生纠纷,从法理上讲,也不影响项目公司依据原有的出资协议和许可协议合法地使用技术。

2. 外方许可第三人使用技术

外方继续许可第三人使用技术,如果其产品销售的对象或区域与项目公司重合,一方面,该第三人将与合资企业构成竞争关系,影响合资企业的业绩;另一方面,第三人使用技术带来的供应增加,可能造成技术的价值降低,导致外方出资不实,中方还要承担补足出资的连带责任。

3. 外方对技术进行更新、升级

技术更新、升级后,外方没有法定义务继续以新技术作为出资投入到项目公司或许可项目公司中使用,则原有技术的价值可能降低,从而影响项目公司的经营业绩和竞争力。

4. 外方禁止项目公司改进技术

基于垄断要求,外方可能限制甚至禁止项目公司对所出资的技术进行改进和升级,从而导致项目公司对外方始终存在依赖性。

5. 第三人侵权外方知识产权

一方面,项目公司不是技术的所有权人,对侵权人的维权行动需要依靠外方来进行;另一方面,技术不再是保密技术,其对项目公司的价值可能会降低,从而影响项目公司的生产经营。

针对上述五种情形,中方及项目公司可以通过与外方的合同约定来控制风险。另外,即使外方以技术所有出资,项目公司亦存在因外方侵犯第三人知识产权而给项目公司带来的风险,在这种情形下,外方不是技术的合法所有人,其对项目公司的出资不具有合法性,属于虚假出资,则项目公司设立的合法性处于不确定状态,甚至可能导致项目公司被吊销营业执照。

（三）对技术出资风险的规避——现金出资+许可技术

外方如以现金等《公司法》列举的出资方式出资，就可以规避以技术使用权出资所产生的一主一次两项风险，可以避免的主风险是上述第（一）节所述的法律依据风险和政府审批风险，即因技术使用权这一出资形式没有列举式的法律依据而导致项目审批不获通过。次风险是因外方所出资的使用权价值大幅降低而派生的外方出资不实或虚假出资。

在现金出资的同时，外方通过贸易方式向项目公司许可技术，这项贸易行为原则上不存在审批风险，也不存在估值波动对公司资本的影响，但是，上述第（二）节所述的风险仍然是存在的，因为这些风险产生于知识产权的使用权的转移，无论这种转移是投资行为还是贸易行为。

（四）许可费和税负

外方通过贸易方式向项目公司许可技术，由此取得许可费。许可费的金额通常按两种方式确定：一是固定金额；二是按照有关产品销售额的一定比例。无论哪一种方式，通常是分期支付，以降低财务风险。

在外方以技术使用权出资的情形下，外方许可项目公司使用技术，属于投资行为。根据财政部、国家税务总局《关于股权转让有关营业税问题的通知》，以无形资产投资入股，参与接受投资方利润分配，共同承担投资风险的行为，不征收营业税。该通知没有区分是以无形资产的所有权还是使用权投资，应当理解为包括以使用权投资，故外方无须缴纳流转税和所得税。

在外方技术贸易许可的情形下，外方许可项目公司使用技术，属于技术转让服务行为。外方应当根据《交通运输业和部分现代服务业营业税改征增值税试点实施办法》的规定，按照“许可费÷(1+6%)×6%”的公式计算缴纳增值税，以及根据《中华人民共和国企业所得税法》的规定，按照10%的税率缴纳企业所得税，这两项税均由项目公司代扣代缴。

（五）外方作为项目公司股东获得保底收益的法律可行性

《公司法》(2013年12月28日修正)第34条规定：“股东按照实缴的出资比例分取红利；公司新增资本时，股东有权优先按照实缴的出资比例认缴出资。但是，全体股东约定不按照出资比例分取红利或者不按照出资比例优先认缴出资的除外。”《公司法》第166条第4款又规定：“公司弥补亏损和提取公积金后所余税后利润，有限责任公司依照本法第三十四条的规定分配；股份有限公司按照股东持有的股份比例分配，但股份有限公司章程规定不按持股比例分配的除外。”可见，有限公司和股份有限公司均可以经全体股东约定或经章程规定不按照出资比例分配税后利润，包括保底利润。但国内主流观点仍然认为，部分股东有权获得保底收益分配违反了公司股东共担投资风险的基本原则，模糊了权益投资与借贷的区别，并且，如果在亏损未完全弥补之前向股份股东分配保底收益，将违反《公司法》第166条第5款的规定："股东会、股东大会或者董事会违反前款规定，在公司弥补亏损和提取法定公积金之前向股东分配利润的，股东必须将违反规定分配的利润退还公司。"

《中外合资经营企业法》第8条规定："合营企业获得的毛利润，按中华人民共和国税法规定缴纳合营企业所得税后，扣除合营企业章程规定的储备基金、职工奖励及福利基金、企业发展基金，净利润根据合营各方注册资本的比例进行分配。"基于以上规定，中外合资经营的项目公司依法只能依合营各方注册资本比例进行税后利润分配。

《中外合作经营企业法》第21条规定："中外合作者依照合作企业合同的约定，分配收益或者产品，承担风险和亏损。"基于以上规定，中外方可以约定向外方分配保底收益，但前提是项目公司为非法人合作经营企业。

根据以上分析可知，随着《公司法》于2013年底最新修订，公司股东意思自治范围在不断扩大，甚至上市公司也在尝试设置优先股的创新，但外商投资项目公司无条件向外方股东直接分配保底收益（尤其在项目公司存在未弥补亏损时仍分配保底收益）仍然存在法律障碍，即使商务部门不再事前实质性审查合资合同和章程，保底收益分配条款仍然存在因不合法而被裁判无效的风险。

（六）律师分析结论

综合以上分析，中国律师认为：

1. 外方以技术使用权出资的，项目主要存在政府审批风险。

2. 外方以现金出资同时许可项目公司使用技术的，存在因技术使用权转移而带来的实务风险，这些风险不能完全避免，但是可以通过合同约定来控制。

3. 外方以技术使用权出资的，无须纳税；外方以现金出资后以技术贸易方式许可项目公司使用技术的，缴纳增值税和企业所得税。

4. 外方的保底收益宜以技术许可费的形式实际实现。

三、律师的方案设计

提交上述分析意见后，经与中外双方沟通，律师对以下方面表示理解：

1. 中外双方原为竞争关系，中方拥有渠道优势，外方具有技术优势。双方的相互防范和隔阂使各自受损而有利于共同的竞争对手。现双方确信结束彼此竞争、实现优势互补，将有助于确立双方在中国市场的领先地位，符合彼此的共同利益。

2. 出于对其他竞争对手的震慑和对外方强有力的约束，中方强烈希望中外双方建立合资关系而非贸易关系；外方则尚未建立起与中方大规模合资的信任感，对技术投资可能可能带来的风险，尤其是丧失对技术的控制权，尤其敏感，因此，倾向于转移技术的使用权而不转移所有权，并且转移成熟技术的使用权而不转移创新技术的使用权，这都是中外投资、贸易的常态，是合理的安排。

3. 中方需要的是尽快独家引进外方拥有专利保护的成熟技术，迅速转化为产品和服务对市场的占有，以尽快确立自己的竞争优势；由于拟引进的外方技术的中国专利有效期间已经不长，中方并不坚持外方是以所有权还是以使用权出资，外方则在不影响其对所有专利权的终极控制、不影响其持续更新技术的前提下，可以接受以成熟技术的使用权出资，在中国市场与中方建立合资企业。

4. 由于中方对市场渠道和产供销环节的完全把控，外方不介入合资企业的日常经营管理，但要求合资企业按照相对稳定、透明和公允的方式向外方支付收益，承诺外方的保底收益，并且要求中方担保；对此中方认为不存在原则问题，主要是测算问题。

据此，关于方案设计，中国律师建议，在设立中外合资经营企业的目标下，按照外方关切顺序列出所有可能的设立方案和实现路径以及中国律师理解的实现前提，随后通过向政府部门咨询确认，先排除审批上不可执行的方案，再与外方对能够获得审批的方案进行筛选，排除其中商务上不可行的方案，最后确定既能获得批准、商务上也对双方均衡有利的操作方案。

项目公司的设立方案主要包括：(1) 成立中外合资企业，外方以技术实施许可权出资；(2) 成立中外合作企业（具有法人资格），外方以技术实施许可权作为合作条件；(3) 成立中外合作企业（不具有法人资格），外方以技术实施许可权作为合作条件；(4) 成立中外合资企业，外方以现金出资，然后合资公司按照与外方签署的技术实施许可合同约定的金额（与外方出资金额一致）向外方一次性或分期支付许可费用。

由于不具有法人资格的中外合作经营企业（或外商投资合伙企业）具有一个特别的风险：出资人对该企业的债务承担无限责任，也就是说，出资人应当以全部自有财产对该合作企业的债务承担责任，而并非以出资额为限承担责任。这一风险是不具有法人资格的中外合作企业所独有的，是企业性质决定的，与出资方式无关。另外，如果合作企业不具备独立法人资格，且不具有自己独立拥有的知识产权或技术成果，则合作企业可能不具备参与大多数有影响的业务项目的竞标资格。如果中外双方进一步考虑项目公司今后私募或公募融资需求的话，投资人也不宜向一家非公司制实业企业投资。因此，无论双方用何种方式出资，设立不具有法人资格的企业最不符合中外双方的利益和风险控制需求。

基于上述，项目公司的设立有两种基本方案：一种是外方以技术出资（使用权或所有权）；一种是外方以现金出资同时与项目公司进行技术许可贸易。每种方案

又可以有不同的具体实现途径,分述如下:

(一) 方案一:技术出资(图示如下)

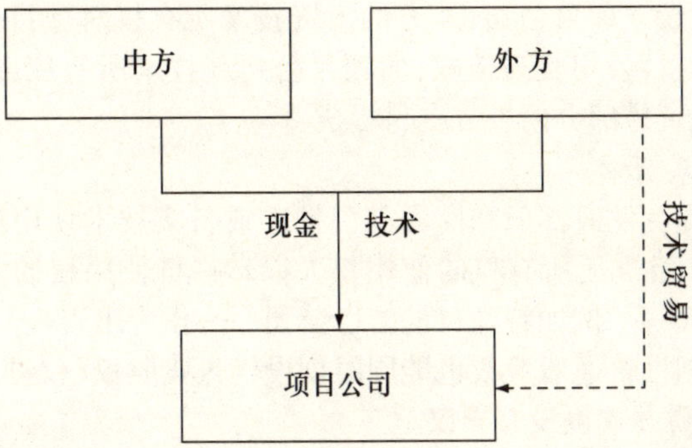

1. 方案一的实现途径

以最符合中外双方的商业利益和风险控制需求为目标设计方案一。方案一有三项可能的实现途径:

(1) 途径 A:技术使用权打包出资,成为可转换、可赎回优先股。外方以制造、装配及检测防腐蚀抗磨损新材料的一揽子专利和专有技术的许可使用权打包出资,中方以现金、土地使用权及其他实物资产出资,双方设立项目公司;外方使用一揽子技术使用权对项目公司出资,可以选择全部设置为与中方性质相同的"普通股",可以选择全部设置为优先于中方受益和优先于中方赎回其技术投资的"优先股",还可以选择部分设置为"普通股",部分设置为"优先股","优先股"用于保障外方的最低收益,"普通股"用于实现外方对项目公司经营业绩的分享;而且,"普通股"与"优先股"可以相互转换,在对项目公司业绩的透明性、公允性和成长性足够信任的情况下,允许按条件将"优先股"转换为"普通股";同样,也允许在有疑虑的情况下,外方可以按条件将"普通股"转换为"优先股"。外方技术使用权出资部分设置为普通股、部分设置为"优先股"的,项目公司首先向外方支付优先股股利(在项目公司未实现盈利的情况下,可以由中方担保支付),在分配优先股股利、弥补亏损及依法提取"三金"后仍有可分配利润的情况下,按"普通股"出资比例向中、外方分别支付税后可分配利润。

(2) 途径 B:技术使用权分拆出资和贸易。外方将技术使用权分拆为出资部分和贸易部分,用前者出资于项目公司,用后者以贸易方式许可项目公司,中方仍以现金、土地使用权及其他实物财产出资,双方设立项目公司;外方的出资技术使用权对项目公司实现股权,获取有风险的投资收益;贸易技术使用权对项目公司实现债权,获取保底收益。项目公司就出资部分向外方支付税后可分配利润(在项目实现税后盈余、无未弥补亏损的前提下),就贸易部分向外方支付提成费(无论项目公司是否盈利)。

(3) 途径 C:技术所有权出资和使用权贸易。外方将技术分拆为出资部分和贸易部分,用非实质性技术或独立的辅助性技术的所有权出资于项目公司,用实质性技术的使用权以贸易方式许可项目公司,中方仍以现金和土地使用权及其他实物财产出资,双方设立项目公司;外方的出资技术所有权对项目公司实现股权,贸易技术使用权对项目公司实现债权,而项目公司就技术所有权出资向外方支付税后可分配利润,就贸易部分向外方支付提成费。

2. 方案一的实现前提

(1) 审批前提。发改部门和商务部门批准或备案技术使用权出资(针对途径 A 和 B),且进一步批准无所有权的使用权人以转许可使用权的方式出资(假设外方以非技术所有人——例如特殊目的的持股公司——作为出资人),并且批准同一技术使用权包既能创设普通股股权也能同时创设优先股股权(仅针对途径 A)。工商部门对 A 和 B 交易方式也没有异议。

(2) 商务前提。中外双方就下列事项充分协商并达成一致:

(A) 项目公司的运营资金规模需求、注册资本金额及双方持股比例;

(B) 项目公司盈利预测;

(C) 外方技术使用权权利范围描述及估值;

(D) 外方技术所有权于合资期间在中国境内应受到的限制;

(E) 外方许可费/保底收益的计量标准和高低阈值;

(F) 中方对保底收益的补充担保;

(G) 外方对技术使用权的法律、商务及技术瑕疵担保;

(H) 技术使用权中出资部分与贸易部分的拆分;

(I) 技术使用权出资中"普通股"部分与"优先股"部分的拆分;

(J) 技术改进、回授及相互许可;

(K) 外方所持项目公司股权的各项权能(尤其是表决权和收益权)描述;

(L) 外方对技术出资的赎回。

(二) 方案二:现金出资+许可贸易(图示如下)

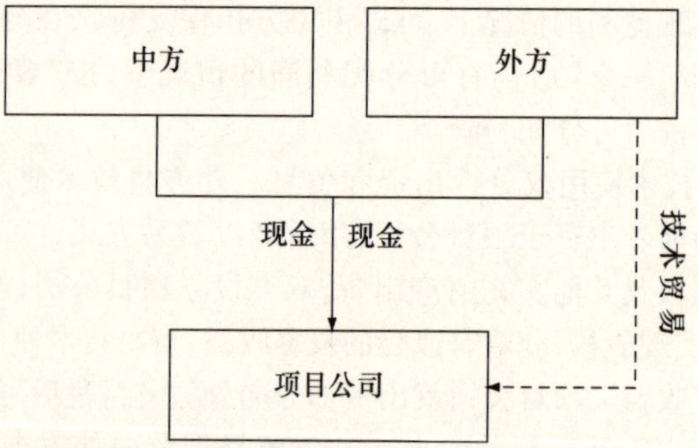

1. 方案二的实现途径

以最快捷获得政府批准为目标设计方案二。方案二也有如下三种可能的实现途径：

（1）途径 D：以项目公司所付技术许可入门费出资。双方均以现金出资设立项目公司，外方的出资现金（至少首期出资）实际来源于项目公司向其支付的技术许可入门费。争取在项目公司获颁营业执照后 3 个月内，项目公司获准完成技术引进备案、购汇、付汇（支付许可入门费）及外方缴付首期投资款的全部流程。

（2）途径 E：以中方境外投资资金支付出资。双方均以现金出资（中方还可以土地使用权，外方还可以设备，以下同）出资设立项目公司，外方的出资现金实际来源于中方对外方境外特殊目的公司投资。中方向发改部门、商务部门同时报批与外方设立项目公司和境外投资于外方之关联企业，争取在项目公司获颁营业执照后 3 个月内，中方获准境外投资于外方关联企业并完成购汇、付汇及外方缴付首期投资款的全部流程。

外方基于现金出资依法获得并行使中外合资经营企业合营外方的身份和权益，基于技术贸易获得技术许可费收益。

（3）途径 F：以第三方过桥资金出资。如果实施途径 D、E 存在时间障碍，即在 3 个月内不能完成所有流程，则外方寻求第三方短期融资，以过桥资金缴付向项目公司的首期出资，再以项目公司所付许可入门费偿付短期融资。

2. *方案二的实现前提*

（1）审批前提。商务部门认为，中方同时申报境内设立项目公司和境外投资（或先设立项目公司后申报中方境外投资），且外方实际以中方境外投资资金向项目公司出资不构成返程投资，或虽构成返程投资，但仍可批准交易。

在 3 个月内项目公司能完成获准技术引进备案、购汇、付汇（支付许可入门费）及外方缴付首期投资款的全部流程（针对途径 D）。

在 3 个月内中方能完成获准境外投资于外方、购汇、付汇及外方缴付首期投资款的全部流程（针对途径 E）。

（2）商务前提。外方同意以现金等技术使用权以外的其他财产出资，并且能够在项目公司申报过程中提供与其对项目公司首期出资项适应的银行存款资信证明。

双方应当就下列事项达成一致：

（A）项目公司的运营资金规模需求、注册资本金额及双方持股比例；

（B）项目公司盈利预测；

（C）技术许可对项目公司主营业务收入及营业利润的贡献及许可费的计提标准；

（D）技术改进；

（E）许可费中入门费与提成费的划分；

（F）外方在项目公司中的表决权；

（G）许可费税负承担及融资资金成本负担。

四、律师的建议

从既能获得批准、商务上也对双方均有利的目的出发，律师建议中方考虑先将A、B、C和D四个原则方案提交外方选择，同时就各方案需要达成的审批前提条件与发改部门和商务部门及工商部门咨询沟通，优先争取政府部门对方案A的支持，而中方内部还要就上述四个方案需要达成的商务前提条件进行充分研究和技术论证，以备与外方进行商务和法务协商谈判。

五、结语

尽管中、外方都愿意按方案A实施，但经汇报、咨询、沟通后，最终实际报政府审批的方案是C。

由于投资需求具有多样性，投资交易具有无限的可创新性，律师的公司业务也随之具有无限的可创新性。中国律师时常遇到的是投资创新需求及创新手段与刻板的投资管制体制之间的矛盾。尽管鼓励创新、鼓励创新投资、鼓励法无明确禁止民事主体即可行等在政府层面已经成为通行理念，但具体的行政许可部门和具体的经办官员在从事具体的行政许可行为时，依据的仍然是现有的规章条文，即使是十多年前甚至二十多年前制定的条文。按照成文规范执行，也是“依法行政”的要求，设身处地，我们很难想象行政部门和经办官员可以跳出现有规章条文，按照其理解的“创新”理念行使职权，也很难要求部门和官员在法无明文规定（尤其是列举式条文规定）的情况下，能够按照有利于市场主体意思自治的原则理解、解释和执行法律。如果法律不及时修改，或法律甚至行政法规修改但部门规章不修改，创新理念与保守实务之间的矛盾就会令市场参与者越发无所适从。出资方式、投资条件、股东权益设置、公司治理等投资交易方案设计，本应是投资人根据各自的需求自主协商、自由创新的天地，但囿于陈规，投资人的合理需求和创新手段最后往往屈从于落后制度和条文的管制，这在跨境投资交易中时常能够见到，也正因为如此，中外方在进行涉外投融资交易时，即使有“返程投资”的魔咒，也往往宁愿首先选择在境外创设合资公司并约定实质性交易条件，而后再由境外合资公司在中国境内设立全资子公司，由此规避中国行政管理部门规章条文的无谓管制。

我国商事登记制度改革背景下律师业务新视角

——以公司登记法律服务为例

朱涤非[*]　黄　雄[**]

[摘要]　近年来，我国从中央到地方对商事登记制度进行了大刀阔斧的改革，而且仍在不断发展和完善当中，这为律师在商事登记阶段提供法律服务开拓了新的市场。伴随着《公司》法的修改及公司登记制度的改革，律师在公司登记阶段提供法律服务可以较好地解决公司登记的“老问题”和“新问题”。律师应当发挥专业优势，不断拓展和提高为公司登记当事人提供法律服务的水平和规范化操作水平，为完善我国商事登记制度发挥应有的作用。

[关键词]　商事登记　改革　公司登记　律师　法律服务

一、商事登记与我国商事登记制度改革

商事登记，是指商业主体就应行登记事项，向营业所在地主管机关申请所为之登记。① 商事登记是商事主体进行商业活动的基础和起点，也是社会公众据以判断、选择与商事主体进行交易之重要依据。现代社会，商事主体是经济活动中最重要的实体，“从商主体的性质出发，可以认为其核心问题是营业能力”。② 只有民事主体具备营业能力，才能成为商事主体，商事主体由具有专门的营业知识的人组成。“营业能力首先必须具备一般民事能力的特征，同时还应表现出一定的商业特点，如营业能力必须公示。”③因此，商事登记一方面可以起到创设商事主体的作用，另一方面则会起到公示作用，为商事交易提供基础和保障。

商事登记制度可以追溯到古罗马时期，由中世纪经过商人组织行会得以发展，直至1897年《德国商法典》得以明文推广、确立。在民商分立的国家，如德国、法国、日本，目前均有其商法典明确规定商事登记的内容；而民商合一的国家，也在一定程度上通过特别法对商事登记及商事主体予以了特别规定。

我国目前没有制定商事基本法，也没有统一的商事登记制度。《中华人民共和

---

* 北京大成（南京）律师事务所律师。

** 北京大成（南京）律师事务所律师。

① 参见梁宇贤：《商事法论》（修订新版），中国人民大学出版社2003年版，第31页。

② 范健、王建文：《商法的价值、源流及本体》，中国人民大学出版社2004年版，第199页。

③ 王保树：《商法的实践和实践中的商法》，载王保树主编：《商事法论集》第3卷，法律出版社1999年版，第15页。

国公司法》《中华人民共和国合伙企业法》《中华人民共和国个人独资企业法》《中华人民共和国全民所有制工业企业法》《中华人民共和国中外合资经营企业法》《中华人民共和国中外合作经营企业法》《中华人民共和国外资企业法》等商事主体专门法律，简单涉及了商事登记的问题，而《中华人民共和国公司登记管理条例》《中华人民共和国企业法人登记管理条例》《中华人民共和国个人独资企业登记管理办法》《中华人民共和国个体工商户登记管理办法》《中华人民共和国外商投资合伙企业登记管理规定》等，则具体规定了商事主体登记的各项内容。可见，我国目前的商事登记制度存在立法体系混乱、法律法规分散的问题，不同法律规范的内容常常大幅雷同，是立法资源的极大浪费；同时部分法律规定常常存在冲突，造成现实中适用的困难。虽然我国专项的商事登记规定如此之多，但还是存在大量的立法空白地带，理论及实务界对制定统一的商事登记制度已呼唤日久。

2013 年 12 月 28 日，第十二届全国人大常委会第六次会议通过了《中华人民共和国公司法》修正案。以此为契机，国务院于 2014 年 2 月 7 日发布《关于印发注册资本登记制度改革方案的通知》（国发〔2014〕7 号），进一步提出了改革工商登记制度的要求和实施计划。在此基础上，2014 年 2 月 19 日，国务院又发布了《关于废止和修改部分行政法规的决定》（国务院令第 648 号），决定对《中华人民共和国公司登记管理条例》（以下简称《公司登记管理条例》）《中华人民共和国企业法人登记管理条例》等 8 部行政法规的工商登记部分进行了相应修改。2014 年 2 月 20 日，国家工商行政管理总局发布第 63 号令，对《中华人民共和国企业法人登记管理条例施行细则》等规章进行相应修正。至此，我国商事登记制度进入了新的发展阶段。这一轮注册资本及登记制度改革的力度是空前的，适应了新时期市场对商事登记改革的迫切要求，在一定程度上将能促进市场主体的活跃发展，也给许多行业，如律师行业带来了新的法律服务机会。

尽管如此，上述商事登记制度的改革是在中央层面的，其特征仍然还是在原来的框架基础上进行修补，并未对混乱的立法体系进行整合。值得注意的是，从 2012 年起，广东省部分经济特区及城市已经开始了不同于中央的商事登记制度改革路径。2012 年 4 月 26 日，广东省政府批复同意佛山市顺德区率先试水商事登记制度改革，2012 年 7 月 30 日，佛山市顺德区人民政府发布了《顺德区商事登记制度改革实施办法（试行）》，掀开了统一商事登记制度改革的帷幕。2012 年 10 月 30 日，深圳市人大常委会通过《深圳经济特区商事登记若干规定》；2012 年 11 月 29 日，珠海市人大常委会通过《珠海经济特区商事登记条例》，均开始试行统一的商事登记制度。上述商事登记制度改革与中央层面的注册、登记制度改革采取的是不同的路径，即以统一的标准和方式对待所有商事主体，同时推行商事主体的信息公示平台，这无疑是十分大胆且有益的尝试。虽然上述规定部分内容在中央注册和登记制度改革方案实施之后已经不再适用（如最低注册资本），但其所做的有益尝试，已经为我国统一的商事登记制度积累了很好的经验。2014 年 4 月 21 日，广州市人民政府通过了《广州市商事登记暂行办法》,不但与中央层面的商事登记改革保持一致,也很好地吸收了广东省其他地方的有益经验,是目前我国商事登记制度改革的最新成果,在理论和实践方面都走在了全国其他地方的前列。

商事登记制度是关乎一个国家市场经济主体的重大法律制度,而商事登记制度改革涉及历史遗留、部门权力的整合、统一立法等方方面面的复杂问题,同时也给律师行业带来了许多新的法律服务机遇,以及推动商事登记制度改革的大好机遇。本文以此为背景,仅仅探讨在此背景下律师法律服务如何跟进及拓展问题。考虑到我国现今商事主体的复杂性以及各自对应的商事登记制度存在略微差别,限于篇幅,本文以公司登记为例进行论述。

二、《公司法》修正后公司登记面临的"老问题"与"新问题"

2013 年 12 月 28 日,全国人大常委会决议修正《公司法》,对公司资本登记制度、放宽注册资本登记条件以及简化登记事项三个方面进行了重大修订,由此也带来了我国公司登记制度的一系列变革,这些变革将有利于激发市场的活力,督促政府转变职能,更好地为公司和社会公众服务。虽然如此,公司登记制度的变更属于制度层面的变化,在理念上、实际操作中的变化还需要一定的消化时间;同时,公司登记仍然面临诸多来自投资者、中介服务机构、登记机关等方面长期遗留的问题,例如,对投资者而言,如何选择合适的企业组织形式,如何设置公司治理结构和章程的权利义务,在公司设立、变更、注销或合并、分立时应当履行何种手续或者提交何种材料等,都是很难了解清楚的事项;对中介服务机构而言,存在提供服务不规范的现象,尤其是代办公司注册类型的机构,其目的就是为了在短时间内将公司注册成立,对投资人的各项需求不闻不问,导致大量公司成立后无法按照投资人的预想展开经营活动;对工商登记机关而言,为了图方便,要求登记申请人提交格式化的章程或其他材料,对申请人提交的一些材料暂时无法确认的,均不予受理等情形。这些公司登记的"老问题",在新的登记制度下仍然可能持续存在。

《公司法》修正后,《公司登记管理条例》进行了相应修订,国家工商总局也修订了相关公司登记材料提交规范,但由于登记制度变化所带来的理念革新并未完全被登记当事人所理解,相关的登记法律规定及材料提交规范也纷繁复杂,非专业人士难以了解和掌握,在实际的申请、审查、登记、公告过程中,投资者、中介服务机构、登记机关都有可能对申请事项、提交材料规范等是否符合法律规定的登记条件和规范存在疑问或难以解决的难题,亟须专业人士对相关事项作出一个准确、详尽的分析和结论,供登记当事人参考并作出决策。同时,新的商事登记制度改革之后,在商事主体(或其筹办人)与商事登记机关之间,就信用、信息公示的内容、经营日常名录制度及其行政、司法救济等问题,商事主体仍然需要具有丰富的争议解决经验的人士参与维护权利或解决争议。

三、律师为公司登记提供法律服务的优势与市场需求

律师是依法取得律师执业证书，接受委托或者指定，为当事人提供法律服务的法律专业人员。律师作为长期从事法律实践的专业人员，能够较好地理解法律规定的含义和精神，也具有运用法律推理、法律解释、法律漏洞填补等技术分析具体事项合法性的能力。自律师制度恢复以来，我国执业律师的法律理论素养不断提高，法律服务范围也不断扩大，已经从原来简单的提供诉讼法律服务、文书审查法律服务等全面介入到了社会生活的方方面面。同时，在股份公司公开发行股票和上市、基金和企业债券的发行和上市、企业国有产权转让等法律服务领域，律师全面参与已经被证明是意义重大且是卓有成效的。律师长期处在法律实践的最前线，对公司登记的各个环节谙熟于心，从投资人之间的发起人协议、公司章程、股东会决议等相关协议的拟定，到股东股权转让、并购重组、合并分立各环节交易结构的设置，甚至最终申请公司破产清算、成为破产管理人、申请公司注销等方面，律师都已经大量介入，以此为基础，律师对将上述工作成果提交申请登记是否符合法律规定，具有独特的敏感性和天然的判断力优势。因此，律师为公司登记提供法律服务，不仅有理论知识和法律思维方面的优势，更有法律实践的经验和判断力优势，是辅助登记当事人合法、规范完成公司登记的不二之选。

商事登记效力是商事登记的生命，如果登记后不能产生相应的法律效力，登记与相信登记便会失去凭借。④ 因此，公司登记的核心便是登记的合法性、有效性。无论是对申请人（包括其股东或投资人，下同）、中介服务机构还是登记机关，律师参与公司登记将使登记的合法性、有效性得到保障。对申请人而言，在公司申请设立登记之前获得律师的专业法律服务，有助于更好地实现其登记后的商业目标；如申请人在申请设立之时寻求律师帮助，可有效避免因对登记法律制度及材料提交规范不熟悉、不了解而产生的重复劳动或不必要的财产损失。对为公司登记提供辅助服务的中介机构而言，律师的参与将能在一定程度上化解其所面临的法律风险。对登记机关而言，无论是形式审查的材料还是需要核实（实质审查）的材料，实践中均可能存在申请人提交的材料是否符合法律、行政法规规定存在难以判断的情况，如现实当中，当事人（特别是自然人）的签章容易伪造，仅进行形式审查可能会对后续的股东纠纷，甚至登记机关涉诉产生隐患。因此，律师参与公司登记，一方面既可以提高登记的合法性、有效性，避免纠纷产生，另一方面也对登记机关提高审查效率、保障企业自治权、服务社会产生积极意义。随着公司法新理念、新制度的传播和执行，申请人、中介服务机构、登记机关对律师参与提供专业服务的需求将越来越多，律师在公司登记领域的法律服务市场也将得到更快速的扩展。

---

④ 参见王妍：《商事登记中公权定位与私权保护问题研究》，法律出版社 2011 年版，第 162 页。

四、律师为公司登记提供法律服务的内容和方式

公司登记的程序,也即商事登记的程序,一般包括申请、审查、登记及公告四个步骤。当然,部分登记信息是由登记机关根据公司的经营情况予以单方录入的,不妨称为“被动登记”。律师为公司登记提供法律服务,自然也包括上述四个步骤中提供的法律服务,本文采用的是广义的公司登记概念,包括申请登记的各个阶段和被动登记的情况。具体而言,每个阶段的主要任务及律师可以提供的法律服务主要包括:

1. 申请阶段

一般而言,申请应由相关负责人向营业所在地的主管机关提出。当然,提交申请材料之前,还存在一个确定是否申请、申请何种登记的问题。申请人均是为了实现特定的商业目标才产生的公司登记申请,在公司登记申请前,律师可在了解申请人的商业目标后为其设计合理的交易结构、拟定相关主体之间的协议和其他文件;为当事人商业目标的实现进行专项尽职调查,并对主体资格是否适格、交易是否合法出具法律意见书;为申请登记的内容是否符合当事人的商业目的提供咨询或提出法律意见。

同时,律师还可就公司登记涉及的法律、法规及相关规范提供法律咨询或普法教育;代为拟定或修改申请人拟提交的相关材料规范;为当事人签署相关材料提供见证服务;对申请人申请登记提供办理流程指导;接受申请人的委托,作为代办人办理公司登记手续;审查当事人的身份是否符合规定;审查申请登记材料是否符合法律、行政法规及工商登记规范的规定;应当事人的要求,就个别或全部申请材料是否符合法律、行政法规及工商登记规范的规定出具书面法律意见等。

2. 审查阶段

审查公司登记机关对申请人提交的材料是否符合登记条件进行核实、审查。在该阶段,律师可针对登记机关对提交材料的疑义代为提出法律意见,或对相关材料的真实性、合法性进行说明,以消除登记机关的疑虑,为申请人顺利获得登记提供保障。

3. 登记阶段

登记指公司登记机关对符合登记条件之信息予以登记在商事登记簿的行为。在此阶段,律师提供法律服务的内容有限,但可就登记于商事登记簿的信息是否符合申请信息进行核实,也可就公司登记机关未予登记的信息与登记机关进行沟通、补正或补充申请。

4. 公示阶段

所谓公示,是指公司登记机关将已登记之事项,公示于社会大众知悉。公示的方法,现在随着技术的发展,各地已经建立或正在建立统一的商事登记管理信息平台和商事主体信息公示平台,社会大众不需到登记机关办公场所,便可查阅相关的

商事主体信息。在该阶段，律师可以提供的法律服务包括核实、查阅公示信息是否有误、登记信息是否全面等。

5. 登记后阶段

在公司获准登记之后，当事人的商业目标可能还未得到实现，律师可对登记材料中相关协议约定的履行情况、登记完毕后其他的交易安排、与公司登记事项相关的其他需要变更的登记事项（如不动产登记、税务、海关登记等）继续提供法律服务。

6. 被动登记

在被动登记的情况下，律师可以接受当事人的委托，就公司登记错误、纳入异常经营名录、被吊销营业执照、被撤销等事项代理其向登记主管部门、处罚机关进行陈述或者申辩，发表法律意见。同时也可以接受当事人的委托，提起行政复议或行政诉讼，依法维护当事人的合法权益。

以上各阶段，律师可以提供的法律服务均是不完全列举的，公司登记看似简单，现实中出现的问题却是纷繁复杂的，因此，随着公司登记制度改革的不断深化，当事人需求及律师服务水平的不断提高，律师在公司登记方面为当事人提供法律服务的范围和市场仍将会进一步扩大。

至于律师为当事人提供公司登记法律服务的方式，根据当事人的不同需求，可以通过口头咨询、出具书面法律意见、提供流程指导、法律文件的签署见证服务、审查提交申请登记材料是否规范等方式提供服务。同时，根据实际需要，也可作为代办人向登记机关申请登记，或到登记机关的办事窗口提供现场咨询、说明、交涉等法律服务。

五、律师为公司登记提供法律服务的规范化与市场拓展

从广义的角度来看，律师为公司登记提供法律服务，既涉及公司设立、变更、合并分立、注销等狭义的公司登记服务，也包括公司登记服务之前和之后的对公司登记背后为商业目标的实现而提供的法律服务，因此，公司登记法律服务的内容是相对比较广泛的，这就要求律师不仅需要谙熟公司工商登记的制度和规范，还需要对《中华人民共和国公司法》《中华人民共和国合同法》《中华人民共和国企业破产法》等法律、法规有深刻的理解，根据当事人的要求提供法律服务，确保公司登记的合法性、有效性和当事人商业目标实现之间的统一。同时，律师在提供法律服务的过程中，应按照律师行业公认的业务标准、道德规范和勤勉尽责精神，秉承真实、客观、合法的原则提供法律服务，不提供虚假的材料、陈述或法律意见。律师应加强学习和交流，注重总结和完善为公司登记提供法律服务的经验，认真听取登记机关的建议，逐步提高法律服务的专业化水平。

律师在公司登记过程中提供法律服务，如果不注重规范化服务或未尽审慎义务的，应当承担相应的责任。律师在提供法律服务的过程中，存在提供虚假材料，

故意出具明显不符合法律、行政法规规定的法律意见，未尽充分的审查、核实义务，导致法律意见错误等行为的，应承担相应的赔偿责任。

从市场的拓展方面来看，由于目前正处于国家商事登记制度改革的关键时期，新的法律规定、法律理念仍然没有广为传播，而新的实务操作方法也还在摸索和形成阶段，律师在这个阶段，刚好可以发挥理论和信息方面的优势，逐步引导当事人选择合适的申请登记内容，同时也可多参与各地方公司登记机关对新的实务操作方法的论证过程，深刻理解当地登记机关的实务操作情况。

另外，律师协会或者登记机关也应充分重视律师在公司登记过程中的作用：就律师协会而言，应加强调查研究，适时总结较为成熟的经验，制定相关工作指导意见或操作指引，并对律师进行培训和指导，不断增加和提高律师为公司提供专业服务的内涵和水平。就公司登记机关而言，可以在一些可能存在纠纷或者存在重大疑难事实需要核实的公司登记申请时，要求申请人向登记机关提交由律师就以上申请登记事项、材料的真实性、合法性出具的《法律意见书》或《律师见证书》，公司没有提交律师出具的《法律意见书》《律师见证书》的，登记机关应告知申请人补充材料或对其申请不予受理。至于何种情形下可认定为潜在纠纷和重大疑难事实，可以根据登记机关的实践情况进行进一步总结，一般而言，公司控股权变更登记、法定代表人变更登记、公司合并或分立，以及公司注销登记等情形属于潜在纠纷和重大疑难事实的高发区。对于实践中大部分比较简单的公司登记事项，可不要求申请人提供律师意见或见证文件。如全国律协、司法行政主管机关、工商行政机关能够对律师为公司登记提供法律服务联合提出意见，则对整个法律服务市场而言是十分有利的。当然，律师法律服务市场的拓展对我国商事登记制度的改革、完善的益处是显而易见的，通过不断总结经验和运用法治的思维、方法去逐步完善我国的商事登记制度，必将对我国商事法律制度及市场经济的发展起到十分重要的推动作用。

新形势下律师服务理念与模式的突破创新

张嘉良*

[摘要] 中国梦的实现,离不开创新的激情,离不开法律的理性,更离不开法律人的专业精神和服务理念。① 律师作为新政治、经济、国际形势下推动国家法治进程的重要角色,应秉承党的十八届三中全会的法治建设战略部署,坚持公正司法,"让人民群众在每一个司法案件中都感受到公平正义"。在中国经济乃至世界经济节奏放缓、全球法律体系加速融合的大时代背景下,律师应将服务理念与模式的创新放在提升市场竞争力的首位,为我国法律服务未来的发展提出方向性的指引和应对之策。

[关键词] 新形势 律师服务 理念 模式 创新

一、新形势下律师服务战略分析

(一) 政治形势下的法治春天

"人民对美好生活的向往,就是我们的奋斗目标。"习近平同志在党的十八届中央政治局常委同中外记者见面时的宣示,传达出我们党始终坚持一切为了人民的执政理念和价值追求。党的十八届三中全会明确提出,要把促进社会公平正义、增进人民福祉作为全面深化改革的出发点和落脚点,这不仅体现了我们党领导推进改革开放事业和服务人民群众根本宗旨的高度统一,更反映了新一届党中央对促进社会公平正义与增进人民福祉之间内在必然逻辑的深刻认识和高度把握,也进一步明确了中国特色社会主义所追求的公平正义的根本内涵。②

在党的十八届三中全会送来的改革春风里,法治建设下的律师行业已将一张崭新的改革日程表准备就绪。新形势下的政治体制改革将对中国未来的法律服务提供指导,也对律师执业道路指明了方向,律师行业应顺大势而为。律师之大成必有参政议政之智慧,忧国忧民之情怀,开启民智民力;以博学的知识、彻底的准备,以自己实践性和审慎性的智慧、以自身就具体事实适用法律的技巧,致力于促进社会公正和公共福祉,推动社会的进步和政治的昌明。

---

* 吉林良知律师事务所律师。

① 参见董皞,王堃:《我国司法体制改革的目标与路径——关于十八届三中全会司法体制改革精神的解读》,载《行政法学研究》2014 年第 1 期。

② 参见杨平:《推进社会公平正义探讨》,载《中外企业家》2013 年第 34 期。

（二）经济形势下的律政蓝图

中国社科院“中国经济形势分析与预测”课题组于2014年10月10日发布的秋季报告中显示，2014年中国经济增长预测为7.3%左右，比春季预测下调0.1个百分点，经济增长继续保持在合理区间。报告同时预测，中国经济2015年增速将继续放缓至7%。

纵观全球经济走势现仍处于缓慢、脆弱的复苏之中，且各国步伐不一。世界经济复苏状态的不均衡性和易变性，短期内将给中国的对外经济贸易带来挑战，长期则对中国在国际舞台中的战略性决策提出更高的要求。在国内资源环境约束加强、国际经济复苏不稳定的双重压力下，我国进入经济增速趋向潜在水平、物价涨幅趋于适度、新增就业趋于稳定、经济结构趋于优化的“新常态”。在经济进入“新常态”的同时，也为律师服务带来了业务开拓的蓝图：中国经济需要促进内需平稳均衡发展，促进向研发、高端制造业、现代服务业、生态环保、基础设施等领域投资；新常态下的积极财政政策应以“稳增长、扩内需、保民生”为核心目标；在当前融资总量总体稳定的情况下，实体经济融资成本居高难下，需要国家进一步深化金融体制改革，推动结构调整……律师服务市场将与中国经济的走势方向相依相随，为自身原有服务模式和领域带来新契机。

企业是市场经济的重要主体，律师服务经济社会发展，其核心就是服务企业发展。律师作为企业法律服务的提供者，好比是企业的私人医生。做好事前预防、事中保健和事后诊断治疗，是律师服务在企业法律顾问领域的直接价值体现。当下，国际国内经济格局在变化，市场经济环境在变化，企业的法律服务需求也在变化。唯有适应变化，推动企业法律顾问服务的创新拓展，才能更好地服务社会经济发展。③

（三）国际形势下的严峻挑战

“2014，迷雾未开，阳光未现。”德国《商报》在2014年年初时的一句话，代表了世界舆论场中的主流——2014的国际形势将如何展现？世界的镜头将不同国家放在了不同坐标系中，今年的国际舞台有世界杯、亚运会，有印度选举、欧盟权力大洗牌，还有未缓解的东亚紧张、前景未卜的美俄冷战。当国际金融危机进入第六个年头，世界经济总体仍在低速复苏，不均衡性和脆弱性进一步发展，进入深度转型期，当全球化在各国之间形成了一荣俱荣、一损俱损的利益关联时，无论在双边舞台，还是在多边场合，世界大国在调整中合作，在碰撞中握手，在角力中依存。伴随着国际化，西方法系已经从实体到程序覆盖到全球所有资产形式的各个方面，包括现代企业制度，形成了资产法权方面的普世经验和统一规范。而国内律师对全球资产法权的现状认识还不够清晰，对其复杂度和变动趋势把握不准，在立法、司法、

③ 参见蒋敏：《解读“律师服务经济社会发展业务创新拓展工程”》，载《中国律师》2013年第5期。

行政和外交各方面还欠缺厘清融合的思路,导致中国企业走出去步履艰难、中国律师国际化的前景堪忧。但老子曰:“祸兮福之所倚,福兮祸之所伏”,当下,在中国和平崛起的大时代背景下,律师行业的挑战与机遇并存,国内律师应凭借依法外交,用好用活外国法和国际法,全方位参与国际监管和司法协助,如此,既可极大地提高中国政府和律师在国际法律领域的话语权,也可由此帮助中国企业走出去,同时又扩大中国律师的国际业务范围,推动中国律师国际化。

二、律师服务理念的认知创新

(一) 服务思维的创新

笔者从业十余年,这期间不仅担任过五十余家企业的法律顾问,同时还担任上市公司的董事。从律师服务客户的角度出发,以处理公司法务为例,笔者经常强调:业务要尊重法务,法务要很好地介入业务中去。在转变传统服务惯性的重点环节中,律师服务思维的创新应从传统的消极事后解决风险,转化成为统筹评估、分析核算的事前积极应对。笔者建议从事法律工作的同仁们,面对企业的法律问题要多一些建设性、积极性的心态与思维。比如面对某招投标项目的法律风险评估,律师常见的问题通常都是以提示企业家此事有风险、彼事不能做,为法律服务的主旨内容。但笔者却认为,真正技能高超的律师应既有看准“病灶”的能力,也要有开准“药方”的魄力。

我们要用建设性的心态去面对在经济发展过程当中、在企业运营过程当中可能出现的问题。企业带病扩张、流血奔跑的野蛮生长时期已经一去不复返,企业在运营过程中遇到风险是正常和不可避免的,律师服务的宗旨应是在法律允许的架构内为客户争取利益最大化,在厘清和坚守法律服务的核心框架下,律师应调整服务思维,将服务工作前置于企业决策并深入至系统改造的法律风险防范预警机制上。企业在经历高速发展后的历史遗留问题、在面对转型升级期的蜕变阵痛时,总会伴随触碰红线的危险,但这些风险是单位犯罪还是个人犯罪,风险造成的直接损失和可得利益分别是多少、是否有规避的可能,不能规避需承担的违法成本是多少、违法将付出的代价是什么、企业发展大盘能否承受……就像一台精细计算的电脑一样,帮助企业将各种风险因素进行理性的 SWOT 分析,供企业家决策参考,这才是律师应做的工作。“功夫在诗外”,律师应调整传统服务思维,变被动为主动,要将律师的法律服务作用不仅仅是作为企业的“安全之盾”,更应是企业的“发展之矛”。律师服务的最大价值是帮助企业理性博弈,这也是市场经济下法律“定分止争”传统思维的新突破。

(二) 服务理念的认知

当下中国律师面临三种博弈:一是法律博弈,即在法庭上或法庭外,依据法律规则进行的专业性博弈;二是法治博弈,即当下中国法治改革进行时,当公权力未受到有效制约时,律师还要集合各界的力量,尤其是通过媒体、自媒体集合公众力量形成公众意志,对权力进行必要制约,从而营造法律博弈的必要氛围;三是政治博弈,即一个社会事件出现以后,各种政治力量不可避免地以此展开博弈以实现各方利益诉求,这个时候律师可以发出理性的、民权的、法治的声音,以推动社会的进步。

与之相适应,中国律师在服务理念的认知上,要学会三件事:成业、修身、造势。成业,是指业务能力的独当一面;修身,是指用胸怀与智慧团结各方力量一起努力,使各种利益相关体达到高度协同;造势,则是彰显行业魅力、凝聚公众力量,形成足以与权力相抗衡的公众意志,推动法治改革的深化进程。律师服务客户的根本,是律师所凝聚的社会资源,通过成业、修身、造势,凝聚起律师服务中的人力资源、人气资源与人脉资源,将行业文化和职业价值在全面推进"依法治国"的政治建设中,彰显精神上的一脉相承,行动上的一以贯之。

三、律师服务模式的突围创新

(一)规模化的重新洗牌

面对中国经济稳中崛起的态势,律师行业将会很快出现"规模化重新洗牌"新格局。事实上,在2010年前,北上广地区已经有百人以上的大型律师事务所通过吸收合并和"强强联合"方式应运而生。以"规模化"为基本特征的第一次"重新洗牌"过程,在全国许多地方刚刚开始,但在经济发达地区却已经基本完成。同时随着法律服务的全球化,大型律师事务所的海外扩张使其在世界其他国家和地区设立了众多分支机构。随着大型投资银行在国外市场的资本运作,为这些投资银行服务的律师事务所也会跟随这些机构在国外开设分支机构来开展业务。这种规模化创新模式以美国律师行业为优,其中全球化程度最高的 Baker & Mckenizie 律师事务所在35个国家拥有分支机构,并且该所的2300名律师中有80%在国外工作。全球化程度仅次于 Baker & Mckenizie 的 White & Case 律师事务所有1500名律师,在全球的分支机构有36家。④ 这些大型律师事务所的分支机构大多分布在世界上经济和金融发达的城市和地区。

笔者认为,律师行业的第二阶段洗牌格局,将是以"专业化"为基本特征的"重新洗牌"过程。世界性经济的疲软和对中国法律服务业的强烈冲击,必然会加速这一洗牌过程,谁能在专业化洗牌过程中领先一步,谁就能在重新洗牌中榜上有名;反之,则有可能被重新洗牌的浪潮甩在后面,甚至淘汰出局。

(二)专业性的优化重组

随着律师事务所规模的增大,它们的分支机构在地理范围上分布更加广泛,组

---

④ 参见李本森:《经济全球化背景下的法律服务自由化》,载《法学》2004年第1期。

织的结构更加松散，但律师事务所中律师的工作却变得更加专业化。《美国律师》总编辑史蒂文·布里认为，“大型律师事务所作为行业领导，将不再是大型的做普通事务的人群，而是一簇神奇存货的精品店共管的专家群”。[⑤] 经笔者对国内法律服务业的粗浅分析，有两大特征值得注意。第一，15% ~20% 的律师占有全行业80% 的收入和同时占有 50% 的市场。第二，15% ~20% 的涉外业务和非诉业务律师，基本上都属于专业化律师。因此说，专业化和专业化程度决定了律师的收入，决定了律师业务的市场份额，也决定了律师应对危机和抵抗风险的能力。面对律师服务业受到的冲击，律师队伍将以专业特色为核心，重新分化组合。大型所综合服务能力强，因此抗风险能力也比较强；专业化的小型所，适应市场专业化需求，市场定位的调整比较灵活；中等规模的，没有业务特色的律师事务所，由于专业化程度低，市场定位调整缓慢，抗风险能力也会相对较差，必然会发生进一步分化。缺乏专业特色的小型所，将面临生存的严重困难。

（三）互联网的颠覆革命

移动互联技术的提升，给律师服务模式带来了颠覆性创新，随着 3G 的发展，4G 甚至 5G 时代的来临，律师服务的电商革命已势不可挡。

律师服务的网络化本身具有两个层面的含义。第一个层面，主要是指法律服务的方式将不局限于传统的面对面的提供方式，而是可以借助发达的互联网媒介提供法律信息服务和咨询服务。如绿狗、律云和国外的 legalzoom，这是中国律师与时代、与社会接轨的翅膀；中国法律服务的淘宝、律师服务业的国美模式和京东模式。通过互联网将律师法律服务产品化、流程化，无疑是一个大胆而富于创造力的革命性设计。第二个层面的网络化，是指法律工作者将在网络式的律师事务所结构下展开工作，也就是将不同国家的当地法律服务业集中于同一品牌律师事务所的名下，或者集中于一体化的国际合伙制律师事务所当中。[⑥] 这种现象首先出现在英国和美国的律师事务所中，出现这一现象的原因，一方面是经济的全球化导致跨国公司对法律服务的需求增加，而这种复杂的法律服务大多只能由大型的律师事务所提供，另一方面，是越来越多的跨国商业贸易与活动倾向于以英美法为依据。

（四）产业化的集合服务

近年来，由于法律服务市场对服务要求的进一步提高，建立提供系统、综合法律经济服务的律师事务所成为可能。跨行业的联合是指包括律师、会计师、税务师、建筑师、CIIA、MBA 人员等广义上的自由职业间的共同经营。伴随市场需求的

---

⑤ 巫文勇、饶银保：《西方律师制度对经济全球化背景下我国律师业的影响》，载《前沿》2006 年第 3 期。

⑥ 参见曾令良：《21 世纪法律服务贸易的发展趋势与中国法学人才培养的应有改革》，载《法学评论》2001 年第 1 期。

多层次和多样化,成立提供一揽子综合法律经济服务的事务所将成为趋势。法律服务是事务所业务领域的总体概括,在当今法律服务市场不断细分、专业化服务需求不断增长的形势下,事务所的核心竞争能力只有在与其相关的业务领域才具有延伸、扩展的效益。从有效利用核心能力的角度分析,事务所内边界范围内的业务必须是相同的或相关联的,围绕法律服务行业形成完整的产业链条。

四、新形势与新展望

习近平总书记强调,“理国要道,在于公平正直”。伴随党的十八届四中全会的即将召开,我国将出现史无前例的研究全面推进依法治国重大问题的趋势,这意味着在国家治理体系和治理能力现代化的深度改革背景下,法律服务即将迎来崭新的时代舞台。“东方欲晓,莫道君行早,踏遍青山人未老,风景这边独好。”律师作为法律服务行业的生力军,定要把握时代契机,快速突破创新、完成转型升级,从全局性、战略性高度撰写律师服务的精彩华章。

我国《公司法》修正给律师业带来的机会和挑战

张秀华*

2013年12月，我国《公司法》进行了修正。这次修正的核心内容共12条，归纳起来，主要修正了以下内容：(1) 取消了最低注册资本限制；(2) 取消了缴资期限的限制；(3) 取消了首期出资比例的限制；(4) 取消了货币出资的限制；(5) 注册资本由实缴登记制改为认缴登记制；(6) 取消了验资程序及年检程序，不再登记实收资本及股东出资额，年检改为自行公示；(7) 法律、行政法规、国务院另有规定实行实缴登记制的公司除外。这次公司法的修正，适应了中国社会经济改革发展的需要，体现出了社会诚信的进步。

《公司法》修正后，与这次《公司法》修正内容相关的法律法规也都陆续进行了修正。2014年4月24日，全国人大常委会作了关于《公司法》修正后《中华人民共和国刑法》(以下简称《刑法》)第158条、159条适用的立法解释，规定除法律、行政法规、国务院另有规定实行实缴登记制的公司外，对认缴登记制的公司，可不再依照《刑法》第158条、159条的规定追究虚报注册资本罪、虚假出资罪和抽逃出资罪的刑事责任。与《公司法》修正最为密切相关的是企业信息公示制度。备受瞩目的《企业信息公示暂行条例》也于2014年7月23日国务院第57次常务会议通过，自2014年10月1日起施行。

《公司法》及相关法律、法规的修正，不仅对公司的设立、运营将产生巨大的影响，而且给律师行业也带来了新的机会和挑战。

一、《公司法》的修正给律师业带来的机会

《公司法》的修正，对律师行业的影响是比较大的。总体来讲，律师行业的业务会大量增加。归纳起来，主要体现在以下几个方面：

（一）诉讼案件的数量会成倍增加

修正《公司法》立足于整个社会诚信制度的建立和完善。修正《公司法》的实施，使设立公司的门槛降低，工商行政管理部门的行政监管弱化，企业的诸多信息均要求企业自行公示。而在我们现实经济生活中，市场主体的诚信程度离立法的目标还有很大的差距。随着修正《公司法》的实施，公司的数量会大量增加，商业纠纷随之也会增加。例如：没有按约定期限与数额认缴出资而产生的违约责任诉讼；发生股东诉讼；债权人诉讼；与公司发起人连带责任相关的诉讼；发生与董事、高管

---

* 北京市中淇律师事务所律师。

责任问题相关的诉讼等。从总体来看,诉讼业务量增加是必然的。

(二)常年法律顾问事务增加

这部分业务对律师行业提出了新的要求。这个领域要求律师依据修正实施的《公司法》对公司相关文件如股东协议、章程等进行起草和修正。因每个市场主体不同,相关的法律文件也不同,修正《公司法》使不同市场主体的相关法律文件的个性化增强,不能再按照过去统一的文件版本做了。说到与公司相关法律文件,认为需要注意这样几个方面:一是涉及公司实体内容要在股东协议中约定清楚,比如出资期限,首期出资比例、货币出资比例,等等;二是明确认缴数额和时间,如果不按照约定认缴,多长时间后应该承担违约责任;三是如果不按期认缴出资达到一定的时间,比如5年以后、10年以后还没出资,该怎么约定股东权的除权问题,要在公司文件、特别是公司股东协议中载明;四是公示问题,公司哪些事项需要公示、公示时间和范围都要股东会决议等文件予以明确。《公司法》修正后,对于律师来讲,公司最基本的章程和股东协议等文件要约定很多的公司个性化的内容。与此同时,因刑法立法解释的规定,对认缴登记制的公司,不再追究虚报注册资本罪、虚假出资罪和抽逃出资罪的刑事责任。在社会整体诚信缺失的背景下,势必导致在经济领域中骗子增多,企业的交易风险大大增加。这就要求作为企业常年法律顾问的律师,更深、更广地参与到企业的日常经营中去,律师的工作量将增加。

(三)尽职调查业务增加

对于专业性很强的律师项目业务,包括收购、兼并、股权转让等复杂事项的项目业务,律师意见书的基础资料原来都是依赖会计师出具的验资报告和工商部门的登记资料及年检资料。但在修正《公司法》实施后,上述可依赖的资料和内容大大减少。根据《企业信息公示暂行条例》的规定,企业的很多资信情况均由企业自行公示。特别是企业从业人数、资产总额、负债总额、对外提供保证担保、所有者权益合计、营业总收入、主营业务收入、利润总额、净利润、纳税总额等企业重要的资信信息,均要由企业自行决定是否向社会公示,而企业从自身利益考虑,通常会不进行公示。因此,在实践中收购、兼并、股权转让等项目中,律师尽职调查工作非常重要,而且律师尽职调查的内容和难度都会大大增加。

(四)破产案件增加

修正《公司法》修正的主要内容就是资本制度,由实缴登记制改为认缴登记制。现实中,很多公司会因诚信和资金的缺失而无力偿还债务。因工商登记不再登记实收资本,债权人通过法院冻结债务人股权的措施在实践中无法落实,债权人权益得不到保护。《企业破产法》第35条规定了"人民法院受理破产申请后,债务人的出资人尚未完全履行出资义务的,管理人应当要求该出资人缴纳所认缴的出资,而不受出资期限的限制"。根据该规定,无其他救助途径的债权人只能通过启动申请债务人破产程序,使债务人的出资人提前履行出资义务,以保障债权人的合法权益。因此，修正《公司法》实施后，破产案件会大量增加。

二、《公司法》修正给律师业带来的挑战

（一）律师业务的难度增加

1. 修正《公司法》对做公司业务律师的专业水平和执业能力提出了更高的要求

由于修正《公司法》由实缴登记制改为认缴登记制，不同市场主体的相关法律文件的个性化增强，不能再按照过去统一的版本做了。公司最基本的章程和股东协议等文件要约定很多的公司个性化的内容。这对常年律师的专业水平提出了更高的要求。可以这样说，《公司法》修正前，常年法律顾问律师门槛低，很多文件均可用通用的格式样本。修正《公司法》实施后，常年法律顾问业务也将成为高端业务。公司设立和运行中的很多问题都需要企业常年律师专业的设计。特别是修正《公司法》要求公司章程尽可能做细，才好防范可能出现的纠纷。章程的起草和修正会成为律师很重要的非诉业务。只有对《公司法》等相关法律、法规熟悉的律师，才能是一个好的常年法律顾问。

2. 律师的调查权受到前所未有的考验

修正《公司法》规定，企业的诸多信息不再进行工商登记，由企业自行公示。律师尽职调查这部分内容，目前只能靠企业自我信用来约束了。律师调查权在实践中一直是没有解决的问题。律师的调查权是《中华人民共和国律师法》所赋予的，该调查权在实践中很难落到实处。修正《公司法》实施后，律师调查权的问题会更加突出。律师执业中需要调查一些企业的资质和证件的合法性问题，特别是企业的资信情况，需要律师去银行等部门调查，但目前银行等部门是不接待律师的，律师的调查权很受限制。很多政府部门都存在不配合律师调查的情况。律师调查权的问题如果不解决，将对律师从事相关业务造成很大影响。

3. 民事诉讼案件执行难问题会更严重

“执行难”一直是民事案件中的一个老大难问题。最近几年，法院系统虽然进行了改革，执行难的问题有所改善，但问题仍没有从根本上解决。修正《公司法》实施，企业不再登记实缴资本，导致股权查封无法实现；律师对企业资信情况的调查权受限，债务人更容易隐匿、转移财产；将虚报注册资本罪和虚假出资罪、抽逃出资罪等罪名非罪化等，将会使逃债现象更加严重，“执行难”问题会越来越严重。

（二）律师执业的风险增加

1. 律师的责任风险增大

修正《公司法》实施后，对公司设立和运行过程中的相关法律文件个性化的要求鲜明。不同的公司需要对出资、公司机构等问题进行不同的法律方案设计。律师不仅工作量增加了，而且责任也增大了。由于在市场交易中不确定因素的增加，交易的风险也会增加，律师的风险也会加大。

2. 律师被欺诈的风险增大

修正《公司法》要求公司对相关信息自行公示。公司公示的信息真实性如何?没有任何机构对此进行核实。这些信息需要律师在做尽职调查业务时自行核实。如果被调查的公司在公示这些信息时或在其出具的承诺函中做假,律师就面临着被欺诈的风险。另外,律师去相关机构对被调查企业资信情况进行调查时,如这些机构和被调查企业串通,也有可能提供的相关信息资料是虚假的。

3. 律师被投诉的风险增大

修正《公司法》实施后,由于诉讼和非诉业务的增加;交易风险的增加也加大了律师对法律事实判断的难度,有可能导致律师对法律事实的误判;公司法领域的立法尚存在需要完善的地方,有可能导致律师出具的法律意见无具体的法律依据;市场主体的交易风险增加也会使部分风险转移到律师头上;律师协会在律师执业处罚上,包括司法行政机关等相关部门在认定律师执业责任时,律师的勤勉尽责义务界限的不确定性和灵活性增加,等等,上述因素均有可能使律师被投诉的风险责任增大。

三、律师行业的对策

(一) 期待尽快建立健全整个社会的诚信体系

《公司法》的修正,立足于整个社会诚信体系的建立和完善。只有整个社会诚信制度建立起来了,企业信息自行公示的内容真实性加强了,企业整体的信用增强了,整个社会经济秩序才会井然有序,《公司法》才能得到更好的实施。由《公司法》修正而对律师行业带来的执业风险,也必将随着整个社会诚信制度的建立和完善而趋于减弱。

(二) 进一步落实和完善律师的调查权

《公司法》的修正,对律师的调查权提出了更高的要求。在现阶段,企业的诚信情况,需要律师去调查,但在实践中,律师的调查权却处处受阻。律师行业需要通过全国律师协会及各级律师协会、司法行政机关与其他政府机关和机构的沟通和协调,进一步完善律师调查权制度,使律师的调查权落到实处。

(三) 增强律师行业专业知识和业务能力的培训

随着包括《公司法》在内的法律、法规的修正和完善,对律师业的专业知识和业务能力提出了更高的要求。不容忽视的是,有些律师执业风险的发生,与执业律师的水平有着密不可分的关系。社会经济生活的多元化,法律、法规的不断更新,都需要律师行业不断增强专业知识和业务能力的培训。行业特点决定了律师行业是一个不断学习、不断进步的行业,只有不断地学习新的法律、法规的规定,才能更好地提供优质的法律服务。否则,落后的、一成不变的法律服务将被市场所淘汰。

(四)加强律师职业道德教育,建立和完善律师执业风险的预警制度

律师队伍近几年迅速发展,极大地满足了市场经济对法律服务的需求。但是,律师行业中的人员素质却是参差不齐。由于律师行业生存的压力,部分律师重利益,轻视行业道德,导致当事人投诉的案件日益增加,加大了律师执业的风险。修正《公司法》的实施,诉讼和非诉事务的增加,更需要加强律师的职业道德,增强律师的执业风险意识。律师协会、律师事务所都应建立执业风险的预警制度,重大的案件、法律事务均需要提前备案,出现风险及时申报,避免或减少执业风险。

(五)律师在执业过程中要做到勤勉尽责

《公司法》的修正,要求律师不论在诉讼领域还是在非诉领域,都应更加谨慎地履行勤勉尽责的义务。律师穷尽了所有法律许可的手段,才是尽到了勤勉尽责的义务。

非诉业务的突破和创新

朱增进*

[摘要] 自2012年11月2日浙江世宝成功上市后,A股市场IPO进入了长达13个月的实质性暂停状态。2014年IPO重启后,IPO"堰塞湖现象"没有明显缓解,企业排队上市仍然遥遥无期。近两年,国内IPO大环境较差,而本所非诉团队又主要以IPO为业务重心,本所非诉业务亟待转型,以期在新的业务领域取得进展和突破。

[关键词] IPO 新三板公司 并购与重组

在近几年不断摸索与总结中,保持IPO这一传统业务重心不变的情况下,我们将非诉领域延伸到成长期企业的培养、新三板业务的拓展、村镇银行、民营银行以及消费金融公司新兴法律业务开发以及公司并购重组中的创新业务,下面本人将结合政策背景与实务经验,进行详细论述。

一、陪同企业成长——成长期企业的培养

企业的发展分为三个阶段:初创期、成长期、成熟期。在初创期,企业的目标就是生存,除了诉讼外,它们可能不会考虑其他形式的法律服务。在成长期,经历了原始积累的生存努力之后,很多企业都会慢慢找到属于它自身的生存方式、业务模式、盈利模式等,企业进入快速发展阶段。在这个阶段,企业具有一定的营业额和规模,进入初步规范化管理,但是很多公司管理及风险管控制度仍然亟待完善。成长期的企业会面临各种各样的法律问题及风险,这是律师非诉业务介入的一个契机。

目前,本所已经参与到多家成长期企业的日常法律事务中。在工作中,我们发现,成长期的企业所能负担的法律服务成本有限,这部分业务利润微薄,但是陪同企业一同成长,帮助它们克服困难,往往可以建立更长久的忠诚度。在企业进入成熟期后,我们可以获得丰厚的回报。但与此同时,律所同样需要负担高额的人力成本,因此在选择成长期企业的时候,要注意筛选出优质的、高成长性的企业,以期将来可以作为新三板、IPO或者其他高端非诉业务的项目储备。

---

* 江苏世纪同仁律师事务所合伙人。

二、资本市场的一潭春水——新三板

2013 年 12 月，国务院《关于全国中小企业股份转让系统有关问题的决定》的颁布，为国内资本市场注入了新的活力。截至 2014 年 8 月底，全国中小企业股份转让系统（下称“新三板”）的挂牌公司数量达到 1 100 余家。在新股发行政策不明朗、IPO 审核放缓的背景下，新三板挂牌门槛低、容量大、审核快，是成长期企业进行股份转让、定向融资的有效途径。从新三板的设立初衷来看，新三板服务于创新、科技型中小企业，完善了资本市场的服务范围。

由于 IPO 的众多不确定性因素及其“堰塞湖现状”，很多拟提交 IPO 材料的公司望而生畏，部分急需资金的公司转而选择新三板挂牌这一融资途径。同时，部分 IPO 候审公司也从排队长龙中撤离转向新三板。得益于新三板审批时间短，流程简单，公司可以通过增发募集资金的方式解决自身的资金问题。

目前，世纪瑞尔、北陆药业、久其软件、博晖创新、华宇软件、佳讯飞鸿、东土科技、粤传媒、安控科技这 9 家新三板挂牌公司，已经成功登陆主板或创业板。同时，在目前 A 股的 IPO 候审队列中，也存在多家新三板挂牌公司，包括康斯特、合纵科技等多家公司。

在国家政策的推动下，2014 年成为新三板跨越式发展的元年。本所抓住了资本市场发展进程中这一历史机遇，努力拓展江苏省及周边省市新三板业务。目前，箭鹿股份、吉华材料、北塔软件、红豆杉、中江种业等公司均在本所非诉团队的帮助下在新三板成功挂牌。同时，本所还储备了多家拟挂牌公司项目。在与这些新三板挂牌公司建立了长期、牢固的合作关系之后，它们很可能成为本所未来的 IPO 储备项目。

三、金融行业的新星——村镇银行、消费金融公司

（一）村镇银行

村镇银行是由境内外金融机构、境内非金融机构企业法人、境内自然人出资，在农村地区设立的主要为当地农民、农业和农村经济发展提供金融服务的银行业金融机构。

2006 年 12 月 20 日，为解决农村地区银行业金融机构网点覆盖率低、金融供给不足、竞争不充分等问题，银监会出台了《关于调整放宽农村地区银行业金融机构的准入政策，更好支持社会主义新农村建设的若干意见》，适度调整和放宽了农村地区银行业金融机构的准入门槛，并提供了政策支持。2007 年 1 月 22 日，银监会制定并发布了《村镇银行管理暂行规定》，为村镇银行进入农村金融市场提供了法律依据。银监会同时出台了《村镇银行组建审批工作指引》，为村镇银行的筹建和开业提供了具体的程序指引。

近几年,借助国家政策支持以及金融改革趋势,村镇银行发展迅猛。截至2013年年末,全国共组建村镇银行1 071家,其中开业987家、筹建84家。村镇银行已遍及全国31个省份,覆盖1 083个县(市),占县(市)总数的57.6%。在组建的1 071家村镇银行中,中西部省份达665家,占62.1%;在已开业的987家村镇银行中,有739家已实现盈利;村镇银行支农支小为主要特色,农户贷款和小企业贷款分别达1 455亿元和1 825亿元,合计占比90%。[3]

本所顺应国家金融创新及改革趋势,参与了多家村镇银行的筹建开业工作,就其章程起草、筹建方案的拟定以及银行内部治理的合法合规性给出了专业的、全方位的法律建议。随着我国金融业的进一步深化改革,村镇银行仍将快速发展,本所会进一步加强村镇银行业务的拓展与开发。

(二)消费金融公司

消费金融公司,是指经中国银行业监督管理委员会(以下简称银监会)批准,在中华人民共和国境内设立的,不吸收公众存款,以小额、分散为原则,为中国境内居民个人提供以消费为目的的贷款的非银行金融机构。2009年7月2日,会正式对外公布《消费金融公司试点管理办法》(银监会令2009年第3号)。2010年,国内首批3家消费金融公司获得中国银监会同意筹建的批复。首批消费金融公司分别为北银消费金融公司、四川锦程消费金融有限公司、中银消费金融公司。2013年11月14日银监会正式对外公布《消费金融公司试点管理办法》(银监会令2013年第2号),原《消费金融公司试点管理办法》(银监会令2009年第3号)同时废止。自此,我国消费金融公司迈入新的篇章。

本所作为苏宁消费金融有限公司筹建审批项目的专项法律顾问,就苏宁消费金融有限公司的章程草案、出资人协议、筹建方案及可行性报告,向苏宁云商出具了专业法律建议。目前,苏宁消费金融有限公司已经由江苏省政府报经银监会审核。在实践过程中,本所对消费金融公司的筹建流程也有了较为全面和深刻的理解。

消费金融公司意在促进金融产品创新,满足不同群体消费者不同层次的需求,提高金融业的服务水平。这是未来中国金融创新与发展的方向,也是律师非诉业务的一次创新契机。

四、并购重组业务的突破——律师的纽带作用

中国经济发展进入改革开放30年以来的深化改革期,经济下行、产能过剩、钱荒频现、债务扩张等现象不容忽视。上市公司面临经济大环境多方位的挑战,亟须寻找有效方式增强自身的竞争力以及提升公司价值。上市公司并购重组交易已经成为资本市场配置资源的重要手段,是调整优化企业结构、提高发展质量效益的重要途径。

2014年3月，国务院《关于进一步优化企业兼并重组市场环境的意见》（国发[2014]14号，以下简称14号文）发布，进一步强调要营造良好的市场环境，加快推进审批制度改革，充分发挥企业在兼并重组中的主体作用。2014年5月，国务院《关于进一步促进资本市场健康发展的若干意见》（国发[2014]17号）出台，鼓励市场化并购重组，要求充分发挥资本市场在企业并购重组过程中的主渠道作用，尊重企业自主决策，鼓励各类资本公平参与并购。2014年7月11日，中国证监会就修订《上市公司重大资产重组管理办法》《上市公司收购管理办法》向社会公开征求意见，这是贯彻落实国务院关于简政放权、促进企业兼并重组的要求，适应当前国民经济“转方式、调结构”战略调整的重要举措，对促进上市公司行业整合和产业升级，推动并购重组市场发展具有重要意义。

2014年上半年，中国地区并购市场交易总额为1 830亿美元，创近三年来新高。不管是从经济大环境去分析还是从政策导向来判断，上市公司的并购重组浪潮必将成为未来几年的潮流趋势。

随着多年来本所IPO业务的积累，本所已经同多家上市公司建立了长期的战略合作关系。既然上市公司的并购重组是未来的大方向，我们也应该紧跟潮流趋势进行相关的业务创新与发展。扎实的法律实务功底与广泛的人脉网络，是律师的两项核心竞争力。传统的并购重组业务更多的是运用律师的法律功底帮助客户拟定并购重组方案并出具相关的法律意见。笔者认为，在并购重组的业务创新中，要运用律师广泛的人脉资源，发挥个人的主观能动性。我们发现，很多上市后的公司客户有行业整合和产业升级的发展诉求苦于目标项目公司缺失。本所从事IPO及相关非诉业务多年，积累了各行各业杰出的企业资源。

2014年4月，上市公司江苏润和软件股份有限公司（以下简称润和软件）以7.2亿元的对价收购北京捷科智诚科技有限公司（以下简称捷科智诚）100%股权。捷科智诚专注于以国内商业银行为主的金融领域第三方专业测试业务，拥有长期的金融领域实践和丰富的金融系统开发及测试经验。润和软件收购捷科智诚，不仅有助于增强公司的软件业务竞争能力，而且将推进公司金融领域客户的开发。同时，捷科智诚的股东也有转让捷科智诚股权的意愿。了解到双方的需求后，笔者作为中间人，将捷科智诚介绍给润和软件。在笔者的主导和协调下，双方经过多轮沟通协商，最终达成了本次交易，完成了双赢。总结该案例，我们应当发掘和整合自身所掌握的人脉资源，将其运用到上市公司的并购重组中，最大限度地发挥律师作为交易中间人的纽带作用。

充分发挥律师作用，确保混合所有制改革依法规范进行

吴正林*

［摘要］ 混合所有制改革过程中存在诸多法律风险，应充分发挥律师作为专业法律服务工作者的独特作用，依法建立健全律师服务国有企业混合所有制改革的相关机制。

［关键词］ 混合所有制改革　律师作用

中共十八届三中全会《关于全面深化改革若干重大问题的决定》提出："要积极发展混合所有制经济，允许更多国有经济和其他所有制经济发展成为混合所有制经济，国有资本投资项目允许非国有资本参股，允许混合所有制经济实行企业员工持股，形成资本所有者和劳动者利益共同体。"该项决定内容，吹响了新一轮国企改革的号角。国企将由单一的国有资本控股转变为包含集体资本、民营资本等多元化的资本组建形成混合所有制企业，这是国企改革的方向。进一步推进国有企业混合所有制改革，对于推动经济社会全面快速发展具有重要意义。在混合所有制改革过程中要充分发挥律师的作用。

一、混合所有制改革过程中存在着多重法律风险

为贯彻中共中央十八届三中全会关于积极发展混合所有制经济的精神，目前部分省市已相继出台了改革方案，在这些方案中，均提出了混合所有制改革需要坚持依法规范和市场导向的基本原则，同时规划了混合所有制改革需要推动国有资本与其他各类资本融合发展、设立优先股、国企改制上市、推进混合所有制企业员工持股、规范法人治理结构等方面的内容。在目前的市场和法律环境下，进行上述这些方面的改革，必然存在着各种法律风险。

推动国有资本与其他各类资本融合发展，是进行混合所有制改革的应有之义。让民间资本、外商资本以及养老基金、保险基金、社保基金等各类新型社会资本，按照市场规则，以出资入股、认购可转债、收购股权、股权置换等形式，参与国有企业改制重组。在非国有资本与国有资本混合时，应采取何种改制模式，如何选择非公资本和战略投资合作者，都需要结合每个国有企业的实际情况来综合考虑。没有相应完善的制度设计，国有企业发展混合所有制将面临失败的风险。

---

* 安徽徽商律师事务所律师。

设立优先股是国有资本发展混合所有制的另外一条路径。2013年国务院决定开展优先股试点，出台了《关于开展优先股试点的指导意见》，意见中就优先股股东的权利与义务、优先股的发行与交易以及组织管理和配套政策作出了规定。而相应的国有企业设立优先股的方案、国有资本持有的优先股应由谁代持，以及如何监督管理等问题尚待解决。国有企业在混合所有制改革中如果设立优先股，应当根据国务院《关于开展优先股试点的指导意见》的精神，结合企业的实际，在保障国有资产保值和增值的前提下，根据现有的法律和政策，考虑制定设立优先股的具体稳妥的方案。

国有企业通过改制上市，是实现混合所有制的重要途径。上市公司作为企业中的特殊群体，其组织形态和运作模式及相关法律、法规的要求比一般的企业更为严格。国有企业是我国国民经济的支柱，因此国企改制上市具有一些特有的法律风险。主要体现在：企业信息披露风险、内幕交易风险、股权管理风险、入市退市风险、上市公司控制权风险等。这就需要企业通过律师事务所和律师处理与上市有关的法律事务，包括编写公司章程、承销协议、各种关联交易协议、发起人协议等；做好相关法律报告的起草工作。对公司董事、监事、高级管理人员及持有5%以上股份的股东进行《公司法》《证券法》等有关法律法规的培训；通过进行尽职调查、出具法律意见书的形式，帮助企业完成申报材料的制作和上报。

推行混合所有制企业员工持股，是混合所有制改革的重要内容。对于员工持股的范围和方式、员工持股的代持方式、员工持股的价格确认，以及员工持股的继承和转让，都需要逐一依法合规处理。目前企业进行这方面的尝试没有单独的法律规范可以参照借鉴，因而在推行该项改革时，应做好法律风险的防控。

规范混合所有制企业法人治理结构，是完善现代企业制度的必然要求，也是混合所有制改革成败的关键因素。法人治理结构的规范涉及混合所有制企业中股东（大）会、董事会、经理层和监事会的议事规则，确立混合所有制企业的决策机制，监督机制和执行机制、中小股东建议权知情权决策权的保护，引进职业经理人和外部董事参与企业经营、建立企业责权利相统一的运行机制等相关问题。确立混合所有制企业法人治理规则，必须在法律、法规、规定的框架下进行。而规则的制定，则需要律师等专业法律人员的帮助，要做好企业法人治理完善的风险评估和防控工作。

二、在防控混合所有制改革的法律风险中，应当充分发挥律师作为专业法律服务工作者的独特作用

推进国企混合所有制改革，不仅涉及体制、机制和制度的转移与创新，而且涉及国家、企业及个人利益关系的调整，包含经济、民事、行政等诸多复杂的法律关系。做好此项工作，需要准确理解和运用国家法律、法规和有关政策，正确规范和

处理好各种法律关系和问题。律师是拥有法律知识与专业技能,为社会提供法律服务的专门人员,能够为国有企业混合所有制改革提供必要的法律服务和帮助。律师参与国有企业改革,可以为改革提供准确的法律、法规及政策依据,有效避免法律风险,保证改革程序的规范化运行。

(一) 宣传混合所有制改革政策

律师可以通过专题讲座、改制培训、法律咨询和组织律师服务团等多种形式,加强政策引导和思想宣传,答疑解惑,为国有企业混合所有制改革创造良好的政策环境、工作环境和舆论氛围。

(二) 参与国有企业混合所有制改革方案的制定和准备工作

1. 律师可以受聘参与研究、制订国有企业的混合所有制改革方案,做好相关文件的审查和申报工作,为企业拟定的改制方案出具法律意见书。

2. 律师可以为国企进行混合所有制改革过程中涉及的一些重大问题提供法律帮助,如就资产评估、债权债务确认、资产处置、公司章程制定、公司治理结构确定、产权(股权)交易、职工安置等问题出具法律意见书。

3. 律师在协助企业拟订改革方案过程中,可以帮助企业妥善处理方案中所涉及的国有产权转让、出售等相关法律问题,协助企业确定符合法律规定和自身实际情况的最佳方案。

(三) 参与国有企业混合所有制改革方案的实施

在国企实施混合所有制改革过程中,律师可以为企业提供以下服务:起草、审核、修正实施过程中的相关法律文件;就具体问题的处理、改制方案的调整及时提出法律咨询意见;对非公资本的资格、资信状况、受让国有资产或国有股权的能力,以及提供担保的真实性、合法性进行尽职调查;处理职工劳动关系变更和社会保险接续中的法律事务,维护职工合法权益和企业秩序;处理改制过程中的各类纠纷,代理企业进行仲裁或诉讼活动。

(四) 为国有资产监督管理机构提供法律服务

国有资产监督管理机构在混合所有制改革工作中具有双重职能,一方面,其负责所管辖行政区域的混合所有制改革行为的监管工作,履行行政职责,属于行政主体;另一方面,负责同级政府出资的下属国有企业混合所有制改革工作的决定、批准及具体推动和组织实施,成为交易的一方,属于民事主体。为此,律师可以根据国家及地方性有关法律、行政法规、政策、规章规定,协助制定本区域国有企业混合所有制改革监管制度及程序;协助制订所属企业混合所有制改革整体方案或具体个案的实施方案,提供法律论证及法律可行性分析;为其所属企业混合所有制改革具体个案的实施提供全过程的法律实务操作,包括工作计划的制订、相关合同协议文本的编制、相关内部及外部审批所需文件材料的准备,股权、产权交易活动的安排、相关变更登记手续的代办等。

（五）协助改制后的企业建立健全规范的法人治理结构

企业改制后，律师可以协助新公司严格按照国家法律、法规和政策规定，建立健全规范的公司法人治理结构，建立和完善企业各项内部管理制度，包括混合所有制企业三会的职责和议事规则，职业经理人和外部董事的聘任、激励和惩罚制度等，帮助企业把各项经营和管理工作纳入法制化轨道。

三、应当依法建立健全律师服务国有企业混合所有制改革的相关机制

建议国务院国资委和司法部，以及各省市国资部门和司法行政部门，把律师服务国有企业混合所有制改革工作列入重要议事日程，根据实际情况，建立必要的组织领导及工作指导机构，出台文件规范国企混合所有制改革中的律师服务。出台的文件中应当包括以下内容：

（一）保障律师参与国企混合所有制改革的途径

积极搭建律师法律服务平台，拓宽律师为国有企业改革服务的渠道。要加大工作指导力度，统筹工作全局，组织律师为国有企业改革提供规范、有序、高效的法律服务。

进一步推进依法行政，让广大律师参与政府部门关于国企改制各项政策的制订和实施，首先保证改制政策的合法性，进而确保整个改制方向正确、合法有序。政府和企业都要重视律师，尊重律师，选择律师，采取措施积极引进律师介入国企混合所有制改革。

（二）建立律师全程参与并提供法律服务的工作机制

通过出台文件，明确要求国有企业混合所有制改革过程中存在法律风险的相关事项必须由律师事务所出具专业的法律意见，律师出具的法律意见书作为国有企业报审改革方案的重要文件，并作为审批方案的重要依据。要求国企的改革过程必须由律师全程参与，并切实加强督促检查，确保各项工作落到实处。要加强协调和沟通，建立适应工作需要的协作机制，及时通报工作情况，共同研究解决律师法律服务中的重大事项及遇到的问题，促进国企改革与律师法律服务的有机结合和协调进行。

从制度上、法律上和政策上明确律师在国企改制中的地位和权责，提供改制的法律服务费用，营造律师服务国企改制的良好法制环境，使律师的执业权利得到切实保障，在改制中的作用得到充分发挥。

总之，在国有企业混合所有制改革过程中，要充分发挥律师的重要作用，律师要做好决策的“参谋员”、法治的“讲解员”、法律的“监督员”、危机的“化解员”，为国有企业混合所有制的建立和完善提供优质高效的法律服务。

浅析新形势下律师服务的创新

黄振辉*

一方面，随着我国经济社会的发展和民主政治建设的不断进步，中国律师队伍发展壮大，中国律师业创造的经济价值和社会价值与日俱增，已经成为中国社会主义建设的重要组成部分，在政治、经济、文化和社会生活中都发挥着越来越重要的作用。另一方面，随着市场经济的发展，市场主体的多元化，行业分工的精细化，使得社会对法律服务的需求迅速增长，中国的法律服务市场也越来越成熟。政府、企事业组织、社会团体、个体经营者、村（居）民社区和公民个人对法律服务的需求比将保持稳定增长，传统的法律服务市场逐渐扩大并分化为各类低端、高端、竞争激烈的法律服务市场，这对中国律师来说，是一个重大的发展机遇。但机遇与挑战并存，律师面临的竞争也越来越激烈。据统计，截至2013年年底，我国执业律师已达25.09万人，比上一年增长8.01%，其中专职律师22.5万人，兼职律师1万多人，法律援助律师5400多人，具有本科以上学历的律师已占总数的82.1%，研究生以上学历的律师已超过4万人。可见，律师如何创新服务模式，如何寻求新途径提升自身的竞争力，是每个律师不可回避的问题。

一、律师服务理念创新

首先，要改被动服务为主动服务。目前大多数律师提供法律服务是一种浅层次、被动的法律服务，直到出现了法律纠纷和诉讼危机，才应客户要求被动采取应对措施。这也和很多企业不会用律师，不知道如何发挥律师的作用有关。一方面，很多企业家把律师看做是“外人”，在经营活动中仅仅就法律问题咨询律师，而对企业的其他重大信息予以保留。其次，很多问题并不单单是法律问题，其中交叉着很多财务、经营、技术等多方面的信息，而律师又对其他信息不够了解，可能为日后解决问题埋下隐患。另外，从律师自身角度而言，与企业的联系也不够紧密，有一些律师作为法律顾问，甚至几年都不到企业去，仅凭电话和邮件沟通，常常“顾”而不“问”，出了事儿再解决，这样无法形成紧密型关系，律师也无法充分发挥作用。所以，律师要自己转变服务理念，也要使企业转变观念，要充分发挥律师的作用，能够参与企业的决策，列席或参加企业重大会议，只有完全了解了企业的“内幕”，才能更好地为企业服务。

---

* 广东深宝律师事务所律师。

二、律师服务模式创新

法律服务模式创新主要是一种营销思维方式的转变，不再一味等待客户的挑选，而是思考如何将专业服务链接到用户关系，并愿意购买的产品上，实现服务内容的升级和服务要素的优化组合，培育特色法律服务。首先，实现律师法律服务产品标准化，要将法律服务作为一项产品，有清晰的定价标准，可预期的服务质量和服务考核标准，让客户通过实际参与、服务体验、直观地理解法律服务的内容和质量。其次，大力开拓私人律师市场。律师的服务对象不应仅仅面对企业、政府机构，近几年来，国内私人律师市场正逐渐打开。向客户个人提供全方位的法律服务的私人律师数量正在日益增长，一些私人客户向律师缴纳一定的费用，则可享受到律师全年的法律服务。中国有世界近四分之一的人口，私人律师的市场还未充分开发，这项业务也将成为未来的发展新趋势。

三、律师服务内容创新

传统的法律服务包括：解答法律咨询；审查、起草、修正合同文本及其他法律文书；参与客户业务谈判；等等。在新形势下，律师在现有服务领域的基础上，应当不断从横向和纵向两方面拓展新领域。例如，代为清理客户债权、债务，提供法律意见；代理参加客户对外重大投资、融资、资产处置等法律事务。

总之，成为新形势下有竞争力的律师，不但要凭借扎实的专业知识和丰富的实践经验，严谨的敬业精神，还要具备创新意识，适应新形势的需要。

公司法在律师业务中的专业拓展之路径探析

——以公司法、金融法、知识产权法在律师业务中的“三法合一”为例

唐有良[*]　冯俨祯[**]

[摘要]　中西部地区中小企业的投融资事务的综合性、基础性特点，决定了中西部投融资律师在提供法律服务时，应当把公司法、金融法、知识产权法三个专业领域的法律知识更紧密地结合起来，三个专业能够从不同的维度揭示中小企业投融资事务的特点和规律，而又具有内在的一致性、相通性。“三法合一”的专业结构，深刻地影响了公司法的制度环境及其生态，也成为公司法专业在律师业务中实际拓展的一个路径。

[关键词]　中西部地区　投融资　公司法　金融法　知识产权法　三法合一

一、公司法、金融法、知识产权法律师业务交汇的现状

按照大陆法系的传统划分，公司法属于商法，知识产权法属于民法，而金融法则专属一类或者归于经济法之下，概因为三者的领域不同，理念与法律逻辑不同，司法适用规则亦不完全相同，且各自形成的历史传统不同，因而，在法律部门的划分或者法学的意义上，自然各有畛域，不得混同。然而，理念是灰色的，生命之树则常青。法律发展史表明，法律部门、法律体系之划分并非是绝对的。这不仅是因为社会经济文化的发展带动了法律调整对象的变动，同时，律师界在具体业务中的实践，也对这一现象作出了有价值的阐释。

笔者所在的律师事务所属于河南省规模最大的律师事务所之一，无论在业务、专业实力等各方面，在当地都可以称之谓主流大所，但是，河南乃至湖北、湖南等中部地区的律师如何走向专业化的问题，实务中有多种做法。总体上说，有两种倾向是应当避免的，一是盲目地和京沪少数高精尖律师攀比，动辄“专做”某某业务，其实对绝大多数人来说，这是不现实的。京沪的少数高精尖律师所或律师，借助于一些机遇并积累多年，以全国为市场占尽地利天时，我们河南律师中的绝大多数以本省甚至本市、县为市场，有多少业务供我们做专业化呢？如此“专业化”的结果，无非是流于形式或者宣传噱头而已。还有第二种倾向与上述相反，即安于现状，对专

---

* 河南陆达律师事务所副主任。

** 河南陆达律师事务所投融资法律事务部律师。

业化没有信心，认为我们基础太差，条件不具备，环境也不好，不如做传统业务更有安全感。如此，河南等中部地区的律师应当如何打造专业化呢？

我们团队的看家本领是公司法业务，但是《公司法》修正和公司登记改革，已经带动了越来越多的社会资本往农林领域进行投融资，如农业土地流转、林权抵押贷款、植物新品种申请与保护、知识产权质押融资等，与律师有关的有合同法、公司法、土地管理法、农业法、林业法、担保法、金融法、知识产权法等专业知识。再如传统的担保公司民间金融的逐步规范化和证券法修正，引起了各种投资机构的进一步发展，私募基金的数量越来越多，涉及律师的公司法、合伙企业法、合同法、证券法等法律专业。在办理上述业务的过程中，我们感觉到单靠传统的万金油式办案方式已经不能适应现实需要，但是过于高精尖的专业水平短时期内恐怕也很难达到，为此，我们按照“中庸之道”的思路，确定了既不盲目攀比北上广个别大所，也不和广大的中小所抢业务的业务定位，一方面，不过于追求个别环节的“高”“大”“上”，什么IPO、双反、国际并购等；另一方面，我们也必须有自己的“业务增长点”和专业化，在办理上述业务过程中，我们围绕企业的战略发展和投融资需求，创造性地把公司法、金融法、知识产权法有机地结合在一起，为企业提供基础性、配套性、综合性的法律服务，我们帮助企业确定投资方案，然后帮助企业起草章程，再帮助企业注册公司，筹备股东会、董事会、监事会，担任企业的会议秘书，然后为高管讲企业战略发展、企业管理基础知识、企业文化，以及建章立制、法律培训等。在以上过程中，既有法律业务，也有与法律相关的边缘性业务即企业管理学知识，对个别企业，还要担任董事或者高级顾问而非单纯的法律顾问等，从而更有实效地规范企业运行、优化企业战略管理。为了更好地提供上述律师服务，我们规范和夯实了团队管理，团队业务在成员之间及时通报，重大事务共同协商，具体操作时各有侧重，为了实现团队成员之间的信息互通、资源共享，我们发明了电子卷宗、格式化流程、办案备忘录、工具箱等作业模式。

我们的团队经过总结，认为公司、知识产权、金融三法合一的专业结构，可以作为中部地区民商事律师的专业化模式之一，即我们的业务并不单纯地专注于公司法或者知识产权法或者金融法，而是兼有以上三个专业的成分并融会贯通综合运用，我们业务的重点在于三者的结合部，是基础性、整体性的法律服务。因为，在河南乃至中部六省，无论政府的中心工作，还是企业发展，抑或老百姓理财，投融资都是各界关注的焦点之一，投融资过程中的风险管理问题、公平公正问题、创新问题等，在公司法、知识产权法、金融法方面都向律师们提出了严肃的课题，而在现实中，对三个专业领域的法律同时兼备服务技能的律师明显不够，企业制订投融资方案和操控时，律师往往被排除在主流之外。因此，我们以客户为中心，具体说是以中小型企业为中心，专注于客户投融资的基础性法律问题，结合公司、知识产权、金融三方面的法律知识和技能，为客户提供综合性的法律帮助、咨询、论证和代理，并利用自身资源组织协调有关方面进行推进和操作，从而与企业，与会计师、税务师、企业培训机构等共享民商法智慧和法律理念。这一理念,我们称之谓“三法合一”。

二、“三结合”的业务结构

(一) 公司法之维

三法合一的依托是公司法,这首先来自我们对中部地区特殊情况的判断。许多企业尤其是中小型民营企业,股权结构不合理,家族企业色彩浓厚,隐名股东现象突出,公司制与合伙制不分,内部治理水平低下,“三会”不完善,民主决策流于形式,管理性浪费严重,人才意识淡薄,控股股东与公司的资产混同,甚至人格混同现象严重。上述现象,直接造成的恶果就是一些企业社会责任意识差,诚信水平低,职工民主权益不能落实,财务报表和信息披露的可信度不高,投资机构、贷款银行望而却步,这已经成为当前妨碍豫企融资和招商引资的主要原因之一。从根本上看,法人治理是公司法的核心问题,也是大多数经济乱象、经济违法犯罪的重要根源。因此,律师通过公司设立、公司治理、公司清算、公司诉讼等法律业务,帮助企业厘清关系、优化结构、规范运作、科学管理、合规经营,是一项非常重要的基础性法律服务,也是解决其他许多法律问题的重要前提。

虽然公司仅是现代商业组织形式的一种,但它是最重要的一种,因为在实体经济领域,公司永远都是最重要的商业组织形式,而实体经济是社会经济的主体,金融永远是为实体经济服务的。虽然,还有其他如合伙、信托、基金份额、资产管理等,但莫不以此为蓝本而加以损益,而且主要存在于规模较小的领域如资产管理、小型实业等,就其最终的财富投入而言,仍然是实体经济,因而仍然以公司法为主。

(二) 知识产权之维

如果要把律师的公司法业务向“博大”“精深”两个维度发展,还有一个法律专业不能缺位——知识产权法。要么把知识产权装入企业资产体系、股权估值中去,要么把知识产权作为企业战略的支点和战略竞争的杠杆进行操作。知识产权既是投资的主要内容之一,也是财产担保的基本种类,知识产权投融资是公司法制和金融法制的基本元素。中西部地区之所以对知识产权不重视,主要原因是大家对知识产权风险和价值的认识不一。实际上,只要措施得当,知识产权风险是完全可控的,一是政府加强审查;二是司法与行政结合,加大保护;三是企业加强自身知识产权管理;四是发达成熟的中介组织和知识产权律师;五是通过商业化运作,消解知识产权的法律冲突与纠纷。

如某客户单位因其专利权被侵犯而提起民事诉讼,一审立案后,被告向国家知识产权局申请宣告专利无效,申请被驳回后,被告又提起行政诉讼,经过行政诉讼两审,涉案专利的有效性得到维持,然后民事部分恢复审理,一审判决被告侵权成立,被告又上诉,至此两年时光已经过去。我们接手该案后,遵循“三法合一”的理念进行作业,首先我们告诉企业,在很多情况下,由于实际条件所限和司法环境问题，专利诉讼未必能完全实现维权目的。再者，侵犯专利权的法律后果只有民事责任和行政责任而无刑事责任，导致专利法的威慑力不够，但是如果把技术的优势体现在企业的品牌上，通过企业申请注册商标和提高产品质量、性能，并持续进行宣传与营销而培育成名牌，那么如果他人假冒商标，则可以依刑法治罪，效果就会更明显。而且，品牌一经形成，就会产生品牌的附加价值，这才是从根本上保护企业的知识产权。另外，我们又提出，专利权除了可以用于生产经营，还可以通过质押贷款等方式进行投融资，通过律师联系协调，银行负责人到现场考察，当场就答应可以用最优惠的利率为企业提供贷款。

此外，律师又告知企业还可以依据其二十余项专利技术，申请高新技术企业认定从而争取税收方面的优惠政策，并帮企业请来发改委的有关领导进行现场考察，申请解决贷款贴息问题和工业结构调整补贴问题。律师又建议企业用新项目单独设立公司，以原企业为发起人，并邀请上下游客户共同出资，设立新公司，从而有效隔离高科技项目的风险，并使企业向集团化发展。通过一系列的咨询、建议和操作，客户单位的视野更开阔了，消除了对专利侵权官司的不切实际的想法，最终促成专利诉讼和解。总之，河南作为资源大省、农业大省、劳务大省、文化大省、制造装备业基地，正向创新大省、文化强省迈进，如果我们能够把传统的知识产权维权业务向知识产权投资、融资方面迈开步伐，就会与公司投资、金融业务形成犄角之势，互相支援，相辅相成。

公司投资、金融领域离不开知识产权元素，如果说公司投资框架下的股权主要来自法律行为的创设，知识产权则源自"创造"这一事实行为。如果说股权是对社会财富的再造，知识产权则直接参与社会财富的创造。

（三）金融法之维

股权和知识产权要彻底实现其资产价值和信用价值，仍需融入金融平台，使股权和知识产权充分流动起来，股权与金融结合实现股权的拆细与标准化，即证券，知识产权资本化的结果也是一种金融产品。从证券法的历史发展也能看到，商法体系形成之时，并无专门的证券法，20 世纪 20 年代美国爆发股市危机后，证券作为独立的财产形态得到重视，证券法逐渐成为商法的一个组成部分。但是不久，自英国制定金融服务法以后，各国开始放弃证券法模式转而制定更加统一的金融投资法、金融服务法，可见，证券法在现代法律体系中最为变动不居，既是对传统民商法律体系的补充，又支撑并逐渐融入更高品质的金融法律体系。推而广之，中国的金融创新，事关实体经济，事关资本市场，事关公民和企业的财产权和投资自由，民商事律师应当关注金融法律业务，公司投资律师要想提升业务档次，更应该开拓金融法律业务。

目前我们在给客户提供投融资法律服务时，除了利用林权抵押贷款、知识产权质押贷款以外，还帮助其规范公司治理，优化资产结构，尤其是其中的知识产权、股权、金融资产，并先后为 3 家企业提供了"新三板"（NEEQ）方面的法律服务。由此可见，公司法、知识产权法、金融法的综合运用发挥了相当重要的作用。

三、关于"三法合一"的评价

(一) 共同之处:无形资产

公司、知识产权、金融法律业务之所以能够"合一"成为一种律师专业模式,从根本上看是因为股权、知识产权、金融资产三者之间存在共通之处——无形性。在大陆法系传统的法律分类中,知识产权被称为"无形财产",但在英美法系中还有一个与之近似的名词"无形资产",如英国著名律师、金融法教授菲利浦·伍德在其名著《国际金融的法律与实务》中,就把股权、知识产权、金融资产统称为"无形资产",我国台湾王文宇主编的《金融法》也称:"所谓金融资产系无形资产之一种,而其表彰未来利益的请求权则系针对未来的现金收益而发"①,"金融市场中所流动交易之'标的'多半系无形资产"。② 国人由于法律传统缺乏,重实质甚于形式,重实体甚于程序,对股权、知识产权、金融资产等法律拟制的概念性财产比较陌生;当然在此3个领域的正义原则实现更难,公平、平等、自由、效率等原则往往通过风险转化为损失和纠纷之后才能显性化,而在许多场合下已经为时已晚。现实经济中的许多不足,同样与三种无形资产不受重视有关。在学术领域,"三法合一"的做法已有尝试,如英国剑桥大学法学院院长费伦女士的名著《公司金融法律原理》,就是一本把公司法、证券监管、信用与担保方面的法律理论统合在一起的典范,费伦女士该书的《中文译本序言》中写道:"它对公司金融的集中关注,使其能够将这三个不同的法律领域有机整合成一部著作,并以系统全局的眼光来开展研究。"③

(二) 业务节点:投融资领域的日常性、基础性、综合性法律服务

1. 日常性

既然不与京沪等大型专业所争案源,"三法合一"用在何处?其实,IPO、双反、国际信用证、海外资本市场等业务,在产业链条上看,恰恰是价值投资的中间环节,在之前和之后还有许多环节,需要律师提供日常性的法律服务,比如,IPO之前的股权投资环节、资金募集环节,还有不以资本市场为中心的比如银行理财、金融消费者保护、信托投资尤其是其中的非标类债权投资等,IPO之后的证券交易环节的基金法律事务、资产管理、证券纠纷等;同样,双反只是众多知识产权业务和涉外贸易业务中的一个极端化环节;国际信用证业务,也离不开贸易合同的签订、国内项目融资管理等,总之,"三法合一"法律事务具有日常性。

2. 综合性

相应的,日常性的法律事务往往因为离客户太近,而往往需要综合性的法律知识与技能,因此,把公司法、知识产权、金融法结合起来,反而更能胜任工作。

---

① 王文宇主编:《金融法》,元照出版有限公司2004年版,第2页。

② 同上书,第6页。

③ 〔英〕艾利斯·费伦:《公司金融法律原理》,罗培新译,北京大学出版社2012年版,中译本序言部分。

从职能的角度看，高端环节的业务囿于其时间和节点限制，其功能比较单一，比如涉外仲裁、诉讼是为了化解风险，国际信用证是为了国际结算，IPO是为了股份上市挂牌，但是“三法合一”的业务则往往涉及风险解决之前的风险管理、风险防范，还有增值过程，比如法律建议、投资策划、企业发展战略策划、资源对接等。

为了做好法律服务，“三法合一”的律师应当是个多面手，甚至为了参与企业咨询管理，应当掌握企业管理的有关知识，对企业进行企业管理、企业文化方面的培训，有些往往是介于法律与经济、与管理之间的知识，而这些，对于单独以IPO、双反等业务为主的律师，显然是不需要的。

3. 基础性

日常性和综合性决定了我们的法律事务往往更具有基础性，如果说京沪所谓高端法律业务是“点”，“三法合一”做的就是“线”与“面”。尤其是诉讼，在中国，这是公认的极具地方化的一种律师业务，在此方面，能者通吃的现象并不突出。

京沪的高端业务往往集中于非诉讼方面的某个节点，能够贴近本地客户，且为其提供常规性的、全面的、基础性法律服务的，从律师的角度，能在日常性、常规性、基础性事务中做到公平、公正，增加法律元素，这是更重要的，因为是隐性的，所以，矛盾和问题不很突出，因而更需要一种法律信仰和律师的公平、公正、诚信形象。

四、“三法合一”专业结构的功能

相对于传统的诉讼、法律维权功能而言，“三法合一”的专业结构，有利于集中资源、综合运用，更好地实现律师法律服务防范法律风险的功能。

现代企业风险的主要特点是：

（1）风险系数特别高，涉及经营管理的方方面面。

（2）具有传递性。与其合作伙伴、产品（服务）上下游、甚至金融服务机构的风险紧紧连在一起。

（3）具有突发性。

（4）具有可控性。

因此，都有必要建立严格的内部控制制度。目前企业常见的内部风险包括：

（1）公司治理结构和管理机构不完善。

（2）流程缺乏规范化、标准化。人浮于事，无组织、无纪律。

（3）风险控制与分散的规定过于原则，缺乏可操作性。

（4）法律风险较大。

“三法合一”模式能够帮助中小型企业更有效地防范法律风险。比如，一些中小公司的股东往往同时担任公司高管，平时开会时不注意股东会和董事会在形式上、程序操作上的区别，发生纠纷以后才发现决议程序违法或违反章程，被判决撤销。再如，公司登记问题涉及《公司法》《公司登记管理条例》。同时，如果以他人有一定知名度的商标中文字部分作为自己的企业字号并突出使用，就构成商标侵权，即使没有突出使用，也有可能涉嫌不正当竞争，此时公司法与知识产权法问题会交织在一起。

律师还可以把理论上的研究成果拿到实践中来，通过非诉讼方式，比如流程、文本、方案的设计和损失，把最新的理论观点转化为实务，即使将来发生了纠纷，虽然法律未规定，但是根据"意思自治"的原则，当事人的文本中、证据中已经约定过的条款，法官同样可以裁判。

例如，通过章程创新解决公司僵局：

（1）何谓僵局：公司纷争与公司欺压、公司僵局三种情形。

（2）理念：纷争、欺压和僵局可以事先预防，最典型的是方案设计。

（3）如何设计：主要是章程和协议。① 注册代理人制度（美国标准公司法）；② 紧急状态制（美国标准公司法），推定董事制度；③ 发生僵局时，由法院任命托管人、清算人或者临时董事、法院变更章程或者内部细则制度、任命或者更换个人董事或者经理等，对任何事项做出解释；④ 承认股东协议；⑤ 买卖协议，或者买断协议。

再如，投融资项目的组织形式问题是注册合伙企业还是公司呢？一般而言，对于人数少、业务风险不大的，可注册为合伙制企业，如此可以节省税负，且经营灵活，但是如果人数较多，规模较大，管理复杂，风险往往也比较大，就可以考虑注册为有限责任公司或者股份有限公司，这样既有现成的公司法条款可以套用，发生纠纷后法律保护比较完善，而且股东仅以其出资为限对公司债务承担有限责任，风险较小。但是也有弊端，即存在双重征税问题。又如，一般情况下划拨土地不能转让，但是拥有划拨土地使用权的公司的股权是可以转让的，通过转让股权也能在一定程度上起到变更土地使用权的效果。另如，一项技术是否申请专利？有些技术方案极易仿冒，如常见的机械制造领域尤其是其中实用新型技术之类，适于公开申请专利保护，虽然只有 10 年的保护期，但是在该期限内，可以依法垄断。另外一些技术如常见的化工医药领域某些产品或制造方法等，他人不经过大量的研究和实验，很难轻易掌握，这时如果发明人公开申请专利，反而有可能被他人仿冒，维权的代价也很大，且专利期限届满后，专利技术将成为"公有"，对此种技术不公开申请专利而按照商业秘密保护，可能更可行，因为商业秘密保护是没有期限限制的。

尾论

需要强调的是，管理服务于业务，"三法合一"的专业结构需要配套的团队化作业和自动化作业。为此，我们团队形成了一整套流程、文本、电子卷宗、软件运用、团队分工模式等，限于篇幅，不再详述。还需要说明的是，"三法合一"是一种正在探索的专业模式，目前尚不能称之为成功，探索远未结束，其中的缺憾与不足，也在时常困扰着我们。但是为了在最商业化的领域彰显神圣的法律精神，使法律的公平、自由、平等、理性之光照耀投资、金融、商务之城，中部地区的民商事律师责无旁贷。

第二部分

《公司法》修正的建议与争鸣

对我国《公司法》修正的评价和建议

吴和平[*]　张亚琼[**]

［摘要］　2014年我国对《公司法》作出了修正，实现"零门槛"创业，修改主要涉及以下三个方面：取消公司最低注册资本的要求；注册资本实缴登记制度改为认缴登记；简化登记事项和登记文件。本次《公司法》修正是在结合当今国际化和经济一体化的基础上，针对公司法执行过程中表现出来的不足与缺陷，进行的总结和研究。笔者现就针对此次《公司法》修正作出简要的评价和建议，旨在为更好地落实修正《公司法》的规定。

［关键词］　公司法　修改　认缴登记　简化登记程序

一、引言

国务院总理李克强2013年10月25日主持召开国务院常务会议，部署推进公司注册资本登记制度改革，降低创业成本，激发社会投资活力。2013年12月28日，十二届全国人大常委会第六次会议通过了《中华人民共和国公司法》的修正案，是《公司法》自颁布以来20年间突破性的重大修改，修正后的《公司法》，已于2014年3月1日起施行。

二、《公司法》修正的主要内容

修正《公司法》新增加44条，删除13条，修改91条。其中主要内容包括以下三个方面：

1. 放宽注册资本登记条件

除对公司注册资本最低限额有另行规定的以外，取消了有限责任公司、一人有限责任公司、股份有限公司最低注册资本要求，不再限制公司设立时股东（发起人）的首次出资比例以及货币出资比例。

2. 将注册资本实缴登记制改为认缴登记制

除法律、行政法规以及国务院决定对公司注册资本实缴有另行规定的以外，取消了关于公司股东（发起人）应自公司成立之日起两年内缴足出资，投资公司在5年内缴足出资的规定；取消了一人有限责任公司股东应一次足额缴纳出资的规定。

---

* 湖北华隽律师事务所律师。

** 湖北华隽律师事务所律师。

转而采取公司股东（发起人）自主约定认缴出资额、出资方式、出资期限等，并记载于公司章程的方式。取消非现金出资不得大于30%的限制。

3. 简化登记事项和登记文件

有限责任公司股东认缴出资额、公司实收资本不再作为登记事项。公司登记时，不需要提交验资报告。实行“先照后证”，取消公司年检制，改为报告制，建立电子营业执照等。

三、对《公司法》修正的评价

（一）修正《公司法》虽然取消了最低注册资金，不再设置“门槛”

对于创业者而言，特别是小微企业、中小企业，大多数“海归”及大学生创业企业，修正《公司法》无疑为他们提供了良好的政策向导，他们虽没有创业所需的土地、厂房，也没有足够的固定资产，但是他们有创造性，是新兴生产力的代表。对他们而言，可以利用较少的资金创办公司。修正《公司法》通过放宽创业者准入门槛，激活了一批小微、中小企业的发展活力，有利于提高创业者的热情，同时也会促进社会主义市场经济的总体要求。

从理论上讲，“1元钱可以开公司”，在一定程度上能激发创业热情，尤其是在初期启动资金不足时，但是公司经营需要人员和地点，维持公司运营也需要大量资金。如果注册公司资本数额小，经营能力也可能受到质疑。尽管最低注册资本的要求和出资实缴制存在加大公司的设立难度，降低公司登记效率，妨碍公司灵活经营的问题，但在最低资本限额取消之前，公司主体拥有最低资本限额的保障，有着一定的信用保障。随着公司设立最低资本限额的取消，小规模的公司设立便成为可能，人们可以用较少的资金设立一个公司，部分人甚至有可能趁机设立皮包公司来进行商业欺诈或者违法行为，交易主体的真实性将存在疑虑。

（二）实行注册资本认缴登记制，并没有改变公司股东以其认缴的出资额承担责任的规定，也没有改变承担责任的形式

股东要按照自主约定缴付出资，否则要根据法律和公司章程承担民事责任。“皮包公司”是无法长久的，因为“1元公司”也要承担商业风险和法律后果。根据修正《公司法》的规定，如果企业注册资金为1元，在公司出现债务问题后，并非只承担1元钱的责任，而是包括公司所有财产，比如办公设备、经营住所等这些固定资产，均要抵债。一旦企业有经营异常和信用污点，不仅面临相关处罚，还会被列入“异常名录”。无论今后贷款，还是在找合作伙伴方面，都将“一处失信，处处受限”。

在实缴资本制的条件下，“雄厚”的注册资本对公司债权人和交易对象来说是一种宣示公司实力的方法，同时也是宣示其履行债务等多方面能力的体现，重要交易的前期调查内容中也必然包括对对方注册资本到位状况的调查。但在认缴制的

条件下,实际缴纳的资本不再登记,降低了对注册资本实际到位的审查准确性,可查阅到的只有该公司章程中的认缴资本。在此基础上,公司法人的信用便成为参考的重要因素。公司的认缴资本是否真正到位?该公司是否具有履行能力?通过各方渠道获得的信息准确性将会大打折扣,因过于相信对方商事的登记而遭受损失的第三人如何获得救济,等等,这一系列问题都需要从立法上加以解决。因此,如何了解该公司的履行能力成为新问题。

(三) 今后注册新公司无需再验资

注册公司核名,再提交相应的材料,然后按照新的登记制度登记,符合登记手续的公司,一般3至5个工作日,最快当天就能拿到营业执照。原来中国实行的是强制的验资制度,必须经过会计师事务所的验资才可以进行公司设立与登记,由于社会诚信的整体缺失,中介机构是否能出具客观、公正的评价,是值得怀疑的。加之证明的费用最终由公司承担,无形中增加了公司设立的成本。[①] 验资制度的取消,在提高公司设立的效率方面有着不可替代的作用,但同时也意味着保护债权人权益的方式减少了一种,通过何种方式保护债权人利益,成为债权人新的风险点。

四、修正《公司法》下提出合理化建议

(一) 建立公司内部的信息资料库

修正《公司法》取消了最低资本,首次出资比例、货币出资比例、出资期限等事项的限制,改由企业自主约定。各企业要高度重视公司章程在公司治理中的"根本大法"地位,注册资本、出资方式、出资时间及其他重大事项均应在公司章程、出资协议中详尽记载,确保权责清晰。

在修正《公司法》下,必须慎重设立公司,也要慎重选择合作伙伴或交易对手。强化对交易对象的尽职调查工作,做好信用调查与跟踪,在企业设立门槛降低和实行注册资本认缴制的新形势下,各企业在对外经营中,要切实加强对交易对象资信能力的翔实调查。针对公司履行能力不能保障的情况,公司能够做的只有将合作的公司记录进行筛选,依据以往的交易经验,将信用较好的企业进行整理,建立集团内部的资料库。

(二) 强化高管人员的守信义务

公司高管人员是公司的管理者,对公司资产增值负有直接责任,尤其是采取了认缴资本制后,公司资本到位与否的责任更多地靠公司自觉。如果高管人员无责任心,或者违背良心"偷窃"或者"浪费"公司资产,必将直接损害公司和股东利益,间接损害债权人利益。因此,公司监管制度应当强化管理者的守信义务,使其尽心

---

① 参见葛伟军:《新〈公司法〉设立公司更便利》,载《上海法治报》2014年2月12日B06版。

尽责地管理公司财产，忠诚地将公司利益置于自己利益之上，保障公司资产的增值保值。如果高管人员违反了守信义务，应当承担相应的责任，并通过派生诉讼机制落实这种责任。这也要求公司在一定程度上完善对于公司高管义务的规定，用制度促使公司高管履行其对公司应尽的义务。

（三）建立信息披露制度

修正《公司法》给予公司发展更大的灵活性，与此同时也给交易相对人了解公司的真实财务信息增加了困难，会降低市场交易的热情。因此，应当重点对公司债务结构和公司前景分析以及债务担保与保全等信息进行披露，让有关利害关系人在充分了解公司的资本和资产状况的基础上作出理性决策。

五、结语

美国1969年于《示范公司法》中取消了注册资本最低限制，随后各州的立法也群起效仿废除或大幅减缩注册资本要求。日本2005年于《公司法》中取消了对股份有限公司及有限责任公司的注册资本要求，1日元办公司创业，获得了法律制度上的支持。② 修正《公司法》修改中废除最低注册资本制的改革，相对于美国已经晚了30多年，比日本晚了8年。根本原因是我国社会主义市场经济体系的不健全，法律体系尚不完善，因此改革是刻不容缓、势在必行的。此次《公司》法的修改，顺应了当今国际经济体系的新局势，以健全社会主义市场经济体系、完善法治经济的体系为前提，真正使《公司法》在健全法制经济体系、推动经济建设、维护市场稳定等方面发挥积极作用。对于修正《公司法》所带来的利弊，应积极、灵活应对，使得更多的创业者真正获益，真正有效地调整市场资源优化配置，实现中国经济的蓬勃发展。

② 参见崔延花：《日本公司法典》，中国政法大学出版社2006年版，第1—2页。

论完善我国公司律师制度

王　强*

[摘要]　党的十八届三中全会审议通过了《中共中央关于全面深化改革若干重大问题的决定》,提出了"普遍建立法律顾问制度"。这不仅给广大企业依法治企、合规经营指明了方向,也给广大律师,尤其是公司律师创造了一个更为宽广的舞台。公司律师制度在西方发达国家有着百年历史,现已形成一套完整的制度体系,成为国家司法制度的重要组成部分。我国司法部从2002年10月12日颁布《关于开展公司律师试点工作的意见》,开始试点公司律师制度以来,已历经十余年,可谓喜忧参半。本文将从公司律师制度发展概况入手,介绍公司律师制度的合理性、必要性和公司律师的基本定义、权利义务等,就公司律师制度存在的问题和不足进行重点阐述,并提出不成熟的完善建议。

[关键词]　公司律师　试点　企业法律顾问　律师法

引言

律师制度是民主与法治的产物,是国家司法制度的重要组成部分,《中华人民共和国律师法》(以下简称《律师法》)于1996年颁布,标志着中国的律师制度已与国际社会接轨。① 而公司律师制度的形成和发展更是社会高度发展、各行业经营规模不断扩大的结果,是经济发展在法律制度上的反映。

我国于2002年才开展公司律师制度试点工作,10年间仅发展了不足2 000余名公司律师,发展极为缓慢。作为新兴的产物,公司律师制度与已有的法律制度和社会体制仍存在不和谐的一面。

一、公司律师制度概述

(一) 西方国家公司律师制度的历史渊源

公司律师制度最早可以追溯到英国的"初级律师"。现在英国公司律师人数

---

* 浙江中国电信股份有限公司温州分公司律师事务部律师。

① 参见马宏俊:《律师法修改中的重大理论问题研究》,法律出版社2006年版,第1页。

占所有律师的 3.5%。[②] 而在美国，从 1882 年新泽西州美日石油公司成立法律部至今，美国公司律师制度经历了一百多年的发展过程。[③] 20 世纪 50 年代，不少美国公司为了及时、有效地处理公司法律问题，内设了专职公司律师，并在办理公司法律事务中逐步占据了主导地位。[④] 公司律师是美国律师制度的一大特色，如美国通用公司有 500 位律师是做公司律师的，美国的曼哈顿银行共有公司律师 200 人。目前美国公司律师约占全美律师总数的 10%。日本早在 20 世纪六七十年代，就在一些综合商社、大型制造商、银行等企业内部设立了法务部。[⑤]

（二）我国公司律师制度发展概况

1994 年 1 月 29 日，司法部颁布的《中国司法行政工作五年发展纲要（1993—1997）》，明确将“积极探索建立政府和企业（公司）律师队伍”列入发展规划。中国加入 WTO 后，市场经济法制化的程度就越来越高。市场经济体制和现代企业制度的建立，要求市场主体的活动严格按照法律的规定进行。[⑥]

2002 年 10 月 22 日，司法部颁布《关于开展公司律师试点工作的意见》[⑦]，公司律师制度正式在中国大陆开始试点。同年 12 月 20 日，吉林省司法厅首次颁发公司律师执业证，这是公司律师制度在中国正式施行的标志。[⑧]

2003 年 7 月，司法部《关于拓展和规范律师法律服务的意见》明确提出，从我国国情出发，同时借鉴国外的有益做法，加快建立公司律师制度，完善律师组织结构，并以此为基础，构筑我国律师制度的基本框架。

2004 年 11 月 12 日至 13 日，我国首届公司律师论坛在湖南省张家界市举行。同年 12 月召开的全国司法厅（局）长会议上，时任中共中央政治局常委、中央政法委书记罗干明确表示要引导和推进更多的企业参与公司律师试点，扩大试点的覆盖面。[⑨]

2012 年 10 月 12 日，北京市律师协会成立“公司律师与公职律师工作委员会”，

---

② 参见袁毅超：《英美法律教育与法律职业的比较研究：从历史的角度》，中国政法大学 2004 年硕士论文。

③ 参见谭世贵、黄永锋、李建波：《律师权利保障与律师制度改革》，中国人民公安大学出版社 2010 年版，第 289 页。

④ 参见周国均：《律师制度理论与实务技巧》，中国人民公安大学出版社 2003 年版，第 359 页。

⑤ 参见孙丽：《日本公司治理结构的再评价——以双向式控制为中心》，载《日本研究》2001 年第 2 期。

⑥ 参见杨文升：《完善与发展我国律师制度的构想》，辽宁师范大学 2001 硕士论文。

⑦ 参见百度文库，网址：http://wenku.baidu.com/view/585ccad133d4b14e852468d2.html，2013 年 7 月 21 日访问。

⑧ 参见段文：《公司律师浮出水面 试点工作静悄悄》，载 2003 年 2 月 18 日，《21 世纪经济报道》，第 6 版。

⑨ 参见阙青欣：《论我国公司律师制度的建立和完善》，载“中国优秀硕士学位论文全文数据库”2007 年 3 月版，第 11—12 页。

这是全国律师行业建立的第一个面对两公律师的工作委员会，是全新的律师工作平台。[⑩]

2012年12月8日，上海市律师协会开全国先河，邀请公职律师、公司律师、境外律师事务所驻沪代表处代表，即“两公一外”律师入会，以促进上海律师队伍的整体融合和优势互补。[⑪]

截至2013年年底，我国律师数量为252 400名。[⑫] 而同期的公司律师总数仅1 963人，约占同期全国律师总数的0.77%。

（三）公司律师的定义和特征

《律师法》并没有涉及公司律师。司法部《关于开展公司律师试点工作的意见》也没有给出公司律师的定义。浙江省司法厅颁布的《浙江省公司律师管理实施办法（试行）》第2条给出的定义是：“公司律师是指具有中华人民共和国律师资格或法律职业资格，与设有公司律师事务部的公司签订劳动用工合同，经省级司法行政机关批准取得公司律师工作证，在公司律师事务部专职从事公司法律事务，不面向社会提供有偿法律服务的人员。”[⑬]

公司律师与专职律师比较，最大的特征是“依附于公司的非独立性”，即只能代理以本公司为当事人的法律事务。也有学者将公司律师的特征归纳为“离得近、叫得应、专业熟、信息灵、反应快、保密好”。

公司律师制度试点工作的开展，表明其是符合市场经济发展规律的，并具有一定的合理性和必要性。首先，公司律师制度的设立是律师制度多样化发展的产物。随着律师业务从单一的诉讼代理，到非诉讼业务的多元化发展，这为律师走进企业专职从事法律服务工作提供了现实基础。其次，公司律师制度的设立是公司规模化发展的结果。公司的发展势必带来规模的再扩大和产品的个性化，这就需要专业素质相对更高的法律人员从事公司法律事务，内设专职法律部门的产生也成为公司的必然选择。最后，公司律师制度的设立最大限度地保护了公司商业秘密。市场竞争的残酷性，使商业秘密的保护被提到了非常重要的地位[⑭]，而社会律师由于种种原因，公司聘请社会律师的工作模式难以规避公司商业秘密被泄露的风险。

权利义务是公司律师制度的核心，司法部《关于开展公司律师试点工作的意见》对此有明确的规定。公司律师的权利包括：在执业活动中享有依法调查取证、

---

⑩ 参见中国律师网，http://www.acla.org.cn/html/industry/20121016/3613.html，2013年7月21日访问。

⑪ 参见中国律师网，http://www.acla.org.cn/html/industry/20121211/4817.html，2013年7月21日访问。

⑫ 参见《中国律师》2014年4月，第36页。

⑬ 浙江省司法厅：《关于印发〈浙江省公职律师管理实施办法（试行）〉〈浙江省公司律师管理实施办法（试行）〉》。

⑭ 参见李峰、梁静、丁娟：《律师制度改革热点问题研究》，人民法院出版社2004年版，第155页。

查阅案件材料等执业权利；加入律师协会，享有会员权利；可以参加律师职称评定；可以直接转换为社会律师。公司律师申请转为社会律师时，按换发证件程序进行，担任公司律师的经历计入执业年限。公司律师的义务则包括：接受所在地司法行政机关的业务指导和监督；不得从事有偿法律服务、不得在律师事务所和法律服务所兼职；不得以律师身份办理本公司以外的诉讼与非诉讼案件。

公司律师的主要职责为："对企业的生产经营决策提出法律意见；参与本企业法律文书的起草和修改工作，审核企业规章制度；审查和管理企业合同；对企业违反法律、法规的行为提出纠正的建议，并在企业内部开展法制宣传教育工作；参与企业的谈判，代理本企业的诉讼、仲裁活动；其他应由公司律师承办的法律事务。"

二、我国公司律师制度实践中的问题

我国公司律师制度虽然已实施十几年，但目前还是处于试点阶段。由于种种原因，我国公司律师制度还存在着诸多问题和不完善之处，亟须引起重视和解决。

（一）公司律师在《律师法》中未有体现，造成社会认知度低

《律师法》规定："本法所称律师，是指依法取得律师执业证书，接受委托或者指定，为当事人提供法律服务的执业人员。"刘健的《中华人民共和国律师法释义》对此作了进一步解释："一般的执业活动是基于当事人的委托，当事人与律师之间是委托和被委托的关系。"⑮而公司律师作为公司员工，专职从事法律事务，与服务对象既不存在"委托"关系，也不存在"指定"的关系。2007 年修改后的《律师法》还是未涉及已"出生"5 年之久的公司律师。

公司律师没有在《律师法》中体现，造成了社会认知度非常低，不仅一般当事人不熟悉，就连不少法官也不太清楚。由于公司律师拿的是律师工作证，而不是通常专职律师的律师执业证，为此还造成不少误会。

由于《律师法》对公司律师没有作出规定，使得公司律师制度处于无"法"可依的局面，使试点工作陷于非常尴尬的境地。

（二）公司律师制度与企业法律顾问制度的冲突

目前我国企业或者公司并行着两套法律服务体系：一套是企业法律顾问；一套是公司律师。⑯ 司法部推出的公司律师制度，与此前已经存在的企业法律顾问制度，在职责、权利义务等方面都有着交叉，由此导致在企业内部存在着两套企业法律工作机制，带来一定的混乱和资源浪费。

所谓"企业法律顾问"是指经全国统一考试合格，由企业聘用，专职从事企业

---

⑮ 刘健：《中华人民共和国律师法释义》，中国法制出版社 2007 年版，第 6 页。
⑯ 参见曾宪义：《企业和公司法》，中国人民大学出版社 2008 年版第 21 页。

法律事务工作，并经注册的企业内部的专业法律人员。企业法律顾问制度是20世纪90年代初期开始，由国家经贸委和人事部共同推出的一种加强企业法制建设、规范企业法律人员从事企业法律事务的制度。

法学界、律师界对企业法律顾问制度一直颇有微词，很多人认为，企业中推行企业法律顾问制度，虽然貌似在强化企业法律事务的规范管理，但却存在着严重弊端。从律师资格考试过渡到法律职业资格考试后，再存在所谓的企业法律顾问资格考试是十分不妥的。两种资格考试的并存，显然是矛盾的，不利于节约社会资源，这种政出多门的背后，显然隐藏着不同部门的利益博弈。

也有学者认为，从企业法律制度的基本内容看，它实质是一种条件较低的律师执业制度，也可以说是律师执业制度的简化。[17]

(三) 公司律师准入门槛过高造成队伍发展缓慢

司法部《关于开展公司律师试点工作的意见》对公司律师的任职条件只规定了三项内容，即："具有中华人民共和国律师资格或司法部颁发的法律职业资格"；"在企业内部专职从事法律事务工作"；"所在企业同意其担任公司律师"。似乎此要求并不苛刻。

但各省在具体实施中，则增加了不少"高难度"要求。如江苏省司法厅要求："具有两名以上有中华人民共和国律师资格或法律职业资格，并专职从事企业法律事务或法律服务工作两年以上的人员"，才可以申请公司律师制度试点。而广东省司法厅更是规定："具有三名以上符合公司律师条件的人员"，才符合申报条件。

事实上，我国近千万家非法律专业的公司中，能有1名员工取得律师资格或者法律职业资格已是凤毛麟角，而把该项要求提高到2人甚至3人，那无疑是把绝大多数的公司拒之门外，使该制度的试点失去普及性的意义。

即使符合申请条件，并履行所有的申请程序，也并非意味着成功，因为司法机关并没有把公司律师制度试点审批工作纳入行政许可范畴，实际操作时往往实行名额制。

过高的门槛、烦琐的程序、有限的名额，严重制约了公司律师队伍的快速发展。而同样作为试点的公职律师制度，却几乎没有门槛限制，即使一个行政机关里只有1人取得律师资格或者法律职业资格，也可以申请公职律师。截至2013年年底，我国公司律师总数仅为1963人，而同时开展试点工作的公职律师却已经达到6 100人，是前者的3倍多。

(四) 公司律师待遇偏低，导致队伍不稳定

据司法部的统计数据，2012年全国律师收入为425亿元，剔除公职律师、公司

---

[17] 参见李峰、梁静、丁娟：《律师制度改革热点问题研究》，人民法院出版社2004年版，第93页。

律师、法援律师、军队律师，平均每人年收入约为20万元，是全国职工平均工资水平的4倍左右。

公司律师的工资待遇依赖于所在单位的薪酬体系，大多与本单位的一般行政人员相同，年收入一般在五六万元，与同地区社会律师收入相差甚远。

尽管收入不高，但司法机关却对公司律师提出了近乎苛刻的约束性要求。如"公司律师本人只从事本公司内部的法律事务，不面向社会从事有偿法律服务，不在律师事务所和法律服务所兼职，不以律师身份办理本公司以外的诉讼和非诉讼案件"。规定"公司律师不以律师身份办理本公司以外的诉讼和非诉讼案件"尚且合理，但禁止以非律师身份"面向社会从事有偿法律服务"，似乎有点不近情理。

由于公司律师待遇不高，且限制合理兼职，在利益诱惑下，导致公司律师队伍十分不稳定。不少年轻公司律师稍微熟悉律师执业套路后，往往会选择转为专职律师。据浙江省司法厅公布的信息显示，在过去的几年里，至少有12名公司律师被注销律师工作证，这其中大多数人选择了转为专职律师。

三、完善我国公司律师制度的建议

（一）修改《律师法》，确立公司律师的法律地位

修改《中华人民共和国律师法》设专条明确规定公司律师的法律地位。有学者甚至还给出了建议法条："国家鼓励各类企业、公司设立公司律师。公司律师应当依照本法规定取得律师执业证书。"⑱

对《中华人民共和国公司法》《中华人民共和国证券法》等也作同步修改，增加公司律师提供法律服务、进行风险防控、参与公司经营等相关内容，使公司律师制度的相关规定融入到相关法律法规中。

司法部《关于开展公司律师试点工作的意见》作为目前规范公司律师制度的最高级别的规范性文件，显然位阶过低。国务院应出台行政法规"公司律师管理条例"，对公司律师的定义、权利、义务、职责等作出更进一步的细化和权威性规定。

古人云："以规矩为方圆则成，以尺寸量长短则得，以法教治民则安。"⑲相信以法谋生的公司律师，只有在法律舞台上有了自己的立足之地，才能师出有名，为公

---

⑱ 谭世贵、黄永锋、李建波：《律师权利保障与律师制度改革》，中国人民公安大学出版社2010年版，第295页。

⑲ 袁世全：《名言佳句集成》，文汇出版社1999年版，第125页。

司发挥更大的作用。

（二）企业法律顾问逐步转向公司律师体系

公司律师制度是保障公司合法权益、满足社会多元化发展的社会制度。伴随着律师制度的发展和企业法律顾问制度的完善，越来越多的学者意识到，现有的社会执业律师服务社会各界的格局已不能满足企业、政府机关对法律专业服务的需要，特别是作为社会基本经济组织的企业，所面临的复杂经济环境和国际竞争压力，都对专业法律服务提出了强烈需求。[20]

随着公司律师的兴起，一大批具备法律职业资格的人员进入各大公司，而原有的企业法律顾问已经难以满足现有企业对法律的需求。建议司法部、国资委、人事部联合发文，停止企业法律顾问的资格考试，对已经取得法律职业资格或者律师资格的企业法律顾问，统一转换为公司律师；暂未取得上述资格的企业法律顾问，只要在一定期限内取得的，也可统一转换为公司律师；企业法律顾问在未取得法律职业资格之前，只能以“公司律师助理”身份办理本公司的非诉业务。同时，明确公司律师、公司律师助理的主管机关为各级司法行政机关。

（三）适当放宽公司律师准入门槛，变批准制为登记制

为了规范公司律师准入制度，从我国现阶段的法制建设状况和社会整体的复杂性、多样性角度来看，对公司律师申请设置准入门槛是有必要的。但对公司律师申请作出取得法律职业资格的人数上的限制，则显过于苛刻。

司法部应统一规范公司律师申请的准入条件，参照公职律师的申请标准，即公司内已经取得律师资格或者法律职业资格的人数不作硬性要求，让更多的企业符合申报条件。

逐步扩大公司律师的试点力度，建议在律师万人比较低的省市实行公司律师登记制，即只要符合申请条件的公司，在行政机关办理必要的登记手续后即予以同意设立公司律师事务部，而不再采取现有的严格的审批制、名额制。

（四）完善公司律师队伍建设，适当提高待遇

完善公司律师薪酬体系和职业发展空间。建议按照不低于当地社会律师前一年度平均收入水平的70%确定年薪。部分公司还可以试点提成制度，即对公司律师代理的本公司案件，根据代理的案件数量、金额、代理结果等，按照社会律师收费标准20%的幅度予以额外奖励。

以企业法律顾问向公司律师转换为契机，变原有的总企业法律顾问制为首席

---

[20] 参见肖胜喜、王进喜：《20年来我国律师制度的发展和展望》，载《政法论坛》1998年第5期。

公司律师制,完善公司律师体系建设。首席公司律师参照三总师管理和待遇,作为企业的高级管理人员,是企业经营决策层的成员,直接对企业法定代表人负责,对涉及公司的法律事务直接向公司董事长提出法律意见,制订处理法律事务的原则和对策方案,提供给董事长决策。

《公司法》第 74 条规范功能之检讨
——兼评最高人民法院再审案例

陈召利*

[摘要] 公司资本制度、公司与股东人格相互独立、股东有限责任是公司法的基石。无论是有限责任公司还是股份有限公司,公司不得持有本公司的股权或者股份,是公司法基本制度的必然要求。因此,原则上不得允许公司收购本公司股权或者股份。即使基于特定事由需要作出例外规定,也必须通过立法形式对特定情形予以明文规定,即遵循"原则禁止、例外允许"的立法原则。否则,一旦放开公司收购本公司股权或者股份,公司持有本公司的股权或者股份可能成为常态,公司资本制度、公司与股东人格相互独立、股东有限责任将失去意义,公司法律制度必将土崩瓦解。《公司法》第 74 条应当尽快予以修改,并对修改前法律实务操作提出风险防范方案。

[关键词] 公司法 有限责任公司 股权回购 原则禁止 风险防范

一、问题之提出

《公司法》第 74 条规定:"有下列情形之一的,对股东会该项决议投反对票的股东可以请求公司按照合理的价格收购其股权:(一)公司连续五年不向股东分配利润,而公司该五年连续盈利,并且符合本法规定的分配利润条件的;(二)公司合并、分立、转让主要财产的;(三)公司章程规定的营业期限届满或者章程规定的其他解散事由出现,股东会会议通过决议修改章程使公司存续的。自股东会会议决议通过之日起六十日内,股东与公司不能达成股权收购协议的,股东可以自股东会会议决议通过之日起九十日内向人民法院提起诉讼。"

通过对比《公司法》第 142 条第 1 款的规定可知,《公司法》第 74 条未①明确规

---

* 江苏云崖律师事务所律师。

① **第一百四十二条** 公司不得收购本公司股份。但是,有下列情形之一的除外:

(一)减少公司注册资本;

(二)与持有本公司股份的其他公司合并;

(三)将股份奖励给本公司职工;

(四)股东因对股东大会作出的公司合并、分立决议持异议,要求公司收购其股份的。

公司因前款第(一)项至第(三)项的原因收购本公司股份的,应当经股东大会决议。公司依照前款规定收购本公司股份后,属于第(一)项情形的,应当自收购之日起十日内注销;属于第(二)项、第(四)项情形的,应当在六个月内转让或者注销。

公司依照第一款第(三)项规定收购的本公司股份,不得超过本公司已发行股份总额的百分之五;用于收购的资金应当从公司的税后利润中支出;所收购的股份应当在一年内转让给职工。

公司不得接受本公司的股票作为质押权的标的。

定"公司不得收购本公司股权"。随之而来的问题是，除了《公司法》第74条明文列举的3种情形外，有限责任公司是否可以收购本公司股权，司法实践对此存在较大争议。一种观点认为，有限责任公司收购本公司股权仅限于《公司法》第74条明文列举的3种情形，有限责任公司异议股东股权收购制度是公司资本制度的一种例外，应当严格限制在法律规定的范围内，法律未作规定的，不应作扩大解释[②]；另一种观点认为，有限责任公司收购本公司股权不只限于《公司法》第74条明文列举的3种情形，在特定条件下，有限责任公司也可以收购本公司股权。[③] 不同法院甚至不同法官对此可能会有完全不同的认识，这直接导致"相同案件不同处理"的情形一再发生，不仅严重损害当事人的合法利益，而且必将严重损害司法的公信力和依法治国的基本理念。

值得注意的是，最高人民法院在沛县舜天房地产开发有限公司与叶宇文股权转让纠纷申请再审案中作出的（2009）民申字第453号民事裁定，明显认同第二种观点，对《公司法》第74条规定的争议似乎可以有所定论了，但是笔者认为，最高人民法院的意见值得商榷。

二、最高人民法院（2009）民申字第453号民事裁定

（一）基本案情

叶宇文是沛县舜天房地产开发有限公司（以下简称舜天公司）的股东，叶宇文出资108万元，占舜天公司注册资本的10%。2007年4月2日，舜天公司召开股东会会议并作出股东会决议，决定公司增资2 180万元，由全体股东按出资比例认缴，如股东未按期缴纳出资的，由公司回购其股权，该决议经全体股东一致同意。2007年4月6日，股东叶宇文与舜天公司根据上述股东会决议签订股权收购协议，叶宇文将其持有舜天公司10%的股权以295.18万元的价格转让给舜天公司。2007年4月17日，舜天公司向叶宇文支付了50万元转让款，余款未付。故叶宇文向人民法院起诉索要欠款。

（二）争议焦点

舜天公司股东会决议和舜天公司与股东叶宇文签订的股权转让协议是否合法有效？

---

② 参见广东省高级人民法院课题组：《关于有限责任公司股权转让法律问题的调研》，载 http://www.gdcourts.gov.cn/gdcourt/front/front! content.action? lmdm = LM52&gjid = 21286，2014年7月27日访问。

③ 参见上海市浦东新区人民法院张恋华：《以公司章程中关于公司回购股东股权的约定合法有效——上海昆泰投资有限公司诉曲振华有限责任公司股权回购案》，载 http://www.pdfy.gov.cn/pditw/gweb/gww_xxnr_view.jsp? pa = aaWQ9MzExMzYmeGg9MQPdcssPdcssz，2014年7月26日访问。

(三) 裁判结果与理由

本案经徐州市中级人民法院一审[④]、江苏省高级人民法院二审[⑤]、最高人民法院再审[⑥],均认定舜天公司股东会决议和舜天公司与股东叶宇文签订的股权转让协议合法有效,支持叶宇文的诉讼请求。主要裁判理由为:

《公司法》规定股东不得抽逃出资,但《公司法》并不禁止股东在公司成立之后以合法方式退出公司,包括以公司回购股权的形式退出公司。《公司法》第74条规定的股东回购请求权是法定的股东回购请求权,根据该条规定的情形,股东可以请求公司按照合理价格收购其股权,股东与公司不能达成协议的,股东可在法定期限内向人民法院提起诉讼。除该条规定的情形股东可行使法定的回购请求权外,《公司法》上仍有股东与公司于其他情形通过协议而由公司回购股东股权的余地。最高人民法院《关于适用〈中华人民共和国公司法〉若干问题的规定(二)》(以下简称《公司法司法解释(二)》)第5条第1款规定:"人民法院审理解散公司诉讼案件……当事人协商同意由公司或者股东收购股份,或者以减资等方式使公司存续,且不违反法律、行政法规强制性规定的,人民法院应予支持。"

显然,股东通过公司回购股份退出公司,并不仅限于《公司法》第74条规定的情形。公司的成立本身就是股东意思表示一致的结果,公司存在的意义不在于将股东困于公司中不得脱身,而在于谋求股东利益最大化。在股东之间就公司的经营发生分歧,或者股东因其自身原因不能正常行使股东权利时,股东与公司达成协议由公司回购股东的股权,既符合有限责任公司封闭性和人合性的特点,又可打破公司僵局、避免公司解散的最坏结局,使公司、股东、公司债权人的利益得到平等保护。《公司法》允许公司与股东在公司解散诉讼案件中,协商由公司回购股东股份,以打破公司僵局,使公司保持存续而免遭解散,允许公司与股东在公司僵局形成之初、股东提请解散公司之前,即协商由公司回购股份以打破公司僵局、避免走向公司解散诉讼,符合《公司法》的立法原意。

三、对最高人民法院裁判理由的评析

笔者认为,最高人民法院的上述裁判理由难以成立,主要理由如下:

1. 最高人民法院《公司法司法解释(二)》第5条[⑦]的适用对象应当是"股份有

---

④ 参见江苏省徐州市中级人民法院(2007)徐民二初字第0090号民事判决书。

⑤ 参见江苏省高级人民法院(2008)苏民二终字第0048号民事判决书。

⑥ 参见最高人民法院(2009)民申字第453号民事裁定书。

⑦ 《公司法司法解释(二)》第5条规定:"人民法院审理解散公司诉讼案件,应当注重调解。当事人协商同意由公司或者股东收购股份,或者以减资等方式使公司存续,且不违反法律、行政法规强制性规定的,人民法院应予支持。当事人不能协商一致使公司存续的,人民法院应当及时判决。经人民法院调解公司收购原告股份的,公司应当自调解书生效之日起六个月内将股份转让或者注销。股份转让或者注销之前,原告不得以公司收购其股份为由对抗公司债权人。"

限公司”而非“有限责任公司”

因为，从我国《公司法》的立法用语来看，《公司法》条文严格区分“股权”与“股份”两个概念，“股权”的适用对象为“有限责任公司”，而“股份”的适用对象为“股份有限公司”。因此，《公司法司法解释（二）》是对《公司法》的法律适用所作的解释，所使用的法律术语自然应与《公司法》相一致。从《公司法司法解释（二）》第5条的规定来看，其使用的术语为“股份”而未涉及“股权”，因此，第5条规定的适用对象应当仅为“股份有限公司”，而这明确违反了《公司法》第142条的规定，最高人民法院有越位立法之嫌。退一步说，假设《公司法司法解释（二）》第5条的适用对象是“有限责任公司”，第5条第2款关于公司收购股份后如何处置的法律依据明显又是《公司法》第142条第2款的规定。但是，根据国家工商行政管理总局令第64号《公司注册资本登记管理规定》第12条⑧的规定，有限责任公司依据《公司法》第74条的规定收购其股东的股权后的唯一处置方案就是减少注册资本，而不是股权转让。

2. 除《公司法》第74条规定的情形外，允许有限责任公司收购本公司股权，不符合《公司法》的立法本意

从《公司法》第74条的规定来看，该条的适用对象是对股东会该项决议投反对票的股东，这至少说明：(1) 至少代表1/2以上表决权的股东赞同该项决议，(2) 对股东会该项决议投反对票的股东代表的表决权肯定不超过半数。因此，《公司法》第74条的立法目的就是保护小股东的利益。公司与股东人格相互独立、公司资本制度、股东有限责任是公司法的基石。无论是有限责任公司还是股份有限公司，公司不得持有本公司的股权或者股份，是公司法基本制度的必然要求。但是，为了矫正公司“资本多数决”的弊端，防范大股东滥用股东权利严重损害小股东的合法利益，为小股东提供一条除股权转让外主动退出公司的途径，以实现公司法上的不同主体之间的利益平衡，允许公司收购本公司股权只能作为一种特例并且必须予以严格限制。正如有学者所指出的“少数股东被授予有限的法定权利，这是遏制多数人暴政的一种手段”。⑨ 因此，异议股东股权收购请求权必须是一种法定权利，只有法律明文规定才能行使，而不能允许股东或者公司章程自行约定，否则又将再次陷入“资本多数决”的怪圈，甚至公司持有本公司100%的股权的极端情形也可能出现，甚至可能成为普遍现象，公司注册资本将成为无水之源、无本之木，公司资本制度与法人人格独立将失去意义，公司法律制度必将土崩瓦解。因此，从这一点上来说，无论是有限责任公司，还是股份有限公司，除法律明文规定的情形外，

---

⑧ 《公司注册资本登记管理规定》第十二条规定：“有限责任公司依据《公司法》第七十四条的规定收购其股东的股权的，应当依法申请减少注册资本的变更登记”。

⑨ Barry M. Wertheimer, The Shareholders' Appraisal Remedy and How Courts Determine Fair Value. Duke Law Journal [J]，转引自黄爱学：《异议股东收买请求权的法律性质》，载于 http://www.chinalawinfo.com/LawOnline/ArticleFullText.aspx? ArticleId = 79895，2014年7月29日访问。

公司不得收购本公司股权或者股份，二者具有同质性。

四、立法建议与风险防范

如前所述，由于《公司法》第74条的规定过于原则，甚至存在立法漏洞，导致法律实践中存在诸多争议，例如，有限责任公司收购异议股东的股权应当履行什么程序，合理价格如何确定，有限责任公司收购本公司股权后如何处置？为此，笔者建议：

1. 从立法角度，应当分两步走

首先，在短期内无法立即修改《公司法》的情况下，最高人民法院应当尽快出台公司法的司法解释，明确《公司法》第74条为强制性规定，违反该规定请求公司收购本公司股权的，人民法院不予支持。其次，从长期来看，应当尽快将《公司法》修改列入立法计划。虽然我国《公司法》于2013年12月28日刚刚作了修正，但是本次修正仅仅是为了落实国务院注册资本制度改革而进行的有针对性的小修，未涉及其他问题，我国《公司法》在遵循的“宜粗不宜细”立法理念下规定过于原则，且立法漏洞较多，难以满足公司法律实务的客观需求，亟须尽快修改与完善，《公司法》第74条即属于一例。

《公司法》第74条的修正应当遵循《公司法》第142条对股份有限公司收购本公司股份的“原则禁止，例外允许”的立法原则，并对相关细节予以完善，建议将《公司法》第74条修改为：

公司不得收购本公司股权。但是，有下列情形之一的，对股东会该项决议投反对票的股东可以请求公司按照合理的价格收购其股权：

（一）公司连续五年不向股东分配利润，而公司该五年连续盈利，并且符合本法规定的分配利润条件的；

（二）公司合并、分立、转让主要财产的；

（三）公司经营管理发生严重困难，继续存续会使股东利益受到重大损失的；

（四）公司章程规定的营业期限届满或者章程规定的其他解散事由出现，股东会会议通过决议修改章程使公司存续的。

第一款所述合理价格，是指股东会会议决议通过的上年度末公司净资产与该股东的出资比例之积，股东与公司另有约定的除外。

公司应当在收到该股东的收购通知后60日内支付股权转让价款并办理变更登记。公司应当在股权收购后6个月内将其持有的股权转让或者注销。在股权转让或者注销之前，该股东不得以公司收购其股权为由对抗公司债权人。

公司持有的本公司股权没有表决权。

2. 从法律实务角度

在风险投资（俗称VC）或者私募股权投资（俗称PE）领域，投资者往往会对目标公司设置诸如年销售额、年利润、净资产金额及其增长率，未来几年内上市等目标,如到期不能实现的话,会要求公司回购其股权。但是,在现行法律修改前,如果仅仅约定由有限责任公司收购投资者的股权,可能会因为违反“公司不得收购本公司股权”的强制性规定而被认定无效。为了避免发生这一风险,笔者建议应当将公司的控股股东或者原股东并列为收购投资者股权的义务主体,并明确约定合理价格的确定方法、股权转让程序、股权转让价款的支付时间等内容,兹提供一示范条款:

当公司违反本合同第X条约定的义务后,投资者有权要求公司及其(控股)股东收购其部分或者全部股权,股权收购价格按以下两者最大者确定:

(1) 以投资者的投资额总额为基数,从公司收到投资款之日至投资者发出股权收购通知之日止,按每年X%利率计算所得的总金额(扣除收购前已支付给投资者的红利);

(2) 投资者发出股权收购通知的上个月末公司净资产与投资者拟转让的股权比例之积。

公司及其(控股)股东应当自收到投资者股权收购通知之日起10日内向投资者一次性支付全部股权收购价款,否则,每逾期一日,应按应付款总额的万分之五向投资者支付违约金。投资者收到全部股权收购价款后30内,协助公司办理股东变更登记。

关于我国建立公司秘书制度的思考

熊　杰*

［摘要］　英美法系国家公司秘书是公司中的重要职位，英美法系国家在立法和实践上已经建立起较为完备的公司秘书制度。公司秘书制度具有效率和安全两大法理价值和约束、保护与沟通三大功能。公司秘书在联系、沟通公司内部治理与外部治理方面的独特作用受到大陆法系国家的立法重视。我国公司立法应该借鉴英美法系国家和我国港澳地区的经验，建立和完善公司秘书制度。

［关键词］　公司秘书　公司治理　公司立法

一、公司秘书制度的法律实践①

（一）英美法系国家的公司秘书制度

一般认为，公司秘书制度由英国在19世纪创建。经过一百多年的发展，英美法系国家在法律上已经建立起较为完备的公司秘书制度。在英美法系国家，公司秘书是与总裁、副总裁、财务总监并列的公司高级职员之一，并非指公司中某个特定职位或特定部门的辅助性文秘工作人员。根据英美法学者的归纳，公司秘书一般拥有如下职权：(1) 妥善保管公司的各项会议记录、决定、合同、股东名册等文件，并证明其与副本的真实性；(2) 发出并认定所有发出的通知与公司章程细则均属正当，或为法律所要求；(3) 作为公司印章的保管人，认定公司印章在所有文件上代表公司的使用均系经过正当授权；(4) 根据公司主管机关的要求，及时准确地提供和披露有关文件和信息；(5) 与总裁或一名副总裁一起签署根据董事会决定授权发行的公司股份证书；(6) 根据董事会的随时指定，主持处理其他属于公司秘书职责的事务等。

20世纪以来，英美法国家的成文公司立法对公司秘书一职作了进一步的规定。如《英国公司法(1948)》规定，每家公司必须设一名公司秘书；在仅有1名董事的情况下，该董事不得兼任公司秘书；公司秘书由董事会任命，董事会亦可在公司秘书空缺的情况下授权公司中担任其他职务者行使公司秘书职权等。《英国公司法(1985)》又增加规定，董事有义务“采取所有合理的措施以保证公司秘书拥有法律要求的知识和经验以承担其职能”，并列举了一系列公司秘书的任职条件，如

---

*　重庆百君律师事务所律师。

①　参见艾群：《浅谈澳门公司法中的公司秘书制度》，载《比较法研究》1999年第1期。

会计及法律方面的资质。美国各州公司法传统上均将公司秘书列为公司最关键的高级职员之一，与总裁、财务总监具有同等重要地位，并对公司秘书的资格、职权、任免程序等都有规定。一些判例确认了公司秘书在特定情况下代表公司的权力。许多州的公司法均明确规定了公司秘书为公司机关之一的地位。美国《示范公司法》（1984年修正本）则完全取消了所有对公司高级职衔（包括公司秘书）的强制性规定，一家公司如何设置自己的高级职衔并划分其职责范围，由公司自行决定。

（二）大陆法系国家和地区的公司秘书制度

公司秘书制度在英美法系国家经历了一个多世纪的发展，显示出旺盛的生命力。公司秘书制度在公司治理结构上体现出重要意义，从而引起了大陆法系国家和地区的注意。20世纪80年代以来，公司秘书制度已为众多大陆法系国家和地区的立法与实务所采纳。意大利已在法律中规定了公司秘书，比利时和卢森堡的公司一般通过公司章程设立公司秘书。我国澳门特别行政区在1999年通过的《澳门商法典》也专门设有"公司秘书"一节，较为完整地引进了英美法系的公司秘书制度。在澳门，公司秘书作为一个独立的公司机构，有着广泛的权力。对外，公司发行的股票、债券除须有公司行政机关成员的签名外，同时还必须有公司秘书的签名。

对内，公司秘书的职权有：(1) 证明公司设立文件的译本和原文无误；(2) 负责股东会议及行政管理机关会议的工作，签署有关的议事记录；(3) 必要时证实公司文件上签名的真实性；(4) 确保出席股东会会议的股东名单的填写及签名；(5) 在公司登记册登录有关事项及其修改情况；(6) 证明公司簿册的副本或转录本的真实、完整性；(7) 确保账簿表册供股东或有关人士公开查询；(8) 确保在8日内将最新章程、决议及设定负担与担保的副本交付有关人士；等等。②

二、公司秘书制度的价值与功能

公司秘书制度的法理价值在于效率与安全，此种价值定位由公司秘书的法律地位、职权及任职条件所决定。首先，公司秘书既是公司关键管理人员，能较大限度地参与公司的管理，对公司的制度、信息、决策程序掌握比较多。公司秘书又需直接对公司登记机关、监管部门承担独立的法律责任，能较好地将公司实际情况与监管要求结合起来。其次，公司秘书的职权或职责一方面来源于法律规定，另一方面来源于公司章程，能较好地将法律要求和公司实际情况结合起来。第三，公司秘书由具有相应专业能力或经验的人士或机构担任，能够较为高效地履行相应的职责。公司秘书的有效工作，可以帮助公司股东会、董事会提高决策速度和决策质量，对于提高公司运行效率具有重要意义。对于安全价值而言，体现为对内安全和

---

② 参见艾群：《浅谈澳门公司法中的公司秘书制度》，载《比较法研究》1999年第1期。

对外安全。对内,负责公司至关重要的股东会、董事会会议决议、文件记录、制作及保管,公司印章的制作和保管;负责法定文件和登记文件的认证、公司治理文件和重要合同签署的认证;负责公司其他职员的监督;负责上市公司证券内幕信息的保密、处理股权变更事项等。这些职权的有效、正确行使,能够确保公司内部按照既定程序安全运作。对外,公司秘书负责联系公司登记机关与监管部门,上市公司的公司秘书在信息披露方面担负重要职责:如签署和公布公司定期报告和临时报告、财务会计文件、代表公司向公司主管机关提出申请、作出法定声明、发布市场信息、向公司主管机关及时准确地提供和披露有关文件和信息。公司秘书规范地行使其对外的这些职权,是公司在证券市场安全运行的基础。

综观英美法系和大陆法系一些国家和地区公司秘书制度的法律实践,不难发现,公司秘书制度具有约束、保护与沟通三大功能:

1. 约束功能

由公司秘书准备、起草、保存公司各种重要法律文件,出席股东会会议、董事会会议等,有助于提高股东会、董事会的规范程度,对决策者滥用权力、违反正当程序及疏于职守、错误决策等行为是一个潜在的约束。公司秘书保存的公司法律文件是日后决策者对有关决定承担或免除责任的证据。[③]

2. 保护功能。

公司秘书正确履行职责,引导、促进公司规范决策,及时按照法律要求,及时、准确披露公司的决策、财务信息,对公司股东和交易相对人具有明显的保护功能。

3. 沟通功能。

公司秘书一方面参与公司管理;另一方面,按照公司登记机关或监管部门的要求,履行报告、申请等职责,是公司与公司登记机关、监管部门之间沟通的桥梁;公司秘书按照法律的要求,向投资者、社会公众披露公司信息,是公司与投资者、社会公众沟通的重要渠道,是公司内部治理与外部治理之间联系与沟通的纽带[④];随着经济全球一体化的发展,越来越多的国家和地区以不同形式建立了公司秘书制度。公司秘书制度的建立和完善,有利于公司参与国际交流。

三、对建立和完善我国公司秘书制度的建议

我国现行《公司法》在第四章"股份有限公司的设立和组织机构"第五节"上市公司组织机构的特别规定"中用一个条文(即第123条)规定了"董事会秘书"制度。该条规定:"上市公司设董事会秘书,负责公司股东大会和董事会会议的筹备、文件保管以及公司股东资料的管理,办理信息披露事务等事宜。"从该条可以看出,只有在上市公司,董事会秘书才是必设机构,董事会秘书履行了公司秘书的部分职

③ 参见艾群:《浅谈澳门公司法中的公司秘书制度》,载《比较法研究》1999年第1期。

④ 参见陈历幸:《论我国公司秘书制度的构建》,载《法学》2001年第4期。

能。董事会秘书制度不等同于公司秘书制度，不像公司秘书制度那样具有普适性。我国《公司法》尚未全面确立公司秘书制度，有限责任公司和非上市的股份有限公司的秘书制度尚缺乏基本法律规定。上市公司的董事会秘书仅仅履行了部分公司秘书的职能，且《公司法》的规定过分简略，对董事会秘书的任职资格及任免程序等事项未作规定。我国的公司立法，应当借鉴相关国家和我国香港、澳门地区的经验，在有限责任公司、股份有限公司和上市公司中普遍确立较为完整的公司秘书制度。

（一）条文设置

在我国现行《公司法》第二章"有限责任公司的设立和组织机构"第二节"组织机构"中增设条文规定有限责任公司秘书制度，规定有限责任公司秘书的设置、职权、任免、登记等事项。

改"董事会秘书"为"公司秘书"，在我国现行《公司法》第四章"股份有限公司的设立与组织机构"中增设"公司秘书"一节，规定股份有限公司公司秘书的设置、职权、任免、登记等事项。

修改我国现行《公司法》第六章："董事、监事、高级管理人员的任职和义务"为"董事、监事、高级管理人员、公司秘书的任职资格和义务"，并在第六章中对公司秘书的任职资格与义务作出规定。

（二）法律地位

应当规定公司秘书为必设机构，公司必须设置公司秘书，股份有限公司的公司秘书为公司高级管理人员，有限责任公司的公司秘书的法律地位由公司章程规定。

（三）任职资格

从消极条件和积极条件两方面规定公司秘书的任职资格。公司秘书任职的消极条件与公司董事、监事、高级管理人员相同，即有我国现行《公司法》第 146 条规定情形之一的，不得担任公司秘书。

从积极条件方面，应当规定公司秘书应当具有相应法律或会计专业知识及能力，并列举规定下列人员或机构，可以担任公司秘书：

1. 执业律师；
2. 注册会计师；
3. 公司秘书协会会员；
4. 律师事务所、会计师事务所。

公司秘书还应当在公司登记机关所在的行政区域内有住所。

（四）任免

公司秘书应当由董事会或者执行董事委任，董事可以兼任公司秘书，但公司只有 1 名董事时，该董事不得兼任公司秘书。公司首任秘书应由股东或股东会委任。

公司董事会或执行董事可以按照公司章程规定的程序更换公司秘书。

公司秘书的姓名或名称及公司秘书变更情况,公司应当向公司登记机关备案。

(五)职权

公司秘书的职权一部分宜由法律直接规定,一部分宜由公司章程规定。法律应当规定公司秘书行使下列职权:

1. 保管公司设立文件、公司章程、股东会及董事会会议记录和文件;

2. 保管公司印章和证照;

3. 保管和管理股东资料,与公司董事长或执行董事一起签署公司出资证书,保管公司股东名册,办理公司股权转让等股东名册变更记载事项;

4. 负责向主管政府机关递交所要求的报告和文件;

5. 签收公司登记机关、监管机关等政府部门和司法机关发送的文件。

对于上市公司,法律还应规定,公司秘书负责办理信息披露事项,负责与监管机构和证券交易所的沟通,负责公司与投资者之间的沟通。

(六)关于公司秘书的义务

公司秘书应当负有与董事相同程度的忠实义务和勤勉义务。公司秘书违反忠实义务或勤勉义务,给公司或股东造成损失的,应当承担赔偿责任。

论非公有制经济与公有制经济的平等法律保护

孙艺茹*

[**摘要**] 公有制经济和非公有制经济都是社会主义市场经济的重要组成部分，是我国经济社会发展的重要基础。公有制经济财产权不可侵犯，非公有制经济财产权同样不可侵犯。随着我国经济体系的发展，非公有制经济已成为国民经济中最具活力的部分，是促进国民经济发展、促进社会和谐的重要力量，大力发展非公有制经济有助于保障就业、促进经济增长及保障社会稳定。我们的政策、法律应当及时跟进，以适应非公有制经济的迅速发展。

[**关键词**] 公有制经济 非公有制经济 平等 法律 制度

能否真正做到坚持权利平等、机会平等、规则平等，给予不同的市场主体以平等的法律保护和保障，不仅是市场经济规律的内在要求，同时也是衡量和评价市场经济体制是否健全、完善的重要标杆。党的十八届三中全会从《中共中央关于全面深化改革若干重大问题的决定》（以下简称《决定》）指出：公有制经济财产权不可侵犯，非公有制经济财产权同样不可侵犯。国家保护各种所有制经济产权和合法权益，保证各种所有制经济依法平等的合法利益，保证各种所有制经济依法平等使用生产要素，公开、公平、公正参与市场竞争，同等受到法律保护，依法监管各种所有制经济。《决定》不仅反映了党中央对社会主义市场经济规律认识的升华和重大理论创新，更是回应了市场人士和法律界的热切期盼，使我们深信非公有制经济与公有制经济的平等法律保护不再是一个梦。

一、问题的提出

我国的非公有制经济经历了一个曲折的发展历程。在1965年国家完成对资本主义工商业的社会主义改造后，私营经济基本消灭，尤其是“文革”期间，非公有制经济作为“资本主义的尾巴”“产生资本主义的土壤”而遭彻底抛弃。

1978年党的十一届三中全会后，非公有制经济开始得到恢复和发展，其地位、作用也随着实践和认识的不断深化而逐步得到确认。由20世纪80年代初“个体经济是社会主义公有制的不可缺少的补充”，1982年《宪法》首次写入了“在法律规定范围内的城乡劳动者个体经济是社会主义公有制经济的补充”，1988年《宪法修正案》增加了：“私营经济是社会主义公有制经济的补充”，1999年《宪法修正案》写

---

* 安徽承义律师事务所合伙人。

入了“在法律规定范围内的个体经济、私营经济等非公有制经济,是社会主义市场经济的重要组成部分”,国家以根本大法的形式对非公有制经济20年的发展及其贡献作出了充分肯定。如今,非公有制经济已成为国民经济中最具活力的部分,其经济数量规模不断扩大;持续、高效、大量地吸纳就业成为促进国民经济发展、促进社会和谐的重要力量;2013年,非公有制经济贡献的GDP总量超过60%,财政收入贡献率超过55%。尽管形势喜人、业绩骄人,但不可否认,相对于公有制经济,非公有制经济始终仍处于弱势地位,存在着很多的困难和问题。有企业家归之为“三难”,即“融资难、公平难、维权难”,并期盼着“三多三少”:在转变政府职能上,期盼政府服务多一点,融资歧视少一点;在完善市场体系上,期盼公平竞争多一点,行业垄断少一点;在企业生存环境上,期盼法治规则多一点,人治折腾少一点。以至于不少人在分析民营企业家移民现象时,指出其深刻的根源在于缺乏财产保护的安全感和公平竞争的市场环境。

作为一名律师,虽然公有制经济、非公有制经济都是笔者的服务对象和潜在客户,但在具体司法业务实践中,对于非公有制经济不平等法律保护的现象时有感触。笔者近期代理一起国有股权转让纠纷,被代理人系国内某大型知名综合性集团,通过公开挂牌受让的方式取得了某国有金融企业100%的股权,转让方为当地政府的投资平台,转让方与出让方签订了《股权转让合同》,之后受让方如约支付了全部股权转让价款。数月后,转让方对此次转让的审计提出异议,申请仲裁,要求转让方返还审计计提的坏账准备金。经过开庭等一系列程序,仲裁庭作出裁决意见,驳回转让方的全部仲裁请求。在此期间,仲裁庭主持了数次调解,但都没有成功。令人不解的是,仲裁庭虽早已作出裁决意见,但迟迟不下发裁决,原因就是:转让方是国有企业,并且是政府的投资平台,仲裁庭很有压力,担心裁决下发后会遭到政府的不满甚至影响个人安危。最终,受让人不得不做出让步,以调解结案。案件虽然简单,但反映出的问题引人深思,尤其是发生在《决定》发表后的学习贯彻期间。

二、原因探析

非公有制经济的不平等法律保护,其表现主要集中在:一是在宪法和国有经济地位中的不平等。由“补充”到“重要组成部分”,无疑是对非公有制经济地位、作用的重大肯定。虽然现时规模亦占国民经济的半壁江山,但相对于公有制经济的主体地位,至少在一定的时期难以改变。二是市场准入方面,非公有制企业的不合理或者歧视性规定,使其丧失机会平等,以及参与公平竞争的机会。三是立法滞后或缺陷,一方面使权利保护的力度不够,另一方面也使私营业主对其财产(主要指生产资料)的安全性产生忧患。四是司法保护无法真正体现公平,非公经济总处于弱势地位,低人一等。

上述问题的存在,我们应当从客观、理性、历史、发展的视角来审视。毕竟,非公经济从无到有，从小到大，才几十年的时间。从当初的“两户一体”到私营企业，再到确定建立社会主义市场经济体制，很多新鲜事物都有一个探索、认识的过程，其中仅“雇工能否超过8人”这个现在看来似乎很好笑的问题，当年却引起理论上的很大争议，上升到重大的政治问题摆到最高决策层的案头。对于问题和不足的根源探索，可以给出多方面的答案，但笔者认为最根本的还在于思想观念和认识，其他均由此而派生。

（一）思想观念的藩篱

思想观念的藩篱，亦即著名经济学家吴敬琏先生所说的来自苏式社会主义体制的意识形态的阻碍。不少人始终坚守着固有的传统而又僵化的观念，认为只有公有制才姓“公”、姓“社”，而非公有制姓“私”、姓“资”，支持非公有制经济发展即意味着让私人发财，与社会主义制度的本质和共同富裕的目标格格不入。同时，由于市场经济体制尚不完善，少数人靠利用行政手段干预经济活动和配置资源的权力发财致富，形成一种特殊的既得利益阶层，成为进一步改革的反对力量，再加上一些为富者不仁现象，两极分化的加剧，导致民众的仇官仇富情绪加剧，为进一步全面深化改革增加了难度。

（二）理论与认识的滞后性导致政策、立法的滞后

理论是行动的先导。而此前几十年的改革过程，总体上属于没有系统的理论指导、没有顶层设计的“摸着石头过河”。说不是由上而上，而是由下而上，实践先行。邓小平的伟大之处在于，看不准的允许摸、允许试、不争论。否则，有很多新生事物从一开始即有可能被扼杀。这种背景下的改革，期望一开始即有一套成熟的政策、法律、规则是不切实际的，也根本做不到。数次修宪关于非公有制经济的表述，生动地诠释了这一点。

当然，如果说初期看不准，或者非公有制经济总体量少规模小，尚不足以与国有企业竞争的话，当非公有制经济以其迅速发展的态势而问鼎半壁江山时，我们的政策、法律没能及时跟进，则属于严重滞后。

（三）司法机关不能依法独立行使审判权

这有观念方面的因素，更主要的还是体制机制方面的原因。当人、财、物均受制于人，想“独立”几乎异想天开。当讼争一方为政策部分或者当地国有企业、重点建设工程项目时，别说行政干预，即使不出面干预，作为审者裁者也不得不小心翼翼、三思而后行，谁也不愿拿自己的“前程”去开玩笑，受损的只能是非公有制企业。

三、路径与对策

谈到消弭非公有制经济平等法律保护的障碍和路径，党的十八届三中全会作出的《决定》，已经给出了非常明确而又完善的答案：全面深化改革。人们之所以把

党的十八届三中全会与十一届三中全会相提并论，誉为具有同等里程碑意义。笔者认为，核心在于确立了市场在资源配置中起决定作用，并紧紧抓住这一牛鼻子，真正搞市场经济，真正按市场经济规律的内在要求全面推进和深化各领域的改革。如果如此，一切问题当迎刃而解。我们有理由对“依法治国”为主题的党的十八届四中全会和“让人民群众在每一个司法案件中都感受到公平正义”充满期待。

（一）进一步解放思想，着力冲破思想观念的束缚

落实非公有制经济平等法律保护与贯彻落实党的《决定》精神是完全一致的，而其中最关键的问题，也将是最大的障碍，即思想观念的藩篱。也正因为这场改革进入攻坚期和深水区，必然会触动一些部门的权力和利益，触动一些人的既得利益，发动一场自上而下的思想解放运动和市场经济基本知识普及教育活动，显得尤为重要，唯如此，才能做到统一思想、统一认识，并凝聚全国人民的智慧和力量，按照中央的顶层设计走下去。

（二）修订宪法

建议将党的十八届三中全会《决定》中的一些论断，如“公有制经济和非公有制经济都是社会主义市场经济的重要组成部分，都是我国经济社会发展的重要基础”“公有制经济财产权不可侵犯，非公有制经济财产权同样不可侵犯”等写入《宪法》。一是借此进一步肯定和提升非公有制经济在国家经济社会发展中的地位；二是为法律、行政法律、地方性法规等立法、修法中体现非公有制经济平等法律保护提供宪法根据；三是产权系所有制的核心，明确确定“非公有制经济财产权同样不可侵犯”，有利于从法律上加强对非公有制经济支付的产权主体的产权保护，使其有安全感，有利于建立健全归属清晰、权责明确、保护严格、流转顺畅的现代产权制度。

（三）全面推动相关法律、法规的修订工作

一是按照“权利平等、机会平等、规则平等”的原则和市场配置资源的要求，废除对非公有制经济各种形式的不合理规定，消除各种隐患壁垒，使非公有制经济主体可以依法平等地进入负面清单之外的领域，建立统一的市场准入制度，并使之公平开放透明。二是按照“三个平等”的原则，修订金融、税收等相关法规，努力搭建非公有制经济融资平台，消除不合理和歧视性的规定，拓宽非公有制经济的融资渠道，着力缓解其融资难、融资贵的问题，通过税收杠杆，给予众多的微小企业以优惠，扶植其发展、壮大。三是重视研究《刑法》对非公有制经济主体财产权的保护力度。当今的私营企业，随着转型升级、引入现代企业制度以及混合所有经济的发展，很多已不再是家庭作坊式的家族管理模式。对于同样的行为，只是侵犯的客体不同（公有制经济财产权与非公有制经济财产权），从而出现的罪名不同、刑罚相差很大的问题值得引起重视。

（四）加快推进司法体制改革，落实司法保护

司法体制改革的目标，应当是通过保障其依法独立公正行使审判权，从而实现案件审理裁判的公平正义。笔者认为有几个关注节点：一是尽可能地减少法院与地方的人财物方面的依附、隶属关系，以从源头上避免地方行政干预的可能；二是完善法官的遴选、晋升与惩罚机制，推进法官职业化、精英化，大幅度提升其薪金等待遇，增强其职业荣誉感，通过“高薪养廉”，使其不敢腐不易腐；三是贯彻“让审理者裁判、由裁判者负责”的原则，完善主审法官、合议庭办案终身负责制，并实行严格的责任追究制度；四是全面推进审判公开，裁判文书公开，接受社会评判和监督。多措并举，使法院审判真正做到平等地对待各类不同的主体，只服从《宪法》和法律，崇尚公平正义为最高原则。做到这些，司法公正将会有重大改进。

有限责任公司股东注册资本认缴权相关问题的思考

李大明*

[摘要] 我国2006年1月1日起实施的《公司法》于2013年12月28日第十二届全国人民代表大会常务委员会第六次会议通过修订,并于2014年3月1日起施行。本次《公司法》最重要的修改是,将公司注册资本实缴登记制改为认缴登记制,取消公司注册资本最低限额、放宽注册资本登记条件、简化登记事项和登记文件等。

对于股东注册资本的认缴,实际上在原公司法中也是作了明确规定的,例如规定分期认缴期限不得超过两年(投资类公司为5年)等。在以往实践中,根据《公司法》的规定,很多公司股东在注册时除了按照规定完成首期出资的同时,在出资协议、公司章程中均约定和规定了分期认缴出资的期限和比例(法定期限内),而今,完全采取认缴登记制注册资本,对于股东而言认缴登记制下注册资本形成权益和义务以及流转、设置他项权利等,又会带来新的问题,需要新的思考和探讨。

[关键词] 股东 注册资本 认缴权 思考

我国2006年1月1日起实施的《公司法》于2013年12月28日第十二届全国人民代表大会常务委员会第六次会议通过修正,并于2014年3月1日起施行。本次《公司法》最重要的修改是,将公司注册资本实缴登记制改为认缴登记制,取消公司注册资本最低限额、放宽注册资本登记条件、简化登记事项和登记文件等。对于股东注册资本的认缴,实际上在原《公司法》中也作了明确规定,例如规定分期认缴期限不得超过两年(投资类公司为5年),等等,在以往实践中根据《公司法》的规定,很多公司股东在注册时除了按照规定完成首期出资的同时,在出资协议、公司章程中均约定和规定了分期认缴出资的期限和比例(法定期限内)。而今,完全采取认缴登记制注册资本,对于股东而言,认缴登记制下注册资本形成权益和义务以及流转、设置他项权利等又会带来新的问题,笔者在此与同仁作些思考和探讨。

一、股东注册资本认缴权的含义探究

(一)股东注册资本认缴权的义务和权利

股东注册资本认缴权非法律名词,从客观上讲是建立在有限责任公司股东之

---

* 新疆天阳律师事务所律师。

间相互信任基础上的人和因素的产物，基于股东之间的契约和对公司的承诺而产生，既是一种明确的契约和法定义务，也是相应的权利体现。根据《公司法》第28条的规定，股东不按照约定和规定出资的，除应当向公司足额缴纳外，还应当向已按期出资的股东承担违约责任。此规定也可看出股东认缴权既涵盖股东负有向公司出资的义务，同时也应规定向其他股东承担违约义务。

但同时，《公司法》第34条、第71条等也明确规定了股东与出资直接有关的其他权利例如转让、增加出资等，例如第34条规定："股东按照实缴的出资比例分取红利；公司新增资本时，股东有权优先按照实缴出资比例认缴出资，但是全体股东约定不按照出资比例分取红利或者不按照出资比例优先认缴出资的除外。"可以看出，尽管未明确注册资本认缴权部分的法定权力，但《公司法》规定可交由股东意思自治，可以设定该部分权利的存在，当然具体情况依照各股东出资意愿而定，最终形成股东注册资本认缴权部分的权利。

（二）股东注册资本认缴权与公司之间的法律关系

股东在公司成立之前通过契约关系形成对公司的出资义务，并同时形成各股东之间因出资所产生的一系列权利和义务，而公司一旦设立，股东就须遵照公司章程及出资协议的约定和规定，对公司享有权利和承担义务。

但就注册资本认缴而言，在股东认缴出资未到位之前，股东就该出资构成对公司的承诺。根据《公司法》第28条的规定以及最高人民法院《关于适用〈中华人民共和国公司法〉若干问题的规定（二）》（以下简称《公司法解释二》）第22条规定："公司解散时，股东尚未缴纳的出资均应作为清算财产。股东尚未缴纳的出资，包括到期应缴未缴的出资以及公司法第二十六条和第八十一条（修改后《公司法》第80条）的规定分期缴纳尚未届满缴纳期限的出资。"笔者认为，股东认缴出资构成对公司的负债，应形成民事债权债务法律关系，在此状况下，股东出资义务演变为对公司的债务。因此，股东注册资本认缴权下的股东身份具有双重性，即作为公司股东，既享有股东权利也承担股东义务。

股东出资与公司形成注册资本之间实际为一种交易行为，公司发行资本而股东通过出资和认缴注册资本获得公司股权。笔者认为亦可以理解为，股东注册资本认缴后即获得相应的公司股权，而作为股东，只是按照约定向公司支付相应的对价。

（三）股东注册资本认缴权与股权的关系

股权的概念出现在《公司法》第三章的规定，而《公司法》所说的股权仅指股东因出资而取得的，依法定或者公司章程的规则和程序参与事务并在公司中享受财产利益的、具有可转让性的权利，而广义上的股权泛指股东得以向公司主张的各种权利。但就《公司法》规定可以看出，分红权、增资权均以实缴资本为限（排除公司章程的规定），因此从立法本身理解，注册资本实缴部分构成股权的实体法律权利，而认缴注册资本部分应当通过股东约定或章程规定加以确认和实现。因此笔者认为,认缴注册资本尚未依法直接构成股东股权所具有的全部权利,而应当通过意思自治约定加以体现,抑或附一定民事条件方可实现。

二、认缴登记的股权转让

我国《公司法》关于有限责任公司股权转让的基本内容一直未发生原则性变化,公司法原则地规定有限责任公司股东之间可以相互转让全部或者部分股权,而这个股权的概念和含义在规定里并未细化,应当包括股东所有的认缴注册资本之全部。但笔者认为,在新的注册资本认缴体系下,由于注册资本认缴方式和出资方式的根本性不同所产生的新型法律关系发生了变化,作为认缴部分的股权转让,应当作出相应的调整。

股东出资在现阶段可以分成两大部分实缴出资,即已经完成的出资和认缴的出资,即股东承诺出资部分。在实践中经常可以看到相关的股权转让协议里约定,实际出资和认缴出资一并转让,注册资本认缴权在此时发生了主体变动。笔者认为,在股权转让过程中,根据《公司法》的规定,股东实缴注册资本完成后进行的转让,完全可以按照法定程序进行,而对于尚未实际缴纳的认缴注册资本部分,是否也属于公司法规定的股权转让部分,值得进一步探讨,尤其是在程序上是否应当与实缴部分的股权完全相同,笔者有不同意见,主要理由在以下方面:

1. 法定实体权利不同。根据《公司法》,实缴出资具有的权利是明确规定的,而认缴出资部分的权利属于约定形成,其权利具有不确定和待定性。实缴出资具有完整的物权特性,而认缴注册资本部分股权,相对于物权上则覆盖有债务,两部分股权特性有差异。

2. 股东注册资本认缴权具有义务性,即向公司出资认缴注册资本的义务,而权利相对人则为公司,义务主体发生变更应当获得权利人的认可或者同意,即股东转让该部分义务应当得到公司的同意或认可后方可进行。而现行规定是股东向股东以外的人转让股权,应当经其他股东过半数同意,对于股东之间只是规定可以相互转让。

3. 认缴登记制下的公司设立是在建立人和信任的基础上,股东变动势必影响公司股东之间人和因素这一前提和基础。

基于以上,笔者认为,在现阶段股权转让中,股东注册资本认缴部分股权应当另行在程序上予以完善,在方式上可考虑:(1)实缴完成后依照《公司法》的规定进行转让,或是在受让方向公司支付完毕认缴注册资本后进行转让;(2)获得公司的同意,在公司作出同意股东注册资本认缴人发生变化的情况下予以转让,完成转让登记程序。

三、认缴登记的股权质押

在质押行为中，是指债务人或第三人（出质人）将其动产或权利移交给债权人的民事法律行为。股权质押按照《中华人民共和国担保法》及《中华人民共和国物权法》的相关规定，股权质押的要素主要包括：依法可以转让的股票方可出质的，出质人与质权人应当订立书面合同，并向登记机构办理出质登记，质押合同自登记之日起生效；股票出质后，不得转让，但经出质人与质权人协商同意的可以转让。出质人转让股票所得的价款应当向质权人提前清偿所担保的债权或者向与质权人约定的第三人提存；以有限责任公司的股份出质的，适用《公司法》股份转让的有关规定，质押合同自股份出质记载于股东名册之日起生效。

依照上述规定，认缴登记股权质押首先应当确定股东认缴注册资本是否具有可转让性，显而易见，《公司法》无限制性规定该部分股权不能转让，如前所述，股东认缴注册资本形成的股权是可以转让的，因而也是可以作为质押标的物进行出质的。而对于该部分股权出质后，笔者在此主要讨论认缴注册资本股权质押后质权的权力范围和内容。

1. 质押权的设定。由于股东认缴注册资本所形成的股权，其权利与义务并存，使得股权出现质押权利质押与相应的出资义务分离的状况，即权利部分可以质押形成质权，而股东认缴注册资本部分尚需要出资的义务不能作为质押的一部分，应作为附属义务。同时，作为质权人不能接受质押物清偿债务时成为公司股东而继续附有出资义务这样的现实。

2. 根据担保法解释以依法可以转让的股份、股票出质的，质权的效力及于股份、股票的法定孳息，但根据《公司法》的规定，股东认缴注册资本除非股东约定，该部分股权不具有法定分红的权利等，因而出质的股权权利本身存在与担保法不一致的情形，其权利具有不完整性。

3. 质押股权进行处置或者质权行使的需要对该股权进行处置，包括转让、司法拍卖等时，附随的股东认缴注册资本出资义务一并转让，将加大股权处置的难度。

股权质押的质权包括质押物质权设定、质押期间质押物收益（约定及法定孳息等）、限制质物转让等处置行为、质权行使等，而最终质权是以保障债权的实现为目的，在现行体制下，股权质押显然面临新的难题，就是股东注册资本认缴权作为权利和义务的集合体形成的股权作为质权标的物，对债权保护的作用将大大降低，对于债权人而言，实缴出资部分股权质押权利明确无附随义务，而作为认缴出资部分是否接受作为质权的一部分值得深入考虑。当然，通过质押合同约定，在质权实现时由出质人完成认缴出资的缴纳，或者由出质人完成出资后再进行质押，对于债权人均是一种保护。

四、认缴登记的股权出资

按照《公司注册资本登记管理规定》第 6 条:“股东或者发起人可以以其持有的在中国境内设立的公司(以下称股权所在公司)股权出资。以股权出资的,该股权应当权属清楚、权能完整、依法可以转让。”已废止的 2009 年 1 月 14 日国家工商行政管理总局公布的《股权出资登记管理办法》中,对于股权出资有一条明确的限制规定,即未实缴到位的股权不得出资,这一规定在《公司注册资本登记管理规定》已经删除,笔者认为,股东认缴注册资本形成的股权作为出资,应当受到一定的限制或在程序中加以明确,如出资人、被出资公司以及股权公司各方的权利义务等。

举例说明股权出资中各方法律关系的变化以及相应的法律责任和后果。

A 持有 B 公司股权,现拟将该部分股权出资投入到 C 公司。假设 A 持有 B 公司的股权为实缴 100 万元,另认缴部分 400 万元在两年内出资到位,持有 B 公司 50% 股权。现 A 将该所有股权一次性投入 C 公司,并持有 C 公司 50% 的股权。该出资完成后,A 持有 C 公司 50% 的股权,C 公司持有 B 公司 50% 的股权。单就这样一个结果,存在以下几个法律关系和后果:

1. C 公司完成一次增资,股东增加,且注册资本一次性实缴到位,不存在继续认缴的情形;

2. A 因一次性认缴注册资本到位,实现了在 C 公司的注册资本和持有的股权;

3. B 公司完成一次股东变更和转让,由 A 变更为 C 公司;

4. C 公司因本次股权出资成为了 B 公司的股东,承继 A 出资 400 万元的义务。

通过上述过程,A 从持有 B 公司 50% 股权且附有 400 万元出资义务变为获得了 C 公司 50% 的股权,且无任何其他出资义务;C 公司尽管增加了 500 万元注册资本,却同时需要承担两年内向 B 公司出资 400 万元的股东认缴注册资本的义务,显然这个结果会明显侵害 C 公司及其原股东的利益,A 从中获得不当利益。当然,这种情形,除非 C 公司原股东愿意接受这样一个结果,并且同意采取如此增资方式实现注册资本的增加,同时应当获得 B 公司的同意或认可(或通过协议约定增资后,股东注册资本认缴权由 C 公司承继,但 A 仍然附有按照原出资协议约定向 B 公司出资 400 万元的义务)。

因而上述过程,笔者认为,作为 A,是否可以一次性将认缴出资作为股权出资是个探讨的问题,但就此种情况,A 将 B 公司股权出资,应当原则上采取与其在 B 公司认缴同样的认缴方式和期限进行,即先在 B 公司实现实缴,再行向 C 公司增资或者缴足后再增资,更能体现交易的公平性,保护各方出资人的合法利益。

注册资本认缴登记制下的股东注册资本认缴权及股权内涵更加丰富,对于涉及的股权并购、重组、兼并以及相应的股权评价机制等都会产生新的课题,在实践中也会出现大量实务供同仁研究讨论,笔者本篇思考囿于学能浅薄,不当之处敬请斧正。

对修正《公司法》有限责任公司出资之评价与建议

黄振辉*

［摘要］ 1994年7月1日，我国第一部《公司法》正式施行，当时的《公司法》对公司最低出资采取了严格的规定和限制，然而最低出资限额的存在，不但不能有效保护交易安全，而且还打压着创业热情和市场活力。2014年3月1日，正式施行修正后的《公司法》，其最大的亮点之一在于对有限责任公司有规定的调整，取消了实收资本的概念以及认缴期限的设置，设立过程也无需提供验资报告，进一步放宽了一般有限责任公司的成立标准。然而，"一元钱"办公司是否会导致"皮包公司"泛滥，影响公司的诚信经营，引起很多人的担忧。本文围绕修正《公司法》有限责任公司有关出资规定的具体修改内容，对当中存在的问题进行分析评价，并提出建议。

［关键词］ 新公司法　出资　评价　建议

2013年12月28日，第十二届全国人民代表大会常务委员会第六次会议通过了对现行《公司法》的修正案，修正后的《公司法》于2014年3月1日起正式施行。修正《公司法》最为引人注目的调整莫过于有关公司出资规定的改变。本次《公司法》修正正是在经济改革的大背景下进行的，是自《公司法》通过以来的一次重大修正，这次修正《公司法》，意在放宽注册资本的登记条件，降低市场准入门槛，刺激市场经济活力。例如将原第23条第2项修正为："有符合公司章程规定的全体股东认缴的出资额"，将第26条修正为："有限责任公司的注册资本为在公司登记机关登记的全体股东认缴的出资额。法律、行政法规以及国务院决定对有限责任公司注册资本实缴、注册资本最低限额另有规定的从其规定。"总共12处修订内容，反映出公司主管部门的管理理念将由"严进宽管"向"宽进严管"转变。本次《公司法》修正的重要内容就是放宽市场准入的门槛，取消法定最低出资限额。

一、改革有限责任公司出资制度的现实意义

总的来说，此次修正《公司法》，取消了有限责任公司实收资本的要求，申请设立的过程将无需提供验资报告，股东认缴的出资额也没有了出资期限的限制，"一元公司"从设想成为现实，无疑是中国《公司法》上的一个里程碑，具有重大的现实意义。

---

* 广东深宝律师事务所律师。

1. 打破了出资担保的神话

事实上,一家公司设立时所筹集到的注册资本,并不能反映这家公司今后的实际经营能力和债务清偿能力。公司经营上的盈利和亏损都是不可避免的商业风险,债权人应当看重一家公司的真实资产状况和实际经营能力,注册资本不是担保债务的根本要素,也起不到担保债务的实际作用,注册资本代表的也只是一个数字,它不是一成不变的,并不是任何时候公司都拥有注册时一样多的资本,它会随着公司的经营状况有所增减。公司作为法人,拥有独立的法人人格且以其全部财产对外承担公司债务,因此,注册资本显然在实际债务担保中没有太多的参考价值和作用。

2. 可以避免虚假出资、虚报资本和抽逃出资的违法现象

在最低注册资本制度的影响下,我国的注册资本额相对较高。在经济利益和投资愿望的双重驱使下,投资者可能会选择铤而走险,使用欺诈手段逾越严格的注册资本制,用以满足资本利益最大化。这种注册资本泡沫化现象,不仅严重威胁着交易安全,也严重危害着整个市场的经济秩序。通过取消注册资本制,将设立公司的决定权真正下放到设立人手中,使得以往普遍存在且难以规避的注册资本泡沫因市场准入门槛的消失而随之消失。

3. 可以有效激发创业热情和市场活力

原《公司法》规定了严格的最低注册资本额,而且资本额相对偏高,这就严重制约了民间资本进入市场,也导致了民间资本的闲散和浪费,特别是对于大多数创业者而言,过多且过高的注册资金要求使得创业者们望而却步,举步维艰。就如同对刚毕业的大学生而言,空有一腔创业热情和智慧才华,却无法创立属于自己的公司。市场经济的健康发展,需要不断吸纳新鲜血液以保持旺盛的生命力和创造力,取消最低注册资本制,降低市场准入的社会门槛,会极大地吸引更多的创业者实现他们的创业和投资诉求,也会广泛汇集社会闲散资金,实现市场多元化主体参与下的资本效益的最大化。

二、修正《公司法》对有限责任公司出资制度的具体规定

修正《公司法》关于出资规定的变化,主要体现在以下几个方面:

1. 修正《公司法》取消了"实收资本"的概念,实收资本不再是公司登记的记载事项

以往,实收资本常常被作为判定公司资金实力的一个重要指标,外部债权人或投资人经常根据记载在公司营业执照上的实收资本一项来判断公司的规模和风险承担能力。取消实收资本后,仅凭认缴的出资额是否足够作为判断的标准,成为了一个疑问。事实上,从法律角度而言,有限责任公司的股东仍需要按其认缴的出资额承担有限责任,这一规定并未改变。举例说明,注册资本为1 000万元的有限责任公司,有两名自然人股东,分别认缴500万元出资额,即使1 000万元的注册资本

并未实际通过验资程序进入公司账户，但若未来发生纠纷，股东并不能以公司没有实际可供执行的财产为理由拒绝承担责任，其责任比例按当初认缴的出资额为准（除非公司章程另有约定）。公司的注册资本越大，股东在其认缴的份额内承担的责任也越大。因此不能简单地认为将实收制改为了认缴制，就可以随意认缴注册资本。公司仍应当根据自身的经营实力和经营需要在能力范围内选择合适的注册资本数额。

2. 修正《公司法》取消了有关注册资本最低限额的要求

不再要求首次出资额不得低于注册资本的20%，也不要求有限责任公司注册资本最低不少于3万元，仅通过第23条第2款规定“有符合公司章程规定的全体股东认缴的出资额”。修正后的《公司法》从某种意义上而言，实现了所谓的“零门槛”设立公司。事实上，取消最低注册资本制度并非中国首创。1969年《美国示范公司法》废除了最低资本额的规定，而后现代大陆法系公司法亦均仿效，改革或完全废除了最低资本限额限制。作为法定资本制代表国家之一的法国，在2003年通过的《经济创新法》中取消了对有限责任公司最低注册资本的要求。理论界一般认为，这是因为最低注册资本要求具有任意性，与公司的真实资本需求没有直接关系，对债权人的保护无实际意义。修正后的《公司法》同时也取消了对注册资本缴纳期限的强制性要求。修改后的条文删除了原第26条第81条有关的分期交付期限的限制，这一改变也更利于股东和公司根据生产经营情况而随时投入资金。

3. 修正后的《公司法》删除了原第27条第3款有关30%现金比例的规定

这意味着公司法放宽了对公司成立之时营运资金的立法考虑，全部交由股东自由处理，股东可以选择在任何时候以任何形式的财产出资，并不需要同期配比30%比例的现金。此种改变解决了在原公司法实践中对30%配比如何在分次出资以及增资（包括以资本公积留存收益转增，合并、分立新设公司）中适用争议的问题，同时对以主要以技术作价出资的创业者而言更是一个利好消息。除此以外，修正后的《公司法》对出资情形将不再需要通过会计师出具验资报告，设立公司的费用将大幅度降低，缴纳注册资本无需经历开户、验资，程序更为简单便捷。

三、修正《公司法》关于有限责任公司出资制度中存在的问题及评价

尽管此次公司法修正力度十分之大，但实践中由于实施细则尚未出台，仍存在一些需要进一步明确的问题。

1. 在修正《公司法》前成立的公司，法律应如何适用的问题

现阶段，由于大量新设的有限责任公司依据修正前的《公司法》规定，其出资并非一次缴足，两年的缴纳期还未到，修正《公司法》实施后，对于已注册成立且完成首期出资，而剩余出资尚未缴足的有限责任公司，是否适用修正《公司法》？这是一个尚待明确的问题。不排除实践操作层面，公司通过减资等程序免除自身的后期出资义务。笔者认为，实践中工商部门采取的可能的操作方式仍是严格按设立

的时间点加以区分,2014 年 3 月 1 日前设立的公司适用修正前的《公司法》,出资义务有缴纳期限限制,而 3 月 1 日之后设立的公司适用修正后的《公司法》规定。

2.《公司法》有关出资规定的修正,也将导致债权人利益保障途径的变更

有限公司的设立和增资无需经历繁琐的验资程序,但外部债权人也将无法依赖实收资本这一指标而作出商业决策。笔者认为,未来可能的趋势是通过增加公司的信息披露义务来保障债权人的利益,例如要求公司定期公开资产状况等。

3. 修正后的《公司法》降低了设立有限责任公司的门槛,可能导致不良后果

如催生大量无实际经营业务的"空壳公司",增加市场管理的风险。在一定程度上,也可能影响交易的安全。若不能通过资本限额来预防市场的不稳定性,则需寻找另一种途径替代。而这种途径,应当来自市场监管思路的改变,由过去的"重审批,轻监管"转向开放自由的公司设立环境,但需对公司后期的发展加强监管。实践中,为了配合修正后的《公司法》,许多省市出台了商事登记改革后续监管办法,办法的出台将进一步细化设立后公司的监管细节,具有十分重要的意义。

4. 修正后的《公司法》未明确规定股东未足额实缴之前转让股权如何处理的问题

笔者认为,这与先前《公司法》的规定不同,按照修正前《公司法》的规定,股东需要考虑限期缴付资本的义务或者原股东已经发生的缴付违约责任等,修正后的《公司法》取消了缴纳期限,在这种情况下,如果章程没有特别约定,则新股东可以直接承继旧股东的身份,等到公司催缴时再缴付即可,但新加入股东是否仍需对其他股东承担出资责任,还有待法律的进一步明确。

四、完善建议

《公司法》的修正降低了公司设立的门槛,有利于激发创业的热潮,但由于法律制定的滞后性,并不能全面解决随之而来的一系列问题,对于修正《公司法》的有限责任公司出资制度,建议完善以下几点:(1) 进一步出台有关公司登记办法的实施细则,修订相关法律、法规,填补现阶段尚未明确的问题,从实践层面细化公司的设立登记制度与后续责任监管问题。(2) 基层监管部门应调整监管方向,建立"宽进严管"的监管思路,加强专业化研究,培养解决与应对复杂问题的能力。(3) 建立完善的信用保障体系,构建市场经济主体信用信息公示体系,运用信息公示和共享等手段,将企业登记备案、年度报告、资质资格等信用信息通过市场主体信用系统予以公示公开,存在违法违规行为的市场主体将被列入经营异常的"黑名单"并向社会公布,形成一种违法处处受限的局面,以此来构建公平自由的市场竞争环境。

参考文献

[1] 叶林:《公司股东出资义务研究》,载《河南社会科学》2008年第4期。

[2] 郑曙光:《股东违反出资义务违法形态与民事责任探究》,载《法学》2003年第6期。

[3] 凌成:《新公司法关于有限责任公司出资规定修改分析》,载《经济与法》2014年第5期。

[4] 左传卫:《论最低注册资本制度的存与废》,载《湖北社会科学》2004年第8期。

[5] 杨宇帆:《论公司法中的最低注册资本制度》,载《法制与社会》,2012年第7期。

[6] 陈辰:《以新公司法为视角看我国注册资本制度改革》,载《鄂州大学学报》2014年第6期。

[7] 傅寅嘉:《论新公司法修改的主要内容及法律意义》,载《法制博览》,2014年第7期。

[8] 王雪丹:《有限责任公司资本认缴登记制度解析——以珠三角地区商事登记改革为研究中心》,载《暨南学报》2013年第6期。

浅议我国《公司法》的修正

黄振辉*

公司是市场经济发展中不可取代的经济体，是极为重要的商业运营模式。而《公司法》则是对公司的设立、运营、终止进行引导、保护和规制的重要法律。《公司法》的完善程度，在一定程度上体现了社会的整体发展水平。

一、我国《公司法》的立法、修改沿革及最新修改情况

新中国的第一部《公司法》于 1993 年诞生，那时正是改革开放初期，更是市场经济发展的初期，其立法目标和价值取向的重心在于规范国有企业改制。时至今日，《公司法》经历了 4 次重大的修改，其核心精神和重要的制度在每一次修改中逐渐确立完善，明确了坚持鼓励创业，完善了公司治理结构的核心。

2005 年 10 月 27 日，第十届全国人大常委会第十八次会议审议通过了《中华人民共和国公司法》的修订，该修订完善了公司组织机构的运行规则、强化了对股东权益的保护，对股东与公司之间、股东与股东之间的关联交易进行了规制，强化了对职工合法权益的保护，确立了公司法人人格否认制度，对股东、公司、债权人利益保护旨在予以平衡。

2013 年 12 月 28 日，十二届全国人大常委会第六次会议审议并通过了公司法修正案草案，修改了现行《公司法》的 12 个条款。这是我国《公司法》自颁布以来 20 年的时间中继 3 次修正或修订后的又一次重大修正。修正《公司法》自 2014 年 3 月 1 日起施行。《公司法》的修改，体现了我国市场经济的发展，是社会理念侧重点的变化，也是中国企业发展的需要。

此次《公司法》的 12 处修正具体如下：

（一）删去第 7 条第 2 款中的“实收资本”。

（二）将第 23 条第 2 项修改为：“（二）有符合公司章程规定的全体股东认缴的出资额”。

（三）将第 26 条修改为：“有限责任公司的注册资本为在公司登记机关登记的全体股东认缴的出资额。法律、行政法规以及国务院决定对有限责任公司注册资本实缴、注册资本最低限额另有规定的，从其规定。”

（四）删去第 27 条第 3 款。

（五）删去第 29 条。

---

* 广东深宝律师事务所律师。

(六)将第30条改为第29条,修正为:“股东认足公司章程规定的出资后,由全体股东指定的代表或者共同委托的代理人向公司登记机关报送公司登记申请书、公司章程等文件,申请设立登记。”

(七)删去第33条第3款中的“及其出资额”。

(八)删去第59条第1款。

(九)将第77条改为第76条,并将第2项修正为:“(二)有符合公司章程规定的全体发起人认购的股本总额或者募集的实收股本总额”。

(十)将第81条改为第80条,并将第1款修正为:“股份有限公司采取发起设立方式设立的,注册资本为在公司登记机关登记的全体发起人认购的股本总额。在发起人认购的股份缴足前,不得向他人募集股份。”

第3款修正为:“法律、行政法规以及国务院决定对股份有限公司注册资本实缴、注册资本最低限额另有规定的,从其规定。”

(十一)将第84条改为第83条,并将第1款修正为:“以发起设立方式设立股份有限公司的,发起人应当书面认足公司章程规定其认购的股份,并按照公司章程规定缴纳出资。以非货币财产出资的,应当依法办理其财产权的转移手续。”

第3款修正为:“发起人认足公司章程规定的出资后,应当选举董事会和监事会,由董事会向公司登记机关报送公司章程以及法律、行政法规规定的其他文件,申请设立登记。”

(十二)删去第178条第3款。

此外,对条文的顺序作出了相应调整。

二、《公司法》修正的重点

《公司法》条文的修正,显示了国家对公司设立等制度的完善,是制度层面上的进步。

(一)简化登记事项和登记文件

本次《公司法》修正的第1条,也是深受热议的一条就是:“删去第七条第二款中的‘实收资本’”。资本制度是公司设立的根基和门槛。修正《公司法》删去“实收资本”这一项,使有限责任公司股东认缴出资额、公司实收资本不再作为登记事项。公司登记时,不需要提交验资报告。这使得公司的设立不需要经过严格繁复的评估验资程序,大大简化了公司设立的程序性事项和原本极为重要的货币资本的准备。

(二)完善公司的设立制度

另外,修正《公司法》通过降低公司设立注册资本的最低限额来降低门槛,股份有限公司取消了关于公司股东(发起人)应自公司成立之日起两年内缴足出资,投资公司在5年内缴足出资的规定;取消了一人有限责任公司股东应一次性足额缴纳出资的规定，采取公司股东（发起人）自主约定认缴出资额、出资方式、出资期限等，并记载于公司章程的方式。

简化公司设立的程序，实行准则主义，进一步明确公司设立的各项责任。

（三）放宽注册资本登记条件

除对公司注册资本最低限额有另行规定以外，取消了有限责任公司、一人有限责任公司、股份有限公司最低注册资本分别应达3万元、10万元、500万元的限制；不再限制公司设立时股东（发起人）的首次出资比例以及货币出资比例。

此次修法，为推进注册资本登记制度改革提供了法制基础和保障。工商总局也将研究并提出修改《公司登记管理条例》等行政法规的建议，同时积极构建市场主体信用信息公示体系，并完善文书格式规范和登记管理信息化系统。

三、《公司法》修正的意义

本次《公司法》的修正，延续了鼓励创业的精神，促进市场经济的自由发展，主要是对公司资本制度的改革。在2005年《公司法》的修订中，有限责任公司注册资本的最低限额由原来的10万元降低为3万元，股份有限公司注册资本的最低限额由原来的1 000万元降低为500万元。将原来注册资本“全体股东实缴的出资额”改为“全体股东认缴或认购的出资额”。允许分期缴纳，但公司全体股东或发起人的首次出资额不得低于注册资本的20%，也不得低于法定的注册资本最低限额，其余部分由股东或发起人自公司成立之日起两年内缴足；其中，投资公司可以在5年内缴足。限定认缴资本制度仅适用于有限责任公司（一人有限公司除外）和发起设立方式的股份公司。此次更为彻底的改革意义非凡。

（一）实行认缴制，促进我国信用体系逐步建立

受认缴制影响最直观的首先是企业的信用结构。在实缴制下，注册资本“雄厚”对公司债权人和交易对象来说是一种宣示公司实力的方法，重要交易的前期调查中也必然包括对方注册资本到位状况。但是在认缴制下，任何一个人均可以成立一个注册资本为1 000万元甚至1亿元的公司，因此注册资本的这一层含义也将失去意义。在此结构下，在重大交易中，对控股股东的背景及信用调查成为重中之重。相应的，政府也将会随之逐步建立市场主体（企业、控股股东、董事、高管）的信用体系。近期最高人民法院要求判决书、诉讼执行结果等全部进行网上公布。《公司法》的修正也将更进一步建立健全我国的信用体系。

（二）有助于鼓励个人创业，刺激个体经济的发展

受累于世界整体经济形势的下滑，中国经济预计在未来几年里将呈现低增长局面，此时负面影响最大的是就业，这是摆在本届政府面前的严峻课题。认缴制的正式登台，体现了决策层制度创新的变革理念和放宽公司设立门槛的监管思路。

取消最低注册资本限制、取消首期必须出资20%，及剩余注册资本必须在两年内到位的要求，不再要求提供验资报告等，将使设立公司更为便捷，成本更为低廉，这也将更好地鼓励个体以及大学生创业，不断激励个体经济的发展，也将有助于提高我国整体的创新力。

（三）带动其他部门法的修改，"抽逃注册资本"等成为历史

认缴制同时标志着工商行政管理部门的职能定位和服务理念开始变化。不但营业执照不再记载实收资本，公司设立及增资时的验资程序也将随认缴制的实施而取消。同时，刑法上的虚假出资罪、抽逃出资罪等与注册资本相关联的条款将失去意义而被修正。除了行政、刑事领域的变化之外，民事领域的现行法律规则可能受到更大的影响。例如，原本《公司法》及有关司法解释规定的董事、高管所负有的督促股东及时履行出资义务的责任将得到缓解，股东们互相之间对出资不到位所负有的连带责任，也将由于认缴制的出现而变得模糊起来。

（四）进一步放宽市场，贯彻"市场起决定性作用"原则

市场决定资源配置是市场经济的一般规律，市场配置资源也最有效率。中共十八届三中全会的决定，提出了"经济体制改革是全面深化改革的重点，核心问题是处理好政府和市场的关系，使市场在资源配置中起决定性作用"。本次《公司法》修正就是贯彻这一原则的体现。

总的来说，《公司法》的修正，为目前我国中小企业的设立和发展提供了更为便捷的法律条件，在促进市场开放、繁荣上发挥不可取代的作用。

浅析注册资本制度变革下债权人权益保护问题

张东平* 程 闽**

[摘要] 2013年12月,全国人大常委会对公司法进行了修改,全面推进公司注册资本制度改革。该项改革引发社会各界对公司债权人权益保护问题的关注。本文从注册资本制度改革出发,探讨改革对债权人权益的影响以及加强债权人权益保护的必要性,同时为债权人权益保护途径提出若干建议。

[关键词] 注册资本制度 债权人 权益保护

一、公司资本制度变革基本情况

公司是市场经济最重要的主体,而《公司法》则是规范、调整该主体的基本法律。2013年12月28日,第十二届全国人民代表大会常务委员会第六次会议通过了《中华人民共和国公司法》修正案,共对《公司法》进行了12处修正。修正案的内容看似复杂,但实质上围绕的核心点只有一个,即公司注册资本制度改革。总结起来,修正《公司法》对公司资本制度的改革重点主要体现在如下方面:

(一)将注册资本实缴登记制改为认缴登记制

将公司注册资本"实缴登记制"改为"认缴登记制",是新修改的公司法最突出的亮点,该项制度简化了公司设立程序,进一步明确,股东的各项责任,极大地促进、完善了公司设立制度的发展。除法律、行政法规以及国务院决定对公司注册资本实缴有另行规定的以外,有限责任公司的注册资本为在公司登记机关登记的全体股东认缴的出资额,股份有限公司则取消了关于公司股东(发起人)应自公司成立之日起2年内缴足出资、投资公司在5年内缴足出资的规定,转而采取由公司股东(发起人)自主约定认缴出资额、出资方式、出资期限等信息,并记载于公司章程的方式。

(二)放宽注册资本登记条件

除对公司注册资本最低限额有另行规定的以外,修正《公司法》取消了有限责任公司、一人有限责任公司、股份有限公司最低注册资本分别应达3万元、10万元、500万元的限制,同时不再限制公司设立时股东(发起人)的首次出资比例以及货

---

* 福建天衡联合律师事务所高级合伙人。

** 福建天衡联合律师事务所律师。

币出资比例。

（三）简化登记事项和登记文件

有限责任公司股东认缴出资额、公司实收资本不再作为登记事项。公司登记时，不需要提交验资报告。新修正的《公司法》看似仅仅修正了若干条文，实则对公司注册资本制度进行了根本性的变革，肯定了公司注册资本的股东自治属性，取消了国家对注册资本的管制，使得围绕着公司的注册资本而形成的各种法律关系，如各股东之间、公司与股东之间的权利义务关系等涉及注册资本事项的，均在股东的自治范围内，体现了我国放松政府干预、推进经济改革的决心。

二、公司资本制度变革对债权人权益的影响

（一）不必然导致债权人权益受损

注册资本制度改革引发对债权人利益保护的探讨，有观点认为，取消对最低注册资本、首次出资比例、注册资本缴纳时间的限制，是以牺牲债权人的利益为代价的。这种观点有一定的合理性，因为变革后的资本制度将注册资本、出资期限全部交由股东自治。从理论上讲，股东可以约定极低的注册资本，还可以约定极高的注册资本，同时又约定极长的出资期限，当公司所负债务履行期限届满之时，公司章程约定的出资期限还远未届满。此时，债权人的权益根本无法得到公司“注册资本”的保障。原有的法定注册资本制度中的最低注册资本、出资期限等规定，至少在一定程度和意义上对债权人利益起到了保护作用，这一制度的变革，可能导致本不成熟的市场中出现大量的皮包公司，“虚构”注册资本、“空手套白狼”，可能对债权人利益的保护产生不利影响。

笔者认为，修正后的《公司法》侧重赋予股东在注册资本问题上的自治权的同时，确实在一定程度上弱化了注册资本的债权“担保”功能。但是，不能仅仅因为注册资本制度改革削弱了注册资本对债权人权益的“担保”功能，就质疑甚至否定这一改革的重要意义。因为这一改革的最终目的和效果是要鼓励投资创业、激发整个市场经济的活力，提升经济水平，从统筹全局的制度设计角度，注册资本制度改革在一定程度上减弱了注册资本对债权人的债权担保功能，是可以接受的，由此引起的债权人利益保护问题可以通过相应的制度设计、完善加以平衡和解决。同时，《公司法》对公司注册资本制度的变革并不必然导致债权人利益受损。因为债权设立时，公司是以其全部独立资产对其所负的债务提供“担保”，而不是以公司设立时的注册资本为保证的。决定债权能否如期实现的是债权到期时公司的全部资产。股东缴纳出资（注册资本），公司获得独立财产，在这个意义上，注册资本和实缴资本确实是对股东权利的限制和对债权人的一种保障。但是，注册资本是静态的，而公司的经营状况、财务状况却是动态的、不确定的，公司所有资产一直随着经营状况的不同而处于不断波动、变化之中。公司某一时点的资产与其股东认缴的

注册资本并无本质的必然联系。因此，最低注册资本额以及股东的实缴资本对债权人的保护是有限的。

（二）加强对债权人权益的保护更为重要

虽然注册资本制度的变革并不必然导致债权人权益受损，但在现阶段，《公司法》刚刚修正，配套的制度、法规尚未完善的情况下，加强对债权人权益的保护显得更为重要。首先，最低注册资本制度的取消，实质是国家将市场之手归还市场，鼓励民间投资经营、活跃市场经济的重大举措。但是，伴随而来的则可能是皮包公司数量的大幅增加以及滥用公司人格、损坏债权人利益现象的增多。2014 年 4 月 24 日，全国人大常委会通过了全国人民代表大会常务委员会《关于〈中华人民共和国刑法〉第一百五十八条、第一百五十九条的解释》，规定《刑法》中的虚报注册资本罪与虚假出资、抽逃出资罪仅适用于依法实行注册资本实缴制的公司，即不再适用于一般公司。根据该解释，一般公司股东的虚假出资、抽逃出资等行为将不再受到刑罚处罚。没有了刑罚的威慑，公司股东以虚假出资、抽逃出资等方式损害债权人利益的现象可能更多地发生。其次，尽管净资产决定了公司的偿债能力，但股东的出资至少在一定程度上影响公司的资产规模、影响公司的经营情况，进而在一定意义上影响公司的偿债能力，从而对债权人权益产生影响。再次，从权利、义务衡平的制度设计角度而言，既然修正《公司法》赋予股东在出资问题上的高度自治权，极大地为投资人提供了便利，相应的，对天平的“另一端”，同样应当进一步加强对债权人利益的保护。

三、新资本制度下加强债权人权益保护的途径

（一）强化公司信息公示制度、降低信息不对称的不利影响

由于债权人系公司的外部主体，对公司的资产、运营情况不甚了解，债权人与公司及公司股东之间信息严重不对称。在此情形下，债权人经常可能因不够了解公司情况而轻易与其交易导致权益损失。要减少、避免这种情况，就应当保证债权人有获取公司信息、了解公司经营情况的渠道，确保债权人的知情权。笔者认为，应主要从如下两方面着手：

1. 完善公司主动信息披露机制

债权人获取公司信息的途径主要有两个：一是公司主动披露信息，二是建设第三方信息查询平台，供债权人查询。我国现阶段对公司强制信息披露义务的规定，多局限于上市公司，但在市场主体中，上市公司毕竟是少数，对于大量的非上市公司而言，并无明确的信息披露标准。既然公司资本制度回归于“股东、公司自治”，为了维护交易安全、公平，相应的也应进一步增加公司主动披露信息的义务，增强公司的透明度，国家应着力于建立和完善公司信息披露机制。

国务院于 2014 年 8 月 7 日颁布的《企业信息公示暂行条例(三)》(以下简称

《条例》)已于2014年10月1日正式生效。该《条例》在大幅放宽市场主体准入条件的同时，要求企业真实、及时公示信息，并对违背公示义务的企业予以究责、处罚，形成企业“一处违法、处处受限”的信用约束机制。《条例》中规定，企业应当自信息形成之日起20个工作日内，通过企业信用信息公示系统向社会公示依法应当公示的信息。《条例》同时规定了政府部门的企业信息公示制度，通过工商行政管理部门和其他政府部门公示其在履行职责过程中产生的一系列信息，具体包括：企业注册登记、备案、动产抵押登记、股权出质登记，行政许可准予、变更、延续，行政处罚以及其他依法应当公示的信息。

《条例》还建立了信用约束机制，设立经营异常名录制度和严重违法企业名单制度，并建立了部门联动响应机制。随着《注册资本登记制度改革方案》和《企业信息公示暂行条例》的颁布和实施，我国企业信息公示制度正逐步确立和完善。

2. 债权人加强对债务公司的自主审查

对于债权人而言，除了事后通过司法途径主张债权外，还应更多地注意事前预防，尽到对交易对象应有的注意、审查义务。债权人设立债权时，可通过审查交易对方的资产情况、评估清偿能力及自身的交易风险，决定是否设立债权、债权的期限、利息的高低及债权担保的方式、范围。

在新的注册资本制度下，债权人考察、关注的债务人情况侧重点应当有所变化，债权人关注的重点应当有如下几点：

(1) 公司的所有者权益及构成。修正《公司法》取消了对最低资本、股东出资期限的限制，同时，国家工商行政管理部门自2014年3月1日起停止对企业进行年检。除特殊企业有特别规定外，公司注册资本与股东的认缴期限已完全不受法律限制。而对债权人而言，公司的实缴资本、所有者权益(即净资产)中可变现资产的价值，才是债权行权时能得以有效实现的保证。因此债权人应将更多的注意力集中在公司的净资产情况方面，而非过于关注股东的认缴出资额。

(2) 企业年度报告。根据《公司法》第165条第1款的规定，公司应当在每一会计年度终了时制作财务会计报告，并依法经审查验证。在《公司法》《企业法人登记管理条例》等法律、法规修订及《注册资本登记制度改革方案》等配套制度出台后，公司年度报告的公示效力被进一步强化。依据《条例》的要求，公司应当于每年1月1日至6月30日，通过企业信用信息公示系统向公司登记机关报送上一年度的年度报告，并向社会公示。其中，有限责任公司股东认缴和实缴的出资额、出资时间、出资方式信息属于企业应当即时公示的信息。同时，公司对年度报告记载的内容真实性负有法定义务，债权人基于对年度报告中所载财务、会计信息的信赖而与公司签订合同，如年度报告的信息存在重大虚假情况，则可能构成欺诈，债权人有权依据《合同法》的规定提起撤销之诉。设立债权后，由于债务人公司经营过程中其资产状况一直在不断变化，如果债权人通过查询年度报告发现债权存在无法实现的风险时，可及时要求债务人清偿；如交易合同尚在履行过程中，还可以依法行使不安抗辩权。在债务人公司出现资不抵债的情形时,债权人还有权要求依法进行破产清算。

(3) 股东的偿债能力。在原有公司法的体制下,股东的"有限责任"及法定的验资制度,使得债权人较少关注股东的偿债能力。而根据修正《公司法》,公司章程可对股东缴纳出资的期限进行自由约定,因而在章程规定的出资期限尚未届至的情况下,股东按照章程规定按时足额缴纳出资的能力对于公司的偿债能力或经营状况将产生直接的影响。而且,未来公司人格否认制度、破产制度必将逐步完善并更有效地实施,股东担责的情况将逐渐增加。因此,在交易过程中,需要特别关注股东依照公司章程缴纳出资的履行情况及股东未来按时足额缴纳出资的能力。

(二) 完善债权人代位权制度

最高人民法院《关于适用〈中华人民共和国公司法〉若干问题的规定(三)》以下简称《公司法司法解释(三)》第 13 条第 2 款规定:"公司债权人请求未履行或者未全面履行出资义务的股东在未出资本息范围内对公司债务不能清偿的部分承担补充赔偿责任的,人民法院应予支持。"第 14 条第 2 款规定:"公司债权人请求抽逃出资的股东在抽逃出资本息范围内对公司债务不能清偿的部分承担补充赔偿责任、协助抽逃出资的其他股东、董事、高级管理人员或者实际控制人对此承担连带责任的,人民法院应予支持。"《公司法》修正后,最高人民法院对相关的司法解释进行了相应修改,但上述规定均予以保留,说明上述条款在修正后公司资本制度下仍然适用。有学者认为,之所以立法会采用上述立场,是因为"《公司法》对债权人的保护措施几乎全部寄托在股东出资环节上,意图强化股东的出资责任,设置各种机制保障公司资本按时足额到位来保护债权人,沿着这一思路,当股东出资确实未到位时,《公司法司法解释(三)》第 13 条第 2、3 款规定了出资不实股东的补充赔偿责任,以及公司发起人的连带补充赔偿责任"。①但是,在修正《公司法》凸显公司注册资本的股东自治属性的情形下,仍然适用上述规定,强化股东的出资义务,并导出股东应当对公司债权人承担补充赔偿责任的结论,就有值得检讨之处了。②

公司人格、财产的独立性已经隔绝了股东与债权人的关系,但公司债权人为什么能够对未履行出资义务的股东提出要求?笔者认为,这实质上是债权人取代了公司的地位,要求未缴纳出资的股东依照公司章程的规定缴纳出资,法理上应当属于合同法项下的债权人代位权制度。而上述《公司法司法解释(三)》的规定,在效果上虽与债权人代位权类似,但事实上仍是在旧有法定注册资本制度下派生出来的规定,并不符合现行的公司资本制度。

---

① 郭霹:《论我国公司资本制度的最新发展——〈公司法司法解释(三)〉之解读》,载《法商研究》2012 年第 4 期。

② 参见邹海林:《我国司法实务应对公司注册资本制度改革的路径选择》,载《法律适用》2014 年第 5 期。

因此，可以考虑更加全面地引入合同法项下的债权人代位权制度，赋予债权人取代公司地位、要求股东履行出资义务的代位权。但是，合同法项下的债权人代位权的行使，以债务人怠于行使其到期债权为条件，而股东与公司之间的密切关系，公司债权人想要对此举证十分困难，且股东与公司间可能合谋伪造证据，损害债权人利益。所以，在引入债权人代位权制度时，应当针对公司法的特点对债权人行权的条件与措施进行更为细化的规定，以更加有利于债权人对未缴出资、抽逃出资的股东行使请求权。

（三）完善公司人格否认制度

修正《公司法》既然规定了公司的注册资本仅形成于股东的认缴出资，“公司资本不过是公司成立时注册登记的一个抽象的数额，而绝不是公司任何时候都实际拥有的资产，资本不过是公司资产演变的一个起点，是一段历史，是一种观念和象征，是一个静止的符号或数字”。③从这个意义上，注册资本保护债权人利益的功能已经大大淡化。注册资本实质上仅为一种形式上、名义上的数额，股东不缴纳出资或延迟缴纳，容易导致公司的注册资本与公司承担债务能力之间的脱节，而且易诱发商业欺诈，使债权人权益受损的危险增加。

注册资本制度变革，并不意味着股东可以不缴纳注册资本。最低资本额的取消改变的只是股东出资义务的数额，而非股东出资义务本身。④公司的本质就是股东以其出资为限承担有限责任，如果股东不缴纳注册资本或者抽逃出资、滥用股东权利使公司资本严重不足，这实质上已经破坏了股东有限责任的根基，股东不应再受“有限责任”制度的保护。

在现有公司资本制度下，因法律对投资者设立公司不再进行管制，保护债权人利益的机制就应当弥补认缴资本制度可能形成的风险。法理上，公司资本不足是公司人格否认的重要事由，而公司独立人格一旦被否定，股东对公司债务的清偿责任就不再限于其认缴的出资额。因而，加强对股东滥用公司法人地位的规制，强化“公司人格否认制度”的运用，就成为保护债权人利益的必然、不可替代的工具。同时，因为虚报注册资本罪、虚假出资、抽逃出资罪不再适用于一般公司的股东，股东相应的刑事责任已经大大减轻，从保护债权人利益的衡平角度出发，增加股东应承担的民事责任，放宽公司人格否认制度的适用范围就很有必要。

但是，目前公司法对于公司人格否认制度的规定较为严格、较为狭窄，实践中对于适用该规则更是慎之又慎。前文已提到，《公司法司法解释（三）》规定，股东抽逃出资的，债权人仅在抽逃出资的本息范围内可向股东主张“补充赔偿责任”。但事实上，股东抽逃出资的行为所带来的影响可能不仅仅是减少了公司的注册资本，而是将在很大程度上影响公司的经营状况、资产总额。而在该种情况下，能否

---

③ 赵旭东：《从资本信用到资产信用》，载《法学研究》2003 年第 5 期。

④ 参见赵旭东：《资本制度改革与公司法的司法应用》，载 2014 年 2 月 26 日《人民法院报》。

适用公司人格否认制度尚不明确。现行的公司人格否认制度并未能发挥其应有的保护债权人的作用。

现阶段的公司人格否认制度应当从如下几个方面加以完善：

1. 放宽公司人格否认制度的适用条件

《公司法》第20条第3款规定："公司股东滥用公司法人独立地位和股东有限责任，逃避债务，严重损害公司债权人利益的，应当对公司债务承担连带责任。"从该条规定可知，适用公司人格否认制度要求股东主观上具有逃避债务的目的。但"逃避债务"的范围较为狭窄，股东抽逃出资、不足额缴纳出资之时，公司不一定具有较大负债，股东的该等行为实施之时，也并不一定是为了逃避负债，但却可能最终导致公司没有任何财产可供清偿债务的结果，因此可以考虑在未来新的公司法司法解释中放宽对逃避债务的目的限制，适当扩大公司人格否认制度的适用范围。

2. 减轻债权人的举证责任，对股东滥用公司法人独立地位可考虑适用"举证责任倒置"

前文已述，债权人与公司股东存在极为严重的信息不对称，实践中，债权人根本难以获取公司内部的相关信息，而股东滥用公司法人独立地位的主要证据都来源于公司内部，诸如财务信息、股东决议等，适用"谁主张、谁举证"的原则，使得债权人主张股东滥用法人独立地位，进而揭开公司面纱变得举步维艰。因此，司法实践中应当根据各自的举证能力，对举证责任进行适当分配。"首先由提起诉讼的债权人即原告承担初步举证责任，证明控制股东有'随时可行使之控制'存在，其举证责任即告完成，其后的举证责任则转移给控制股东，由控制股东证明其行为系善意且符合公平原则，未给公司带来损失，否则即推定该股东滥用了控制权而由其承担相应责任。"⑤

3. 扩张公司人格混同的适用规则

传统的、经典形式的公司人格否认是要求股东对公司债务承担清偿责任。除此之外，公司人格混同还存在逆向人格否定和横向人格否定，其中逆向否定是当股东为了逃避债务而滥用公司独立人格导致债权人权益严重受损失时，通过否定公司独立人格，责令公司对股东的债务承担连带责任；横向否定是通过否定相同股东控制下的关联公司的法人资格，责令关联公司互相之间对外部债务承担连带责任。笔者注意到，最高人民法院已经对公司人格否认制度的扩展与完善进行了有益的尝试，承认了横向否认公司人格。2013年1月31日，最高人民法院公布了第15号指导案例"徐工集团工程机械股份有限公司诉成都川交工贸有限责任公司等买卖合同纠纷案"，该案例认定关联公司之间如果存在人员、业务、财务混同，则所有关联公司必须为其中一家公司的对外债务承担连带责任。该案例扩展了公司人格否认制度的外延，将连带责任延伸至关联公司，是对公司人格否认制度深化的有益尝

---

⑤ 宋建立：《法人人格否认理论的实际应用》，载《人民司法·案例》2008年第16期。

试。相信随着资本制度改革的不断深入，我国司法实践将会对公司人格否认制度的扩张适用进行愈发深入的尝试。

（四）完善对公司董事的追责机制

《公司法》第147条规定了董事对公司有忠实义务和勤勉义务，第148条对董事的若干行为作出了禁止性规定。但是，未规定董事违反勤勉义务、注意义务等情形、损害债权人利益时相应的处罚和责任承担机制。董事是公司的决策、经营管理人员，不仅其经营水平、履职情况将直接决定公司的经营状况，而且他们还通常直接决定着公司对债权的态度，直接决定着债权能否得到清偿，因此对债权人利益有着直接影响。

因此，现行《公司法》对董事任职仅有禁止性规定，没有责任承担机制，不足以充分保护债权人的利益。在现行的资本制度下，我国确有必要设立债权人对滥用权利董事的追责机制，建立兼顾主客观的董事民事责任界定标准，在责任承担方式上可考虑参照《公司法司法解释（三）》第13条第2、3款规定的“补充赔偿责任”等形式，通过法律明确董事的民事责任，通过追责机制的运转，真正督促董事履行忠实、勤勉义务，进而维护债权人的合法权益。

公司股东优先购买权浅析

——暨《公司法》第71条解读

贺宝银[*]

[摘要] 有限责任公司股东向非股东转让股权时，其他股东享有优先购买权，是平衡考虑有限责任公司的人合性和保护股东享有股权的结果；《公司法》第71条第2款关于股东向股东以外的人转让股权时应经其他股东半数以上同意、不同意的股东应当购买的规定，在实务操作中难以实施，且已被国有及国有控股股权转让进产权交易所招拍挂的做法所规避，为体现法律的公平，减少股权转让过程中的繁琐程序和纠纷，建议删除《公司法》第71条第2款。

[关键词] 股东 优先购买权 删除《公司法》第71条第2款

一、对股东优先购买权的理解

股东优先购买权是指有限责任公司的股权发生转让的时候，其他的股东在同等条件下享有比非股东买受主体优先购买该部分股权的权利。我国《公司法》第71条、第72条对股东优先购买权制度作出了规定。股东优先购买权制度主要包含以下几层内涵：

1. 股东优先购买权是发生在有限责任公司股权转让之时

股东优先购买权是在有限责任公司股权转让且股东向非股东转让的特定情形下，才会发生有优先权适用的情形。

2. 股东优先购买权的适用是有条件的

股东优先购买权并不由股东随意行使，有一定的限制条件，只有经过股东同意的股权转让，在同等条件下，其他股东才有优先购买权。

如何理解《公司法》第71条第3款"经股东同意转让的股权"呢，是理解为其他股东全部同意，还是理解为其他股东过半数同意呢？笔者认为应理解为其他股东过半数同意。理由是：(1)《公司法》第71条第2款明确规定："股东向股东以外的人转让股权，应当经过其他股东过半数同意。"(2)《公司法》第71条第2款同时规定，"其他股东半数以上不同意转让的，不同意的股东应当购买该转让的股权；不购买的，视为同意转让"。举例说明，一家有限责任公司，共有10名股东，其中1名股东拟向其他9名股东以外的人转让股权，5名股东同意，4名股东不同意，在该种

---

* 北京金诚同达律师事务所律师。

情形下，拟转让股东是按照《公司法》第 71 条第 3 款启动股东优先购买权程序，还是按照同条第 2 款规定由 4 名不同意的股东购买拟转让股权呢？答案是应该依前者程序办理。因为 4 名股东不同意，不符合该款所规定的“其他股东过半数不同意转让”的条件。

1993 年颁布的《公司法》第 35 条第 2 款的规定，被修正为目前的第 71 条第 2 款规定，同样从另一个角度印证了上述理解。1993 年《公司法》第 35 条第 2 款规定为：“股东向股东以外的人转让其出资时，必须经全体股东过半数同意；不同意转让的股东应当购买该转让的出资，如果不购买该转让的出资，视为同意转让。”首先，对于“过半数同意”的基数，1993 年《公司法》规定为“全体股东”，现行《公司法》规定为“其他股东”，不含拟对外转让股权的股东，显然，现行《公司法》的规定更为合理；其次，1993 年《公司法》规定的对不同意转让的股东应当购买该转让的股权的情形，没有人数上的限制，容易造成该款上下文的理解出现冲突。以上例说明，其他股东 8 名同意转让，符合该款上文的过半数，1 名股东不同意转让，同时符合该款下文的不同意转让股东的规定。《公司法》对同意转让的其他股东过半数和不同意转让的其他股东过半数在同款上作了规定，就会避免出现上述理解上的冲突。

3. 股东优先购买权适用的例外情形

股东优先权并不是发生在任何股东对外转让股权的情形下。

（1）在法定继承的情况下，就有条件排除了股东优先购买权的适用。《公司法》第 75 条规定：“自然人股东死亡后，其合法继承人可以继承股东资格；但是，公司章程另有规定的除外。”（2）《公司法》也赋予公司章程对股东优先购买权任意规定的权利，即《公司法》第 71 条第 4 款的规定：“公司章程对股权转让另有规定的，从其规定。”笔者理解，该规定既包括允许公司章程取消股东优先购买权，也包括允许公司章程另行规定股东优先购买权，以及如何行使股东优先购买权。

二、在不同操作环境下行使股东优先购买权产生的问题

（一）股东内部转让

《公司法》第 71 条确认的股东优先购买权，仅指股东向股东以外的人转让其股权时，其股东在购买价款和其他股权转让条件相同的前提下，可以优先于第三人受让股权。换言之，其他股东的优先购买权仅就股东向第三人转让股权的情形而言，至于股东之间相互转让股权，则纯属股东之间的契约自由，没有优先购买权的适用问题，不需要其他股东同意，其他股东对此无权干涉。对于股东内部的转让，《公司法》给予自由的保障，“有限责任公司的股东之间可以相互转让其全部或者部分股权”。

（二）其他股东过半数同意应采用的方式

《公司法》第 71 条第 2 款、第 3 款所述其他股东过半数同意和其他股东同意，

应采用何种方式的问题,是指该款股东同意是否属于股东会决议或决定的方式。(1) 依《公司法》第 37 条第 1 款和第 2 款的规定,股东会行使的职权并未包含对股东向股东以外的人转让股权的同意权;(2) 依《公司法》第 42 条,除章程规定外股东会会议由股东按照出资比例行使表决权,第 71 条并不符合第 42 条确定的资本多数决的表决权原则;(3)《公司法》第 71 条规定的其他股东同意权是有一定限定的,即其他股东过半数不同意的,要购买该股权,不购买就视为同意。因此,《公司法》第 71 条所规定的其他股东同意,不属于第 37 条和第 42 条所述股东会行使的职权和股东会决议、决定的范畴。但在实践中,许多公司在执行《公司法》第 71 条时,均采用了股东会决议的方式。

(三) 产权交易所挂牌转让情形下的股东优先购买权

《企业国有产权转让管理暂行办法》第 4 条规定:"企业国有产权转让应当在依法设立的产权交易机构中公开进行,不受地区、行业、出资或者隶属关系的限制。国家法律、行政法规另有规定的,从其规定。"第 5 条规定:"企业国有产权转让可以采取拍卖、招投标、协议转让以及国家法律、行政法规规定的其他方式进行。"根据上述规定,国有股权的转让应当进场交易。在产权交易市场中公开转让有限责任公司中的国有股权,如何保护股东优先购买权呢? 从法律效力和立法层次上讲,有限责任公司股东优先购买权是公司法赋予股东的法定权利,《企业国有产权转让管理暂行办法》规定的国有产权的上市交易,不能排除或否定股东的优先购买权。但是,在现实的司法实践中,企业国有产权上市交易已经成为大的趋势,即使是有限责任公司也不能例外。因此,应出台相应的法律或司法解释作出规定,协调有限责任公司股权上市交易与股东优先购买权的保护问题。

在实践中,北京产权交易所目前采取的做法是:原股东可以不进场递交受让申请,挂牌期满只产生一个意向受让方,与转让方草签合同后,征询原股东意见;挂牌期间产生两个或两个以上意向受让方,先竞价,最终产生的意向受让方与转让方草签合同后,征询原股东意见。根据《北京产权交易所产权交易竞价转让办法》中第 11 条的规定:"转让方应在三个工作日内就《产权交易合同》的内容向其他股东征询是否行使优先购买权,其他股东应在二十天内作出书面回应。其他股东接受上述《产权交易合同》内容,在规定期限内书面提出行使优先购买权的,成为受让方;其他股东在规定期限内书面放弃行使优先购买权或逾期未作回应的,竞价确定的意向受让方成为受让方。受让方应在五个工作日内与转让方签订《产权交易合同》。"笔者认为,该种做法基本上兼顾了《公司法》股东优先购买权的规定和《企业国有产权转让管理办法》的规定。

(四) 司法拍卖情形下的股东优先购买权

最高人民法院《关于人民法院民事执行中拍卖、变卖财产的规定》(以下简称《规定》)第 14 条规定:"人民法院应当在拍卖五日前以书面或者其他能够确认收悉的适当方式，通知当事人和已知的担保物权人、优先购买权人或者其他优先权人于拍卖日到场。优先购买权人经通知未到场的，视为放弃优先购买权。”第16条规定：“拍卖过程中，优先购买权人可以表示以该最高价买受，如无更高应价，则拍归优先购买权人；如有更高应价，而优先购买权人不作表示的，则拍归该应价最高的竞买人。顺序相同的多个优先购买权人同时表示买受的，以抽签方式决定买受人。”需要说明的是：(1)《规定》第16条规定的“顺序相同的多个优先购买权人同时表示买受的，以抽签方式决定买受人”，在拍卖有限责任公司股权时，应按照《公司法》第71条第3款规定执行，即：“两个以上股东主张行使优先购买权的，协商确定各自的购买比例；协商不成的，按照转让时各自的出资比例行使优先购买权。”(2)《规定》在确定拍卖价格时，将优先购买权人纳入了与不享有优先购买权的竞买人同场有限竞价的范围，这与前述产权交易所挂牌转让股权情形是有本质不同的。(3)《规定》明确，拍卖时优先购买权人经通知未到场的，视为放弃优先购买权，这与前述产权交易所挂牌转让股权情形也是有本质不同的。

（五）协议对外转让情形下的股东优先购买权

《公司法》第71条确立了有限责任公司股东的优先购买权制度，但立法规定较为简单，在理论上和实务中均易产生争议。

1. 股东不同意转让时的购买价格

《公司法》第71条第2款规定：“其他股东半数以上不同意转让的，不同意的股东应当购买该转让的股权……”该规定隐含着一个问题：“应当购买”时的购买条件（特别是价格）如何确定，该条件是否必须与股东拟向股东以外的人转让的条件一致，《公司法》对此没有明确规定，易在实际操作过程中给相关当事人带来困惑。

不少意见认为，按照《公司法》的立法本意，此时购买的价格应当是合理的价格，也就是按照公司的资产计算的股权的价值，可以协商确定，协商不成的应当经过评估。因为，此时立法的本意是维系公司的人合性，既然其他股东过半数不同意转让，其他股东就应该以股权的合理价格购买，此时的价格应当优于股东对外转让的价格。只有在其他股东过半数同意转让的条件下，股东向外转让股权时，才是同等条件下的顺序上的优先。最高人民法院《关于审理公司纠纷案件若干问题的规定（一）（征求意见稿）》（以下简称《征求意见稿》）作出了类似规定。《征求意见稿》第25条明确规定：“有限责任公司半数以上其他股东不同意向非股东转让股权的，公司应当在股东会议结束之日或者请求答复期限届满之日起15日内指定异议股东购买拟转让的股权。公司指定购买30日内，异议股东应当与拟转让股权的股东签订协议，其价格条件不能协商一致时，当事人主张以评估方式确定股权价值的，人民法院应予支持。”

笔者认为，以评估价或标的公司的净资产确定股权转让价格均不客观、科学，也不能体现股权的市场价值，允许转让方单方提出转让条件，甚或引入竞价机制确定转让条件，才能体现股权的市场价值。理由如下：第一，前述最高人民法院《征求意见稿》是2005年《公司法》修订出台前的征求意见稿,最终未正式颁布实施。第二,实践中国有股权转让均采取在产权交易所公开竞价转让的方式,即使其他股东过半数不同意,也不采取以评估价转让给其他股东的方式。且目前北京产权交易所在国有股权进场交易时,已经不将标的(有限)公司其他股东半数以上同意作为先决条件,即绕开了《公司法》第71条第2款的规定,其理由之一是该国有股权进场交易,属于法定要求且并未明确向公司股东以外的人转让,公司其他股东也可以购买。第三,以评估确定股价的方式,限制了转让方与其他意向受让方谈判转让价格,从而实现更高收益的权利。第四,允许转让方单方提出购买条件,并不影响其他股东的优先购买权,即使转让方提出的购买条件超出合理的范围,其他股东可以不购买,视同同意转让。转让方向第三方转让股权时,其他股东仍享有优先购买权。

此外,《公司法》第71条第2款规定的转让股东应将股权转让事项书面通知其他股东,但转让事项是什么、是否可变更、是属于要约还是要约邀请,《公司法》均未作出规定。甘培忠教授和刘俊海教授均认为,转让事项应包括三项内容,即转让标的、拟转让股东以外的人、转让价格。笔者对此同意,但通知之后是否允许拟转让股东变更转让事项呢?应该是允许的,因为此时转让股东已拟向股东以外的人转让,在半数以上其他股东表示不同意并表示购买时,为保护转让股东的权益,应允许其询问股东以外的人购买条件是否有变化,再来通知其他股东转让事项。例如:甲拟将所持乙公司10%的股权以100万元转让给非股东丙,甲将上述事项通知了乙公司的其他股东,其他股东不同意并提出以100万元受让甲所持有的乙公司10%的股权,此时,甲与其他股东尚未就股权转让达成合同,允许甲就股权转让价格询问丙,如丙加价,甲再次将股权转让事项通知其他股东。最高人民法院民二庭负责人介绍的一个案例也印证了上述观点:某公司股东拟向股东以外的人转让股权,将转让事项通知了其他股东,其他股东不同意转让,并表示依转让事项通知的内容购买该转让股权,此时转让股东后悔,提出不再转让公司股权,为此,转让股东与其他股东发生纠纷。其他股东主张行使优先购买权,起诉至法院要求受让前述股权,一、二审法院均驳回了其他股东的诉讼请求,其他股东申诉至最高人民法院,最高人民法院不予支持。

根据以上论述,《公司法》第71条第2款的存在意义不大,笔者主张予以删除。

2. 股东优先购买权的部分行使

笔者认为,股东不能部分行使优先购买权,除非公司章程另有约定。其理由如下:

1. 依据《中华人民共和国合同法》(以下简称《合同法》)和《公司法》的相关要约、承诺、同等条件的规定,其他股东不能部分行使优先购买权。如前文所述,根据我国《公司法》之规定,在同等条件下,其他股东有优先购买权,如果不是同等条件,其他股东则没有优先购买权。根据我国《合同法》之规定,同等条件应当包括的重要条款就是股权转让的数量。拟转让股权的股东提出转让股权,其提出的条件构成要约或要约邀请，其他欲行使优先购买权的股东只有要约或承诺与否的权利。如果其他股东提出只购买一部分，根据《合同法》第30条之规定，承诺的内容应当与要约的内容一致，受要约人对要约的内容作出实质性变更的，为新要约。所以，其他股东不能当然部分行使优先购买权，除非转让股东同意。任何解释都不能违背上述法律规定。

2. 2003年最高人民法院公布的《征求意见稿》，详细规定了股权转让事项，其中第27条规定："有限责任公司股东主张优先购买部分股权，导致非股东因份额减少而放弃购买的，拟转让股东权的股东可以要求主张优先购买权的股东受让全部拟转让股权，其拒绝受让全部股权的，视为放弃优先购买权。"虽然该规定最终未正式颁布实施，但仍体现了保护出让股东的股权处分权利的本意。

3. 当其他股东部分行使优先购买权而使原定受让方因无法取得公司控制权拒绝受让剩余股权时，出让股东又无权要求部分行使优先购买权的其他股东受让剩余股权，出让股东是转让不出其剩余的股权的。这样不但使出让股东的期待利益落空，使其陷于消极态度，又有可能使公司陷入僵局直至公司解散，违背了《公司法》的立法本意。

三、并购时如何应对其他股东的优先购买权

基于有限公司的人合性，《公司法》第71条确立了有限责任公司股东的优先购买权制度，但立法规定较为简单，在公司并购实务操作中，目标公司的其他股东可能会主张行使优先购买权干扰公司实现并购，或以其优先购买权受到侵害为由主张股权转让无效，从而可能影响并购效果甚至结果。为保证并购的顺利进行，应督促交易对方按照《公司法》的规定通知其他股东，取得其他股东同意转让及放弃优先购买权的书面文件。在并购合同中可以约定取得其他股东同意转让及放弃优先购买权的书面文件或股东会决议为并购合同生效的前提条件，并明确转让方不能取得其他股东同意转让及放弃优先购买权的书面文件或股东会决议，导致并购合同不能生效时，应如何承担缔约过失责任。

四、继承、赠与、投资、划转、合并、分立等情形是否产生优先购买权问题

除《公司法》第75条对自然人股东死亡时的股东资格继承问题作了规定，并明确公司章程可另行规定外，《公司法》对于股权赠与、无偿划转、作价入股、公司股东发生合并、分立等情形所产生的股东变更，其他股东是否可以依据第71条行使同意权以及享有优先购买权并未作出规定。在实践中，上述情形均有相应的法律、法规、规章作为准据法并大量地发生，容易产生纠纷，迫切需要加以研究，并在此基础上出台司法解释，在保护有限责任公司人合性、公平、效率的因素中权衡、取舍作出规定，减少和避免纠纷。

构建与完善公司法人治理制度的业务思考

杜仲科*

[摘要] 依据中共中央.国务院关于"依法治国"加强企业(公司)法人治理的基本要求,加强和完善企业(尤其国企、央企)的治理水平,建立现代企业管理架构,完善董事会、股东会、监事会(职代会)的运行机制。

文中列举了世界发达国家在公司治理的理论研讨和实践的成功经验及方法;列举了各类中国公司实际上存在的治理问题和弊端;结合公司的实情,提出了解决问题的建议和方法,以及法律界人士,特别是律师同仁,积极寻找和把握机会,并积极参与企业的法人治理事务,扩大业务范围的尝试。

[关键词] 依法治理　破解难题　律师创新　服务企业

中共"十八大"以来提出了加强法治的理念,要求从社会各个方面进行依法治理,依法办事。对于企业中的公司法人治理和建立现代企业制度,具有重要的现实性和必要性,值得法律职业人探讨和实施。

公司法人治理日益成为全球关注的热点问题。良好的公司法人治理机制不仅有助于公司企业以较低的成本筹集资金,改善业绩,而且也是现代市场经济健康运行的微观基础,对经济与社会的长期稳定与发展具有重大意义。

世界先进市场经济各国在公司法人治理方面积累了一些成功经验,昭示了公司法人治理的发展趋势。改革开放后中国公司的治理存在一些突出的问题,这些问题既有世界各国共有的,也有中国特有的。因此,立足中国大陆公司发展的实际情况,借鉴其他国家的成功经验,探索合乎国情的公司法人治理已属当务之急。

一、公司法人治理的基础理论

(一)公司法人治理的界定

1. 公司法人治理概念的比较分析

(1)公司治理(Corporate Governance),也称公司管制、公司督导,是一整套赖以指导和控制公司运作的机制和原则;狭义地看,公司治理机制主要是指公司董事会的结构与功能,董事长与经理的权利和义务,以及相应的选聘、激励与监督方面的制度安排等内容。广义的公司治理机制还包括公司的人力资源管理、收益分配与激励机制、风险管理系统、企业文化等一切与企业高层管理控制有关的制度。

---

* 广东友邦方达律师事务所律师。

（2）法人治理结构是美国首先提出来的。法人治理结构是对法人内外部结构及其运作机制的一种概括，涉及公司法人内部机构的设置、管理体制、机构和管理体制结合起来的运作和监督。公司治理结构，狭义地理解是有关公司股东大会、董事会与经营者的功能、结构与权利等方面的制度安排。广义而言则是指公司控制权与剩余索取权的一整套法律和制度性安排。这些安排决定了公司的目标、谁在什么条件下控制、风险和收益如何在不同的成员之间进行分配等问题。

（3）规范的公司法人治理机构是以企业的经济效益和股东权益最大化为目标的。是企业、经营者与公司员工在相互独立、权责明确的情况下相互制约，相互配合，对公司法人财产进行有效使用和管理的组织机制和运行机制。股东大会、董事会、监事会和经理层是这套机制中不同利益群体的代表。

（4）公司法人治理限定在对公司内部的指导和控制。特别强调了公司董事会及其董事的功能，但却混淆了公司治理与公司管理的界限，人力资源管理、企业文化是典型的公司管理方式，并没有揭示公司法人治理的本质所在。一切有关公司的法律和制度安排，无疑都是对公司控制权与剩余索取权的分配，并非公司法人治理的独有之处，都是对公司内部利益主体之间利益关系的指导和控制。

（5）公司法人治理以股份有限责任公司（有限公司）为逻辑起点。承认公司法人治理是一种对公司的运作进行指导和控制的机制，是对各种利益主体的利益分配安排机制。各种利益主体（无论是公司内部的还是外部的）之间的分权与制衡是公司法人治理的精髓所在。

2. 公司法人治理的概念

经过比较分析，公司法人治理是在股东利益、公司法人团体利益和公司社会责任的基础上，对公司、公司的股东、公司的管理人员、公司员工、公司的其他利害关系人等利益主体在公司中的权利义务进行合理分配的制度安排。

（1）公司法人治理是股东利益、公司法人团体利益和公司社会责任基础上公司治理的制度。公司法人有其独立人格、独立财产，承担独立责任，股东因其出资而享有股权，“公司法人治理以股东利益和公司法人团体利益为基础”自在法理之中。需要强调的是，现代公司法人治理应该考虑公司的社会责任。公司不能仅以最大限度地为股东营利为自己的唯一存在目的，而应当同时最大限度地增进股东利益之外的其他的社会利益，包括员工利益、消费者利益、债权人利益、社区利益、环境利益、社会弱者利益等内容。其中，与公司的存在和运营密切相关的股东之外的利害关系人是公司承担社会责任的主要对象。诚实信用、公平、公共秩序和善良风俗等一般私法原则，对公司这股经济力量赖以形成和存在的私法自治根基是一种限制，这无疑为强化公司的社会责任提供了理论基础。

（2）在微观经济基础（特别是公司）上构建经济民主是民主理念在经济领域的体现。要求强化公司法人治理中的公司社会责任，微观意义上的经济民主是指公司和其他经济组织的制度设计、角色定位、运营和管理应当充分体现有关公司的利害关系人(包括股东、劳动者、消费者、竞争者、债权人和社会公众)的利益和意志。

(3) 英美等先进市场经济国家公司治理发展历史也印证了这一点。自20世纪80年代以来,美国大多数的州陆续通过了保护非股东其他利害关系人的公司立法,认为股东只不过是各类公司利害关系人中的一类,要求公司经营者不仅要为股东谋利益,也要顾及其他公司利害关系人的利益。这在公司立法史上对一元化股东利益最大化的传统理念提出了挑战。

(4) 公司法人治理不同于公司的日常管理。公司管理与公司治理有关联,但毕竟不同。管理主要由经理人员行使职责,管理的职能是对公司业务的计划、组成、激励、控制和协调。管理所关注的是如何通过人与组织的关系去取得成果,管理系统针对的是信息与决策;公司治理在于公司管理的外部,治理的作用是针对公司的目标,是通过监督经理人员的行为,合理划分他们的权利与责任,均衡协调相关人员利益等措施奏效的。

3. 公司治理的定义

(1) 确定公司目标;

(2) 界定经理人员权利义务;

(3) 有效的监督;

(4) 战略管理;

(5) 经理人员;

(6) 行使决策权和控制权。

4. 公司经营管理

公司法人治理是对公司的综合治理,它是一个综合性概念。对公司治理而言,不仅公司内部要建立规范、有效、科学的公司法人治理结构,而且在外部要形成有利于促进公司内部治理完善化的机制。

(二) 分权与制衡是公司法人治理的精髓

1. 公司法以及公司特别是股份公司的出现,至少产生了5种法律关系

(1) 股东与股东的关系(其中大股东与中小股东的关系、不同权利的股东之间的关系日益受到人们的关注);

(2) 股东与公司法人的关系(怎样保护股东投资利益和法人团体利益显得尤为突出);

(3) 公司股东会、董事会及监事会之间的关系(这是公司法人治理结构问题);

(4) 公司的高级管理人员与公司的关系;

(5) 公司与其他利害关系人的关系(涉及公司如何给第三人以信用,公司债权人利益将如何得到保障等问题)。

2. 以公司为一方的市场交易,实际上涉及了三个主体:公司、股东和利害关系人

其中股东的目的是在保证投资安全的前提下,通过公司的活动以最快的

速度获取并收回投资；公司的目的是通过与第三人的交往盈利，满足自身存在和发展的要求，进而满足股东分取红利的要求；而利害关系人则希望降低风险并最大限度地盈利。利益的存在及其各自不同的目的给公司法人治理提出了一个复杂的问题，如何平衡上述关系主体的利益关系，成了公司法人治理的基础性问题。

3. 公司法人治理的基础

公司法人治理的基础，是指公司法人治理结构方面股东权与公司法人权利的相互独立与制衡；公司法人治理自然体现为公司权力机关、执行机关、监督机关之间的分权与制衡。所谓分权，是指以出资人所有权在公司中转换为股权和公司法人权利为基础，将古典企业内集中于出资人的权利划分为决策权、执行权和监督权，由相应的权力机关、执行机关和监督机关行使。所谓制衡，一是指三机关的设置规定存在着相互制约；二是指法律对三机关职权的具体规定存在制约。如果三机关及其相关经理人员在各自的职权范围内活动，就能够在相互间形成制约和监督，最终在三机关之间形成一种权力的平衡。

（三）公司权利结构是公司法人治理的理论前提

1. 股东与公司法人分离

对于股东而言，要在获得投资收益的同时，谋求投资的安全，避免公司法人的团体责任对个人财产的威胁，就必然要与公司在财产上分离，在人格上分立，使得公司成为独立的法人，并依自己的责任原则，对公司法人团体债务独立承担责任。同时，股东对有相对独立人格公司法人的控制权也就必须削弱，彻底放弃公司财产所有者的法律身份。

2. 股权与法人财产权构成了公司权利结构的实质内容，股权是公司统一行使公司法人财产权的内部基础

首先，股权与法人财产权基于股东的出资行为相伴而生、同时消灭；其次，两者既彼此独立又相互制衡，公司法人为适应市场供求自主经营，也可依法人财产权而拒绝股东的直接干涉和不当要求；再者，公司财产权的统一对外行使由其内部机关依各自的分工而分别行使组成，其意思机关股东会的权力行使基于股权，而其他机关的权力行使则是基于股东会的授权（包括以章程形式和决议形式）。

3. 公司权利结构作为私法上的法律产物，它与民主政治国家的权力结构有着相同的旨趣

公司财产权源于股东的财产权，以实现股东利益最大化为其目的，公司股东则在出资后取得公司股权，可如在国家生活中行使民主权利一样在公司中行使股权。公司形式有所改变，但在公司权利结构基础上形成的公司内部基本格局是不会改变的。

(四)代理成本理论(内部人控制)

1. 代理问题是解释公司法人治理相关问题时必不可少的,因为公司的关键特征在于它经常是通过等级的形式所建立的一种法律授权或权力关系

所谓公司代理问题,主要是指公司股东作为出资人将自己的出资基于法律规定转换为公司股权委托公司董事会和高层管理人员经营管理,公司董事会或高层管理人员出于“经济人”本能,依仗其所拥有的公司实际控制权寻求自身利益最大化,而忽视甚至损害股东利益的情况。

2. 代理问题描述的是公司股东与董事,董事与高层经营管理人员之间的失衡关系

代理问题不仅仅表现为代理人的偷懒,还表现为委托人的滥用(即委托人不当地利用其地位及授权损害代理人的利益)。公司代理成本的含义是:公司董事或高层管理人员(代理人)为自己的利益而非为公司股东(委托人)的利益行事的不可避免的风险。从法律经济学的角度来看,代理成本通常由以下4部分构成:

(1) 公司股东对董事或高层管理人员的监督成本;

(2) 董事或高层管理人员分担公司股东风险和损失的成本;

(3) 委托人(拥有授权能力的人)的机会主义行为所造成的,危及董事和高级管理人员等代理人的利益损失;

(4) 其他损失。

3. 代理问题在公司法人治理中出现了许多不正常的现象

这些现象如僭主现象,内部人控制泛滥等。怎样解决这一问题?不少人提出控制“内部人控制”策略。理由是:在所有权与经营权分离情况下,当所有者与经营者利益不一致时,如果不考虑道德因素,经营者就会放弃所有者的利益而追求自己的利益;在所有者与经营者信息不对称情况下,经营者会利用自己的信息优势采取机会主义行为来谋取个人利益。因此,为了防止经营者对股东利益的侵蚀,保护股东利益的安全,就需要由作为所有者的股东对“内部人控制”进行控制。

4. 现代公司作为具有独立法人资格的经济主体,是建立在股东财产与公司法人财产分离、股东承担有限责任基础上的

股东要承担有限责任,必须放弃对公司财产的控制权,而如果股东要控制公司财产,则必须放弃有限责任,二者不可兼得。因此,在股东承担有限责任的前提下,公司控制权就不能由股东控制,而只能由以经营者为主的“内部人控制”。如果仅仅因为在一些公司中存在内部人侵蚀股东利益的情况,就从理论上臆测“凡是由内部人控制的公司必然会出现内部人侵蚀股东利益的问题”,从而否认“内部人控制”的必然性、合理性和科学性,提倡由所有者——股东控制“内部人控制”的做法,不仅在理论上缺乏依据,而且在实践中也不利于现代公司的健康发展。

（五）公司人格否认理论

公司人格否认，指在具体法律关系中，基于特定事由，否认公司的独立人格，使股东在某些场合对公司债务承担无限责任的法律制度。“公司人格否认”具有如下特征：

（1）公司业已合法取得法人资格。

（2）公司人格否认仅存于具体的法律关系之中，是典型的个案否认，不及于公司与其他当事人之间形成的法律关系之评价。

（3）公司人格否认的直接后果是突破股东有限责任的局限，在股东与公司之间进行责任的再分配。

因此，“公司人格否认”的效力是对人的而非对世的，是基于特定原因的，而非普遍适用的。只要存在公司人格被滥用，债权人或社会公共利益受损之事实，就应当考虑适用“公司人格否认”。

“公司人格否认”所表达的事实是，在个案中，为保证债权人利益的实现，暂且无视公司独立人格而追究股东的无限责任。在这里，无视公司人格只是表象，是为达目的所采取的手段，而追究股东的无限责任才是实质、目的，但股东是否就自然地因此而实际承担无限责任，则另当别论。

二、公司法人治理的历史发展趋势

（一）“股东本位”日渐动摇

资本主义发展初期，“资本基本主义”历史地孕育了股东本位理念。这就必然要求扩大知识资本（精神力量）的拥有者（包括员工）在公司中的法定权利参与公司法人治理，限制和剥夺物质资本所有者固有的权利。这就加剧了股东主权的公司法人治理理念的动摇。

各国立法和司法实践也表明股东本位治理理念已经动摇。在美国，不仅公司理论日新月异，而且在立法和司法判例上也要求公司的经营者除了对股东负责外，还应对非股东的利害关系人承担责任并受他们的治理。在德国，新的公司理论更倾向于将公司定义为劳动和资本之间的一种伙伴关系。这不仅在理论上体现了劳动为财富之父、资本为财富之母的古典经济思想，而且在立法上全面推行了劳动和资本共同治理公司的模式。在日本，基于“人本”主义，遵循“从业员主权”，公司已经被理解为从业员组成的实体，同样呈现出劳动和资本共同治理的趋势。

（二）公司员工在公司法人治理中的地位和作用日趋增强

随着股东主权地位的衰落，作为人力资本所有者的员工在公司法人治理中的地位和作用日趋增强，职工参与制度日益得到各国立法的认同和重视。职工参与公司法人治理的理论依据主要来源于两个方面:公司民主体现的只是一种资本民主,从事财富创造的员工被排除在公司民主和公司法人治理之外。随着民主理念在公司内部的不断延伸,必然要求在社会政治生活中享有广泛民主的员工参与公司法人治理。

职工参与公司法人治理是历史发展的必然趋势。在主要发达国家,职工参与公司法人治理的程度不同,各具特色。在德国,监事会被认为是资本要素所有者和劳动要素所有者对公司进行共同治理的场所,并且,法律要求公司最高权力机构——监事会应由劳动要素所有者与资本要素所有者的代表共同组成。职工在监事会中不仅所占比例与股东相同,而且职工代表与股东代表享有同等的权利;在日本,尽管职工参与治理尚未被正式立法认可,但全员参与已被看做日本公司体制的根本性特征。

三、我国公司法人治理的现状及存在的主要问题

(一) 股权结构复杂,职工持股分散与国有股"一股独大"并存

1993年《公司法》颁布,我国国有企业改制为公司制企业,其中大部分中小企业改制为职工人人持股,带有合作性质的股份公司,股份极为分散,没有建立有效的股权流转机制和股份合作制企业应有的民主决策、监督机制。有追求大股东利益最大化,侵犯中小股东利益问题,也存在国有产权层层代理、虚置,股东不能实施对股东代表和经理的有效控制和监督,董事会和经营者作为企业的"内部控制人",为了追求自身利益的最大化而损害国家和其他股东利益的问题。还有一些企业在改制中设立了"职工持股会"或职工集体股,形成职工股产权模糊。这部分股权极易被"企业内部人"控制,用来追求自身权益的最大化。我国法人治理结构的制度缺陷更为特殊和复杂,必须从股权结构的优化着手,创新治理结构,弥补制度缺陷。有效的董事会、经营者和监事会的"三权制衡"机制,要建立在"多股制衡"的股权结构基础之上。我国国有企业改制为公司制的企业,"一股独大"的问题普遍存在,成了许多公司法人治理问题的根源之一。

(二) 公司董事制度存在诸多缺陷

1.《公司法》对股东大会的议事机制,对董事、监事、经理义务和责任的规定,对股东之间的关系、股东与公司法人之间关系的规定非常简陋。

公司的法人治理结构流于形式,原因在于各种与利益主体相关的制度存在纰漏或缺陷。公司董事制度的缺陷非常明显。

我国公司董事任职制度有两个特点。第一,选任和董事资格终止的法律规定简单,无具体程序可作为操作依据,需要进一步在法律法规中或公司章程中明确。第二,股东会是唯一的任免权力机关(两个以上的国有企业或其他两个以上的国有投资主体投资设立的有限责任公司与国有独资公司例外)。主要体现在以下方面:

（1）董事选任制度陈旧，形式单一，程序和标准滞后；

（2）对董事资格终止的相关规定不甚完全；

（3）董事会的职权规定有纰漏。

2. 我国《公司法》第46条和第109条分别规定了有限责任公司与股份有限公司董事会的职权

董事会是我国公司制改造过程中引入的一个新角色（虽然在此之前《中外合资经营企业法》与《中外合作经营企业法》已经规定了设立董事会，但其普遍设立还是在1993年《公司法》颁布之后）。没有一个规范的决策程序，董事会的权力难以落到实处，这是导致董事会在实际运作中形同虚设的重要原因。我国《公司法》规定，董事长的职权包括主持股东会会议和召集主持董事会会议、检查董事会决议的实施情况、签发公司股票及债券等多项权力，而一般董事仅有出席董事会并参与表决的权利，二者之间的权力范围相差悬殊。《公司法》第47条规定："董事会会议由董事长召集和主持；董事长不能履行职务或者不履行职务的，由副董事长召集和主持；副董事长不能履行职务或者不履行职务的，由半数以上董事共同推举一名董事召集和主持。"如果董事长不愿指定或者不愿召集，法律并无制约方式，董事会不能召开，权力行使出现障碍，公司运行也会受阻。

关于董事义务及责任的规定粗糙。第一，忠实义务范围窄，第二，董事责任承担过于注重董事的行政责任和刑事责任，对董事民事责任的规定则过于笼统。

（三）经理权制度需要检讨

我国《公司法》中的经理权制度存在诸多缺陷，亟待完善。

1. 经理权授予方式的制度缺陷

《公司法》规定，经理由董事会聘任。显然，经理权之授予亦由董事会代表公司进行，此与多数国家立法一致。但经理权之授予具体应采取何种方式进行，是否以明示授予为必要？《公司法》并无明确规定。再者，经理权之授予与聘任合同这一基础法律行为之间的关系如何？是否适用代理法中的"抽象原则"？经理权之授予是否需进行登记，以及登记行为的法律效力如何等，这些问题均不明确。

2. 经理权范围界定的制度缺陷

经理权的限制方式不明确，经理权为法定性质的代理权，其权利内容受法律或委托人的限制，此为多数国家的立法通例。我国《公司法》未明确规定经理权的限制方式，对于经理从事某些与公司命运休戚相关的行为，没有以立法的形式加以严格限制以防止经理滥用代理权。例如经理处分公司的不动产、为他人（尤其是法人）债务提供担保、以公司名义举借大笔债务等行为。

3. 经理权解除方式的制度缺陷

我国《公司法》未对经理权之解除作出明确规定，实践中，对不合格之经理一般可由董事会随时撤销，至于董事会撤销经理要依何种程序，是否须说明理由，公司章程能否限制撤销权,以及经理权解除不当如何救济等问题,现行立法均缺乏明文规定。

(四) 国有公司职工地位的现状及其存在的缺陷

监事会职能虚化也是一个客观存在和不容回避的问题。

1. 监事会职权偏小,且法定职权缺乏必要实施手段

《公司法》第53条和第118条虽然规定了监事会的具体职权,但存在力度不足、缺乏必要的实施手段。第一,监事会有"召开临时股东会或股东大会"的提议权,却没有特别召集权;第二,监事会不能以公司名义对董事、经理行为行使起诉权;第三,监事会虽然有权纠正董事、经理行为,但没有保障措施;第四,监事会职权限制过死,只有公司业务管理的监督权,缺乏人事监督权,缺乏起诉权。

2. 监事会激励机制不健全,责任不明确

《公司法》对监事会监督职权的法律责任没有明确,对监督不力者没有规定处置措施,也没有激励监事忠实履行监督职能的有效措施。

至于公司股东之间的制衡、股东与公司经营管理层的制衡关系方面存在的缺陷,需要通过制度的设计加的完善。

(五) 对债权人利益的保护不力

尽管股东有限责任是公司的本质性征,但有限责任制度并非完美无缺,对公司债权人利益缺乏有效保护就是其弊端之一。在公司组织与经营管理中,公司股东相对于公司债权人来说,总是居于有利的地位;与公司处于完全对立的地位。因而在着重考虑保护股东权利,促进经济大规模发展之时,势必会忽略甚至牺牲与其处于同等地位的债权人的利益。

公司法人治理的大趋势,从价值上否定了对债权人利益的不力保护。我国现行《公司法》在民法债权原理的指导下,结合公司制度特点,虽然设立了公司财产合理处分制度、公司重大事项公开制度、债权人优先权制度、债权人提前请求清偿债务制度等四项制度,在一定程度上抑制了损害公司债权人利益的行为的发生。但是毕竟属于对债权人利益的一种滞后保护,难以适应对债权人全面、积极的保护要求。

(六) 中小股东的合法权益被侵犯,缺乏有效的保护机制

1. 实践中,中小股东的合法权益受损,概括地讲有三种形式:

(1) 受到蓄意侵犯。比如,公司的大股东在没得到董事会认可或由少数大股东委派的董事擅权决定后,通过与母公司或其子公司不公平关联交易向上市公司转嫁包袱,为母公司提供贷款担保,等等。在这种情况下,大股东通过损害中小股东的利益而使其关联公司受益。

(2) 中小股东利益连带受损。因为控股股东委派的董事有实际上的决策权,造成重大决策和经营管理的失误时,使中小股东的利益连带受损。

（3）“资本多数决”原则本身的弊端。资本多数决原则是公司法中股东平等原则的必然要求，但是其本身也有负面效应。在股份分散化以及股票市场日趋发达的情况下，由于股份分散及股份集中并存，资本多数决原则的实施，在现代股份公司中必然表现为形式上的平等而事实上的不平等：在绝大多数情况下，由于中小股东所持有的表决权很难在股东大会议案的表决中达到法定数额的要求，致使股东大会决议反映的仅仅是大股东的利益和要求，难免会损及中小股东利益。

2. 我国《公司法》对中小股东合法权益的保护至少存在以下问题：

（1）未设条款规定利害关系股东表决权回避制。在实务中，凡是股东大会议决的事项，无论是大股东还是小股东，均按“一股一票”原则享有同等的投票权。因此在“一股一票”原则下，以分散的公众股为主体的少数股东在股东大会上根本无法保护自己的权益和制衡控股股东的行为。这就导致不少控股股东为了自己的利益，而与上市公司发生大量不公平的关联交易，在修改公司章程、选举和罢免董、监事、处置公司的资产和业务、处分少数股东权益等方面，由控股股东主导的股东大会，实质上是按控股股东的意愿履行程序。但这些事项与所有股东都存在紧密的利害关系。一旦大股东或控股股东参与表决，少数股东权益很可能会受到损害。

（2）既未规定法院召集制度，也未授权法院裁判股东会召集争议。《公司法》规定侵犯股东权益的，股东可以向法院起诉。证监会《上市公司股东大会规范意见》第42条的规定，弥补了《公司法》规定的不足：“对股东大会的召集、召开、表决程序及决议的合法有效性发生争议又无法协调的，有关当事人可以向人民法院提起诉讼。”

（3）对公司高层管理人员的侵权行为所定三种制度操作性不强。

（4）一是当董事、经理从事了自营或者为他人经营与其所任职公司同类的营业或者从事损害本公司利益的活动的，所得收入应当归公司所有。二是第63条“职务违法赔偿制”，指当董事、监事、经理执行公司职务时违反法律、行政法规或者公司章程的规定，给公司造成损害的，应当承担赔偿责任。三是第111条“股东诉讼权”，指当股东大会、董事会的决议违反法律、行政法规、侵犯股东合法权益的，股东有权向人民法院提起要求停止该违法行为和侵害行为的诉讼。上述3条规定所存在的最大问题是操作性不强。

四、构建与完善我国公司法人治理制度的思路

针对我国公司法人治理现状，顺应世界公司法制的发展潮流，借鉴西方国家在公司法人治理方面的成功经验，完善公司法人治理的各种制度实属必要。

（一）“标”“本”兼治，优化公司股权结构

股权结构是“本”，法人治理结构是“标”。规范和优化法人治理结构必须在建立产权制度的基础上“标”“本”兼治，优化股权结构，才能切中要害。因为股权结

构是决定公司治理机制有效性的最重要因素，股权结构如何，将决定公司控制权的分布，决定所有者与经营者之间的委托代理关系的性质。

“我国公司法人治理的现状及存在的主要问题”部分已经指出，我国法人治理结构的制度缺陷更为特殊和复杂，必须从股权结构的优化着手，创新治理结构，弥补制度缺陷。有效的董事会、经营者和监事会的“三权制衡”机制，要建立在“多股制衡”的股权结构基础之上。

（二）完善股东大会的运行规则

健全的股东大会运行规则的评判标准，应该是能否充分合理地反映股东的意志，公平地保障股东的利益。根据前述公司法人治理的现状，笔者建议股东大会的运行规则应该进行以下几个方面的调整：

1. 对大股东的表决权进行一定的限制

在大股东的权益与中小股东的权益发生冲突时，大股东不得以其票数优势形成对自己单方有利的决议，而应当同时参酌公司整体发展利益和中小股东利益；法律应当对大股东侵犯中小股东权益的具体事项作出规定；当大股东强行行使投票权而损害中小股东权益时，中小股东有权请求法院宣告该决议无效，并请求损害赔偿。

2. 限制对公司有决策影响的大股东的股份转让权及其他权利

如何在股东大会的运作中体现全体股东的共同利益，关键并不在于出席股东大会的股东人数，而在于如何对大股东进行有效的约束，以使股东会的决议不仅代表大股东的利益，且能够代表全体股东的整体利益。为了防止在只有少数大股东参加会议的情况下作出不利于其他股东决议的现象，法律可以在大股东转让股份上作出限制。如在公司发生亏损的情况下或在公司盈利未达到一定标准的情况下，对公司作出决议的股东不能转让其股份。同时，对其作出的不利于其他股东的决议，中小股东可以通过诉讼程序行使否决权。

3. 实行股东大会累积投票制

由于传统的一股一票和资本多数决原则使得公司股东会和董事会完全由大股东所控制，沦为大股东的附属物，人们开始采取累积投票制（Cumulative Voting）加以遏制。所谓累积投票制，肇始于美国，是指公司在选举董事或监事，以及决定重大事项时，股东所持有的每一份股份都拥有与所应选举的董事、监事数或重大事项数相等投票权的制度，股东既可以将其所有的选票集中投向一人，也可以分散投向数人。

（三）完善公司董事制度

借鉴公司董事法律制度的新发展，采取“董事会中心主义”，应是我国公司法发展的方向；扩大董事的权利，限缩并明确股东（会）的职权，提升董事在公司中的法律地位，应列为改善我国公司法制工作之重点。基于我国的公司法制的历史和现实,公司应不仅是股东权益的代表,还应是职工、债权人等主体的利益体现者和承载者。这样,董事代表公司按逻辑必然也就要求其体现职工、债权人等主体的利益,而不仅仅代表股东的权益并完全受股东(会)控制。

(四)制定有限责任的例外制度

1. 在某些特殊情况下,援引"刺破公司面纱"的法律原则,公司债权人有权对公司股东、董事、成员直接提起诉讼,请求赔偿,以此作为有限责任的补充。

所谓公司面纱,是指这样一种制度安排所形成的屏障:公司作为法人,必须以其全部资产独立对债务和亏损承担责任,公司的股东以其出资额为限对公司承担有限责任,公司与其股东具有相互独立的人格,当公司资产不足以偿付其债务时,法律不能透过公司的这层"面纱",要求股东承担责任。

在我国,股东滥用公司人格,利用有限责任这层"面纱",侵犯公司债权人利益的行为,屡见不鲜,而且有牢固的经济方面的基础乃至体制的保护。但是,对公司的股东在违反《公司法》侵害债权人利益时,如何行使监督权从而发现股东的违法行为未作规定。故确立有限责任例外制度,刺破公司面纱,首先必须赋予债权人对公司内部事务有监督的权利,如公司财务信息知悉权;其次要具体规定有限责任例外的适用范围或条件。此外,还要规定债权人行使权利的法律程序。

2. 应适用"有限责任例外制度"方面的先进做法

适用范围为:第一,当股份资本不足时。如果股东未按其认购股份价额向公司缴纳股款,就会使公司承担风险能力大大降低,债权人所承受的风险也就随之加大。在这种情况下,股东应直接对公司的债权人负责。第二,当股东滥用公司人格时。如果股东故意混淆公司的财产和个人财产,以公司财产用作股东个人开支,或利用公司人格作为规避法律、逃脱责任的挡箭牌而从事欺诈活动,则法院可以置公司的法律实体于不顾,使公司股东对公司债权人直接负责;在程序方面,则规定必须由公司债权人向法院提出诉讼。当公司允许其股东行使危害债权的行为时,公司债权人有权请求法院予以撤销,并追究公司乃至股东个人的责任。

(五)建立债权人自治制度

公司法在债权人的保护方面一般属于事后保护。要改善这种局面,在不妨碍公司正常经营的情况下,法律应当给予债权人更大的权利,使其权利能时常得到保障。债权人自治制度就是其中之一。债权人自治制度包括债券持有人会议制度和破产债权人自治制度。

1. *所谓公司债券持有人会议制度*

这是指该制度能够积极保护公司债权人的合法权利,在公司的日常经营过程中,形成对公司经营的制约机制。这对于防止公司因经营管理不善而导致财产状况恶化,防止股东及公司成员滥用公司人格的行为,使公司债权人的债权得以实现,具有十分重要的作用。

2. 破产债权人自治制度

这是破产程序的一项重要制度，它由债权人会议制度、债务和解制度和公司重整制度组成，是保护债权人权利得以实现的最后一道“堤防”。

第一，破产债权人会议制度，它是指全体债权人表达共同意志并依法行使其职权的一种组织制度，是公司债务和解和公司重整制度的形式保障。

第二，债务和解制度，它是指当公司出现破产原因时，公司债权人可以要求公司就其应清偿债务设定担保，保证自己在公司的权利，此外还可以参与监督公司的经营与资产管理，直到公司破产原因消失时为止。在这项制度中，公司债权人既享有优先偿付的权利，又享有协助公司扭亏为盈的权利，从而使其债权的实现有了双重保障。

第三，公司重整制度，它是指当公司的财产状况恶化，出现破产原因时，公司债权人可以与公司董事、股东一样，具有申请公司重整的资格，公司通过整顿重新获得新生。其目的是挽救财产状况恶化而导致公司陷入破产境地的公司免予破产；通过公司的重建再生，使其复苏壮大，进而清理债务，实现负债公司资产最大化，从而保证交易的安全，维护交易秩序的稳定。

（六）完善从属公司债权人保护制度

依“刺破公司面纱”原则，要求控制公司对从属公司的债务或行为承担责任。在具体实施过程中，有必要确立三项重要原则：

（1）“代理原则”。当控制公司对从属公司有过多控制，以致控制公司成为委托人，从属公司沦为其代理人时，从属公司的独立法人人格得不到尊重，法院可依据代理原则裁决控制公司对从属公司的侵权行为或债务承担责任。

（2）“工具原则”。如果从属公司名义上是一个独立的法人，但实际上完全控制于公司，并被控制公司作为其故意侵权逃避法律的一个工具时，法院则判决控制公司承担责任。

（3）“企业整体原则”。只要将一个企业整体分成几个不同的法律实体，其目的是为了损害债权人的利益或有其他不良用意时，法院可视几个公司为一体，认定只存在一个企业整体，并要该企业整体对其组成单位（从属公司）的行为或债务负责。这项制度已成为现代公司法演进的一大趋势。

（七）坚持和完善职工参与公司法人治理

社会主义制度下的每一个公民都是国家的主人，都是生产资料的所有者；同时，每一个公民又是社会的劳动者。依照宪法和有关法律的规定，通过职工代表大会和其他形式，实行民主管理。因此，在实行公司制法人治理机构中，不仅要坚持职工参与公司法人治理的传统，而且要进一步对其完善，通过职工参与民主管理，发挥监督作用，使之成为我国企业改制中法人治理机构的一大特点，可争取下列措施：

(1) 充分保障公司职工权益;(2) 完善董事会、监事会中的职工代表制;(3)加强独立董事监督制度建设;(4) 从法律制度上明确职工的主人地位。

(八) 恢复经理的代理人身份,改进经理权立法

与西方国家商事立法相比,我国经理权制度尚存在诸多缺陷和距离,而追溯其根源,则主要在于对经理的性质和地位存在认识偏差,正本清源,恢复经理的代理人身份,已为急务。

1. 改进经理权立法模式

其一,经理权的法定名称;其二,经理权在《公司法》中的排列位置;其三,经理权立法的宏观模式。在我国,由于经理权未被定位为代理权,《民法通则》有关代理的一般规则对其难以适用,加之我国没有商法典,经理权由《公司法》单独调整,这种单维立法模式使经理权的授予、行使、解除等共性规则很难在《公司法》中得以全面体现。因此,从长远来看,我国应在制定"民法典"或"商法典"时对经理权实行综合调整,在"民法典"或"商法典"中制定经理权的一般运行规则,并以《公司法》调整经理权的特殊问题。

2. 重新设定公司经理权,规范经理权的运行

(1)从代理人身份出发规范董事会对经理权的授予,明确授予方式、签订聘任合同;从代理人身份出发,合理界定经理权范围,将公司内部的规章制定权由董事会(或实行职工民主管理的公司的职代会)行使,改变经理(厂长)往往集决策、管理、经营等权利于一身的情形。

(2)从公司的有效治理和公司的发展出发,合理增加经理权。可以由《公司法》或《民事诉讼法》明确规定经理在执行业务时有代表公司为诉讼行为的权利。经理有权代表公司为一切与营业有关的诉讼行为,这种诉讼代理权为准法定代理权。经理代表公司为诉讼行为时,无须公司再行委托授权。

(3)合理限制经理的行为。应当以立法的形式严格限制经理从事某些与公司命运休戚相关的行为,以防止经理滥用代理权。例如经理处分公司的不动产、为他人(尤其是法人)债务提供担保、以公司名义举借大笔债务等行为。

(4)明确经理权解除方式。应当立法明确董事会撤销经理的程序,以及经理权解除不当的救济问题。

(九) 加强对中小股东合法权益的制度保护

1. 设定利害关系股东表决权回避制

首先,出发点应当是兼顾全体股东利益和债权人利益,既要维护控股股东的利益,毕竟公司具有资合性质,同时又要保护中小股东和债权人的利益,使其免受因其不利地位而受控股股东的侵害。其次,设定股东表决权回避制度。再次,应该相应规定股东表决权回避的审查机制,明确谁有权提起回避申请,谁有权决定股东表决权回避。

2. 从立法上赋予股东损害赔偿请求权

如前所述,虽然《公司法》第151条第152条规定了“股东有权因损害股东利益或为了公司的利益以自己的各义直接向人民法院提起诉讼”,但是并没有明确股东有权要求赔偿,只是赋予股东诉权而不是赋予股东损害赔偿请求权。从根本上来讲,股东向公司出资的目的在于利益的获取。因此,股东损害赔偿请求权是股东获得司法救济的必要权利,赋予股东损害赔偿请求权,是维护股东利益不可或缺的法律规定。

总之,公司法人治理主要应当明确公司治理相关利益主体之间的法律关系,使各利害关系人在公司法人治理中准确归位,通过优化股权结构,完善股东大会的运行规则和董事会制度,恢复经理的代理人身份,建立有限责任例外制度、债权人自治制度、从属公司债权人保护制度,加强对中小股东合法权益的制度保护,保障职工参与公司法人治理等方面的制度建设,才能使公司法人治理结构达到分权制衡,公司对外部承担社会责任,创造公司法人治理和谐环境,提高公司运营效益,充分发挥公司的市场主体作用,为建立更为完善的社会主义市场经济体系作出贡献。

除上述制度外,还有完善独立董事制度、完善监事会监督职能和职权行使保障措施、规范和推进股票期权制度、保证资产保值增值问题,都是完善我国公司法人治理制度应该加以研究和实施的问题,作为法律职业人,有必要加大力度予以研讨和付诸实施,拓展法律服务市场的空间,提高专业法律服务的技能。

公司僵局的预防与化解路径选择

刘　敏*

[摘要]　公司僵局在实践中经常发生,我国《公司法》对解决公司僵局提供了司法解散途径,但普遍认为立法规定途径单一、操作性不强。本文在对公司僵局的界定进行探讨的基础上,借鉴国外的预防与破解的立法与实践经验,立足于我国现行的立法现状下,论述对公司僵局防范与破解路径的现实选择,并提出进一步完善公司僵局防范与破解路径制度的几点建议。

[关键词]　公司僵局　事先防范　司法解散　示范章程　仲裁

一、公司僵局的概念与表现形式

(一) 公司僵局的概念

公司僵局的概念源于英美法,根据现有的资料,各国学者存在很多不同的表述。我国公司法未有直接引用"公司僵局"这一概念,但《公司法》第182条所规定的公司的司法解散,被认为是作为解决公司僵局的立法安排。由此,该条所述的"公司经营管理发生严重困难,继续存续会使股东利益受到重大损失,通过其他途径不能解决的"的状态,被认为是公司僵局。

(二) 公司僵局的表现形式

"公司僵局"的界定极为重要,在对其界定的基础上,有助于对僵局风险的识别,然后才有预防措施以及破解路径的考量。现从公司僵局所表现出的形式进行分类归纳,将有助于进一步加强对公司僵局的直观认识。

1. 美国公司法上对公司僵局的传统分类,将公司僵局分为股东会僵局以及董事会僵局,也是现在比较常见的一种划分

股东会决策、董事会决策形成的僵局属于公司僵局,应该是没有任何疑问的。

最高人民法院《关于适用〈中华人民共和国公司法〉若干问题的规定(二)》(以下简称《公司法司法解释(二)》)第1条第1款规定的"(一) 公司持续两年以上无法召开股东会或者股东大会,公司经营管理发生严重困难的;(二) 股东表决时无法达到法定或者公司章程规定的比例,持续两年以上不能作出有效的股东会或者股东大会决议,公司经营管理发生严重困难的……"情况,即是在形式上很容易判

---

* 广东陈梁永钜律师事务所合伙人。

断的僵局。

2. 股东会决策僵局、董事会决策僵局一般具有非违法性，在形式上很容易判断

笔者认为，除此两种僵局外，还应包括经营中其他实质上的僵局。该部分僵局，可能以部分侵权行为作为起因，而未能获得及时合理的救济，导致运营的瘫痪。现举一个较多发的例子：股东拿走公司印章与重要经营资料，影响公司运营的行为。由此对公司运营陷于瘫痪的状态，是否为公司僵局？有一种观点认为，此类由侵权行为引起的，可以通过侵权诉讼或补刻公章等予以救济，不被认为是公司僵局。笔者对该观点持保留意见，该事项为侵害公司财产的侵权行为，但不一定能及时取回经营资料、获得印章的补办等，也不一定能通过侵权诉讼获得实际的救济，将可能形成公司实质上的瘫痪。笔者认为，此情况发生时，亦为公司僵局。

《公司法》第182条的规定，被认为是解决公司僵局的一项制度安排，在此笔者认为需要特别予以明晰的是，不能以《公司法》第182条以及相应的司法解释来倒推，这是公司僵局的唯一情形，避免以该规定作为对公司僵局的唯一解读。另外，公司法是一项实践性很强的法律，也不能因在国外立法与司法实践先进的国家不存在与未界定的情形，就否认其存在的客观性。

二、我国对打破公司僵局的立法现状

我国现行《公司法》弥补了1993年《公司法》在解决公司僵局问题上的不足，尤其是第74条、第182条的设置，初步建立了股东的合理退出机制，为公司僵局当事人选择解决途径提供了基本法律依据，但因途径单一，司法救济的操作性问题被广为批评。但同时需要特别关注的是，现行《公司法》对股东自治空间的加大为股东的自力救济提供了法律保障。

（一）现行《公司法》182条规定的公司解散诉讼，为公司僵局的解决提供了一项途径，但操作性有待进一步完善

现行《公司法》第182条规定："公司经营管理发生严重困难，继续存续会使股东利益受到重大损失，通过其他途径不能解决的，持有公司全部股东表决权百分之十以上的股东，可以请求人民法院解散公司。"这一规定成为我国目前公司僵局司法救济机制的主要方式。2008年5月通过的最高人民法院《公司法解释（二）》第1条第1款，进一步为解决公司僵局提供了法律依据。

虽然我国已经将公司僵局纳入法律的规定当中，但主要出现了如下争议：其一，是"严重困难"和"重大损失"的衡量标准不够明确，即使通过司法解释对部分情形予以了列举，但其他情形下的衡量标准仍需进一步完善与指引。其二，由于强制司法解散存在诸多弊端，在很多情况下并非最佳解决方案，因此在处理公司僵局问题上，仅规定"请求人民法院解散公司"的途径过于单一，一旦出现僵局就诉诸

法院请求解散公司，会使当事人在解决公司僵局的路径选择上过于狭窄、僵化，不利于社会资源的优化与股东合理利益的最大化。

（二）现行《公司法》第 74 条规定了特定情形下的异议股东的股权回购制度，但该条规定并不是公司僵局的解决安排，公司司法解散有效的替代救济方式——股权强制转让制度，在我国并没有得到真正建立，有待日后的进一步立法完善

现行《公司法》第 74 条规定："有下列情形之一的，对股东会该项决议投反对票的股东可以请求公司按照合理的价格收购其股权：（一）公司连续五年不向股东分配利润，而公司该五年连续盈利，并且符合本法规定的分配利润条件的；（二）公司合并、分立、转让主要财产的；（三）公司章程规定的营业期限届满或者章程规定的其他解散事由出现，股东会会议通过决议修改章程使公司存续的。自股东会会议决议通过之日起六十日内，股东与公司不能达成股权收购协议的，股东可以自股东会会议决议通过之日起九十日内向人民法院提起诉讼。"

虽然该条设立的初衷是为了对有限责任公司的中小股东合法权益提供法律保护，但在一些情况下，确实可以起到有效避免公司僵局的效果。需要明晰的是，我国的强制股权回购制度并不同于西方国家专为解决公司僵局所创设的股权收购制度。其一，前者并不适用于公司僵局的解决，因为公司僵局的实质是意见对立，多数情况体现为不能作出决议，而异议股东股份收购请求权的前提是公司已经作出了有效决议，并且决议致使异议股东权益受到严重损害，因此，在股东行使收购请求权时，公司不可能处于僵局的状态；其二，异议股东只可向法院申请强制公司回购其股份，而没有要求股东收购其股份的权利；其三，异议股东的收购请求权要受到法律前提的约束。只有在以上三种情况下方可行使。

因此，严格地说，《公司法》在解决公司僵局纠纷上只规定了一种选择路径，即诉讼请求解散公司，而其有效的替代救济方式——请求股权收购，在我国并没有得到真正的建立，有待日后的进一步立法完善。

（三）《公司法》进一步加大了股东的自治权，在法律条文中多处规定"公司章程另有规定的除外"，为公司僵局的预防与解决的自力救济提供了依据

1. 《公司法》在各机构的职能划分、议事方式与表决程序，授予公司章程一定的自治权。

2. 《公司法》第 42 条规定："股东会会议由股东按照出资比例行使表决权；但是，公司章程另有规定的除外。"该规定为章程对表决权的设置提供了依据。

3. 《公司法》第 34 条对股东分红比例的确定，授予公司章程一定的自治权。

4. 《公司法》对股权转让授予了公司章程一定的自治权。

上述的相关规定，为公司从内部治理与制度设定的方式预防及解决公司僵局提供了法律依据。

三、对公司僵局破解路径的现实选择与相关局限性

(一) 对公司僵局破解路径的现实选择

面对着破解公司僵局的司法解决方式的单一性与不足的现状,法律的进一步充实与完善也不可能一蹴而就,但可充分利用公司的自治权,将国外的立法例转化成公司内部的制度与规则,有效地防范僵局的发生以及在僵局发生时提供有效的救济,并结合法定的解决僵局方式,建立一种综合性解决机制。

对公司僵局破解的现实选择为:章程与合同事先预防僵局的形成;对可能引起僵局的情形约定仲裁、退出公司的安排;特定情况下果断选用司法解散诉讼。

1. 章程与合同对公司机构职能与表决权予以合理的设置,尽可能避免可预见的僵局

(1) 对公司机构的职能予以合理的划分,避免冲突的发生。

(2) 充分考虑股权与表决权的分配,避免出现50%均等僵局的情形。

(3) 对可能出现决策僵持的情形,确定救济方式避免僵局的发生。如:赋予董事长最终的决定权;增选事先确定的人员参与表决,等等。

2. 设置合理购买相对方股权的制度

该制度为股东的退出提供了多一项的选择,以避免僵局或者在公司僵局出现时解决僵局的目的,同时可就股权价格确定的方式等予以事先明确,使其具备可操作性。

3. 进行仲裁约定合理的引入仲裁

根据公司的运营模式与特点,充分利用仲裁的优点,引入仲裁解决僵局的方式。

仲裁因其保密、快捷、便宜和灵活,会被用作解决公司内部纠纷的手段。如果在不涉及基础的人合性丧失与非理性的个人矛盾与冲突的情况下,仲裁可能会很好地解决纠纷,并使公司持续经营。仲裁对公司僵局的解决应是重点考虑的一种救济措施。我国最高人民法院的司法解释和学者对派生仲裁请求权都持肯定态度。

4. 约定公司解散事由

依据《公司法》第43条规定,至少需要2/3以上表决权的同意方可解散公司,因此,事先约定公司解散事由,可以破解公司解散僵局。

5. 特定情形下果断选用司法解散诉讼

由于以章程与合同为依托的风险防范与约定的救济方式,并不一定能对公司僵局的风险予以完全避免以及解决,在必要的时候,启动司法救济程序,司法解散公司仍可能是最彻底、最现实的方法。故司法解散诉讼,完全应作为综合性解决机

制的一部分。

由于对公司维持原则等多方面因素的考量，部分文章中存在着公司解散要慎用的观点。对此，笔者认为，无所谓对公司解散需要格外慎重的问题，各股东此前期待利益在公司解散时落空，但各种损害的发生是公司僵局引起的，而非公司解散本身导致的。公司解散绝不是最初愿意看到的结果，但在特定事件发生的情况下，不一定是最坏的结果。有相关的立法安排，就应相应地保障当事人合法使用该救济方式。

在该类案件中，需要特别防范部分股东将公司解散诉讼作为要挟手段危害各方利益的均衡，但合法合理的诉求应该予以保护。

（二）上述路径选择的受制因素与局限性

上述的公司僵局防范与破解路径选择是需要以公司积极主动作为基础的，现实中，因下列因素常会影响公司最终的决定：

（1）股东的风险防范意识。现实中许多股东的风险防范与公司治理的意识淡薄，要么没意识到会有风险，要么认为自己的公司可以避免，这种认识成为主动进行公司僵局防范的极大制约因素。

（2）公司对成本控制的考虑。我国现有大量的中小企业，首要的是生存与成本控制，不大可能聘请律师等专业人士进行风险防范的设计。成本控制与侥幸心理相结合，常在僵局发生时不得不付出沉痛的代价。

（3）事务的复杂以及可控程度。公司的经营管理存在诸多不可预见之因素以及受各种形势之影响，即使是最专业与尽职之管理人员、专业服务提供人员，也不可能会有完美的设计。

四、公司僵局防范与破解制度的完善

由于上述的局限性，为了公司僵局的预防与破解的效益，可逐步开展下列工作：

（1）借鉴英美法国家的做法，进一步完善示范章程。该部分可综合司法实践、行政机关的经验、学者的研究，就各种可能防范风险的规定予以归纳总结，反映在示范章程文本上供参考与选择，作为不断的潜移默化的提示，以达到强化公司股东的风险防范意识的效果，同时对主要考量成本控制的公司也可提供实质的帮助。

（2）收集与研究公司通过章程自力救济方式的股权转让与除名的实例，适当立法引入股权强制转让或除名的退出机制。

（3）完善公司司法解散制度。《公司法》是一部实践性很强的法律，结合司法审判中反映出的问题与获取的经验，通过案例形成统一的尺度或通过司法解释，进一步完善公司的司法解散制度。

（4）强化公司僵局的仲裁解决。仲裁为公司僵局纠纷的解决提供了较好的第三方介入模式，特别是部分仲裁机构设置了“调解与仲裁的有机结合”模式，在某种情况下，使僵局快速、和谐、低成本的化解成为可能。强化公司僵局的仲裁解决，特别是在示范章程与合同中提供此项选择极为必要。

《公司法》修正后股东出资新问题研究

万艺娇[*]　张海宝[**]

［摘要］《公司法》修正以来，在社会上引起了强烈反响，进一步提高了社会公众通过设立公司创业的热情，更大程度地释放了公司制度的市场活力。但与此同时，普通民众甚至少数法律人士对一些新制度的理解存在误区，如只有一块钱也可以注册一个亿的公司、抽逃出资不再负法律责任等，这些观点虽不是绝对错误，但均不同程度地放大了立法意图，在实践中必定不具有可行性。本文选取了有关出资制度的4个新问题进行分析，从律师实务的角度对《公司法》新制度进行可操作性的解读。

［关键词］认缴出资　出资期限　出资验资　抽逃出资　虚假出资

随着我国社会经济的不断发展，企业界对于进一步建设社会主义市场经济，以更高效地完成资源配置的呼声日渐声高。新一届政府积极响应这一呼声，从2013年开始，在全国各地推行公司注册资本登记制度改革方案试点，特别是2013年3月1日开始在深圳试点取消最低注册资本制度、实行注册资本认缴制，为公司法资本制度改革方案的全面铺开奠定了经验基础。终于，2013年12月28日，全国人大常委会对《公司法》进行了大幅修正，并宣布自2014年3月1日起正式实施。

需要有最低30%的现金比例，设立登记时不再需要验资……这些制度变革不仅是条文的变更，更反映了立法者立法理念的重大转变。在这样深层次的改革背景下，普通民众甚至少数法律人士对一些新制度的理解存在误区，如只有一块钱也可以注册一个亿的公司、抽逃出资不再负法律责任等，这些观点虽不是绝对错误，但均不同程度地放大了立法意图，在实践中不具有可行性。如何准确把握立法意图与新的制度要求，在新形势下成为对律师更好地开展公司业务的一大挑战。下面，笔者选取了《公司法》修正后有关出资制度的4个新问题进行分析，从律师实务的角度对公司法新制度进行可操作性的解读。

一、注册资本可以认缴但不应随意认缴

《公司法》修正后，除法律、法规另有规定外，对大部分公司的设立，取消了最低注册资本的限制，也取消了首次出资比例、货币出资比例的限制，出资金额可以由

---

* 江西求正沃德律师事务所律师。

** 江西求正沃德律师事务所律师。

股东自行决定。于是媒体普遍以“一元钱也可以注册公司”为标题的形式，报道新公司法的这一重大改变。笔者在实务中，也了解到多家欲新设立公司拟大幅增加认缴资本，社会形成了注册资本可以随意认缴而不受约束的普遍认识，事实果真如此？

需要注意的是，根据《公司法》第3条规定：“有限责任公司的股东以其认缴的出资额为限对公司承担责任；股份有限公司的股东以其认购的股份为限对公司承担责任。”也就是说，即便是实行注册资本认缴制，股东仍要在认缴出资的范围内对公司承担有限责任。如果认缴出资的额度严重超出股东自身的财力，无异于让自身对公司承担无限责任。例如，甲只有1块钱，但认缴了1亿元的注册资本，一旦公司破产，债权人可以要求甲履行未履行出资1亿元本息的补充赔偿责任，对于甲来说，无异于承担了无限责任。如此一来，公司最具魅力的有限责任制度，于甲而言就是毫无意义的。

所以，即使取消了实缴出资的强制性规定，股东在认缴出资时仍应理性对待，要综合考虑市场效果、自身的财力，以及可预期的未来财力等因素，理性客观地确定认缴的注册资本额。万不可不切实际地随意认缴出资，否则只会无可避免地违反出资义务，承担不必要的违约责任。

二、出资期限强制性规定取消，但并非没有期限

根据现行《公司法》的规定，实缴出资不再有两年期限的强制性规定，股东可以自行约定实缴出资的期限。于是，有人认为，股东可不约定实缴出资期限或者约定为无期限。

然而，按照2014年2月7日国务院印发的《注册资本登记制度改革方案》的要求，公司股东应当对其认缴出资额、出资方式、出资期限等自主约定，并记载于公司章程，公司还应当将股东认缴出资额或者发起人认购股份、出资方式、出资期限、缴纳情况通过市场主体信用信息公示系统向社会公示，公司股东对缴纳出资情况的真实性、合法性负责。不仅如此，各地方在进行商事登记制度改革的过程中，也将对此问题具有明确的规定。例如已经推出改革方案的广州市，在《广州市商事登记制度改革实施办法（试行）》第19条规定，有限责任公司股东和发起设立的股份有限公司发起人，应当对出资金额、出资方式、出资期限进行约定，并记载于公司章程。出资期限由股东、发起人自行约定，但不得约定为无限期，不得超出公司章程规定的营业期限。可见，股东必须约定实缴出资期限。

各地的改革方案还未全部出台，但从国务院的有关文件精神，以及部分已经公布的地方改革方案看来，这一规定在各地应该大同小异，不会有本质的不同。因此，股东自行约定实缴出资期限时，应注意不要约定为无限期或超出公司营业期限。而且，由于实际缴纳的出资期限会记载于公司章程，面向社会公众开放查阅，如果实际缴纳出资期限约定得过长，会影响交易相关人对公司资信能力的判断，最

终不利于公司业务的开展,得不偿失。所以,约定实缴出资期限时,即使是在公司营业期限内约定,也不应约定得过长,要综合客观地对待这一问题。

三、公司设立登记时取消验资程序,但股东出资仍需验资

《公司法》修正前,第30条规定:“股东的首次出资经依法设立的验资机构验资后,由全体股东指定的代表或者共同委托的代理人向公司登记机关报送公司登记申请书、公司章程、验资证明等文件,申请设立登记。”而修正后的《公司法》将条文更改为:“股东认足公司章程规定的出资后,由全体股东指定的代表或者共同委托的代理人向公司登记机关报送公司登记申请书、公司章程等文件,申请设立登记。”公司设立,不再需要会计事务所出具验资报告,简化了设立登记程序,降低了创设公司的成本。由此,有观点认为,所有的验资环节都已成为历史,股东再也无须走这个程序。取消公司设立登记时的验资程序真的意味着验资完全退出历史舞台了吗?

其实,我们应该注意到,修正后的《公司法》仅仅规定了公司设立时无须提交验资报告,并未规定股东在实际缴纳出资时也无须提交验资报告。事实上,资本真实是公司资本制度的基本要求,而验资是把守资本真实的程序关口,它虽在公司设立登记阶段被废弃,但此举是为了简化登记程序,降低创业成本,绝不是否定资本真实的重要性,更不是放任自流、不闻不问。取消设立登记环节的验资程序后,将控制和保障的法律关口后移,在股东实际缴纳出资时,审查验资报告,不仅不会影响公司创设的效率,而且兼顾资本真实的基本要求,必然是各地登记管理改革的首选方案。例如现已实施的《广州市商事登记制度改革实施办法(试行)》第20条规定,有限责任公司股东和发起设立的股份有限公司发起人,应当按照章程规定履行出资义务,对注册资本缴付情况的真实性负责。有限责任公司和发起设立的股份有限公司,应当自其股东、发起人实际缴纳出资之日起30日内,向商事登记机关提交验资报告,申报实收资本情况。

因此,公司设立登记时验资环节的取消,并不当然意味着股东出资无须验资,而是立法者在效率与安全两大原则冲突时选择了效率优先,让公司先成立起来,股东实际出资情况的登记可以在后一个阶段完成,并且,这种后置的验资登记程序,更具备案性质。无论在成本还是时间上,都不会给股东造成不必要的困扰,而又同时兼顾了资本真实性的要求。

四、虚假出资、抽逃出资行为的法律责任变迁

修正后的《公司法》取消了最低注册资本的限制,但并非所有公司的设立都没有最低注册资本要求和资本实缴要求,诸如证券、基金、保险、信托、金融租赁、管理、电信业务等公司类别均存在根据相应特别法的要求,仍有注册资本最低限额和

注册资本实缴要求。这里我们不展开探讨,仅对因《公司法》取消设立登记时的验资环节所带来的法律责任变化进行论述。

《公司法》取消设立登记时的验资环节大大降低了设立公司的门槛。有观点认为,该规定意味着股东将不再受虚假出资或抽逃出资的困扰,虚假出资和抽逃出资行为不再具有违法性,股东不会再因此而承担民事责任、行政责任或是刑事责任。

诚然,《公司法》修正后,刑法中诸如虚假出资罪、抽逃出资罪等与注册资本相关联的罪名,会因为资本认缴制的实行而失去使用刑罚惩罚的意义。其原因在于,刑法具有谦抑性,只有具有严重的社会危害性,才能施以刑罚。而实行资本认缴制后,虚假出资、抽逃出资等行为即使成立,也将因为社会危害性不大而无须科以刑罚。正因如此,2014 年 4 月 24 日,第十二届全国人民代表大会常务委员会第八次会议通过了《公司法》修正后《刑法》第 158 条、第 159 条对实行注册资本实缴登记制、认缴登记制的公司适用范围问题,明确这两条规定只适用于依法实行注册资本实缴登记制的公司。也就是说,虚假出资罪和抽逃出资罪已经不适用于实行资本认缴制的公司,此类公司的股东将不会因为虚假出资和抽逃出资行为而承担刑事责任。

然而,虚假出资和抽逃出资行为并未因《公司法》的修正而免除行政责任与民事责任。虚假出资是实际未出资却伪造出资凭证的行为,抽逃出资是出资后以非法手段抽回出资的行为,两种行为都会因资本认缴制的实行而有所减少,但不可能杜绝。虚假出资和抽逃出资行为侵害公司利益、股东利益、债权人利益,破坏公司制度,违反诚信原则,必须接受法律的违法评价。以抽逃出资行为来说,在某些抽逃者看来,不过是取回属于自己的财产。既然法律不再强制注册资本的实际缴纳,缴纳与否、何时缴纳完全成为股东自治的事项,因此缴与不缴都无所谓,已缴纳过的也可以取回,最多是相当于未缴纳罢了。这种观点乍听起来似乎有理,但却是谬论。诚然,认与不认、缴与不缴是股东的权利,但资本一经缴纳,即成为公司独立的法定财产,而公司财产的独立性是公司法律制度的基石,当事人对资本缴纳自治的边界就是实际缴纳。一旦缴纳,就绝不允许非法抽回。

所以,虚假出资和抽逃出资行为仍然需要承担民事责任和行政责任。具体而言,股东虚假出资的,承担的民事责任与未履行或全面履行出资义务的民事责任相同,其他股东可以要求其履行出资义务,公司债权人可以要求其在未出资本息范围内承担补充赔偿责任。行政机关对其责令改正,并处以虚假出资金额 5% 以上 15% 以下的罚款。股东抽逃出资的,其他股东可以要求其返还出资本息,公司债权人可以要求其在抽逃出资本息范围内承担补充赔偿责任。行政机关对其责令改正,并处以抽逃出资金额 5% 以上 15% 以下的罚款。

五、结语

此次《公司法》的修正，进一步降低了创立公司的门槛，简化了设立登记的手续，为鼓励大众通过设立公司创业、充分释放公司制度的市场活力作出了巨大贡献。同时，在新旧法交替的过渡时期，社会公众难免会对新法的适用产生认识上的误区。对于法律从业人员来说，我们不能把前后两部法律完全割裂，应该认识到公司法律制度是在继承中发展的，如此我们便能理解立法者的立法意图，在实践中不偏不倚、张弛有度，准确把握新制度的适用规则，更好地为广大企业提供优质的法律服务。

浅议2014年《公司法》修正

薛　峰*

［摘要］　2014年3月1日，修正《公司法》实施，《公司法》取消了公司创办时的注册资本下限规定，将注册资本实缴制改为认缴制，废除了验资程序，简化了登记制度，真正实现了创业“零门槛”。此次修正，对旧法的不足与缺陷进行了完善，对我国市场经济的维护和发展将起到了重要作用，但同时，零门槛也会给债权人增加许多风险。因此，我们应当以科学的眼光看待此次修正。

［关键词］　公司法　修正　注册资本缴纳制度　注册资本最低限额

2013年12月28日，第十二届全国人民代表大会常务委员会第六次全体会议审议并通过了公司法第三次修正案，新修正的《公司法》将于2014年3月1日起正式施行。此次修正案与党的十八届三中全会的精神以及当前中国的深化改革战略部署相一致。修正案对原《公司法》一共进行了12处修正，主要变动可以归纳为四点：(1) 公司注册资本缴纳制度由原先的法定实缴资本制度变更为认缴制度，注册资本不再以实际缴纳为标准，而以设立时的认缴资本为注册资本；(2) 取消了公司设立时注册资本最低限额的要求，降低了公司设立的门槛；(3) 取消了首次出资比例、货币出资比例以及分期缴足注册资本的法定限制；(4) 取消了公司设立时的验资程序。此次修正，意在放宽注册资本登记条件，降低市场准入门槛，刺激市场经济活力，同时反映出政府对公司的管理理念将由“严进宽管”向“宽进严管”[1]转变。其中以注册资本认缴制度替代实缴制度和取消注册资本的法定最低限额两点，尤为受到各界关注，笔者以该两点为核心，对此次《公司法》修正的意义和影响略作评析。

一、修正《公司法》的亮点

（一）注册资本缴纳制度改革

2014年《公司法》的修正，废除了注册资金实缴制，实行注册资金认缴制，由公司股东（发起人）自主约定认缴出资额，将出资方式、出资期限等权限交由股东自主处分，由公司章程予以约束。根据《公司法》的规定，除法律、法规等其他规范性文件对特定行业或特定类型的公司实行实缴制度外，其他公司以及非公司制企业法人都实行认缴制，即除法律、行政法规以及国务院决定对公司注册资本实缴另有

* 江苏博爱星律师事务所律师。

规定的外，取消了关于公司股东（发起人）应当自公司成立之日起两年内缴足出资，投资公司可以在5年内缴足出资的规定，同时取消了一人有限责任公司股东应当一次性足额缴纳出资的规定。此外，公司实收资本不再作为工商登记事项，公司登记时也无须再提交验资报告。

将注册资本实缴制改为注册资本认缴制，放宽了股东实缴出资的期限[2]，由公司章程或股东会决议自行规定，股东似乎可以随心所欲地设定注册资本规模。但显然这是一个误解，无论是实缴制还是认缴制，都没有免除股东的出资义务，只是将实缴出资时间的决定权交给了股东自己。一旦公司发生资不抵债的情况，股东须在其认缴出资实缴不足部分承担连带责任。

修正《公司法》不但取消了首次出资额的限制，而且也不再要求注册资金两年内必须到位，放开了出资期限和出资方式的限制，也取消了货币出资比例的要求。将公司出资期限交由公司章程自行决定，如同上市公司再融资的出价发行制度，使股东出资更具有弹性，充分体现了市场化的需求，缓解了股东的资金压力，减少了资金闲置成本，提高了资金利用效率。这一系列的举措，体现了党的十八大“让市场在资源配置中起决定性作用”的改革要求，有利于促进创业投资，将有关公司设立事项交由公司自主决定，政府不再插手公司内部治理，重点放在事中和事后的监管上。修正《公司法》有关注册资本登记制度的改革，尤其是取消缴纳期限和货币出资比例的限制，极大地降低了投资创业的门槛，减轻了创业者的资金负担，有利于激发投资者的创业热情，促进创业投资。

（二）取消公司注册资本最低限额

修正前《公司法》规定有限责任公司注册资本最低为3万元，一人有限责任公司注册资本最低为10万元，股份有限公司注册资本最低为500万元，修正后《公司法》删除了上述规定，即在一般情况下对公司注册资本最低没有下限，从理论上讲，1元钱也可以注册公司，这是我国《公司法》修正的最大亮点。

一般认为，注册资本可以保障公司具有一定的物质基础和必要经营条件，使交易更加安全，对债权人有一定的保护担保作用。因此，法律强制规定最低注册资本，但实践中并非如此。一方面，股东经常滥用公司独立人格制度和股东有限责任来逃避责任；另一方面，公司运营是一个连续的动态过程，一旦公司陷入危机，其初始的注册资本数额仅仅是一纸文件上记载的静态数额，现实中也无法起到对债权人债务担保的作用。最低注册资本的限额还进一步阻碍了创业者的创业激情，在某些注册资本较高的行业还造成了大量的资金闲置，阻碍了公司的发展，造成投资者责任的高风险。正基于此背景，修正《公司法》删除了关于注册资本最低限额的规定。虽然最低注册资本限额被取消，但在注册登记公司时，公司注册资本仍然是必要要件，公司章程必须载明注册资本，股东出资义务并没有随之消灭，这既是约定义务也是法定义务。公司资本来源于股东出资，只有真实有效的股东出资，才能保证公司资本的真实可靠。由各股东自行决定公司注册资本总量以及认购数量，一旦公司在工商机关注册登记，股东就必须按照认缴资本缴纳其应缴数额，注册资本对外拥有公示效力。

修正《公司法》的精髓在于赋予公司股东更多的自治权利，取消注册资本最低限额要求，并不意味着不要注册资本，而是由股东、公司自己决定投入多少资本，这也符合市场竞争规律。国家制定公司制度的初衷，是利用公司的形式完成国家宏观经济发展的要求，国家制定《公司法》的目的，也是为规范公司活动提供行政管理和裁决依据。总的来说，国家公权力对公司行为的干预具有一定的覆盖特性，这种立法理念与市场经济所尊崇的意思自治要求明显背道而驰，同时束缚了公司的发展潜力，也影响到公司参与国际竞争的能力。只有在充分尊重公司自由意志的前提下，才能更好地发挥公司的主观能动性和积极性，放宽对公司注册资本的限制，正是对国家赋予公司自治权利的一种体现。

二、修正《公司法》实施带来的风险及应对

（一）注册资本登记制度改革，对债权人利益的保护制度仍需完善

公司之所以能独立承担民事责任，其核心在于拥有独立的财产权。在新的注册资本登记制度下，公司股东在设立公司时只需要“有符合公司章程规定的全体股东认缴的出资额”即可，取消了对认缴资本数额及缴纳时间的强制规定。这有可能导致公司法人所拥有的独立财产数额不透明，致使债权人对公司真实的财产状况难以作出正确的判断，债权人利益也就难以得到切实保障。

1. 构建完善的社会信用体系、落实好企业信息披露制度

社会信用体系是以相对完善的法律、法规体系为基础；以建立和完善信用信息共享机制为核心；以信用服务市场的培育和形成为动力；以信用服务行业主体竞争力的不断提高为支撑；以政府强有力的监管体系作保障的国家社会治理机制。它的核心作用在于，记录社会主体信用状况，揭示社会主体信用优劣，警示社会主体信用风险，并整合全社会力量褒扬诚信，惩戒失信。

因此，在公司注册资本认缴制下，如果不落实好企业信息披露制度，则可能会侵犯债权人的利益。过去，全国各地对查询企业工商信息的规定五花八门，因而查询企业工商信息所需手续的繁琐程度也不尽相同。例如在上海查询企业工商信息，仅需出示律师证和介绍信；而在许多城市（包括笔者所在的江苏省常州市），查询企业工商信息除了律师证和介绍信，还必须有与需要查询企业相关的法院受理案件通知书。这就导致不进入法院程序便无法查询企业工商信息，查询成本也相应增加。而近期我国的社会信用体系建立正处于发展阶段，2014 年 3 月 1 日，国家工商总局开通了全国企业信用信息公示系统网站，大大降低了查询企业信息的成本。2014 年 8 月 7 日，国务院公布了《企业信息公示暂行条例》（以下简称《条例》），并于 2014 年 10 月 1 日起正式施行。《条例》对企业年度报告及企业公示信

息的内容进行了较为详细的规定，对不依照规定进行公示的企业，《条例》也确立了相应的限制措施，如设立经营异常名录，严重违法企业名单。以常州为例，2014年8月1日，常州市工商行政管理局发布了《给全市企业、个体工商户的一封信——2013年度企业、个体工商户年报须知》文件，该文件对《条例》在常州的具体实施方案进行了详细的说明，规定了企业应当于2014年8月1日至2014年12月31日完成2013年度的年报公示，文件同时附上了《江苏省常州工商行政管理局2013年度企业年度报告公示的公告》《年报公示常见问题解答》《企业年报操作手册》等文件，使企业能较为便捷地完成年报申报。而2014年8月1日当日，常州格力博有限公司、常州新区怡泰食品有限公司等，便通过企业信息公示系统提交了2013年度企业年度材料，完成了2013年度企业年报的公示。然而，《条例》在常州的实施并非尽善尽美，如企业经营异常名录、严重违法企业名单等规定的落实情况尚无从而知。《企业信息公示暂行条例》的实施，对修正《公司法》进行了重要的完善，使企业信息对债权人更为透明，对构建完善的社会信用体系也起到了积极的作用。

2. 完善公司注册资本减资的法律规定

笔者认为，股东应严格遵守公司章程的规定，在公司股东认缴的资本缴足前，不得随意进行减资。由于修正《公司法》将公司注册资本、出资方式、出资期限等权限均交由以公司章程自行规定，因此公司实际的资本状况，外界往往难以知晓。修正《公司法》的立法精神在于赋予了公司股东更自由的权利，鼓励创业，刺激经济发展。但这并不意味着股东不需要对认缴的资本负责，可以随意进行减资。修正《公司法》确立注册资本认缴制的意义之一在于防止企业资金闲置，造成资源浪费，这就要求股东在设立公司时应当对公司资金的用途进行合理有效的规划，从而确定认缴数额、出资时间。如果在认缴资本缴足前即可进行减资，对于信任认缴数额的债权人，其利益难以得到保障，认缴制度的意义也将停留在一个空洞的数字上。因此对其进行限制也是保护债权人利益的一个重要手段。

鉴于此，在认缴资本制下，股东变更出资的行为应该受到严格的限制，从公司成立时起，股东对未缴纳的资本就具有了不可撤销的责任和义务，公司对股东未缴纳的资本具有请求权、催缴权。即使要变更出资，也要经过全体股东的同意，并经当地工商行政管理机构的审核批准方可，并在法定的期限内通知债权人，优先偿还债务。

（二）实施注册资本认缴制，可能增加交易信任成本

修正《公司法》的颁布，有利于鼓励零成本创业，同时也会产生大量空壳公司。由于修正《公司法》进一步拉低了创业门槛，为空壳公司的产生提供了更加便利的政策条件，由此也增加了公司的交易成本。修正前的《公司法》，设立空壳公司仍须一定成本，股东必须在法定的期限内缴足注册资本金，作为公司的独立财产。此外，在交易过程中，交易一方可以针对另一方公司资本实收情况、是否存在抽逃出

资进行尽职调查。而修正后的《公司法》实行认缴制度后，股东出资不需要及时到位，即使公司产生法律纠纷后可以追究股东在认缴范围内的责任，但如果股东不具备赔偿能力，将使债务难以追偿。因此如果交易一方想要保证交易安全，对还未收到股东认缴资本的交易另一方公司，交易一方除了需要对另一方公司进行尽职调查，还需要对其股东进行尽职调查，以确定股东有无在认缴责任范围内承担连带责任的能力，在经过双层的调查后，方可确定交易另一方的实际履行能力。如此一来，企业间的信任更加脆弱，交易成本必将进一步增加。

鉴于修正《公司法》注册登记制度改革带来的企业信任成本的增加，也为了符合加强对企业事中、事后监管的宗旨，笔者认为，可以借鉴上海自贸区的登记制度改革经验。

2013年9月，国家工商总局率先下发《关于支持中国（上海）自由贸易试验区建设的若干意见》等文件，上海市工商局制定了《关于中国（上海）自由贸易试验区企业登记管理的规定》《关于贯彻〈国家工商总局关于支持中国（上海）自由贸易试验区建设的若干意见〉的实施意见》两个配套文件，上海自贸区经过一段时间多项注册资本登记制度改革的试点，已经初步形成了可推广、可借鉴的制度改革经验。

根据《企业年度报告公示办法》的相关规定，自贸区内取消了企业年检制度，实行企业信息年报制度。“每年3月1日至6月30日，企业通过市场主体信用信息公示系统向登记机关报送年度报告，并向社会公示。企业对年度报告的真实性、合法性负责。”信息年报制度包含两个层面：第一个层面是企业向主管部门报告较为全面的企业状况，第二个层面是企业向社会公众披露公众需要知晓的信息，这样，既能体现主管部门的“严管”，又能保证对企业商业秘密的保护。同时，为了体现“严管”的要求，自贸区还建立了抽查制度和经营异常企业名录制度。抽查制度作为企业年报制度的补充，有助于推动企业主动、如实申报企业信息；经营异常企业名录制度通过将有失信行为和违法违规记录的企业列入“黑名单”，可向社会公布其经营异常情况，提高企业的“失信成本”和“违法成本”。此外，自贸区还建立了一系列配套制度，支持自贸区的建设。

企业年度报告制度和经营异常名录管理制度体现了“宽进严管”的理念，有利于进一步强化市场主体责任，督促企业重视诚信经营，提高政府的监管效能。上海自贸区作为改革试验区，已经取得了巨大的成功，得到了社会各界的充分肯定，为全国改革提供了蓝本。

三、结论

修正《公司法》能充分、有效地激励市场经济的健康发展，但也应考虑到改革是把双刃剑，在充分发挥修正《公司法》作用的同时，既要肯定其积极意义，也不能忽视其可能带来的消极影响，因此必须采取其他相应的配套措施来降低风险。例如建立完善的社会信用体系、信息披露制度，通过健全市场信息系统的监督与管理，促进企业依法经营，降低交易风险，减轻交易负担；同时放宽民间融资渠道，配合修正《公司法》的实施，最大限度地发挥新法的积极作用。

当今的世界经济，是信息化、全球化的时代，在国际竞争日趋激烈的大环境下，不断完善我国的公司资本制度势在必行。2014 年修正《公司法》的实施，顺应了当今国际经济发展的要求，对健全我国社会主义市场经济体系、推动经济发展、维护市场稳定将会发挥积极重要的作用，从而助力中国经济的蓬勃发展。

《公司法》修正后配套法规的完善
——以公司法律顾问的视角

洪 奎*

[摘要] 2013年我国《公司法》进行了修正,其在注册资本等方面的修改有利于提高投资者的热情,增加市场主体的数量,促进经济高效发展。此次修正具有诸多亮点。但是,随着《公司法》的修正,必然会带来其他配套法规的修改。作为公司法律顾问的律师,在公司设立、运营、组织机构等各方面具有重要作用,承担着相应的义务,从律师以后更好执业的视角,笔者认为,《刑法》、与公司法相关的民商事法律、《注册会计师审计规则》,都应作出有关调整,还应尽快出台《公司法》的实施细则。因此,一系列的修法应当启动。修正《公司法》实施后,哪些配套法律、法规需要修订,值得关注。

[关键词] 修正《公司法》 配套法规 法律顾问

2013年12月28日,第十二届全国人民代表大会常务委员会第六次会议通过对《中华人民共和国公司法》所作的修正,自2014年3月1日起施行。这次《公司法》修正虽然主要集中于公司资本制度,但也是公司法制度的重大突破。此次修正有助于激发投资者的投资热情,促进个体经济的发展,有助于我国商事信用体系的建立和完善,有助于进一步发挥市场经济的一般规律,提升资源配置效率,突出市场自治的功能和价值。本次公司注册资本登记制度的修正对公司法内部体系和外部体系有一定的影响。① 实践中,许多律师担任公司的法律顾问,此次《公司法》的修正,对法律顾问的责任和要求也会发生一些变化。《公司法》的贯彻实施还需要一些配套法规的完善作为支撑,如此公司的法律顾问才能更好地服务公司,承担好有关社会责任。从公司法律顾问的视角,通过对修正前后《公司法》的比较,揭示《公司法》的亮点,探讨此次公司法配套法规完善的必要性和可行性。

一、修正《公司法》的亮点

此次《公司法》修正将注册资本由实缴登记制改为认缴登记制,放宽了注册资本登记条件,降低了公司设立的门槛,为我国推行注册资本登记制度改革提供了法

---

* 江苏金荣恒顺律师事务所副主任。

① 参见雷兴虎、薛波:《公司法修订评析》,载《新疆社科论坛》2014年第4期。

律保障。[②] (1) 取消了对公司注册资本最低限额的限制；(2) 取消了对公司注册资本实缴的限制；(3) 取消了对公司货币出资的比例限制；(4) 取消了公司登记提交验资证明的要求，公司营业执照不再记载"实收资本"事项。[③]

这次《公司法》的修正，放松了我国对公司资本制度的管制要求，强调公司注册资本授权予公司章程，由股东进行自治，促进更多人员创业，也有利于公司根据自身情形决定具体的注册资本以及缴纳时间等，对于激发公司动力有重要的促进作用。

二、公司法律顾问的角色和责任

目前公司法律顾问是现代公司治理环节中重要的组成部分，其中有许多公司的法律顾问会寻求由有丰富实践经验的律师担任。律师作为公司的法律顾问，有义务保护公司的合法权益。作为公司的法律顾问，律师可以为公司管理层和董事会做好参谋，提供法律意见，便于公司决策的作出。公司的法律顾问在协助公司经营目标实现的同时。也要保证公司的合法经营。对于公司经营过程中的有关合同负责起草、谈判、签署等，确保合同的合法有效，最大限度地维护公司的利益。

公司法律顾问的具体工作为：

(1) 参与起草、审核公司重要的规章制度，对公司规章制度及其条款的合法性负责。

(2) 对顾问单位草拟的法律文书进行审查，帮助顾问单位制定、修改内部的规章制度。

(3) 主持或协助办理公司工商登记、变更登记等。

(4) 参加和配合与公司有关的财务、税收、环保、劳动用工、安全生产、合同管理等执法检查，为公司提供法律意见；参与重大事故和危机处置活动，协助有关部门进行善后处理。

(5) 为顾问单位生产经营和管理中的决策事项进行法律上的可行性分析，并提供可行性报告。

(6) 根据顾问单位的需要，提前介入公司各项投资活动，并提供有关的法律服务。

(7) 为顾问单位进行有关的企业资信调查，并出具调查报告。

(8) 为顾问单位的法律行为和法律事实出具律师见证书或法律评价书。

(9) 为顾问单位的企业设立、股权转让、增资减资、招标投标、合并分立、清算注销、资产重组、改制上市等提供法律服务，等等。

---

② 参见姜宗国：《2013 年 12 月 28 日〈公司法〉修改的亮点解析》，载找法网，2014 年 1 月 3 日访问。

③ 参见姜宗国：《2013 年 12 月 28 日〈公司法〉修改的亮点解析》，载找法网，2014 年 1 月 3 日访问。

律师作为公司的法律顾问,应尽量帮助识别法律风险,协助缘由分析,提出防控措施。修正《公司法》实施后,强调企业的自我管理,公司经营过程中可能遇到的风险会变化,因此对公司法律顾问会提出新的要求。

三、配套法规修改的必要性与可行性分析

(一) 配套法规修改的必要性分析

1. 股东出资义务并未免除

《公司法》对公司注册资本制度进行了修改,必然会对与之相关的其他法律制度产生重要影响。虽然股东的出资义务没有了法律最低限额的严格要求,但股东出资义务仍未免除,公司章程约定的注册资本额,股东仍应按照约定出资到位。只是公司注册资本额的多少、货币出资比例的要求以及每位股东的出资份额,取决于股东相互之间的意思自治,由他们自主约定,法律不加强制性限定。但这些事项作为公司章程内容在工商部门登记,也同样会产生对外的公示、公信效力,股东的出资义务仍然要履行,否则要承担相应的责任。

2. 对股东实力的要求增加

认缴登记制度在客观上确实会增加判断对方企业担责能力的难度,也有可能导致部分股东通过认缴高额的注册资本而实际上不予缴纳或后来没有缴纳的能力,因此,判断公司责任能力,不能仅看公司认缴的资本,还要注意考察公司股东的实力,从而判断股东认缴的出资能否客观上顺利到位。

3. 对公司诚信以及信息披露提出了更高要求

修正《公司法》实施后,市场主体登记机关通过该系统公示市场主体的登记、备案、监管等各方面信息;市场主体通过该系统公示其年度报告、股东出资情况、获得资格、资质等信息;系统通过数据共享,向有关政府部门或有关国家信息系统开放数据接口,政府管理部门通过系统可以获取市场主体公示信息,作为其实施行政许可和监督管理的重要依据。完善市场主体信用信息公示制度。④ 企业数量势必大幅增加,原有的管理方式难以适应"宽进严管"的要求。任何单位和个人都可以在市场主体信用信息公示系统上查询企业的有关信息,增强了企业披露信息的主动性,也就增强了企业对社会负责的意识。⑤

修正《公司法》再次降低了公司的市场准入门槛,放松了国家对公司设立资本的管制,有利于促进投资活动的增加,与此同时也带来了一定的挑战,而且与《公司法》配套的相关法律制度没有修订,造成修正《公司法》在具体的实践实施中会遇

---

④ 参见王志妮:《新〈公司法〉修订的变化和债权人权益保护机制创新》,载《商业会计》2014 年第 14 期。

⑤ 参见王志妮:《新〈公司法〉修订的变化和债权人权益保护机制创新》,载《商业会计》2014 年第 14 期。

到一定的困境，需要尽快修改配套法规，健全我国的诚信体系，更好地保障交易安全，完善市场环境，以有利于修正《公司法》的有效实施。

（二）配套法规修改的可行性分析

1. 与公司法密切联系的证券法等法律需要修订

修正《公司法》实施后，我国需要构建全社会的信用体系作为支撑，信息披露制度需要作相应的调整，对公司的信息对外披露要求增加，有关信息的透明化、公开化需要体现；也需要政府管理规范化，完善有关的监管制度。因此，对于公司在认缴资本制下的合并、重组，以及如何更好地保障债权人的合法权益，都是需要修改的包括证券法在内的相关民事经济法律的修订完善。

2. 注册会计师《审计准则》应及时修订

根据修正《公司法》的规定，年检制度换成报告制度，法定验资的规定取消，给提供社会审计的会计师事务所和注册会计师如何开展审计业务提出了难题。对此，最高人民法院《关于审理涉及会计师事务所在审计业务活动中民事侵权赔偿案件的若干规定》（以下简称《规定》）第 7 条规定："会计师事务所能够证明存在以下情形之一的，不承担民事赔偿责任：……（四）已经遵照验资程序进行审核并出具报告，但被验资单位在注册登记后抽逃资金；（五）为登记时未出资或者未足额出资的出资人出具不实报告，但出资人在登记后已补足出资。"这条规定的效力就出现了疑问。同样的，《审计准则第 1602 号——验资》是否继续有效，也需要给出明确的规定。因此，《审计准则》也应进行相应修改。

3. 有必要出台修正《公司法》实施细则

修正前的《公司法》以及最高人民法院的有关司法解释规定，董事、高管负有督促股东及时履行出资义务，股东们互相之间对出资不到位要负连带责任，目前在认缴资本制度下，这些义务和责任是否会出现变化，从而变得不确定。公司应当在每一会计年度终了时编制财务会计报告，并依法经会计师事务所审计。对普通有限责任公司如何做有关审计工作，具体如何操作也要明确。因此，有必要尽快出台《公司法》实施细则，对有些有争议的问题进行明确，避免实践操作中出现尴尬情形。

我国市场经济发展到一定阶段，原来的《公司法》不能适应客观实际的需求，出现了不足，因此对《公司法》进行了修正，使我国《公司法》更为完善。但《公司法》的修正是"牵一发而动全身"的，其他相关配套法律的修订与完善也应积极跟进。法律、法规的出台一定要能"瞻前顾后"，不能仅止于"治病""救火"，还必须能够起到"控制"和"预防"的功效，这才是法律法规的最高境界。⑥ 相关配套制度完善了，作为公司法律顾问的律师在履行自己职责时才能做到有的放矢，更好地维护公司的利益。

---

⑥ 参见丁静：《专家：新〈公司法〉配套法规应尽快修订》，载《财会信报》2014 年 3 月 17 日第 A05 版。

第三部分

律师公司非诉业务的实务与创新

股权众筹,互联网时代小微企业融资的福音?

祝传颂*

[摘要] 股权众筹作为互联网金融的新宠,日益兴盛,2013 年被称为股权众筹的元年。对于股权众筹,论者多看到现有制度对其的桎梏。另一方面,如果放开股权众筹,投资者的保护必然提上日程,只有建立股权众筹的投融资金额限制制度、众筹平台的备案制度、众筹融资过程中的担保制度、众筹企业的适度规范治理制度、责任追究制度,才能使股权众筹既成为小微企业融资的福音,又成为普通网民参与普惠投资的盛宴。

[关键词] 股权众筹 IPO 制度建设

“众筹”,是当今互联网金融时代的时髦词汇、时髦现象,是一个源自国外“Crowd Funding”且又翻译得相当传神的概念。望文生义的理解,“众筹”就是向大众筹集资金的。换言之,众筹泛指集中大众的资金、能力和渠道,为初创企业和个人的项目争取资金。而股权众筹则是众筹中最值得期待的一种融资形式,其本义就是筹资人出让一定比例的股份,面向普通投资者,投资者通过出资入股,获得未来的收益。从这个意义上,IPO 也是一种股权众筹。只不过目下时髦的股权众筹是身披“互联网金融”这个华丽的外衣。但是,真理与谬误也只有一步之遥。

一般认为,在当今中国的法律制度框架下,股权众筹面临非法发行证券、非法集资两大法律风险。本文将从两个法律风险分析入手,分析两大法律风险产生的根源,从而提出相应的对策。

一、两个现实案例分析

(一) 自办发行的股权众筹——美微传媒的会员卡销售

2012 年 10 月 5 日,淘宝出现了一家名为“美微会员卡在线直营店”的店铺,其店主是北京美微文化传播有限公司(以下简称美微传媒)的创始人。根据网店首页介绍,该公司创立发起的初衷是建立电视、杂志和网络的跨媒体营销平台,公司的整体目标是将商业电视节目进行网络营销推广,通过手机、PAD 等移动客户端,快速、清晰地推送公司提供的节目。为了募集资金支持节目运作,美微传媒制订了营销方案。按照其营销方案,消费者可通过淘宝店购买相应金额的“美微传媒凭证登记式会员卡”,单位凭证为人民币 1.20 元,最低认购 100 单位,即只需要 120 元

---

* 安徽天禾律师事务所律师。

下个单，就能够享有“订阅电子杂志”的权益，还可以拥有美微传媒的原始股份100股。

从2012年10月5日到2013年2月3日，美微传媒共进行了两轮募集，第一轮融资38.77万元，第二轮融资81.6万元，两轮募集资金总额120.37万元，共有1 191名会员参与了认购。

美微传媒的行为，很快引起了中国证监会的重视。2013年3月21日，美微传媒通过微博发布声明，称近期一直就公开融资问题与证监会沟通，承认淘宝出售会员卡募集资金的行为不合适，原因是现阶段美微传媒为“有限责任公司”，因而不具备公开募股的主体条件。随后，其向所有购买凭证的投资者全额退款。

（二）通过众筹平台发行的股权众筹——“人人投”为股权众筹提供的服务

由于股权众筹的复杂性，产生了股权众筹的平台，“人人投”就是其中一个不是顶级但有一定知名度的平台。其为融资方、投资方的服务模式如下图（截自该公司网站）：

总流程：

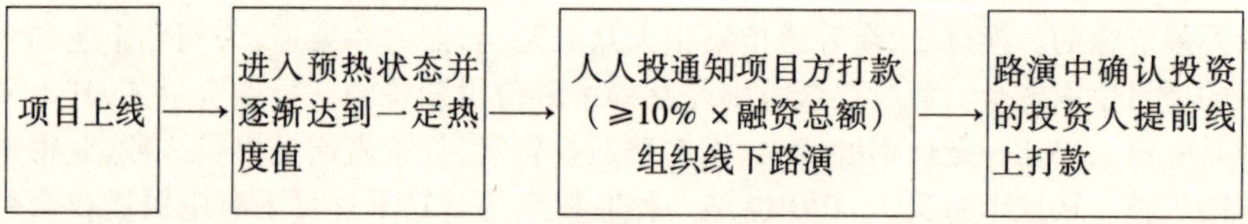

线上投资流程：

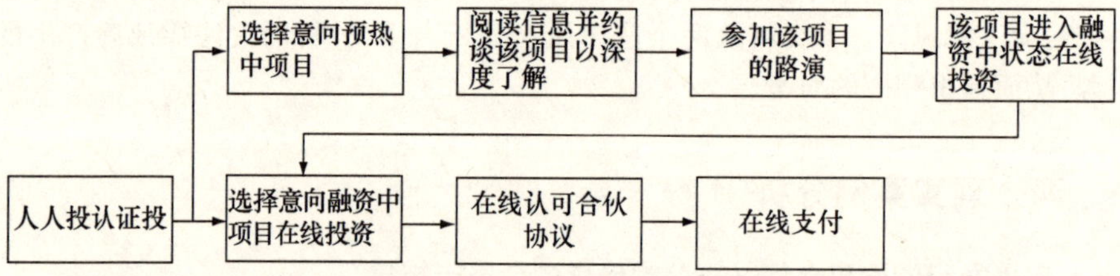

根据上图，可以将通过中介的股权众筹流程归结为四个环节：

1. 项目评价与上线；
2. 项目推介（公示及线下路演）；
3. 路演确定的投资人出资；
4. 线上融资（通过网站向认证投资人融资）。

还要说明的是，为了方便投资及资金管理，在人人投，投资资金通过易宝支付；投资给融资方时，并不以单个投资人名义，而是由投资人组建一个有限合伙企业进行投资。

从上述案例可知，导致美微传媒自办发行死亡、而人人投极力回避的是《中华人民共和国证券法》(以下简称《证券法》)第10条禁止的“非法公开发行”。[①]只不过“人人投”吸取了美微传媒的教训,采取会员制,且通过路演确认投资人,将“不特定对象”转化为“特定对象”了。但是,这样就真的实现了“特定化”? 项目的上线与路演就真的可以回避广告或者“变相公开发行”? 笔者不敢苟同。

同时,就人人投的模式而言,其实际建立了“资金池”,违反了银行所禁止的“非法吸收公众存款或者变相吸收公众存款”。[②]

另外,股权众筹确实给不少小微企业创造了成长的机会、解决了其生长初期的资金困难,也实现了资本为实体经济服务的目标。为此,不少人主张在修改《证券法》时,就公开发行核准事宜对小额发行豁免、股权众筹豁免,也就是说,对于一定期间内的一定金额之下的公开发行行为无须核准或批准、注册,只须在发行后报备即可。

笔者认为,放松对于股权众筹的管制、发挥其服务小微企业的长处,无疑是正确的,但不能一放了之。“放”的方式、方法值得探讨。

二、股权众筹与IPO的简单比较

毫无疑问,在投资风险上,股权众筹比IPO要大很多。IPO的企业必须要通过中国证监会的审核,而审核通过的前提是存续3年、合法存续经过律师背书,有一定的、较为稳定的业绩、财务规范且财务报表经过专业会计师审计,上市过程中还要经过券商辅导、保荐,信息披露文件更是需要符合监管的要求与审核;最不济,万一发现风头不对,股民还可以通过公开的交易市场“用脚投票”——走开。反观股权众筹的企业,往往处于草创阶段甚至根本就没有企业,上午还在生火做饭,下午

---

① 《中华人民共和国证券法》第10条规定“公开发行证券,必须符合法律、行政法规规定的条件,并依法报经国务院证券监督管理机构或者国务院授权的部门核准;未经依法核准,任何单位和个人不得公开发行证券。有下列情形之一的,为公开发行:(一) 向不特定对象发行证券的;(二) 向特定对象发行证券累计超过二百人的;(三) 法律、行政法规规定的其他发行行为。非公开发行证券,不得采用广告、公开劝诱和变相公开方式。”

② 最高人民法院《关于审理非法集资刑事案件具体应用法律若干问题的解释》(法释〔2010〕18号)第1条规定:“违反国家金融管理法律规定,向社会公众(包括单位和个人)吸收资金的行为,同时具备下列四个条件的,除刑法另有规定的以外,应当认定为刑法第一百七十六条规定的‘非法吸收公众存款或者变相吸收公众存款’:(一) 未经有关部门依法批准或者借用合法经营的形式吸收资金;(二) 通过媒体、推介会、传单、手机短信等途径向社会公开宣传;(三) 承诺在一定期限内以货币、实物、股权等方式还本付息或者给付回报;(四) 向社会公众即社会不特定对象吸收资金。未向社会公开宣传,在亲友或者单位内部针对特定对象吸收资金的,不属于非法吸收或者变相吸收公众存款。”

2014年最高人民法院、最高人民检察院、公安部《关于办理非法集资刑事案件适用法律若干问题的意见》第2条规定“《最高人民法院关于审理非法集资刑事案件具体应用法律若干问题的解释》第一条第一款第二项中的‘向社会公开宣传’,包括以各种途径向社会公众传播吸收资金的信息,以及明知吸收资金的信息向社会公众扩散而予以放任等情形。”

中国人民银行《中国金融稳定报告2014》之《专题二互联网金融的发展及监管》规定:“P2P和众筹融资要坚持平台功能,不得变相搞资金池,不得以互联网金融名义进行非法吸收存款、非法集资、非法从事证券业务等非法金融活动。”

或许已经关门，而介绍融资的“媒婆”——股权众筹平台，如“人人投”，早就在其投资服务协议中明确说明：“注册会员可以在网站上浏览公告、项目介绍、项目评论等网站开放信息，经过网站审核的认证投资人还可以查看项目内容页的详细信息、评论项目并进行在线投资。”“网站仅为注册会员提供网络空间及技术服务，我们并不能完全确保注册会员提交的信息是完全无误的。”

同时，IPO 成功后，投资者成为 IPO 企业的股东，证券市场有一套成熟的规则管制内部管理人、大股东、实际控制人。尽管这套管制规则也偶有失灵，但相比于股权众筹后投资者基本无法参与到企业当中，也无从了解相关企业的信息，IPO 还是有章可循的。

另外，相比后 IPO 的募集资金管理制度，股权众筹所得资金管理漏洞很大，被筹资者滥用或乱用的机会较大。在众筹平台参与的情况下，也存在众筹平台与筹资者串通的可能。

上述投资风险，对投资者而言，有时是巨大的（如果是大额投资），对国家或地方政府而言，又往往演变成影响社会稳定的群体性事件。也正因为如此，中国政府历次对此类行为严加管控，自 1998 年出台《非法金融机构和非法金融业务活动取缔办法》（国务院令第 247 号）以来，国务院办公厅、中国人民银行、中国证监会、最高人民法院、最高人民检察院等先后出台了不少规范性文件或司法解释。

但是，股权众筹作为互联网时代的新现象（姑且不叫“新生事物”）能够蓬勃发展，也有着 IPO 不可替代的优点：

1. 在服务对象（融资方或筹资方）上

如果说 IPO 企业是中小企业，股权众筹的服务对象则规模更小、发展阶段更早，甚至根本就没有企业，只是创业者的一个创意或想法，比如动画电影《大鱼·海棠》。该电影就是在一个半月内通过网络筹集到 158.26 万元制作资金，这笔钱来自 3 593 位网民，最少的给了 10 元，最多一个网友拿出了 50 万元。当然，基于不触碰“非法发行股票”红线的考虑，《大鱼·海棠》项目只好将回报方式定为电影票、海报、DVD、明信片、笔记本等物品，并最终以邮寄的方式发给出资者。因此，股权众筹对于初期创业者的支持更直接、更有力。

2. 在响应时间上

股权众筹因为不经过主管部门核准或批准，而直接通过互联网沟通、联络、支付，比互联网要迅速得多，为创业者快速实现梦想提供了机会。

3. 在投资门槛上

股权众筹将股权投资从中高层投资者的“云端”变成草根的游戏，满足了其以较小投入获取较高回报的“小赌怡情”心理。以往，小微投资者想要获得“原始股”是不可能的，只好在 IPO 过程中“打新”。因为，在“传统证券法思路下，出于保护公众投资者的目的，（股权投资）这种高风险投资机会被保留给合格投资者，是高收入人群的专利，普通公众投资者不允许介入。而且在前互联网社会中，向公众募集小额资金，对于中小企业和创业企业来说也成本巨大，得不偿失，很少有人愿意做这种尝试。因此 VC、PE 的暴富神话才会盛行一时。但互联网技术通过降低信息传递成本和资金支付成本，大幅度降低了多人小额集资的成本，众筹因此被称为打开了中产阶级高风险投资的门槛，可能成为“金融民主化”的先驱。③

4. 在精神层面

满足了草根阶层帮助他人并有所收获的心理。中国自古以来，对以“绵薄之力”帮助别人者持表彰、赞赏的态度，但草根们在市场经济时代常感失落。股权众筹，人们印象中一个大家帮助大家的平台，一个只要不多的钱就可以帮助别人实现梦想的平台，又给了普通人一个做英雄的机会。

当然，IPO 管理中存在的问题，如投资者的“搭便车”现象，在股权众筹中也是存在的。

综上所述，从小微企业融资一面看，股权众筹是互联网送来的福音。但是，自己的幸福不能建立在别人的担心、损失上。

三、股权众筹的制度设想

任何事物都有矛盾的两个方面，股权众筹也不例外，一方面是融资者，另一方面是投资者。放松对融资的管制，豁免其核准、批准或注册，就要在另一面加强对投资者的保护。因此：

1. 只可“小赌怡情”，不可“大赌乱性”

从投资者一面，应当有投资额度限制，每一投资者在一定期限内（如 12 个月内）对同一项目的投资不得超过一定数额（如 5 万元），防止没有经验的投资者被融资一方华丽的辞藻所蛊惑；从融资者一面，同一项目在一定期限内（如 12 个月内通过股权众筹）不得超过数额（如 200 万元），防止融资者的道德风险。

2. 股权众筹平台的备案制度

由于股权众筹没有其他中介机构的介入且不宜设计过多的中介机构介入，众筹平台肩负着 IPO 过程中中介机构的职能，故其设立后应当备案。

3. 投资过程中的安全保障制度

（1）融资担保制度。这里的担保是广义的，包括两种形式：一是如“人人投”模式，需要筹资人在融资前先提供不少于计划融资额 10% 的资金，汇入融资账户；二是如其他众筹平台所做的，设立领投人，一般投资者只是跟投人。领投人必须是有实力的专业投资人。

（2）充分的信息披露制度。

4. 融资实现后众筹企业的规范治理

这包括两方面的内容，一是众筹平台的监督职责（类似于 IPO 过程中的券商持

③ 参见彭冰：《股权众筹的法律构建》，载《互联网金融与法律》2014 年第 6 期。

续督导）；二是众筹企业本身的特定治理模式。笔者以为应当包括以下内容：① 强化定期会议制度，每个季度应当召开一次投资人会议，内容是通报公司治理信息、报告公司重大事项；② 信息披露制度，众筹企业应当定期（如每一季度）向投资人定向公布企业的经营情况、财务报表；③ 赋予一般投资人在股东会上的特别表决权，即对特定事项拥有特别表决权；④ 特定的分配政策，即众筹企业的分配应当按照一般投资人（跟投人）、领投人、融资人的顺序分配股利。这种治理模式，应当由中国证监会以指引的形式推行。

5. 责任追究制度

对于融资过程中的虚假陈述，筹资人、众筹平台应当负有回购义务及损失赔偿义务；对于公司治理中的信息披露瑕疵，筹资人应当负有损失赔偿责任，而众筹平台负有监管不力时的赔偿义务。总之，融资的方便必定对应着治理的相对严格。只有这样，股权众筹才能既成为互联网时代小微企业融资的福音，又成为普通网民参与普惠投资的盛宴，还成为社会诚信建设的基础之一。

互联网公司尽职调查的若干关注事项

黄廉熙* 胡 愚**

[摘要] 互联网技术的发展,带动了互联网产业与互联网经济的快速发展。互联网公司作为互联网行业的市场载体,不仅在业务发展上呈现蓬勃态势,更是取得了现今资本市场的普遍垂青。作为参与互联网公司投融资与证券业务的律师,在对涉及互联网公司的尽职调查过程中,亦应当结合互联网公司的特性而关注其个性事项。本文旨在以律师在投融资服务中对互联网公司开展尽职调查中的若干关注事项为视角,探讨互联网发展背景下的律师公司业务的发展。

[关键词] 互联网公司 尽职调查

互联网技术的蓬勃发展已成为历史必然,自20世纪90年代后期起,由互联网技术带动的中国互联网产业与互联网经济已经历了近20年的快速发展。尽管在21世纪初叶及2007年前后经历了两波互联网行业危机,但随着互联网产业自身的不断创新,使得中国还是不断产生了诸如"三大门户"(指新浪、搜狐、网易)、"BAT"(指百度、阿里巴巴、腾讯)的明星企业,并且引起了全球的关注。同时,随着电子商务的不断成熟和对传统行业的渗透,以及移动互联网技术的快速发展,使得互联网行业必将迎来更为深远的发展。

互联网技术及互联网行业的发展,与资本市场对互联网公司的垂青紧密相关。作为律师,在参与投融资业务中,是以法律尽职调查作为基础工作展开的。在对应互联网公司投融资业务服务时,由于互联网行业及互联网公司的特殊性,对律师公司事务的执业也提出了更为专业化的要求。笔者结合执业经验认为,在针对互联网公司的律师尽职调查中,可特别关注以下事项。

一、关注核心团队的竞业限制问题

目前活跃在中国互联网行业的人才,有较大比例来自现今的大型互联网企业或电信运营商。以笔者所处的杭州为例,新兴互联网企业的核心团队人员,出身于阿里巴巴、网易或三大电信运营商的占绝大多数。而该等企业的核心员工普遍都被要求签署竞业限制协议,在离职后的一定期限内负有竞业限制义务。

案例:目标公司S公司依托于上市公司,从事B2B电子商务与线下供应链融资

* 浙江天册律师事务所高级合伙人,全国律协公司法专业委员会委员。

** 浙江天册律师事务所律师。

结合业务。目标公司CEO及团队核心人员任职于境内若干家知名B2B互联网公司，并签署有离职后的竞业限制协议。在目标公司股权融资过程中，因核心团队人员尚处竞业限制期内，且目标公司业务与核心团队原任职企业业务存在竞争关系，由此产生负面影响。该项投资中，在投资方与融资方对投资商业条款及投资保障条款已基本达成一致的情况下，恰恰是因为尽职调查所发现的同业竞争限制，投资方最终作出了不予投资的决定。核心团队之于互联网公司的重要性，导致人员的竞业限制义务对目标公司的合法经营和持续经营带来负面影响，并由此引起目标公司存在重大潜在诉讼的风险，因此，对于目标公司核心团队人员的竞业限制事宜进行审慎调查极为重要。

由于核心团队人员的竞业限制义务来源于竞业限制协议的约定，而协议的非公开性决定了作为投资方律师，需要善于通过访谈、外围信息调查等手段，判别目标公司核心团队人员是否负有竞业限制义务。

对于是否构成同业竞争的判断亦须慎重。竞业限制的表象是前任企业对自身商业秘密的合理保护要求，但在互联网行业中，竞业限制在本质上更体现了前任企业希望通过对核心人员的同业竞争限制，以实现对业务的“隐性垄断”，特别是在大型互联网企业通过并购和业务创新不断扩张自身业务领域的情况下，因市场竞争需要引发同业竞争纠纷的可能性极高。因此，投资方律师在判别目标公司经营业务与核心团队竞业限制义务是否存在冲突时，应当慎重，阐明利弊与风险，以便投资方决策。

同时，在涉及互联网公司股权投资的协议文本中，投资方律师应根据尽职调查情况，有针对性地对目标公司、控股股东以及核心团队设置承诺与责任兜底条款，必要时可将不发生同业竞争纠纷确定为投资先决条件，以尽可能防范风险。

二、关注目标公司的知识产权

互联网公司的价值在于创新，创新成果则以知识产权形式体现。而互联网公司在知识产权方面所存在法律问题亦有一定的共性：

案例一：网游公司某团队研发的网游产品未能通过公司产品论证，拟自主创业，寻求天使投资继续开发与运营该网游产品。投资方律师经调查发现，创业团队所开发的网游产品与原任职有关联，存在被认定为职务开发的可能，并提示投资方关注该网游产品作为软件著作权的载体在权属方面可能存在争议与风险。

案例二：目标公司研发并将投入商业运营的是一款依托于互联网信息交互的即时虚拟景象合成产品，目标公司在融资商业计划书中，就该产品投入商业运营后的市场占有率及盈利情况提出了测算计划，并作为公司融资的估值因素。作为投资方律师调查发现，该产品的基础程序研发工作是由目标公司的创始团队和隶属于某高校的科研机构共同开发完成的，而创始团队与科研机构就共同研发成果的知识产权归属并未作出约定，就特定行业和领域由创始团队享有使用权亦仅达成口头约定。在此情形下,该产品由目标公司合法运营,以及在特定行业领域内具备独占竞争力,将存在不确定性,由此亦成为影响目标公司估值的负面因素。

互联网公司所依托的核心技术或运营模式是其发展的关键,并由此构成了互联网公司的核心竞争力。而在初创型的互联网公司中,由于创业团队的自身身份关系以及以往的任职关系,普遍会导致技术产品的研发存在与第三方权益相关联的情形,这就对律师如何发现风险提出了要求。投资方律师不仅要关注与发现此等风险事实,从尽可能促成交易的角度考虑,也还应具备协助目标公司巩固核心技术知识产权的技巧与能力,由此在促成投资的同时亦保障了各方的权益,也防范了投资风险。

三、关注互联网公司的合法经营问题

合法经营是律师对目标公司尽职调查的重点工作,而有关互联网行业的许可经营与监管则是较为繁琐的一项事务。

案例:某上市公司拟并购一家互联网游戏公司。目标公司实际开展网络游戏的研发运营,以及互联网游戏平台的运营。依初步尽职调查显示,目标公司现时持有工信部核发的 ICP 互联网经营许可证以及文化部核发的互联网文化经营许可证。依该两项已有许可,目标公司具有互联网游戏的经营资质。而基于对目标公司业务的深入调查发现,目标公司运营的网络游戏平台中还涉及自主研发游戏以及第三方研发游戏的上线发布,由此涉及了互联网出版行为,故目标公司开展互联网游戏的发布业务,亦应取得新闻出版总署核发的互联网出版许可证,而在该项证照未取得前,目标公司须采用业务整合,避免违法经营的风险。

我国早期的三大门户网站以及近年来活跃的互联网视频、互联网游戏、互联网音乐、互联网阅读、互联网教育企业,都是以提供信息内容服务为主营业务的互联网企业。因为涉及不同的互联网信息传播内容,在我国就存在多部门监管问题,由此使互联网企业的经营需要经历多重前置审批要求。实践中,因各部门对同类互联网信息内容的监管职权划分存有不同的理解,因此在涉及对互联网公司尽职调查时,律师应当深入掌握目标公司的业务特质,并结合对各部门监管规则的细化研究,方能对目标公司合法经营问题形成准确的判定。

同时,近年来随着互联网技术向传统行业的渗透,形成了诸如互联网金融、互联网地产、互联网影视等一系列融合性新型互联网业务,这对律师开展对互联网公司合法经营尽职调查与判断提出了更高的要求。执业律师需要对不同行业的监管规则以及监管规则所体现的监管目的有深入的研究,对于尚未有监管规则的新型互联网业务的合规经营,要求形成预判,由此才能对可能涉及的经营风险事宜提出客观的调查与分析意见。

四、关注拟上市互联网公司股权融资中的反向尽职调查事务

作为拟上市互联网公司的律师，在参与拟上市公司股权融资时，亦需要有目的地开展反向尽职调查工作。

案例：某境内拟上市互联网阅读企业 Y 公司，拟引进战略投资者。由于受我国现有外商投资产业政策中对网络视听服务、互联网文化经营及电子出版经营方面的禁止性规定，因此作为融资方律师，在融资服务过程中，对潜在投资者的外资背景进行了详细的调查。同时考虑到上市申报时可能涉及的发行人股东同业竞争的核查要求，在融资服务时，亦就潜在投资者是否与融资方存在同业竞争业务进行了重点调查，并对潜在投资方同业竞争业务的业务整合提出了具体要求，相应在融资协议中亦作出了具体安排。

与投资方对融资方开展尽职调查的惯例不同，实践中融资方对投资方开展反向尽职调查并不常见，即便开展也多流于形式。事实上，融资方对投资方进行反向尽职调查非常重要。

在前述案例中，在前期较为活跃的潜在投资者中有一家是以 VIE 架构在境外上市的互联网公司的境内子公司，如单一判断该投资者的股东身份而不深入调查其资金来源，则无法甄别出其隐性外资身份。如融资方最终引进了改名投资者，恐将陷入违法经营的风险，对后期上市亦可能构成实质性障碍。由此可见反向尽职调查之重要性。

作为融资方律师，对投资方开展反向尽职调查的方法是有所差异的：在目前资本市场还处于“买方市场”的情况下，要求投资方（特别是机构投资者）如融资方配合全面尽职调查是不现实的。因此融资方律师应有意识地根据各融资项目的特性，有针对性地形成法律反向尽职调查的重点，而不应寄希望于全面收集资料后发现问题。

五、关注互联网公司投资中“对赌条款”的合理设置

目前互联网公司的发展，绝大多数都经历了前期“烧钱”的过程。而通过不断提高公司估值实现多轮的股权融资，已是绝大多数互联网公司发展的必经过程，而且也成为互联网行业的商业惯例。在互联网行业中，外部资本的投资盈利并不以投资分红为目标，其收益渠道基本都是以互联网公司上市作为盈利退出通道。对于财务型投资者而言，在涉及拟上市前的股权投资中，普遍都会采用以业绩或上市为目标的“对赌”安排，在投资协议中体现为“对赌条款”。

目前我国的投资“对赌”有广义和狭义的内涵，狭义的“对赌”，是投资估值调整机制的俗称，指投资双方投资时尚无法对目标公司未来投资收益达成完全一致的情况下，为促成投资所达成的有关目标公司估值调整的一种作价方式，即投资双

方先行基于被投资方允诺的投资收益测算投资估价并进行投资，此后根据被投资方的实际盈利与发展情况，通过调整投资单价或者调整投资股权比例的方式，形成对投资方的补偿。广义“对赌”，还包括投资者退出机制，即如果被投资方无法完成允诺盈利目标或投资目标的，则投资方有权根据事先安排的退出机制（通常是被投资方或其控股股东及实际控制人回购投资股份）撤回股权投资。除以上较为常见的对赌安排之外，实践中也存在其他多种形式的对赌安排，比如阿里巴巴与软银之间的股份优先回购安排等。

“对赌”是投资方的投资保障机制，对投资方至关重要。“对赌条款”作为一项“舶来品”，在我国投资实务界长期沿用了境外“对赌条款”的中文译本，却缺乏结合我国法律的深入分析与设置，由此在实际条款的执行上存在较大的不确定性。而且目前我国就对赌条款的法律有效性认定，在法律学术界以及法院和仲裁机构间亦存在诸多争议和迥异的裁判思路和结论。而随着颇受关注的海富投资与甘肃世恒对赌纠纷案的进程，不断有“对赌无效”“与公司对赌无效”的论调。而依笔者的观点，对赌条款或者与公司对赌并不存在当然无效的情形，其关键在于如何在我国法律框架内设置对赌条款以体现其合法性与可执行性。而这需要丰富的诉讼实务经验作为支撑，对于长期从事非诉事务的非诉律师提出了更高的业务要求。

同时由于对赌安排的需要，作为投资方律师，在对目标公司尽职调查时，也需一并对控股股东、实际控制人等主体的资信及资产负债情况展开调查，以便为投资协议中对赌条款的设置以及可执行性提供考量依据。

六、结语

互联网行业的发展与持续活跃，为律师公司业务开辟了新的天地。笔者希望通过对互联网公司尽职调查事务中的以上要点与经验的分享，能够为涉足互联网业务的同仁提供帮助，同时亦希望以此带动对互联网律师服务业务的关注。

发展混合所有制下的国有企业公司治理问题研究

孙　蓉*

[摘要]　我国早在1993年中共十四届三中全会就提出了混合经济的思想，1999年中共十五届四中全会第一次将发展混合所有制正式写入了中央文件，此后，十六大、十六届三中全会和十七大，都强调要发展混合所有制经济。但党的十八届三中全会再次强调要积极发展混合所有制后，在社会上引起了广泛、强烈的反响，成为深化改革的一个热门话题。

国有企业落实发展混合所有制的一个重要目的是继续完善对国有企业的改革，完善对国有企业公司治理结构的改革。但是目前，我国国有企业构建完善的公司治理结构的进程尚处于开始阶段，还存在着各种各样的问题。本文对国有企业公司治理现状和存在的问题进行了分析，并提出了完善我国国有企业公司治理的思路及对策建议。

[关键词]　混合所有制　国有企业　公司治理

一、混合所有制经济及其与国有企业的关系

当前对混合所有制经济存在广义和狭义两种理解，广义的理解把混合所有制经济界定为不同所有制资本之间的融合，即混合所有制经济既可以是公有资本与非公有资本的融合，也可以是国有资本与集体资本的融合；狭义的理解把混合所有制经济界定为公有资本与非公有资本的融合，公有资本之间或非公有资本之间的融合不能视为混合所有制经济。

根据政府当前对混合所有制经济的相关论述，宜将混合所有制经济界定为公有资本与非公有资本的融合，更符合基本经济制度的本质规定和内在要求。其原因在于，一方面，要增强国有经济的活力和竞争力，就必须鼓励非公有制企业参与国有企业改革，引入社会资本和民营资本，通过不同所有制资本的融合，使国有企业的体制和机制更好地适应市场竞争的要求。另一方面，增强非公有制经济的活力和创造力，就必须坚持权利平等、机会平等，规则平等，废除各种形式的不合理规定和消除各种隐性壁垒，使非公有制经济能够更加平等地参与市场竞争。因此，将混合所有制理解为国有企业与民营资本的混合，更具有现实意义。

---

* 四川君合律师事务所律师。

混合所有制企业在产权结构上体现为不同所有制的资本融合形成的多元投资主体企业。判别是否属于混合所有制企业有两个重要因素:一个是多元投资主体,另一个是不同所有制资本的融合,只有同时具备这两个特性的企业才属于混合所有制企业。因此,混合所有制企业应当是国有股权与非公有资本相互持股形成的股权多元化,国有企业为发展混合所有制经济必备的一极。

二、混合所有制经济背景下的国有企业公司治理存在的问题

(一)国有企业所有者缺位

现代公司治理理论是建立在现代企业制度所有权和经营权分离的基础上的。就我国而言,虽然国有企业监管体制发生了变化,形成了"国有资产监督管理委员会—国有资产控股公司—国有企业"的监管格局,但是不管是国有资产监督管理部门、国有控股公司,还是企业的董事会或者经理,它们之间都是委托代理关系,都是国有资产的代言人而已,并不是真正意义上的股东。

(二)股权结构严重不合理,国有股控股现象比较普遍

股权结构是公司治理结构的基础。依据现行的《公司法》规定,公司的一般决策事项须经过代表公司 1/2 以上股权的股东通过;分立、合并;增加、减少注册资本等事项需经 2/3 以上表决权的股东通过。因此,只要公司中某个股东持有 66.7% 的股份时,除非公司章程有特殊规定,否则,该大股东将完全控制该公司。我国现有的国有企业参股的公司股权结构大多不合理,股权过度集中,国有股和国有法人股占了全部股权的绝大部分,民营资本投资者股权比例相对较小。国家拥有高度集中的股权,是最大的控股股东,且国有股股东控制了公司的权力机构,以致大股东控制现象比较普遍,大股东的意志往往就是公司的意志。这种国有股独大的股权结构,束缚了产权多元化的股东制衡机制的形成,不利于形成规范的公司治理结构,从而影响了企业的经营业绩。

(三)经营者选拔机制不健全

根据现代企业所有权与经营权相分离的原则,公司经营者通常应由董事会按照法定程序在经营者人才市场上通过考核录用,而我国并没有形成一个能够选拔与考核经营者能力与业绩的经营者人才市场,在国有大中型企业中,企业高层经营管理人员仍由党的组织部门或政府人事部门任免,具有相应行政系统的级别。国有企业的高级管理人员是行政任命方式产生,而非通过经理人市场选拔出来,因此,管理思路等与企业管理存在一定冲突。

(四)经营者激励与约束机制不完善

目前国有企业高管薪酬的总体状况是薪酬与企业效益脱钩现象严重。有的企业连年亏损,可高管年收入高达百万元甚至千万元,是员工收入的上百倍甚至上千

倍，引起社会公众的普遍不满；有的企业效益很好，可高管年收入并不高，相当一部分企业对经营者的激励不足、激励手段比较单一，且多侧重于短期激励。激励的缺失也导致了许多不良现象，比如经营只注重短期绩效，而忽视长期发展等。

三、加强国有企业公司治理的思路和对策建议

（一）明确国有资产的出资人

目前，普遍承认国有股权的所有人为国家。但由于国家是一种特殊的主体，假若国家股东行为不当，根本无法对其不当行为作出任何惩罚。因此，由政府代表国家直接行使股东权力的做法值得商榷。如果能明确国有股权出资人主体资格，就可通过出资人做代表而并非直接出面行使股东权力。出资人可以是受国家委托而经营国有资本的投资控股机构，属于特殊的企业法人，除了行使股东权力，不宜行使任何行政管理职能。这样就能明确每一部分国有资产的唯一人格化代表，并使之权责明确，在政府管理层面解决国有资产无主、无人负责、政出多门的问题。

（二）以股东主导型产权制度为基础，强化监事会的作用

国有企业应当以资本结构调整为主导，建立股东主导型公司治理结构。具体做法是赋予企业内部人员相当数量的股份，使其长远利益与企业命运息息相关，保证其积极性，并且只要履行好自己的职责，完成分内的工作，就不必过多考虑所谓的领导意图。对监事会的组织人员进行调整，明确赋予其权力、责任和义务，真正实现科学监督，从而保证国有资产的保值增值。

（三）健全外部制度基础

我国公司治理结构是依据《公司法》的规定设立的股东会、董事会、经理层层负责，各尽其能，监事会履行监控职责的模式。但这种设计，本质的缺陷是忽视了应建立以董事会为中心的公司治理结构。在立法时又未充分借鉴别国的经验教训，形成了我国制度性的缺陷。因此，在企业外部，要加快市场体系、经济制度、法律规范和文化道德等基础的建设步伐，重构与现代公司治理结构相适应的外部制度基础。

（四）建立健全对国有企业高管的激励和约束机制

完善我国国有企业公司治理结构，必须强化对高管的激励和约束。对高管进行物质激励，通过实行年薪制、授予股份或股票期权等分配形式，将经营管理者很大一部分薪酬与公司市场价值挂钩，使经营管理者在追求个人利益最大化的同时，注重企业长期价值的创造，以利于形成有效的激励和约束机制。经营管理者的年薪、股份和股票期权等，应该以企业的业绩评价为依据，企业业绩评价应尽可能科学、规范、合理、可度量。

参考文献

[1] 许斌龙:《关于国有股权的法理思考》,载《改革与战略》2008 年第 11 期。

[2] 徐晓松:《国有企业治理法律问题研究》。

[3] 尹世昌:《我国国有企业公司治理改革的理论与实践》,载《山东理工大学学报》2005 年第 6 期。

离岸公司

——中国律师的国际化服务

章朝晖*

[摘要] 离岸避税港和离岸架构,一直以来都是跨国公司和国际资本寻求税务地位优化的重要工具和方式。随着经济全球化趋势的日益发展,以及我国对外开放的不断深入,对外经济交往的具体形式已愈见多元化发展的格局,离岸架构在我国对外经济中崭露头角,律师在其中扮演的角色也日趋重要。鉴于此,本文将就国际离岸体系、对离岸架构的国际金融监管、中国律师的离岸法律服务进行简要的讨论。

[关键词] 离岸体系 国际金融监管 法律规制 律师国际化服务

一、引言

当今世界的每一个实体或个体都能切身感受到全球化浪潮的到来,各国的有形边境越来越牢固,但无形边界逐渐被全球性化打破。税务主权本是各国政府根据自身的经济发展目标,有自主决定本国的税收政策的权力,但在全球化的冲击下,这一特权受到了挑战。离岸避税港和离岸架构作为跨国公司和国际资本寻求税务地位优化的重要工具和方式,推动了资本在全球的自由流动。正如美国历史学家帕兰(Ronen Palan)所说:"从某种意义上讲,避税天堂是全球化的心脏。"①

在离岸业务领域,我国企业和个人其实已经进行了大量尝试,并在我国和离岸世界之间搭建了的密切的资本联系。据2012年全球金融诚信组织的报告指出,2001—2010年的10年间,中国大陆向离岸系统输送的资金高达2.74万亿美元,排名世界第一。② 而据商务部资料显示,在2008年对华投资前十位的国家和地区中,以实际投入外资金额计算排名,香港以410.36亿美元位列第一,英属维尔京群岛位列第二位,为159.54亿美元,新加坡以44.35亿美元位列第三,开曼群岛位列第五,为31.45亿美元,萨摩亚位列第八,为25.5亿美元,毛里求斯位列第十,为14.94亿美元。我国与离岸世界之间的频繁资本往来,与广泛搭建的中国与离岸

---

* 中豪律师集团(重庆)事务所律师。

① [英]罗内·帕兰、[英]理查德·墨菲、[法]克里斯蒂安·肖瓦尼奥:《钱是如何被藏起来的》,李芳龄译,译林出版社2014年版,第28页。

② 参见《全球金融诚信组织卡尔:探寻非法资本外流为何增加》,载财新网(http://www.caixin.com)。

港之间的离岸架构桥梁密不可分。

本文将通过对离岸公司的功能、特征、法律规制、发展趋势的综合分析，探讨中国律师在相关法律领域提供服务的可行性、方法论及实施路径，以开拓思路，推进中国律师服务于全球化的步伐。

二、离岸体系概述

(一) 离岸体系的基本特征

一方面，处于经济管制相对更为严苛的地区或国家的实体或者资本，在保持本身国别属性的情况下，通过在政策更为温和的司法管辖区设立关联实体，脱离原有司法管辖（离岸）而合理受惠于当地政策，并与原有实体联动，意在实现商业利益的最大化。另一方面，为争取外部资源，部分司法管辖区奉行极为宽松开放的经济政策，为离岸操作提供了相应的条件，使国际资本向更具优惠待遇的区域流动，逐渐形成国际离岸体系。根据国际经合组织、国际货币基金组织和税务正义网的相关资料统计，现有为离岸运作提供政策支持的司法管辖区已达 80 多个。[③] 据税务正义网统计，2012 年通过离岸体系逃匿的税收金额在 21 万亿美元到 32 万亿美元之间。

跨国公司青睐在离岸地设立公司，是因为其具有普通税制国家不可比拟的优势：首先，离岸地区具有独特的低税结构，有时甚至是零税、名义性课税。其次，离岸地区为机构和组织的运营提供方便。这些方便覆盖面很广，但最为重要的是在制度层面较少监管，并对经济实体和个人的信息进行保密，避税港对大量的商业信息不进行备案、不核查，官方本身不保有这些信息。以百慕大为例，在当地设立公司并不需要对股东身份、董事名单、章程进行备案或者登记，法定的公司股本为 5 万股，每股面值自定，且完全无须验资。最后，许多离岸国家的法律没有在公司注册地实体运营的要求。

(二) 离岸公司股权架构的优势

基于离岸港的上述政策环境优势，通过在一个或多个离岸港设立本地离岸实体，运用离岸公司搭建起的合理的离岸法律结构，可以形成各个属地法律政策之间的整合，促成最终受益人的利益最大化。

搭建离岸架构形成的优势是多层次的。首先，通过不同的司法管辖区实体的联动作用，可以有效地降低跨境及内国商事活动产生的摩擦成本，包括由外汇管制、汇率风险造成的资金流动成本和由流转税、资本利得税、预提税和所得税等所构成的税负成本等。由此衍生，离岸架构可以用于合理的资产保护、资产计划和税务筹划，维护受益人的最终利益。其次，具备合理离岸架构的跨国实体，可以有效

③ 参见辛乔利、张潇匀：《避税天堂》，社会科学文献出版社 2012 年 5 月版，第 40-42 页。

规避特定司法管辖区的不利政策规制，包括对跨境投融资、国际贸易和服务的资本管制、市场准入限制、信息披露要求等非关税壁垒，保护商业秘密，保障跨国实体特定商业目的的实现，如境外上市、境外投融资等。最后，通过搭建离岸架构，可以形成有利的公司治理结构和组织结构，形成隔离带，降低商业运行的政治风险和法律风险。

近20年来，新崛起的影子银行赋予离岸公司新的内容，离岸公司早已不再局限于为富人和公司提供避税地，而是成为现代金融体系中的一个重要组成部分。银行、保险、证券及各类基金成为避税天堂的新主人，这些机构利用离岸公司进行筹资、融资及设计各类新产品，将离岸公司的功能和服务利用到了极致。④

（三）离岸公司——公众心目中的是非之地

离岸公司自诞生以来，就一直没有逃脱丑闻的阴影，远有安然公司和意大利帕玛拉特公司破产事件，近有麦道夫欺诈丑闻，都使人们难免对离岸公司产生与为富不仁、巧取豪夺的富豪、金融大盗、贪污腐败分子、黑社会和恐怖分子洗钱、避税事件相关的联想。

经合组织在其报告中承认，离岸活动“侵蚀了他国的计税基础，扭曲了贸易和投资形式，破坏了公平性、中立性和社会普遍接受的税务系统形象，这种有害的低税率竞争，减少了全球的福利，破坏了纳税人对税务系统公正性的信心”。⑤

离岸公司的隐秘性和复杂性，让国际金融市场变得跌宕起伏和扑朔迷离，逃税和投机行为之间的密切联系，影响了金融体系的稳定性，2008年国际金融危机及随后的欧债危机，都使人们两次看到离岸公司的影子。在金融风暴中翻云覆雨的对冲基金、投资银行和各种金融衍生品及工具、载体有公开的秘密，都是在避税港注册了一大批离岸公司和表外实体，这些实体被用于逃避监管、操纵账目、设计各种复杂的金融产品，利用信息的不对称性，隐瞒风险、蒙骗投资者，最终撼动了整个金融体系的稳定，为全球经济带来了灾难。

三、对离岸公司的国际金融监管

国际上并没有一个专门对付离岸公司的组织机构。自1998年国际经济合作组织发布《有害税务竞争报告》以来，各国有限合作的反离岸避税模式开始向更深入、更广泛的国际合作发展，共同的目标是要求避税天堂遵循监管标准，协助打击逃税和洗钱行为。关于税务国际的措施主要包括三种：一种由国际经济合作组织、欧盟、20国集团为代表推动的税务合作措施，以强调信息交换、国际互助和透明度为特征；另一种以金融稳定理事会为代表，以推动完善金融机构监管制度为特点；

---

④ 参见［英］罗内·帕兰、［英］理查德·墨菲、［法］克里斯蒂安·肖瓦尼奥：《钱是如何被藏起来的》，译林出版社2014年版，第10-14页。

⑤ 经济合作组织（OECD）报告：《有害税收竞争：一个正在出现的全球性问题》，1998年版。

第三种是金融特别行动工作组加强对洗钱和金融恐怖主义的打击力度的措施。[⑥]

经合组织及欧盟委员会发起的《多边税收征管互助公约》,是一项旨在通过开展国际税收征管协作,打击跨境逃、避税行为,维护公平税收秩序的多边条约。2013年7月,20国财长与央行行长会议支持经合组织将《多边税收征管互助公约》框架内的税收情报自动交换,作为全球税收情报交换的新标准。所谓税收情报自动交换,是指各国税务主管当局之间根据约定,以批量形式自动提供有关纳税人取得专项收入的税收情报的行为,专项收入主要包括利息、股息、特许权使用费收入;工资薪金,各类津贴、奖金,退休金收入;佣金、劳务报酬收入;财产收益和经营收入等。全球目前已有包括中国在内的约60个国家或地区加入该公约,20国全部都在其中。2014年5月6日,瑞士签署了加入该公约的协议。同年10月8日,瑞士政府声明,有意愿引入及时信息交换的法律基础,以便使瑞士金融机构能在2017年收集外国人的账户信息;经议会投票通过后,2018年将进行第一批账户信息交换。这样,瑞士沿用了3个世纪的银行保密制度宣告终结。在此前的2009年,美国税务机关起诉瑞银集团,瑞银最终以支付7.8亿美元的罚金,并向美国提供了4 450名美国客户的名字达成和解。

2014年7月1日,美国《海外账户法案》正式生效。该法案要求,符合条件的美国公民和美国绿卡持有者,在国外银行存款达5万美元以上者、美国人占有10%以上控制权的实体资产在25万美元以上者,要向美国国税局申报。从2014年起,外国金融机构必须向美国国税局提供美国公民、绿卡持有者,或者3年累计往来美国超过183天以上的美国税务居民的海外账户资料,否则将被处罚其在美国所得30%的罚款。目前美国已和包括开曼、百慕大、维尔京群岛等若干离岸避税港国家,以及中国在内的众多国家签署了双边相互交换银行信息的协议。

事实上,除美国政府执行《海外账户法案》非常强势外,各国在打击离岸避税行为时,主要依赖的就是离岸国家签订的《多边税收征管互助公约》。但是国际税收协议不过是各国之间的君子协议,在执行中走样在所难免。加之各国政府在处理那些利用法律上的灰色地带避税的公司和个人时,不能像对待逃税者一样予以法律制裁;尤其是在对待跨国公司时,许多政府更是网开一面。另外,从技术层面看,这些反避税措施都没有动摇离岸体系最重要的核心机制——保密,目前的国际反避税行动还没发展到干预相关国家修改国内公司法的阶段。一些离岸港不要求登记公司、信托、基金的所有权信息,这就使得这些信息在离岸港当地实际并不存在。而无论多么巨大的国际压力,都无法撬开一个完全不知情的人的嘴。国际资金仍然可以躲在信托、基金会和复杂的公司架构之后,继续进行离岸业务操作。

---

⑥ 参见辛乔利、张潇匀:《避税天堂》,社会科学文献出版社2012年5月版,第209页。

四、中国律师提供的离岸公司法律服务

基于前述的背景，从法律角度审视避税，合法性是甄别避税与偷税的唯一标准。离岸公司并不是灰色经济的代名词，完全可以进行阳光运作。正因为如此，全球各地的上市公司都不讳言自己公司治理架构包含有多层离岸公司的安排，美国前100家最大型企业中有83家在避税港设有公司。与多数跨国公司一样，大多数中国企业对于离岸架构的运作是积极的。通过运用离岸架构，可以以更快的速度和更简洁的方式进行国际资本的融通，节省企业的投融资成本和机会成本；同时也有利于保护企业的商业秘密，规避外国的政策歧视和政治歧视；再者，通过离岸公司的风险隔离，可以提高企业风险防范系数。因此，中国律师亟待转变观念，拓展视野，提升自身从事离岸法律服务的水平，使中国企业不再因律师的法律服务能力滞后而放慢走出去的步伐。中国律师可向客户提供如下离岸法律服务业务：

（一）企业产业链离岸税务筹划

转移定价是在跨国商业领域最基本、使用最为广泛的离岸避税机制。跨国公司内部各关联公司之间销售产品，提供商务、转让技术及资金借贷活动等，有确定的企业集团内部价格，这种价格不由交易双方按市场供求关系变化和独立竞争原则确定，而是根据跨国公司的战略目标和整体利益最大化的原则，由总公司上层决策者人为确定。跨国公司通过高买低卖的方式，把利润做到离岸公司，把亏损或少量盈利留给国内公司，避开了国内的增值税和所得税等高额税负。这一安排具有其内在逻辑：企业的运营环节和最终的市场需要存在于完善的大型司法管辖区，这里有必要的大型市场、足够的消费能力、足够的管理运营人力资源和必要的投资人，但同时也有着高昂的税率；而在中间环节，离岸港可以为公司提供优越的税务环境，中间环节产生的利润免税或只需面对极低的税率。因此，通过律师的精心筹划，可以将企业整体经营利润合法地留在中间环节位于避税港的离岸公司。为了满足主管当局有关“信息披露”“商业实质”等合规要求，这种安排必须建立在既有商业上的必要性和可行性，且离岸公司又确实具有实际的业务开展的基础上，故律师与公司税务主管理人员、业务管理人员之间的配合尤为重要。企业考虑的转移定价环节可以包括：

（1）商品价格；

（2）专利和专有知识；

（3）劳务、研发及服务费用；

（4）贷款；

（5）租赁。

（二）家族财产规划

国内开征房产税和遗产税的计划已箭在弦上，而移民美国、加拿大等全球收入

征税国家,又面临诸如美国《海外账户法案》无所不在的触角。因此,在律师的帮助下,通过量身定做设立离岸的信托、基金等方式,可以完成高净值家族对于不动产流转、继承、赠与、分家析产、移民等特别事项的特别需求。例如,泽西岛、马恩岛等主要的离岸港,信托均不需要注册,没有任何官方或公开的信息可以查询,税务机构无法查知该信托的受托人。⑦ 资产所有人将资产交给一个信托后,信托成立,受托人成为财产的法定所有人,并按合同的具体说明,经营资产并将收益转给受益人。家族资产、股权等各种权益的变动都在离岸信托框架内封闭式变动,而无须到本国的土地、股权等登记部门登记并向社会公示,相关信托受托人、受益人当然也无须为此缴纳任何税收。许多离岸国家法律都规定信托的存续期限最高可达100年,完全可以保证家族财产规划的稳定性和可持续性。

(三)海外区域总部

实施全球战略的企业需要有若干区域总部,才能优化资金利用效率,进行利润中心税务筹划,规避贸易/投资歧视,妥善进行高管薪酬/股权激励安排等。例如,美国连锁咖啡公司星巴克的欧洲总部设在荷兰,一方面,握有星巴克商标使用权的荷兰公司每年可以向全球所有子公司收取包括商标使用权在内的各项专利费,抵消子公司的税收。另一方面,荷兰具有实质性的商业氛围、商业传统和完善的商业配套设施,有利于区域总部的有性价比的实际运行。由于律师的参与,使跨国公司区域总部的设立能满足商业实质要求,并配套相关商业外包服务,使外来投资的离岸企业既能够真实、合法、稳妥地充当税务居民的角色,又便于其嫁接符合长期发展战略的、有效率的公司治理架构。

(四)离岸嫁接融资渠道

当今国内外融资成本的差异已经成为公开的秘密,而国内企业囿于外债额度、外汇管制等监管措施,导致资金成本居高不下。有离岸体系支撑的企业,能够从更加宏观的视野和通道提升、改善自身的融资生态。除了设立离岸上市主体进入资本市场这一传统型模式外,离岸公司还可以提供内保外贷、外保内贷、贸易融资、融资租赁、外资小贷等一系列融资支持平台。而律师的介入,可以厘清外汇管制、法律冲突、通道搭建等一系列程序性、监管性问题,使融资过程更加顺畅、合法合规。

(五)离岸PE和对冲基金

受限于一国的金融产品品种,监管、融资能力,以及投资结构维护成本,利用离岸地更优惠的税收条件以及更高效的配套服务设立离岸基金公司,俨然成为"对冲基金"世界的标准做法。中国私募投资经理人尤其能够体会在中国设立独立基金管理公司的艰难,尽管利用信托结构设立的各个私募信托产品风风火火,但背后的信托成本,投资品种仅限国内的尴尬,以及融资杠杆的匮乏与交易规则限制,使得

---

⑦ 参见辛乔利、张潇匀:《避税天堂》,社会科学文献出版社2012年5月版,第44-47页。

一些高频套利交易，做空交易以及常规对冲基金的“多—空”交易策略在中国都很难实现。使用离岸基金不仅对中国对冲基金经理人，并且对一些传统的投资基金经理人来说，都是展开另一片天地的良好工具。

（六）投资与并购

因海外并购而成立离岸公司，作为SPV控股并购目标公司，已是国际并购的通常做法。事实上，这种方式同样可用于国内并购及投资。例如，离岸SPV架构可以用于将低风险核心资产单独隔离出来，在多元化经营中遇有高风险的项目时保存实力，利用VIE结构投资内国政府限制性项目，设立信托或基金会后再返程投资，等等。总的来说，离岸公司隔离风险的功能，可以增加投资与并购的安全系数。

五、结语

通过本文的讨论，可以看到，在全球化浪潮之下，通过合理的安排和离岸公司架构的搭建，充分利用国际离岸体系的规则优势，可以获税收义务合法减免，提高资本的运营效率，隔离风险，增加国际竞争力。

但是，需要提醒的是，进行离岸公司架构搭建，必须始终坚持以合法合规作为出发点。离岸公司筹划不能离开律师等专业人士的指导和监督，在法律和规则的框架内实现自身利益的最大化。毕竟，如同英国前大臣丹尼士·希利就这一问题所说的：“合理的避税和逃税之间的区别，就是一堵监狱墙的厚度。”

税负约束下外商投资公司形式的选择

吕俊山*

[摘要] 外商在内地①投资公司形式的选择,不但考虑经营问题,而且重视税负问题。子公司与分公司的法律责任不同,在税收领域的价值也不相同。谨慎的外商在内地投资布局之初,通常要考虑子公司与分公司的选择问题。

[关键词] 子公司 分公司 避税 税收优惠

一、案例

案例一:香港自然人甲在香港注册设立了乙公司、丙公司,并持续经营多年。201×年3月,甲决定在中国内地投资设立公司从事连锁餐饮、食品生产加工行业。如果将来内地公司运营良好,将追加投资。

律师的工作任务,是为香港乙公司、丙公司在内地投资设立多家子公司或者分公司提供法律方案,法律方案要求考虑税收因素。

案例二:欧洲某国的企业集团甲在香港注册设立乙公司并持续经营多年,并在内地设有代表处。201×年6月,甲决定在中国内地投资设立公司从事生产和贸易。集团甲、乙公司都可以作为向内地投资的主体。如果将来内地公司运营良好,将追加投资。

律师的工作任务与案例一相同,是为外商在内地投资设立多家子公司或者分公司提供初步法律方案,法律方案要求考虑税收因素。

二、法律方案

律师在充分考虑公司控制、法律风险和税收负担三个方面要素的基础上,提出了综合法律方案。该方案包括以下要点:子公司与分公司并重;子公司设立地优先选择税收优惠区域;科学配置股权投资与债权投资。

(一)子公司与分公司并重,恰当把握分公司转变为子公司的时机

子公司与分公司各有优势。设立子公司,便于充分利用子公司的独立法人资

---

* 深圳市律师协会税务专业委员会主任,中国财税法学研究会理事。

① 本文所指的"内地",是指中华人民共和国除了香港、澳门、台湾之外的地区。

格和股东的有限责任制度控制股东的投资风险，便于关联企业之间通过协作降低成本。子公司的独立法人资格和股东的有限责任为股东开展事业和规避债务风险提供了强有力的保障。

分公司与子公司的法律地位不同。分公司的法律责任最终由公司承担。虽然外商可以直接在内地设立分公司，也可以在内地设立子公司后由子公司设立分公司，但是一般而言，如果长期在我国内地从事生产经营活动，代表处和分公司难以承载外商的长期投资目的，只能作为外商长期投资的过渡机构和辅助机构。所以，外商一般不应把直接在内地设立分公司作为战略布局的重要内容，本文也不把外商直接在内地设立的分公司或者代表处作为重点讨论，而是把外商在内地设立子公司后由内地子公司进一步设立内地分公司作为讨论的重点。[②]

分公司向子公司的转换，是目前内地税务筹划的重要方法之一。[③]

分公司能够独立实现盈利，是分公司转换成子公司的大致时间节点。[④] 如果分公司不能单独实现盈利，分公司的亏损可以在所得税层面为公司增加税收利益；当分公司可以独立盈利时，将分公司转换成子公司可以实现利益的传输并减少风险的传递。

（二）子公司设立地优先选择税收优惠区域，兼顾财政支持措施

子公司设立地，应当重视考虑税收优惠区域。我国的地区优惠的存在，主要原因是经济发展的不平衡和国家对特定地区的经济扶持。通过科学规划，设立在税收优惠区域的公司可以获得税收方面的优惠和当地政府提供的其他方面的便利。

区域性税收优惠是外商投资容易考虑到的因素。但是，从改革开放之初到现在，我国的区域税收优惠政策已经发生了很大变化，税收优惠区域已经被大幅度压缩。

同样，因为我国各地经济发展的不平衡，不同地方的财政支持措施和力度也不同。因此，深入研究不同地方的财政支持措施，对选择子公司的设立地具有巨大的经济意义。因为我国财政法律的不完善，在考虑地方财政支持的时候，还必须深入研究地方政府的具体信用水平。

（三）科学配置股权投资和债权投资比例

股权投资是设立子公司必不可少的条件，股权投资的规模应当与设立公司的

---

② 外商投资主体可以直接设立多个内地子公司，子公司可以进一步再投资设立子公司和分公司，形成比较复杂的多体多层结构。如无特别说明，本文的“分公司”指的是内地子公司的分公司。

③ 本文所指的分公司，除非特别说明，是指外商在内地设立的“中国公司”的分公司而非外国公司本身的分公司。

④ 因为公司的亏损在所得税层面有筹划的空间，分公司在不能单独实现盈利的情况下并非不可以转变成子公司。在科学筹划的情况下，可以把不能单独实现盈利的分公司转变为子公司，也可以直接设立不能盈利的子公司。

营业状况相适应。债权投资可以作为公司成立后灵活投资的手段,也可以作为税务筹划的手段。相对于股权投资而言,债权投资本身更加灵活。但是,过度利用债权投资会产生"资本弱化"现象,增加税务风险。

三、方案评析

本文讨论的重点是外商投资的子公司与分公司选择问题。至于外商投资可能涉及的投资主体选择问题——公司投资与自然人投资的选择本文详细展开。

(一)法律分析

子公司与分公司的选择,应当考虑到二者法律地位的不同、税收价值也应当考虑到转让定价和资本弱化带来的利益和风险。

1. 子公司与分公司的法律性质比较

公司设立的子公司与分公司的法律地位不同:子公司具有法人资格,依法独立承担民事责任;分公司则不具有法人资格,其民事责任由公司承担。子公司可以投资设立自己的子公司和分公司,分公司不能再设分公司。

这样,公司通过设置子公司,可以进一步通过子公司设立该子公司的子公司,企业集团的结构可以呈现多层次状态,法律风险将被一个个子公司所阻断,除非子公司被揭开公司面纱,否则子公司的债务风险不会被传递。公司通过设置分公司的方式,形成的是双层结构,分公司的债务风险最终由公司承担。公司通过子公司、分公司的综合设置,则形成多层次结构与双层结构相结合的混合架构,还会出现公司与子公司、子公司之间交叉持股的格局,便于公司根据自身情况进行整体安排。

因为分公司的风险全部由公司承担,所以分公司在生产企业相当于一个设立在公司所在地之外的"车间"。规模过大、当地情况复杂的分公司,风险控制成本将会明显增加,一两个分公司的破坏性影响造成公司破产的情况并不罕见。因此,分公司的设立除了考虑税收优势之外,还应当考虑相对于子公司而增加的风险控制成本和风险本身。

2. 子公司与分公司的税收负担比较

我国从2008年起开始实行法人所得税制度,强调法人企业或组织为企业所得税的纳税人。外商在中国内地的子公司所设立的内地分公司,不具有法人资格,不实行独立核算,由公司汇总计算企业所得税——可以实现公司与分公司从一体化的角度调节盈亏,在公司或者分公司一方有亏损的情况下减轻企业整体的所得税负担。在公司享受税收优惠的情况下,设立分公司可以使分公司也享受相同的税收优惠待遇。如果分公司所在地企业有更大的税收优惠,则可以考虑设立子公司而不是分公司形式。当公司设立分支机构时,由于设立初期分支机构面临较高的各项支出，可以考虑设立分公司，通过与公司汇总计算并缴纳企业所得税来降低整体税负。当分公司可以实现盈利的时候，再把分公司变更注册为子公司，享受子公司给公司带来的便利。

3. 子公司相关的“转让定价”

外商通过设立子公司的方式，可以通过转让定价作为避税手段来降低公司的整体税负。一般认为，转让定价（Transfer Pricing）是指跨国公司内部母公司、各个子公司之间约定关于商品、劳务和技术等内部交易采用内部交易价格，该等价格的确定服从于跨国公司的全球战略目标和利润最大化的需要。[⑤] 跨国公司通过内部价格的制定，调整相关公司产品的成本，转让相关公司的利润收入，提高企业的竞争优势，减少其所面临的政治风险、经济风险和税收负担。

转让定价因为能够侵蚀正常的税收而被税务机关作为监控重点。但是，反过来说，即使被重点防范，转让定价仍然是跨国公司的常用避税手段，因为转让定价是跨国公司利用关联关系降低成本的有效方式，是跨国公司或者集团公司存在的重要经济理由，所以利用转让定价避税，总会存在一定的空间。换言之，避税目的是寄生在转让定价上的目的，转让定价承载了降低税收的成本目的，也承载了降低经营成本的目的。

目前各国对转让定价避税的态度和措施并不相同。《中华人民共和国企业所得税法》（以下简称《企业所得税法》）第 41 条规定：“企业与其关联方之间的业务往来，不符合独立交易原则而减少企业或者其关联方应纳税收入或者所得额的，税务机关有权按照合理方法调整。企业与其关联方共同开发、受让无形资产，或者共同提供、接受劳务发生的成本，在计算应纳税所得额时应当按照独立交易原则进行分摊。”

转让定价的税收目的是降低税收负担。跨国公司至少处在两种税收环境中。国际税收差异的客观存在，为跨国公司提供了税务筹划的可能和便利条件。跨国公司可以采取转让定价方法，把高税率环境中公司的利润转移到低税率环境中的公司，从而减轻其整体税收负担，实现避税的目的。针对不同的交易对象，跨国公司常常采取以下五种方法进行避税：

（1）有形资产的销售。跨国公司内部交易的有形资产在关联企业之间交易时，利用非独立成交价格进行转移定价，达到减轻税负和实现整个经营战略的目的。当境外关联企业的税率相对较低时，一般采取高进低出的手段，即从境外关联企业高价购入原材料，设备等，低价向境外关联企业销售产品和半产品，将企业利润转到境外关联企业，逃避企业所得税。反之，当境外关联企业税率相对较高时，则利

---

⑤ 我国的区域税收优惠和地方政府财政支持等，导致不同地区企业实际税负的不平衡，导致我国某些非跨国的集团公司也会出现转让定价问题。

用低进高出方法，把利润留到境内。当然，跨国公司也存在利用有形资产销售进行逆向避税的情况，即跨国纳税人在实践中采取避低就高的反向操作，将利润从低向高转移到高税国从而逃避外汇管制、减少给低税国公司其他股东的分红或者实现其他目的。

(2)有形资产的租赁。通过人为提高或者压低租赁费和控制固定资产折旧等方式避税。

(3)利用无形资产交易进行避税。由于无形资产的价值评定比较困难，跨国公司可以比较容易地通过向关联企业收取或高或低的特许权使用费、转让费、许可费来降低或者增加自身利润额。

(4)以支付管理费的形式避税。管理费用是企业为组织和管理企业生产经营所发生的费用，国际上没有具体规定管理费支付的标准，这就给关联企业之间利润转移、税负减轻创造了条件。

(5)通过设立在避税港的公司避税。

4. 与子公司相关的"资本弱化"

资本弱化(Thin Capitalization)，是以避税为主要目的的一种制度和资本安排，指的是基于贷款利息可作为费用在所得税前扣除而股息不能扣除的法律规定，公司把控制资本在总资产中的比例而增加债务在资产中的比例作为避税措施，即减少股权投资比例、增加债权投资比例以获得更多的税前扣除。跨国公司可以通过影响子公司的融资方式改变公司的资产负债率，从而实现避税的目的。

经济合作与发展组织(OECD)提倡采用两种应对资本弱化的反避税措施：正常交易原则和固定比例法。正常交易原则的核心，是看关联方的贷款条件是否与非关联方的贷款相同；如果不同，则关联方的贷款要按资本弱化处理，对符合规定的有关利息按照股息征收所得税。固定比率法(安全港规则)则不去探求现有各项债务融资是否异常，而是从量上限制债务融资，限制债务与权益的比例，使资产负债率保持在一个安全的界限内。如果这个比率在税法规定的范围之内，债务利息支出就可以在税前扣除；否则，安全港界限之外的超额债务利息支出不允许税前扣除，而应该视作股息征收所得税。这一做法有时候还对控制程度进行限制，以反映出股东在公司中影响融资决策的能力大小。⑥ 虽然这种方法存在着弹性低等缺点，但是它也有刚性强、界定严格、执法明确和执法效率高等优点。各国根据自身的国情不同，在资产负债率、控制程度方面所规定的界限差别很大。

我国的《企业所得税法》第46规定："企业从其关联方接受的债权性投资与权益性投资的比例超过规定标准而发生的利息支出，不得在计算应纳税所得额时扣除。"根据该规定和《企业所得税法实施条例》第119条的规定，以及财政部、国家税

---

⑥ 参见袁寿权：《防范跨国公司资本弱化避税的对策研究》，东北财经大学硕士学位论文。

务总局《关于企业关联方利息支出税前扣除标准有关税收政策问题的通知》(财税〔2008〕121号)可知,我国对资本弱化的反避税措施,既采用固定比例法,也采用了独立交易原则,相对而言更为严密也更为复杂。⑦

(二)综合评价

本法律方案的核心,是外国公司对内地投资的公司形式选择。因为香港本身就是类似于避税港的地区,包括外国公司设立在香港的子公司在内的香港公司常常成为对内地投资的主体。在内地投资设立子公司和分公司的选择上,通过子公司的法人资格切断子公司风险向公司传递的通道、通过选择享有税收优惠的地区设立子公司、通过分公司设立和分公司转化为子公司以实现税收利益,并利用跨国公司的优势在转移定价、资本弱化方面善用法律法规和政策的空间进行税务筹划。

不过,上述观点仅仅是一般性的结论。在决定投资的公司形式时,应当根据投资者的实际情况进行调整,而且应当考虑到很多的因素,比如内地目标地区的经济环境、政府服务水平、合作者能力、市场的成熟度和配套程度,等等。

四、律师实务操作建议

外商在内地投资时,充分关注现行法律的规定、法律的进步以及法律发展的方向都非常重要。我国的法律进步速度很快,有些曾经一度流行的法律设计方案已经明显过时,与此相关的法律设计必须关注这一点。

现实中,有些企业的法律设计方案已经超越了"合法"的界限,只是因为当地政府的放纵或者执法人员的水平所限才未被依法查处。但是,作为法律方案的设计者,应当充分认识和把握法律方案设计的税务风险,清醒认识到"未被查处"不等于不存在税务风险。⑧

---

⑦ 《企业所得税法实施条例》第119条规定:"企业所得税法第四十六条所称债权性投资,是指企业直接或者间接从关联方获得的,需要偿还本金和支付利息或者需要以其他具有支付利息性质的方式予以补偿的融资。企业间接从关联方获得的债权性投资,包括:(一)关联方通过无关联第三方提供的债权性投资;(二)无关联第三方提供的、由关联方担保且负有连带责任的债权性投资;(三)其他间接从关联方获得的具有负债实质的债权性投资。企业所得税法第四十六条所称权益性投资,是指企业接受的不需要偿还本金和支付利息,投资人对企业净资产拥有所有权的投资。企业所得税法第四十六条所称标准,由国务院财政、税务主管部门另行规定。"

财政部、国家税务总局《关于企业关联方利息支出税前扣除标准有关税收政策问题的通知》(财税〔2008〕121号)第1条规定:"在计算应纳税所得额时,企业实际支付给关联方的利息支出,不超过以下规定比例和税法及其实施条例有关规定计算的部分,准予扣除,超过的部分不得在发生当期和以后年度扣除。企业实际支付给关联方的利息支出,除符合本通知第二条规定外,其接受关联方债权性投资与其权益性投资比例为:(一)金融企业,为5:1;(二)其他企业,为2:1。"第2条规定:"企业如果能够按照税法及其实施条例的有关规定提供相关资料,并证明相关交易活动符合独立交易原则的;或者该企业的实际税负不高于境内关联方的,其实际支付给境内关联方的利息支出,在计算应纳税所得额时准予扣除。"

⑧ 《企业所得税法》第47条规定:"企业实施其他不具有合理商业目的的安排而减少其应纳税收入或者所得额的,税务机关有权按照合理方法调整。"

参考文献

[1] 刘俊海:《外商投资企业法与公司法应当并轨》,载《中国社会科学报》2012 年 11 月 28 日第 A07 版。

[2] 袁寿权:《防范跨国公司资本弱化避税的对策研究》,东北财经大学硕士学位论文。

[3] 龚雪:《〈财富〉中文版发布在华外国投资者看法调查结果:沪京粤投资环境最理想》,载《人民日报》1999 年 10 月 18 日第 11 版。

[4] 罗秦:《论全球化下反跨国公司避税中的三重博弈》,载《税务研究》2006 年第 4 期。

[5] 徐勤:《跨国公司转让定价反避税研究》,同济大学博士学位论文。

[6] 冯清泉:《跨国公司避税方法及对我国的借鉴》,东北财经大学硕士学位论文。

“新三板”上市融资难问题探讨

莫　雷*

［摘要］　中小微企业是我国经济的重要组成部分，而融资问题一直都是阻碍我国中小企业发展的难题。新三板市场定位于中小微企业。目的是为其提供一个股权挂牌转让和定向增发融资的交易平台，从而拓宽中小微企业的融资渠道，为其实现最快速的融资。但在新三板运行期间，仍然不可避免地遇到了融资难的问题。本文主要分析新三板市场现状及中小微企业的融资难现状及其原因，进而提出提升中小微企业内功的建议，以提高企业的发展潜力，并破解融资难问题。

［关键词］　新三板　中小微企业　融资难

“新三板”的定位主要是为创新型、创业型、成长型中小微企业发展服务。由于这类企业普遍规模较小，尚未形成稳定的盈利模式，在交易所市场对企业的准入条件上，“新三板”不设财务门槛，申请挂牌的公司可以尚未盈利，只要股权结构清晰、经营合法规范、公司治理健全、业务明确并履行信息披露义务的股份公司，均可经主办券商推荐申请挂牌。目前，“新三板”挂牌公司的整体分布呈现三大特点：一是覆盖面广，对企业的服务深入到县域经济内，体现对区域均衡、协调发展的支持。二是中小微企业占比多，体现了全国股份转让系统对创新、创业、成长型中小微企业的支持。三是科技含量高，体现了全国股份转让系统助力国家创新驱动战略实施的服务理念。

门槛虽然看似降低了，但“新三板”上市企业的融资难题仍然存在，本文就此问题作一简单探讨：

一、“新三板”挂牌企业融资难的原因

1. 挂牌交易的股票流动性差，交易系统没有定价功能

在“新三板”市场中，近一半为总股本2 000万元以下的中小微企业，其中还有几十家总股本为500万元的小微企业。由于这类企业普遍规模较小，尚未形成稳定的盈利模式，业绩波动大。其中还存在有很多盈利模式非常特殊、产品非常特殊、商业模式非常特殊，甚至定价非常特殊的这样一些公司。加之投资者进入市场门槛高，市场交易体制尚不成熟，且交易系统没有定价功能，普通交易者看不懂，专业投资机构要求高，因此导致流动性不强，成为“新三板”最大的缺陷。

---

* 黑龙江金海律师事务所律师。

作为资本市场而言,资本市场的功能就是资源配置和资源再配置,根据公开信息粗略统计,从2012年初到2013年末整整两年的时间,"新三板"市场新增挂牌公司数量近260家,但是新增的公司融资总量不到5个亿,平均一家公司大概在180万左右,交易量在这两年的时间里面,平均到每个公司每月的交易量还不到30万元。

所谓资源配置,是指集聚社会资本给实体经济,让实体经济创造社会财富,就是融资;第二功能是通过衍生产品的交易让有钱人拿到资产,让需要钱的人拿到现金,资本市场就这两个功能。如果说一个市场里头不能交易,不能融资的话,这个市场就没有任何意义了。从目前的"新三板"市场现在的融资量和交易量来看,应该说基本的功能还没有得到真正的发挥。

2. 企业发展战略不清晰,不重视管理团队建设

上面我们说到,"新三板"挂牌企业大部分为中小微企业,这些企业的特点主要包括:数量庞大,涉足领域广泛;技术落后、生产规模小;产品类别单一;企业组织形式多样,企业管理的组织层次少;企业管理水平相对落后,缺乏长期发展战略;企业人员缺乏,人才流动快,缺少完整的管理团队,也不重视管理团队的建设和人才的自主培养;政策与信息不畅通;缺少企业文化建设,缺乏凝聚力。笔者认为,目前中国的中小微企业自身发展中面临的最大问题是企业发展战略不清晰、不重视管理团队的建设。具体表现为:

(1) 发展战略不清晰,经营理念和经营目标不明确。由于中小微企业对风险的转嫁和规避能力较低,模糊的企业发展战略、经营理念和经营目标,会导致企业在发展过程中体现出极大的不确定性和盲从性,因而增加了企业的经营压力,还增加了企业的潜在风险,影响企业的成长和发展。发展战略的缺乏,还会使很多中小微企业过于看重眼前利益,忽视长远利益,从而错失很多发展机会。

(2) 企业发展战略和经营理念、目标,不是老板们拍拍脑袋就能决定的,应该是管理团队智慧的汇聚。而中小微企业受自身特点或能力的限制,很多不重视或无力进行管理团队的建设。事实上,如果企业管理团队建设不好,在方向性、战略性决策上就会很容易出现问题。另外,没有一个完善、高效的管理团队,也会使企业出现创新能力缺乏,经营管理效率低下,员工缺乏积极性,生产经营成本增加,市场竞争力下降等各种各样的问题。

综合以上两点,对于"新三板"市场而言,因企业发展战略不清晰、不重视管理团队的建设,使得挂牌企业缺乏可持续发展动力,缺乏盈利能力,缺乏市场竞争力,进而无法吸引投资者的关注。

3. 融资难的其他原因

就中小微企业自身来讲,由于企业规模小、融资规模小,缺乏用于融资担保的固定资产,加上直接融资成本高,信息披露不透明,投资者信心不高,缺少为中小微企业提供融资担保的信用体系等原因,也限制了企业的融资能力和融资潜力。

二、2013年以来“新三板”的变化

1. 全国推广实行

2013年年底，国务院发布了《关于全国中小企业股份转让系统有关问题的决定》。“新三板”在经过7年的发展后，终于开始了在全国范围内实行，其扩容带来了一股投资新热潮。

2. 制定新的交易规则

2014年5月19日，全国中小企业股份转让系统证券交易和登记结算系统正式上线，同时配套修订、制定、发布了14项业务制度。其中，制定8项业务制度，修订6项业务制度。制定的8项业务制度主要体现在三方面：一是明确了市场的交易方式和交易规则；二是明确了股票发行业务的规则和流程；三是明确了境内企业到全国股份转让系统挂牌的有关事项。

按照新的交易规则，市场安排了三种交易模式：竞价交易模式，包括集合竞价和连续竞价；做市商交易模式；协议交易模式。

之所以安排三种交易模式，是因为挂牌企业类型涵盖面广，为适应不同门类挂牌企业的情况，具体采取何种交易模式可自行选择。但三种方式不兼容，应由挂牌企业与主办券商协商决定，选择之后即按照此种方式交易。同时，还可以依照需求更改交易模式，但须经过股东大会认可。

目前，“新三板”上市后的融资途径有：(1) 发行股票；(2) 增发股票；(3) 吸引风投投资；(4) 吸引战略投资者投资；(5) 发行集合债券；(6) 可以在上市“新三板”后，股票市值增长时，用高市值带来的高估值向银行做股权质押贷款。

3. 做市商制度出台

“新三板”新的交易系统上线后，交易活跃度较以往有了一定程度的提高。与全国性股权转让市场的定位相比，仅依靠协议转让方式并不能充分激发交易的活跃度，价值发现这一市场基本功能一直未真正发挥作用，做市商制度需求迫切。在此背景下，“新三板”做市商制度《全国中小企业股份转让系统做市商做市业务管理规定》正式出炉。

从资本市场体系的角度出发，做市商制度的确立，将改变目前以协议转让为主要渠道的股权转让方式，解决目前“新三板”市场存在的价格不联系、操纵市场难度较大、大股东占用资金、关联交易等种种难题，以进一步发挥“新三板”的市场功能，进而提高“新三板”交易市场的活跃程度，完善我国多层次的资本市场结构，以更好地为实体经济服务。“新三板”未来交易机构的核心和最大的价值点就在于做市商。具体表现在：

第一，做市商的双向报价，特别是多个做市商的竞争性报价，使报价尽可能接近真实价格，使交易价格具有公信力，充分发挥资本市场价格发现功能，为市场的交易活动打下稳定的基础。

第二,改善资本市场的流动性,增加市场活跃度。做市商通过履行双边报价义务,不断向投资者提供股票买卖价格、接受投资者的买卖要求,充当流动性提供者,保证市场交易连续进行,从而提高市场的流动性。同时,多个做市商提供的竞争性报价及股票推介活动,能够激发普通投资者的投资兴趣,吸引更多投资者进入市场交易,增强市场的流动性。

第三,做市商制度将间接地鼓励更多的中小微企业加入“新三板”市场的行列。从某种程度上说,“新三板”是 IPO 的补充,一部分企业可以通过“新三板”融资,获取资金来源。尤其适合处于发展初期的中小微企业,对其稳健成长意义重大。

4. 成交量的变化

根据全国中小企业股份转让系统公布的统计数据,截至 2014 年 8 月末,挂牌公司共 1107 家,总股本 448.24 亿股,流通股本 157.14 亿股,总市值约为 2848 亿元。挂牌公司股票成交 46.50 亿元,是 2013 年全年成交金额的 5.71 倍;换手率为 9.60%,是 2013 年全年换手率的 2.15 倍。在股票融资方面,合计完成 154 次股票发行,融资金额为 89.77 亿元,是 2013 年全年股票融资金额的 8.96 倍。

三、破解融资难不应只靠制度完善,提升企业内功更重要

随着“新三板”在全国扩容,交易形式及交易制度的不断完善,如何更好地利用“新三板”市场进行融资、投资,成为国内资本市场的热门话题。从上述分析可以看出,制度的不断完善,确实可以给市场的流动性带来利好,交易量有了明显变化,融资规模也有了明显增加。

但从需要在资本市场上进行融资的中小微企业自身发展的角度去看,以上皆为外因;企业要想在资本市场上得到企业发展所需要的资金,并且能够持续发展,还要看企业的内因。这个内因是什么?那就是清晰、准确的企业发展战略,以及完善、高效的运作机制、组织结构和管理团队。

第一,从企业未来发展的角度来看,战略表现为一种计划,而从企业过去发展历程的角度来看,战略则表现为一种模式。如果从产业层次来看,战略表现为一种定位;而从企业层次来看,战略则表现为一种观念。此外,战略也表现为企业在竞争中采用的一种计谋。这是关于企业战略比较全面的看法,即著名的 5P 模型。什么是战略管理?战略管理是指对企业战略的管理,包括战略制定、形成与战略实施两个部分。战略管理首先是一个“自上而下”的过程,这也要求高级管理层具备相关的能力及素养。

具体地说,企业的发展战略应当包括:明确企业的经营目标和发展方向,准确认识企业自身在行业中的位置;自己发展赶超的目标对象;对市场开发拓展的认识规划;对技术研发、营销、生产、质量、服务等具体运营层面的认识,等等,即企业战略是企业纲领性文件和指导企业规范运营的文本,是决定企业未来发展方向、走

向、命运的关键，它体现了企业最高决策者的各种智慧和综合力量，是其对各种资源、配置、整合、利用、优化的能力，更是对企业发展思路、发展战略定位、计划、初衷的严峻检验、考验和考量。在战略制定过程中，还必须考虑技术因素所带来的机会与威胁。技术的进步可以极大地影响到企业的产品、服务、市场、供应商、竞争者和竞争地位。

第二，清晰、准确的企业发展战略，还应辅之以相应的运作机制、组织结构和建立一只高效、稳定的管理团队加以支持和支撑。

运作机制和组织架构是一个企业能否有效运转、高效运转、成功运转的重要因素乃至决定性因素，好的组织架构能够上贯下通，执行力强、效率高，任务清晰、责权利明确，协调沟通顺畅。

组织架构是企业实施经营的基本要素，管理团队则是企业组织架构中重要的组成部分，也是实施企业战略的重要保障。为了企业发展战略更好的实施，对组织架构进行不断调试、调整、优化、完善，是企业采取的必要手段和措施，也是人们常说的“激励机制”和“赛马机制”相结合原则。

为了适应企业发展战略和不断完善的组织架构，需要选择最优秀的、最适应企业发展的稳定、高效的管理团队，这个管理团队应当包括但不限于优秀敬业的职业经理人、技术研发人员、生产管理及销售精英。并对整个管理团队进行绩效考核和目标管理，真正实行严格管理和目标管理相结合，优胜劣汰奖勤罚懒，并辅之以适应企业发展和一致认同的企业文化，以此激活整个企业组织和管理团队的生命力和创造力。

厘清了以上问题，“新三板”挂牌企业就具备了清晰、准确的企业发展战略和完善、高效的运作机制、组织结构和管理团队，有了能够持续的发展原动力，有了盈利能力和渠道，企业就能在市场竞争中占有一席之地，且最大限度地吸引投资者的目光，增加投资者的信心。再加上随着做市商制度顺利实行，“新三板”市场功能的逐渐完善，挂牌企业融资难的问题也将会得到极大的改善。

有限责任公司股东会与董事会的经营管理权配置

陈锡康*

[摘要] 现有《公司法》对有限责任公司经营管理权在股东会和董事会之间的配置模式,已经不能适应中国经济社会现实和下一步发展对于公司治理的现实需求,有必要学习海外经验,进行相应的立法修订,通过立法确认,除法定保留给股东会的权力外,公司经营管理权原则上归属董事会,并积极利用章程自由,通过章程,在有限责任公司股东会和董事会之间合理配置公司的经营管理权。

[关键词] 公司治理 股东会 董事会 经营管理权

现代的商业活动,从法律角度来看,实质上就是一个不同民事主体之间的民事法律关系发生、变更或者消灭的过程。引起民事法律关系变动的情况称为法律事实。法律事实有两大部分:一是自然事实;二是人的行为。法律意义上人的行为,是指人有意识的行为。这个有意识的人的行为,主要通过民事主体的意思表示进行。自然人,可以通过自己的生理机能表达意思和实施行为。法人则和自然人不同,因为不具有自然人那样的生理机能,需要通过一定的组织机构或机关来表达意思和实施行为。机关之存在为法人维持其人格的条件。法人因其机关而存在,因其机关的活动而有自己的活动。作为一个法人组织体,公司的所有经营管理活动的进行以及公司意志的行使,都需要通过其公司机关进行。

按照现行《公司法》的规定,有限责任公司的组织机构包括股东会、董事/董事会、监事/监事会及经理,这四大部分机构构成完整的公司机关。公司拥有的权力,按照法律的规定和公司章程的约定在这 4 个机构中进行分配,公司的经营管理活动由这 4 个机构负责实施。

鉴于公司这一组织在我们的经济、政治、社会生活中的巨大影响①,以及下文将要谈及的股东会与董事会关系对于公司经营管理的关键影响,笔者认为,现有《公司法》中关于股东会和董事会之间经营管理权的权力配置模式,已经不能适应现下中国经济社会的现实,更加不能支持中国经济下一阶段发展的客观需要,有必要进行立法修订。无论国家是否进行相应的立法修订,均建议应充分利用章程自由,在现有法律框架内,善加设计,通过章程,将公司的经营管理权在股东会和董事会之间进行合理配置。

下面,笔者将从现有法律框架下的有限责任公司股东会与董事会经营管理权

---

* 广东陈梁永钜律师事务所合伙人。

① 参见邓峰:《普通公司法》,中国人民大学出版社 2009 年版,第 7 页。

配置模式、现有模式存在的问题、研究有限责任公司股东会和董事会之间经营管理权分配的意义、选用有限责任公司股东会与董事会之间经营管理权配置模式的决定因素、海外经验五个方面展开探讨，尝试就设计更能回应中国经济现实与发展需求的有限责任公司经营管理权分配模式，提出相应的立法修订意见和实务操作建议。

一、现有模式

1993年《公司法》已经施行二十余年，先后经历3次局部修正和一次较为全面的修订。

2013年12月28日，第十二届全国人民代表大会常务委员会第六次会议通过了对《中华人民共和国公司法》的修正。这是《公司法》1993年12月29日经第八届全国人民代表大会常务委员会第五次会议通过以来的第三次修正。在此之前，《公司法》已进行过两次修正和一次修订。《公司法》的第一次修正由1999年12月25日举行的第九届全国人民代表大会常务委员会第十三次会议通过。第二次修正由2004年8月28日举行的第十届全国人民代表大会常务委员会第十一次会议通过。《公司法》的修订由2005年10月27日举行的第十届全国人民代表大会常务委员会第十八次会议通过。

一再修正和修订的《公司法》，对于有限责任公司股东会和董事会的权责分配体系基本没有改变，一直维持股东会是公司的权力机构，董事会对股东会负责的这样一种公司治理权力的分配模式。

1993年12月29日通过、1994年7月1日起施行的《公司法》规定：

第三十七条 有限责任公司股东会由全体股东组成，股东会是公司的权力机构，依照本法行使职权。

第三十八条 股东会行使下列职权：

（一）决定公司的经营方针和投资计划；

（二）选举和更换董事，决定有关董事的报酬事项；

（三）选举和更换由股东代表出任的监事，决定有关监事的报酬事项；

（四）审议批准董事会的报告；

（五）审议批准监事会或者监事的报告；

（六）审议批准公司的年度财务预算方案、决算方案；

（七）审议批准公司的利润分配方案和弥补亏损方案；

（八）对公司增加或者减少注册资本作出决议；

（九）对发行公司债券作出决议；

（十）对股东向股东以外的人转让出资作出决议；

（十一）对公司合并、分立、变更公司形式、解散和清算等事项作出决议；

（十二）修改公司章程。

第四十六条 董事会对股东会负责,行使下列职权:

(一) 负责召集股东会,并向股东会报告工作;

(二) 执行股东会的决议;

(三) 决定公司的经营计划和投资方案;

(四) 制订公司的年度财务预算方案、决算方案;

(五) 制订公司的利润分配方案和弥补亏损方案;

(六) 制订公司增加或者减少注册资本的方案;

(七) 拟订公司合并、分立、变更公司形式、解散的方案;

(八) 决定公司内部管理机构的设置;

(九) 聘任或者解聘公司经理(总经理)(以下简称经理),根据经理的提名,聘任或者解聘公司副经理、财务负责人,决定其报酬事项;

(十) 制定公司的基本管理制度。

第四十七条 董事任期由公司章程规定,但每届任期不得超过三年。董事任期届满,连选可以连任。

董事在任期届满前,股东会不得无故解除其职务。

经 2013 年 12 月 28 日最新修正、现正施行的《公司法》规定:

第三十六条 有限责任公司股东会由全体股东组成。股东会是公司的权力机构,依照本法行使职权。

第三十七条 股东会行使下列职权:

(一) 决定公司的经营方针和投资计划;

(二) 选举和更换非由职工代表担任的董事、监事,决定有关董事、监事的报酬事项;

(三) 审议批准董事会的报告;

(四) 审议批准监事会或者监事的报告;

(五) 审议批准公司的年度财务预算方案、决算方案;

(六) 审议批准公司的利润分配方案和弥补亏损方案;

(七) 对公司增加或者减少注册资本作出决议;

(八) 对发行公司债券作出决议;

(九) 对公司合并、分立、解散、清算或者变更公司形式作出决议;

(十) 修改公司章程;

(十一) 公司章程规定的其他职权。

对前款所列事项股东以书面形式一致表示同意的,可以不召开股东会会议,直接作出决定,并由全体股东在决定文件上签名、盖章。

第四十六条 董事会对股东会负责,行使下列职权:

(一) 召集股东会会议,并向股东会报告工作;

(二) 执行股东会的决议;

（三）决定公司的经营计划和投资方案；

（四）制订公司的年度财务预算方案、决算方案；

（五）制订公司的利润分配方案和弥补亏损方案；

（六）制订公司增加或者减少注册资本以及发行公司债券的方案；

（七）制订公司合并、分立、解散或者变更公司形式的方案；

（八）决定公司内部管理机构的设置；

（九）决定聘任或者解聘公司经理及其报酬事项，并根据经理的提名决定聘任或者解聘公司副经理、财务负责人及其报酬事项；

（十）制定公司的基本管理制度；

（十一）公司章程规定的其他职权。

二、存在的问题

所有的股东都来经营、管理或处理公司的全部职能，实际上是不可能的。股东个人利益的多样性，不能促进公司事务和工作的效率和井然有序的管理。再者，把股东召集到一起讨论每一个决议或处理每天的日常事务也有所不便。商业和法律的便利要求管理的权力，应该在董事会和股东大会上股东之间予以划分。②

通过上面的对比，就可以了解《公司法》中有关有限责任公司股东会和董事会的权力配置存在的问题：

1.《公司法》一直都是通过列举的方式，在有限责任公司股东会和董事之间配置经营管理权的，但又没有穷尽，事实上也不可能穷尽列举所有的公司经营管理权。未尽的部分，留给公司股东通过章程加以配置。对于这些《公司法》没有列举的经营管理权，股东在章程中明确了还好，如果没有明确，归谁？

2. 按照《公司法》的立法精神，既然股东会是权力机构，董事会是股东会决议的执行机构，法律和章程没有明确归属于董事会的经营管理权应该仍由股东会保留。在这种情况下，如果能通过股东会决议修改章程或者特别授权的方式，将该等经营管理权赋予董事会，问题当然解决了；如果出现公司僵局等情况，股东会无法将经营管理权合法授予董事会，主要通过会议的形式进行工作，信息明显与董事会明显不对称的股东会，又如何保证决策的效率和科学性？

3. 股东会和董事会的部分经营管理权可能存在重叠和歧义，如法定应由股东会决定的投资计划和应由董事会决定的经营计划、投资方案怎样区分？在边界不明确的情况下，股东会是否可以直接否定董事会的决策？如可以，怎么解决公司整体利益和公司股东个体利益之间可能存在的潜在矛盾问题？

如果股东和董事重合，上述问题是不存在的。但是假如公司股东较多，或者股

---

② 参见〔马来西亚〕罗修章、王鸣峰：《公司法：权力与责任》杨飞等译，法律出版社 2005 年版，第 129 页。

东与董事并不完全重合,矛盾就会凸显。

在中国经济起步阶段,企业的规模普遍比较小,创业者同时也是经营者,大部分有限责任公司的董事和经理都由股东兼任,讨论股东会和董事会之间的经营管理权力分配问题,似乎没有什么实际意义。但中国经济发展至今,美国斯坦福大学伯利和米恩斯两位教授在其1932年出版的经典著作《现代公司与私有财产》中揭示的现代公司中的所有权与经营权分离的情况,已经成为普遍存在的现实。出现这一情况,原因有多个方面:得益于过往30年的经济高速发展,不少企业已经发展起来,创业者无法再事事亲力亲为,需要引入职业经理人;习惯于直接参与经营的创业者逐渐向受过现代管理理念教育的产业承继人交班,承继人需要借助专业化的管理团队确保产业的永续经营;投资主体和商业模式的多元化,公司投资者与经营管理人分离,选任职业经理人负责管理作为平衡多元主体的利益诉求和确保管理专业化的合理选择这一观念逐渐普及。

由于工商行政管理部门在公司登记工作中长期以来一直都有对章程进行实质审查,并在事实上限制公司发起人对示范章程进行调整的实际做法,绝大部分有限责任公司的章程,在股东会和董事会权力配置问题上,基本上都是全文照录《公司法》的相应条款规定,在这种情况下,股东会和董事会各自的权力边界实际上是不清晰的,大量足以影响公司有效经营运作的潜在问题从公司成立之初即已埋下。

三、研究的意义

股东会与董事会之间的权力配置是有限责任公司治理需要研究的最核心问题之一。

有限责任公司产权的一个基本特征是所有权与直接控制权分离。③ 股东通过向公司注入原属于私有的财产,向公司让渡该等财产的所有权,换取公司股票的所有权,由前述财产的直接所有人变成资本报酬的接受者角色。由于所有者与经营管理者的利益实际上是不完全一致的,管理人可能会利用其实际掌握的权力谋取私利,损害股东利益。这就是所谓公司治理中的道德风险或者代理问题。④ 正是由于企业内部存在的巨大租金,在事前没有办法被完美地分配掉,才需要"公司治理",需要约束企业内外不同利益相关者在事后的讨价还价行为。⑤

商事公司主要存在三种代理问题。第一类代理问题涉及公司所有者与其雇用的经营人员的利益冲突问题。第二类代理问题涉及拥有公司绝大多数或者控制性利益的所有者与小的或者非控制性所有者之间的利益冲突。第三类代理问题涉及

---

③ 参见梅慎实:《现代公司法人治理结构规范运作论》,中国法制出版社2001年版,第73页。

④ 参见〔美〕伯利、米恩斯:《现代公司与私有财产》,甘华鸣等译,商务印书馆2005年版,韦登海姆和詹森为Transaction版所写导言第1—2页。

⑤ 参见宁向东:《公司治理理论》,中国发展出版社2006年版,第19页。

公司本身（尤其是其所有者）与其缔约伙伴（如债权人、雇员和客户）之间的利益冲突。⑥

公司治理着眼于公司股东、董事、经理之间的权力分配和利益制衡关系，对公司管理者行为有效监督和制约，以确保公司管理者行为符合股东利益。⑦

公司法发挥着以下两大功能：第一，它确立了公司形式的组织结构以及支撑该结构所必须的内部治理规则；第二，它试图遏制公司利益相关者之间的利益冲突，这些利益相关者诸如控股股东和高管等公司“内部人”，以及小股东或债权人等“外部人”。⑧

《公司法》怎样发挥上述功能，实现预期目标？《公司法》主要是通过规定由股东选举（至少绝大部分是由股东选举）的、有别于股东会和日常经营者的、由多名董事组成的董事会解决公司的所有者和经营者之间的基本代理问题。⑨

四、决定因素

任何组织都需要一种治理体系来推动高效的决策制定。美国著名经济学家阿罗提出，尽管组织的治理模式很多，有很多的分类方式，但最根本的组织治理模式可以分为两种，即“共治”与“集权”。⑩ 前者是指采用能够汇聚组织中成员个人利益的任何合理并可被接受的手段对组织进行治理。当组织中的每个成员都拥有差不多的信息和共同利益，不存在不可克服的共同行动问题时，所有人达成共识就不需要花费太多成本，组织一般会选用“共治”这一治理模式，便于组织成员全面参与组织的治理。合伙企业就是选用这一治理模式的典型代表。后者是指组织存在一个中心机关以接收各种信息，并有权作出对组织内所有成员具有约束力的决定的治理模式，中心机关作为组织成员的委任代表对组织进行治理。当组织成员之间存在严重的信息不对称或者利益冲突时，组织会偏向选择“集权”这一治理模式。⑪ 股东较多或者股东不参与经营管理的公司，就属于这一情况。

美国学者 Eisenberg 教授对股东与公司之间的权力划分，具体从技术层面提出了四个原则：（1）专业技能和投资机能的区分；（2）经济重要性程度，由其大小、相关风险、努力的时间跨度、撤销成本决定；（3）类似事项的发生频率；（4）决策所需

---

⑥ 参见〔美〕参见克拉克曼、汉斯曼：《公司法剖析：比较与功能的视角》，罗培新译，法律出版社 2012 年版，第 37 页。

⑦ 参见王文钦：《公司治理结构之研究》，中国人民大学出版社 2005 年版，第 7 页。

⑧ 参见〔美〕克拉克曼、汉斯曼：《公司法剖析：比较与功能的视角》，罗培新译，法律出版社 2012 年版，第 36 页。

⑨ 参见〔美〕克拉斯曼等：《公司法剖析：比较与功能的视角》，刘俊海、徐海燕等译，北京大学出版社 2007 年版，第 38 页。

⑩ 参见〔美〕 Kenneth J. Arrow, The Limits of Organization, pp. 68—70，转引自〔美〕贝恩布里奇。《理论与实践中的新公司治理模式》，赵渊译，法律出版社 2012 年版，第 3 页。

⑪ 参见〔美〕贝恩布里奇：《理论与实践中的新公司治理模式》，赵渊译，法律出版社 2012 年版，第 3—4 页。

的速度。[12]

股东会与董事会之间的权力配置问题实质是要解决股东权益保障和公司决策效率与成效的平衡问题。我们可以合理推断,影响有限责任公司组织机构设计以及股东会和董事会之间权力配置的决定因素,主要是两方面:

首先是决策效率,即根据公司股东构成及经营管理实际,决定选用“共治”还是“集权”的治理模式。

其次是股东权益保障,即要确保高效的决策不能以牺牲作为公司这一组织成员的股东的合法权益,尤其是要防范在“集权”治理模式下的经营管理者的代理问题。

切合公司实际的特定理想治理模式,应建立在决策效率和股东权益保障的平衡点。

五、海外经验

在英国、美国、德国等海外发达国家,在有限责任公司股东会与董事会权力配置模式上,存在一个由“股东会中心主义”向“董事会中心主义”的演变过程。

“股东会中心主义”认为,股东拥有公司,董事和其他管理人员只是服务股东利益的“仆人”,所以,股东在公司治理中处于首要地位。[13] 股东大会在公司诸机构中处于最高的、万能的地位,股东享有公司的各种权力,凡与公司经营有关的事务无不包含其中,董事不过是股东大会决议的执行者,股东大会可以随时就任何公司经营行为向董事会发号施令,董事会完全沦为股东大会的消极、机械的附庸。这是公司机关制度化初期的产物,可能也受公司制度出现早年的政治思潮和历史背景的影响。[14]

“董事会中心主义”主张,董事会是股东的受托人,公司的权威应当由董事会行使,股东不能废除董事会直接管理公司。[15]

西方发达国家在公司治理上,由“股东会中心主义”走向“董事会中心主义”,主要是公司参与市场的流转不断加快,公司的经营范围空前拓宽,公司的经营活动日趋复杂化和专业化。如果仍然依赖定期举行的股东大会就公司中所有经营活动进行决策,然后交由董事会执行,既不利于公司的发展,又妨碍交易安全。

德国 1937 年的《股份法》正式废除了 19 世纪的股东大会中心主义,强化了董事会的经营权限及其对股东会的独立性。[16]

---

⑫ 转引自邓峰:《普通公司法》,中国人民大学出版社 2009 年版,第 547 页。

⑬ 参见〔美〕贝恩布里奇:《理论与实践中的新公司治理模式》,赵渊译,法律出版社 2012 年版,第 8 页。

⑭ 参见刘俊海:《现代公司法》,法律出版社 2008 年版,第 406 页。

⑮ 参见邓峰:《普通公司法》,中国人民大学出版社 2009 年版,第 543 页。

⑯ 参见刘俊海:《现代公司法》,法律出版社 2008 年版,第 406 页。

一直到19世纪末,英国都将公司的股东会议视为公司的最高权力机关,董事会仅是代理人,受限于股东会议的决议。股东可以在任何时候通过普通决议向董事和股东发出关于如何行使经营权的指示。1906年,上诉法院在一个案例中采纳了新的方法:董事和股东之间的权力划分完全取决于对公司章程的解释,如果权力已归董事会,则股东会议不能介入该权力的行使。自1985年起,公司的标准章程进一步明确了董事的经营权。2006年的公司法的标准章程明确,无论是私人公司还是公众公司,董事都享有一般经营权:受限于章程,董事对公司业务的经营管理负有责任,为此目的,他们可以行使所有的公司权力。⑰

2011年版的《美国模范商事公司法》第8.01(b)条明确规定,公司的全部权力由董事会或由董事会授权他人行使;公司的各种经营活动和具体事务的管理工作在董事会指挥下进行;但公司设立章程和本法第7.32条授权的协议另有约定的除外。⑱

我国《公司法》关于股东会与董事会的权力配置模式,和上述西方发达国家已经普遍否定"股东会中心主义"的趋势不同,实际上仍更接近,"股东会中心主义"即仅在明确股东会是公司的权力机构的同时,经营管理权由董事会行使,但是对于股东会可否推翻董事会的决议,没有明确。学者对此有着截然相反的理解。肯定和否定的意见都有。肯定的理论基础实际就是"股东会中心主义"。否定的理由主要是,董事会是法定的公司组织机构,虽然其成员来自股东会的选任,但其法律地位和核心权限来自《公司法》的规定,是由立法者授予的,而非股东会的授权。⑲ 尽管笔者认为,否定说更具说服力,但从实务操作的角度来看,不同的理解始终是存在的,一旦发生争议,裁判者将掌握相当大的自由裁量权,风险实际已经潜藏。

六、立法修订建议

由于我国的资本市场建设主要学习英美法系地区的经验,相应的法律管制措施也大量引入英美法系的做法,导致我国的民商事法律出现一个奇特现象,民法源自大陆法一脉,公司法及其相关配套规章,却有普通法的深深烙印。在这样一个背景下,英国、美国乃至德国等海外发达国家在股东会和董事会权力配置设计上先后由"股东会中心主义"走向"董事会中心主义"的下列经验值得总结,应在未来的立法修订或者修正时加以借鉴。

(1) 公司经营管理权由股东会逐渐流向董事会,实际上是经济社会发展到一

---

⑰ 参见葛伟军:《英国公司法要义》,法律出版社2014年版,第229—230页。

⑱ 参见刘俊海:《现代公司法》,法律出版社2008年版,第407页。另见葛伟军:《英国公司法要义》,法律出版社2014年1月版,第230页。

⑲ 参见刘俊海:《现代公司法》,法律出版社2008年版,第407页;另见王保树、崔勤之:《中国公司法原理》,社会科学文献出版社2006年版,第102页;施天涛:《公司法论》,法律出版社2006年版,第281页。

定阶段的必然要求,也是公司参与或者应对商业竞争的客观需要。作为仍在经历追赶发展历程的中国经历,中国公司是否也会有此需求?

(2) 以成文法的形式,明晰公司一般经营管理权的这样一个配置理念:以一般经营管理权归属董事会为原则,以归属股东会为例外,例外情况以立法明令加以保留的方式明确。作为有着案例法悠久传统和成熟体系的英美等普通法地区,尚且如此。作为法官等法律实践者主要是要运用民事法律规范解决现实的纠纷和问题[20]的中国,是否更应该借鉴,而不仅仅是交由公司股东自己领悟和设计?

(3) 英美法中的董事会制度是一个庞大的系统,不仅仅是经营管理权一个简单流转的问题,还有董事作为受托人对公司及股东的诚信义务以及董事责任等大量配套制度。所以,如果未来的立法修订考虑引入"董事会中心主义"理念,必须进行系统的制度设计。

七、实务操作建议

考虑到现有《公司法》在股东会和董事会职权的规定里面,都有"公司章程规定的其他职权"这样一个表述,为公司自行明晰股东会和董事会的权力边界提供明确的法律依据,公司应积极利用这一章程自由,仔细设计章程。建议:

(1) 对现有《公司法》中明确属于股东会和董事会的职权的原则性规定加以细化,明确相应的职权范围和行使细则。

(2) 依照法律的职权配置的立法精神,在尽可能以列举方式补充法律未尽的股东会和董事会职权外,明确其他未尽职权的归属原则。

(3) 考虑到股东会是否能直接推翻董事会决议的问题上,学界乃至实务界仍有可能存在争议,在设计股东会权力向董事会流转的机制上,尽量选用提高股东会推翻董事会决定的程序要求这一技术手段。

---

⑳ 参见韩世远:《合同法总论》,法律出版社 2011 年版,"民法的解释论与立法论(代二版前言)"第 2 页。

浅议上市公司设立监事会和独立董事的自主选择权

张晓宇[*]　李宁卿[**]

［摘要］ 目前我国境内上市公司必须同时设立监事会和独立董事。然而两者的共存并未产生1加1大于或等于2的效果。随着中国股权分置改革的年年推进，监事会和独立董事并存的矛盾和后果愈发显现，分割监事会和独立董事的职权又在实践中困难重重。本文的观点是，给予上市公司自主选择设立监事会和独立董事的权利才是解决问题的现实之道。其实早年就有学者提出这一制度，但长期以来，没有引起人们足够的注意。而与中国地区公司存在同样问题的日本和台湾已率先推行改革。上市公司协会2014年9月出版的《上市公司独立董事履职指引》明确提到了这一点，并认为需要对此予以斟酌。笔者认为，在监事会和独立董事并存的现实背景下，这一制度很可能在未来成为解决之道。给予上市公司设立监事会或独立董事的选择权后，上市公司可能选择三种监督模式：仅设监事会、独立董事或同时设立监事会和独立董事。监事会制度和独立董事制度需要在这三种模式下进行不同程度的改造，律师也需要根据公司的实际情况，结合制度推行后的公众反应，就公司选择何种模式问题，为公司提出切实有效的法律意见。

［关键词］ 监事会　独立董事　上市公司　自主选择权　律师

一、中国上市公司监事会和独立董事的共存现状

1993年，我国正式将监事会制度引入《公司法》。2001年，中国证监会颁布《关于在上市公司建立独立董事制度的指导意见》（以下简称《指导意见》），标志着独立董事制度在我国的正式建立。根据《指导意见》和2013年修正《公司法》第117条、第122条，中国境内上市公司必须同时设立监事会和独立董事。2014年9月12日，上市公司协会发布《上市公司独立董事履职指引》（以下简称《指引》），对上市公司独立董事的义务和职权等进行了界定，成为首个针对独立董事履职的制度性文件。

我国在监事会制度之外引入独立董事制度，本意是从内外两个方面加强对上

---

* 江苏宁卿律师事务所律师。

** 江苏宁卿律师事务所律师。

市公司大股东和董事会的监督。实际情况却是,1 加 1 产生了小于 2 的效果。一方面,相当一部分上市公司的监事会形同虚设或者直接参与了经营,职责不清,监督作用难以发挥。另一方面,独立董事制度并未如立法者所期望的那样发挥应有的作用。根据沪深交易所的数据,7 000 余名上市公司独立董事在近 3 年的数万次投票中,仅有 47 次反对、94 次弃权,签字同意次数占比达 99%,“拿钱、签字、放行”、空领高薪、利益勾结、独董不独、独董不懂、官员独董现象日益突出。[①] 同时,独立董事与监事会的某些职能存在交叉和冲突,也加大了公司的监督成本。

因此,法学理论与实务界对两者的共存均抱有相当的争议。有些人主张,上市公司独立董事完全可以代替原有监事会的作用,上市公司不必再设监事会。有些人主张,独立董事作为舶来物,在中国缺乏现实土壤,应当取消独立董事。有些人则认为,两者可以各取其长,共同监督。[②] 然而,说来容易做来难,笔者认为,上述主张均缺乏可行性,较为现实的做法是给予上市公司自主选择设立监事会和独立董事的权利。

二、给予上市公司设立监事会和独立董事的自主选择权,是解决问题的现实之道

(一) 取消监事会、取消独立董事或继续让两者并存均不可行

接触过公司管理的人都知道,中国公司的监事会目前是形同虚设的。从公司组织机构实际发挥的作用看,最没用的就是监事会。因此许多激进的公司法理论改革派主张将其一刀切去。然而,在我国独立董事制度尚不完善、乱象丛生的情况下,贸然取消监事会,是极其冒险的。同时,监事会制度在我国最早阐述可追溯到 1904 年清政府颁布的《公司律》,此后在 1914 年中华民国的《公司条例》,1929 年南京国民政府的《公司法》、1946 年修改后的《公司法》,新中国 1950 年的《私营企业暂行条例》、1992 年的《有限责任公司规范意见》和《股份有限责任公司规范意见》中均有表述。[③] 取消监事会,有悖于我国的历史和文化传统。

另一方面,自 2001 年我国正式引入独立董事制度以来,尽管废除独董的呼声很高,但从国家制度层面看,一直是在步步推进,步步完善。在上市公司协会 2014 年 9 月 12 日发布《指引》、对上市公司独立董事的义务和职权进一步界定的情况下,取消独立董事是不符合现实背景的。毕竟防止法律的朝令夕改,也是立法者要

---

① 参见《揭秘“中国式独董”乱象》,载 2014 年 9 月 14 日《长江商报》。

② 参见高明华、刘金玲:《独立董事和监事会的职权冲突及制度选择》,载《中国社会科学院研究生院学报》2006 年第 6 期。

③ 参见《现有权力架构监事会易被架空,独董非灵丹妙药——专访中国上市公司协会副监事长张新文》,载央视网:http://jingji.cntv.cn/2012/11/10/ARTI1352527983531180_3.shtml

考虑的题中之义。

如果说将监事会或独立董事“一刀切”过于激进，让两者继续共存则又过于保守。从世界范围看，外国企业少有监事会与独立董事并存的情况。英美法系国家公司中的独立董事与大陆法系国家中的监事会的主要职能相当接近。而根据我国法律，独立董事和监事会的职权也存在明显的重叠和交叉。主要表现在：都把对公司财务的检查监督作为核心内容；都有监督董事、经理违法行为的权力；都有权提议召开临时股东大会。④ 这加大了公司的监督成本，也在实践中造成了混乱。

（二）给予上市公司设立监事会和独立董事的自主选择权符合演变趋向

我国在公司治理结构上借鉴的是日本“监事会与董事会平行”模式。日本立法者长期以来对监事会的作用都很纠结。随着日本公司组织形态和公司治理结构的日趋多元化，2006 年以来履行内部监督权的公司机关越来越多，其中也包括外部董事（即独立董事）。这些机关的许多职能与监事会都存在重合或交叉，各类监督主体的重复设置，也造成了日本公司成本高企。在这样的背景下，日本 2006 年在新商法中正式设置了全球独一无二的灵活的公司治理机关安排，给予公司设立监事会和独立董事的自主选择权。⑤

（三）给予上市公司设立监事会和独立董事的自主选择权是公司自治的题中之义

公司选择什么样的治理结构，应是公司自治的题中之义。法律设定边界、提供选项，在符合法定条件的情况下把选择权留给公司，由公司根据实际需要创设具有鲜明个性特征的治理结构，是符合公司自治理论的。给予我国上市公司设立监事会和独立董事的自主选择权，既尊重了我国的历史和文化传统，又避免了法律的朝令夕改，在独立董事和监事会并存的现实背景下，提供了一种新的思路。

三、构建上市公司设立监事会和独立董事的自主选择权制度

给予上市公司设立监事会或独立董事的选择权后，上市公司可能选择三种监督模式：(1) 仅设监事会；(2) 仅设独立董事；(3) 同时设立监事会和独立董事。笔者认为构建上市公司设立监事会和独立董事的自主选择权制度，需要根据这三种模式对现有的监事会制度和独立董事制度进行改造。

（一）仅设监事会

根据现行中国法律，公司在上市之前并不必须设立独立董事，但必须设立监事

---

④ 参见高明华、刘金玲：《独立董事和监事会的职权冲突及制度选择》，载《中国社会科学院研究生院学报》，2006 年第 6 期；

⑤ 参见高明华、刘金玲：《独立董事和监事会的职权冲突及制度选择》，载《中国社会科学院研究生院学报》2006 年，第 6 期。

会。现实情况中,大多数公司在上市之前只设监事会,这些公司在上市之后可能仍然只设监事会。笔者认为,可对此种模式下的监事会制度作如下改进:

1. 允许监事单独行使职权

根据我国现行《公司法》,股份有限公司监事必须通过监事会决议行使职权,而监事会决议必须经半数以上监事通过。由于我国采用“监事会与董事会平行”模式,加上我国上市公司目前仍普遍存在“一股独大”和“内部人控制”,股东代表监事在很大程度上受董事会控制,而职工监事又因忌惮管理层不敢或不愿监督,监事在我国具有先天的不独立性。在这种情况下,仍然规定监事只能通过监事会决议行使职权,不利于化解大股东对监事会的控制。相反,允许监事单独行使职权,将提高大股东控制监事会的成本,提高监督的效率。

2. 要求监事必须具有财务、法律知识

监事会的重要职责就是财务监督。没有财务、法律知识,这一职责将无法落实。笔者认为,应当要求监事会的所有监事均具有一定的财务、法律知识,提高监事的入会门槛。

3. 建立监事会薪酬独立制度

由监事会自己拟定薪酬及经费方案,报股东大会批准决定。为防止大股东在审议监事会薪酬及经费方案时操纵董事会,可通过投票权征集制度和特别投票权制度,给予单独或合计持有某一股权比例(如1%)的小股东与大股东平等的投票权。⑥

4. 加强对监事的责任追究

监事违反法定职责主要表现为不作为,即在公司管理层损害公司利益时充当“沉默的羔羊”。笔者建议,应当对怠于履行职责的公司监事追究连带赔偿责任。

5. 将独立董事的部分职权授予监事会

根据《指导意见》,独立董事除了财务监督权之外,还有相当多的决策监督权。笔者建议,将部分独立董事的决策监督权补充进监事会,如授予监事会向股东大会就任免董事、高管及其薪酬发表意见;独立聘请会计师事务所、外部审计机构和咨询机构等的权力。

(二) 仅设独立董事

对于选择在上市之后仅设独立董事的公司,笔者认为,可以新颁布的《指引》为基准,进一步完善我国的独立董事制度。具体包括:要求独立董事保持身份和履职的独立性,无法符合独立性条件的,应当提出辞职。独立董事的连任时间不能超过6年,原则上最多在5家上市公司兼任独立董事。同时,独立董事不仅有权从公

---

⑥ 参见董欢:《论我国上市公司现行监事会制度之改造——兼及独立董事制度》,中国政法大学硕士学位论文,第25页。

司领取适当津贴，还有权要求上市公司为其履行独立董事职责购买责任保险。如果由半数以上独立董事提出但未被上市公司采纳的提案，独立董事有权要求上市公司将有关情况披露并说明不予采纳的理由。⑦

（三）同时设立监事会和独立董事

在此种模式下，除了需要完善监事会制度和独立董事制度，还必须进一步明确两者的分工，减少两者的职能重叠和交叉。具体而言，独立董事应侧重决策监督，发挥事前监督、内部监督、过程监督的优势，在重大关联交易、管理层任免与薪酬、自我交易等其他损害中小股东权益的事项方面发挥监督职能。监事会则应侧重财务监督，起到事后监督、外部监督、结果监督的作用。应将检查公司财务权扩张解释到检查、稽核、审计方面，并明确监事会行使职权的手段。明确规定监事会可以随时要求董事、经理向其提供财务报表，主动调查公司业务及财产状况，并承担相应的保障义务，聘用与解聘会计师事务。⑧

选择在上市之后同时设立监事会和独立董事的公司，依然会面临本文第一章所列的问题，因此立法应给予一定的导向性。另一方面，考虑到国有资产管理的特殊性，可以要求国有控股上市公司必须同时设立监事会和独立董事。

四、律师在上市公司设立监事会和独立董事自主选择权制度建立后的作用

早年就有学者提议给予上市公司自主选择设立监事会和独立董事的权利，但长期以来，这个提法在理论和实务界都没有引起足够的注意。随着中国股权分置改革的年年推进，监事会和独立董事并存的矛盾和后果愈发显现，分割监事会和独立董事的职权又在实践中困难重重。同时，与中国公司存在同样问题的日本已率先推行改革，给予公司在设立监督机构上的选择权。在这种背景下，给予上市公司设立监事会和独立董事自主选择权的意见被再次提出。上市公司协会 2014 年 9 月出版的《指引》明确提到了这一点，并认为需要对此进行斟酌。由此看来，在监事会和独立董事并存的现实背景下，这一制度很可能在未来成为解决矛盾之道。

一旦立法给予上市公司设立监事会和独立董事自主选择权，作为公司法律顾问的律师，就需要为公司决策提供切实有效的法律意见。简单而言，监事会在我国公司存在历史较长，大多数公司在设立之前都只设有监事会。

但目前，监事会成员的财务知识和法律知识普遍较低，尤其在上市公司仅设监

---

⑦ 参见《揭秘“中国式独董”乱象》，载 2014 年 9 月 14 日《长江商报》。

⑧ 参见李建伟：《论我国上市公司监事会制度的完善——兼及独立董事与监事会的关系》，载《法学》，2004 年第 2 期。

事会的模式下,监事会还需要承担部分决策监督的功能,这就对监事提出了更高的要求。上市公司对监事会进行改造所花的精力和成本将更高于聘请一个独立董事。同时,相比仅设立监事会的上市公司,公众或许也更加愿意信任设立独立董事的公司。独立董事可以降低代理成本、维护中小投资者利益、保证战略决策的妥当性和合理性,但是中国目前的独立董事普遍存在执业时间有限以及专业知识匮乏的情况。同时,独立董事可能成为控股股东或经营者逃避责任的挡箭牌,反而加大公司的运行成本。

总而言之,监事会和独立董事各有利弊,到底选择哪种模式对公司最为有利,需要结合公司的实际情况来考虑,也需要在制度推行之后根据公众反应再作判断。

如何制定正确调整公司关系的个性化公司章程

苏祖耀*

［摘要］ 公司法属于私法，私法的精髓在于“自治”，私法的性质决定公司法条文本身是缺位和不详尽的，其规范本身往往只是原则性的，原本意就留给当事人自定规则去弥补。《公司法》中也有大量的任意性倡导性规范，需要通过契约变为约束性的规定。而章程是调整公司对内对外关系、实现自治的契约性文件。公司因注册资本、总投资额、行业、运营模式、股东人数及其相互关系、经济实力、经历、知识结构和个性等的不同，决定章程应个性化。本文论述了章程个性化的必要性和起草或修改有限公司章程应特别注意的18个事项。

［关键词］ 公司章程 个性化

公司的参与人和利益主体众多，发起人、股东、实际投资人、董事、经理、监事、高管、债权人、员工、公司本身等，他们之间的利益关系和法律关系错综复杂，相互交织，既有对内关系又有对外关系。《公司法》对调整这些关系作了许多规定，但是当事人远远不可以完全放心，《公司法》不是万能的，公司关系除法定机制调整外，还需要通过章程约定等当事人自治的方式来调整。制定正确调整公司关系的个性化有限公司章程，是律师的基本而又专业的工作。

一、制定个性化公司章程的必要性

（一）章程是重要的契约性文件

公司章程是就公司的设立、性质、宗旨、经营范围、组织机构、运作规范及权利义务分配等进行记载的基本文件。章程是公司成立的要件，我国《公司法》11条第规定：“设立公司必须依法制定公司章程。”

英美法系国家通常将公司章程（corporate charter）分为两部分。在英国，公司章程分章程大纲（memorandum of association）和章程细则（articles of association）两部分。章程大纲规定的主要是公司和外部的关系，有公司名称、公司目的、公司初始资本额等最基本的规定。在英国，只有章程大纲是必须提交登记的文件，也是需要公示的部分；而章程细则不是必须提交登记的，但若公司有章程细则可以提交备案。

在美国，公司章程分设立章程（certificate of incorporation）和章程细则（bylaws）

---

* 广东经纶律师事务所律师。

两部分。在美国,只有设立章程是递交州务卿申报注册的需要公示的文件,而按照公司法示范法,章程细则不需提交。

在大陆法国家,虽然公司章程多为一个独立的文件,但按照对外表征,可分为公示与非公示两部分。公司法中要求的公司章程记载事项的强制性规定是公司章程需要公示的部分,而其余可由股东自行决定的关于公司管理细则的部分,为非公示部分。

在我国《公司法》,有限责任公司章程需要公示的事项规定见 2013 年《公司法》第 25 条,包含了公司名称和住所;公司经营方式;公司注册资本;股东的姓名或名称;股东的出资方式、出资额和出资时间;公司的机构及其产生办法、职权、议事规则;法定代表人及需要规定的其他事项共八项。股份有限公司章程需要公示的事项规定于第 81 条中,包括公司名称和住所;经营范围;经营方式;股份总数、每股金额和注册资本;发起人的姓名或者名称、认购的股份数、出资方式和出资时间等共 12 项。

公司章程是否属于契约? 学者意见不一,在英美法系,公司章程往往被视为一种契约,如美国一些判例视附属章程为法定契约(the Statutory Contract)。而日本通说则认为公司章程为一种自治法规。亦有人认为,章程不同于契约,因为依契约法的一般原则,除经缔约各方同意外,契约不得更改,而依现代公司法的一般原理,根据资本多数决原则,股东大会可变更章程的全部条款,即使少数股东不同意,亦不影响章程变更的效力。

笔者认为,有限公司章程对于股东来说属于契约或至少属于契约性文件,理由是:

第一,如果日后股东大会根据资本多数决原则变更了章程,那是因为股东(包括小股东)已在原章程中授权可以这样做,这也是全体股东的意思。

第二,各国法律均公认章程对股东有约束力,我国《公司法》第 11 条也规定:"公司章程对公司、股东、董事、监事、高级管理人员具有约束力。"

即使股东之间签订有详细合同,仍需有详细的章程。理由是:

第一,公司章程不仅是股东之间权利义务的根本准则,还是公司与股东之间、经营管理者与公司、股东之间的准则,章程对公司本身、对董事、监事、高级管理人员也有约束力,而股东之间的合同对公司本身、非股东经营者没有约束力。

第二,公司可能会实行所有权与经营权分离,即使不分离,大股东同时任董事或经理,可能损害公司或小股东权益,这种情况下,以股东之间的合同来追究其责任就会存在争议。

第三,如果大股东转让了股份,原股东之间签订的合同不能当然地约束新股东,而章程条款在未依程序修改前,对新股东有当然的约束力。

第四,公开性是章程的特征之一,章程不但对投资者公开,还对债权人和社会公开。这就使债权人和与公司交易的人可以(虽无义务)依照公司章程了解公司的运作，当发现大股东或董事某一行为不符合章程时，就不会与公司交易，从而间接促使公司规范运作，也间接保护了小股东；而合同是不公开的，即使公司从事了违反合同的行为，对外仍可能是有效的。

（二）个性化公司章程是公司自治的需要

近几十年，各个国家或地区商法、公司法也都相继进行了重大修改，纷纷发起公司法现代化运动，以顺应放松管制、强化公司自治的世界潮流。在公司法放松管制、加强自治的潮流中，一个极为重要的问题就是公司章程的自由问题。公司章程是实现公司自治最为重要的制度安排，它是公司设立的基本条件，是发起人、股东对公司组织、运营的一种内部自治规则。

公司章程是公司的“宪法性文件”，它调整公司的整个生活，与公司实际运作息息相关。公司章程既可以包含调整当事人之间关系的债法性条款，也可以包含调整团体意思构成及其活动并对未来成员也有约束力的合作性规范，是具有类似宪法性质的“根本大法”，是公司的自治规则。

通过章程等契约性文件调整公司内部关系的必要性表现在：

第一，法律的缺位和不足需要章程弥补。民商事活动纷繁复杂和富有个性，其内容极其丰富，范围极其广泛，种类极其繁多，法律不能、也不应事无巨细地加以调整，而只需要而且只能从民商事活动的规律中抽象、归纳出一般规则和一般制度来对此加以调整。立法者不可能精确设计出私人生活所需要的一切规则。公司法属于私法，私法的精髓在于“自治”，私法的性质决定法律条文本身是缺位和不足的，本意就是留给当事人自定规则去弥补的。

第二，立法中有关的任意性规定需要通过契约变为约束性的规定。私法的规定许多是权限规范，不是行为规范，即使其中的强制性规范，许多也只是强制而不强行，它的主要目的不在于指导或强制民事主体为或不为一定的行为，而只是设定权限规范，当事人涉及民商事行为在不违反规范时，能得到法律秩序的承认（生效），从而在必要时，可借国家的公权力实现其权利。当事人为了权利的实现和义务的履行，必须自定具体的行为规范。

第三，私法中的行为规范本身往往只是原则性的规范，不可能涵盖丰富多采的现实情况。公司法只能规定公司的普遍性问题，不可能顾及各个公司的特殊性。每个公司依照公司法制定的公司章程，则能反映本公司的个性。这种公司的个性是公司本身的制度创新，如同产品创新一样会给公司带来活力。

第四，《公司法》中有大量的任意性、倡导性规范，当事人要通过契约或契约性文件才能变为约束性的规定。我国《公司法》就非常强调公司自治，许多问题允许由股东在章程中自主约定。

至今我国仍有一些公司登记部门（尤其是基层工商部门）提供千人一面的章程版本，不接受投资者另行制定的章程，内容过于简单和粗糙，除了几项绝对事项需填空外，其他内容均是重复《公司法》中的条文，没有反映公司发起人、股东对公司内部制度的特定的安排,没有顾及变化多样的公司的具体情形。工商局为方便投资者编制统一的章程版本,这是无可厚非的,但每家公司的大小不同、营业不同、投资者个性和要求不同,对经营者的要求也不同,尤其是非控股股东为图方便而不经任何修改而采用,对己极为不利。工商局不接受投资者另行制定的章程,更是无法律依据的。

需要特别指出的是,不但在公司成立时,要制定详细的个性化公司章程外,在任何时候,即将要成为某公司股东的自然人或法人,都必须详细了解公司章程,如合并、分立、改制、重组、股权受让、股权比例变化时,此时应尽可能根据实际修改公司章程。即将准备担任公司董事、监事、高级管理人员前,也必须详细了解公司的章程。因为,根据法律的规定,公司章程对其有约束力。比如,在公司并购或受让股权成为股东前,应做尽职调查,在受让前千万不能仅看公司盈利水平。为免误人虎口,还应认真看清公司章程和公司的基本管理制度对自己这个未来股东的权益是否有保障,转让者很可能是因为受不了大股东的压迫而转让股份以求脱身,如果原章程对小股东保障不足,有意受让者在受让前应要求原股东先修改章程或受让方与大股东达成修改章程协议。现实中,惨痛的例子并不鲜见。

二、起草或修改有限责任公司章程应特别注意的事项

在起草或修改有限责任公司章程时,首先要进行整体考察和判断,如股东人数,注册资本额,总投资额,行业、投资者经济实力、经历、知识结构和个性,投资者之间以往的合作关系和私人关系等。下列是应特别注意的事项:

(一) 公司章程对人的效力范围

《公司法》第11条规定:"公司章程对公司、股东、董事、监事、高级管理人员具有约束力。"关于"高级管理人员",《公司法》没有界定,可以在章程中约定,如:包括公司总经理、副总经理、财务负责人、人力资源负责人、产品销售部门负责人等。

(二) 关于营业范围

营业范围有市场识别的功能。在交易活动中,章程有界定公司能力和责任范围的功能,从而使与公司交易的相对人识别公司。公司的外部表象具有重要作用。而这些外部表象最明显的形式就是公司对外公示的章程。

虽然各国已经先后废除了"越权无效原则",但公司目的范围条款(营业范围条款)仍然相当重要。公司章程所规定的目的范围条款是公司法对公司权利能力的限制。设立的公司一般都在章程中规定目的范围条款,这也是各国公司法的要求。

(1) 它是公司对外行为能力的表征,也向世人宣传公司的能力。

(2) 在对外功能上,目的条款一方面保护公司的出资人,他们愿意投资这个公司,是基于知道资金运用的领域和目的,是基于对章程所定明的营业项目的兴趣、

了解和信任,知道资金投向,譬如他们相信电子领域赚钱而投资,如果今天将钱投入房地产,明天将钱投入航海,对公司出资人保护是没有保障的。

(3) 通过告知与公司交易的第三人来保护该第三人,第三人也因此更相信公司及愿意与公司交易,这样公司才能发展。

(4) 更重要的是,公司目的范围条款(营业范围条款)是公司董事、经理是否越权的重要依据,各国公司法均规定,董事、经理超越公司目的范围条款(营业范围条款)的行为给公司造成损失的,可追究当事人的责任。

对公司的营业范围,市场经济国家都几乎没有限制,只要不危害国家和他人利益都可以做,依法纳税就可以了。我国《公司法》第12条规定:"公司的经营范围由公司章程规定,并依法登记。公司可以修改公司章程,改变经营范围,但是应当办理变更登记。公司的经营范围中属于法律、行政法规规定须经批准的项目,应当依法经过批准。"

若公司的经营范围广,经营可更灵活,但投资者较难预见资金的运用,公司的营业项目可能过于分散;若经营范围窄,营业领域相对集中,投资者和与公司交易的人对公司了解更易,但相对不够灵活。因此经营的宽与窄各有利弊。在公司成立制定章程时,应根据股东及公司治理的特点而定。

(三) 关于注册资本及出资时间的约定

1. 2013年12月修正的《公司法》,将注册资本实缴制改为认缴制,但仍必须明确注册资本额

注册资本的多少,根据公司资金需要而定,并非越高越好,注册资本投入后是不得抽走的。一次性投入过多,造成资金闲置和浪费。但亦非越低越好,过低业务无法开展,过低确也影响公司交易相对人对公司实力和信心的确信。

2. 金额大的可约定分期投入

如果分期投入,应明确投入的时间和金额。可以是具体的时间,也可以仅规定具体出资时间由董事会决定。应该规定每次出资,各股东应按认缴的比例同时缴纳。

3. 应约定如果没有按时出资的违约金,如按每天万分之五向按时出资的股东计付违约金

经守约方催告后仍不足额投资的,守约股东有权(但无义务)按实际投入资金的比例调整股权比例。

4. 应约定在足额缴纳出资之前股东的投票、利润分配机制,如股东按截止当时的实际出资比例行使投票权和分配利润

5. 可以对足额缴纳出资之前股权的转让设置限制

可设定股东在足额缴纳其认缴的出资之前不得转让股权,或约定股东在足额缴纳其认缴的出资之前转让股权的,应以受让人受让股权后立即缴足转让人尚未缴足的出资为条件。因为根据最高人民法院关于《公司法司法解释(三)》第13

条,股东未履行或者未全面履行出资义务,公司或者其他股东请求其向公司依法全面履行出资义务的,以及公司债权人请求未履行或者未全面履行出资义务的股东在未出资本息范围内对公司债务不能清偿的部分承担补充赔偿责任的,可以请求公司的发起人承担连带责任。如果转让人和受让人都不出资,作为公司的发起人的其他股东会承担很大风险。

6. 增资可能的处理

对一些项目公司而言,为了防止公司的投资总额增加而届时无人投资造成烂尾,可以约定项目的投资总额增加时,或法律规定公司应按照增加投资的比例增加注册资本或公司股东会决定公司应增加注册资本的,双方应按原股权比例认缴增资;如果一方不按时增资或增资不足额的,守约方有权(但无义务)按实际投入资金的比例调整股权比例。

(四)关于注册资金外的建设及经营资金筹措

根据股东责任有限原则,对注册资金外的建设及经营资金的筹措,如果没有约定,股东没有强制的义务。但公司的事业,只有注册资本往往是不够的。公司所需的资金除双方投入的注册资本外,其余尽可能由项目公司通过向金融机构或其他机构融资解决;如果融资机构要求必须由股东提供担保,双方应按股权比例提供;当项目公司向金融机构融资遇到困难时,项目建设及经营所需的其他资金由各股东以自身名义筹措和投入,由股东以向项目公司提供股东贷款的方式投入,资金应按比例同时投入,并且以满足项目建设及运营的资金需求为原则,不得对项目的建设进度造成不利影响。以股东贷款方式进行融资的,贷款年限、利率等具体事宜由公司股东会决定,由公司分别与各个股东签署股东贷款协议。如果一方不按比例提供担保或不按比例提供股东贷款的,守约方有权(但无义务)按实际投入资金的比例调整股权比例。

(五)关于董事会、监事会的组成及产生

对此问题,大股东和小股东的立场应不同。

1. 为保护小股东,对董事、监事的产生可采用累积投票制,这是一种好办法。

2. 有限公司可以在章程和合同中对董事、经理、监事、财务负责人等公司重要职位的产生作出明确约定,明确由股东委派或提名或推荐的名额。

这一安排比累积投票制更方便、更直接、更有效,在现实中已普遍采用。这一做法的理论根源是“权力制衡”机制。无论是政治团体还是经济团体,要想高效运作、稳定发展,就必须清除“绝对权力”,因为绝对权力势必导致利益的失衡。实现利益平衡的唯一有效途径就是权力制衡。公司内部决策、执行、监督“三权分立”而又“三权制约”的现代科学管理体制和公司权力制衡,只是外在表现形式。而真正实现利益均衡和制约的内在要求在于“内部有自己的人”。此举可以有效防止大股东专权,避免大股东不准小股东查账、大股东非法转移财产、隐蔽分利等现象的

发生。如果僧多粥少，可以增设若干监事，使每一股东均有机会委派人员参与公司运营。

3. 为防止任人唯亲和滥竽充数，可以对董事、经理等的任职资格和条件作出明确规定。

如一公司两个股东，章程规定，除非经股东一致同意，股东的配偶不得在公司担任董事、经理、监事或财务负责人。

4. 为有效控制公司管理成本和防止大股东变相私分公司利润，可对董事、经理等报酬标准作出原则性约定。

以前曾有不少外资公司，由于公司章程和合同没有对董事、经理等报酬标准作出规定，作为大股东的外方所委派的董事、经理的薪酬是中方委派的人员的数倍，严重同工不同酬，导致大股东变相私分公司利润。

（六）对关键的经营管理人员的选任可以原则约定

如公司总经理及财务总监、财务负责人由甲股东委派。乙股东向项目公司委派副总经理1名，HR负责人由丙委派。其他管理人员由项目公司聘任。如果没约定，在控股股东在董事会占多数的情况下，不明说即意味着控股股东有全部主导权。

（七）股东会与董事会职权的划分

哪些事项由股东会决定，哪些事项由董事会决定，应小心设置。如《公司法》第16条第1款和第2款规定，为他人提供担保的权利由公司章程决定，公司可以担保之决定由股东会或董事会决定，对担保总额及单项担保的数额可以进行限制。

（八）股东会中决定权与否决权之争

需要公司股东会占多少比例表决权通过的事项，根据己方在公司所占股权比例而定，大股东应争取确保即使小股东反对也能通过，而小股东要确保重大事项有否决权。

根据《公司法》，有限公司只有对下列事项作出决议时，必须经代表2/3以上有表决权的股东通过：(1) 修改公司章程；(2) 增加注册资本；(3) 减少注册资本；(4) 分立；(5) 合并；(6) 解散；(7) 变更公司形式。假如股东甲占70%、乙占30%，如果章程和合同没有作特别的规定，则意味着上述关系公司前途命运的大事，甲一人便可决定，其他事项，只要占51%股份的股东通过即可。乙30%投票权实际毫无意义。国外有特别决议（special resolution）和普通决议（ordinary resolution）之分，特别决议需有75%以上表决权的股东通过，普通决议则简单多数通过即可。

小股东应争取下列事项有否决权：

1. 决定公司的经营方针和投资计划；

2. 选举和更换非由职工代表担任的董事、监事，决定有关董事、监事的报酬事项；

3. 审议批准董事会的报告；

4. 审议批准监事会或监事的报告；

5. 审议批准公司的年度预算方案、决算方案；

6. 对公司发行债券作出决议；

7. 对公司增加或者减少注册资本作出决议；

8. 对公司合并、分立、解散、清算或者变更公司形式作出决议；

9. 修改公司章程；

10. 对公司利润分配方案和弥补亏损方案及法定公积金、任意公积金作出决议；

11. 对公司转让、受让重大资产作出决议；

12. 对公司提供担保事项作出决议；

13. 对公司设立分支机构事项作出决议；

14. 对公司改组、整体承包或出租、重大投资、重大合同有关事项作出决议；

15. 对公司关联交易事项作出决议；

16. 对公司聘用、解聘会计师事务所作出决议。

（九）董事会中决定权与否决权之争

我国《公司法》第48条规定："董事会的议事方式和表决程序，除本法有规定的外，由公司章程规定。"董事会必须经在任全体董事多少人数通过方有效的事项，根据己方在公司所占股权比例而定，大股东要确保即使小股东反对也能通过，而小股东要确保重大事项有否决权。如在一家房地产公司，小股东争取到下列事项有否决权：

1. 决定公司的经营计划和投资方案；

2. 制订公司的年度财务预算方案、决算方案；

3. 制订公司的利润分配方案和弥补亏损方案；

4. 制订公司增加与减少注册资本以及发行公司债券的方案；

5. 制订公司合并、分立、解散或者变更公司形式的方案；

6. 决定公司内部管理机构的设置；

7. 决定聘任或解聘公司总经理及其报酬事项，并根据总经理的提名决定聘任或者解聘公司副总经理、财务负责人……及其报酬事项；

8. 制定公司基本管理制度；

9. 决定公司金额在（　　）万元以上的工程招投标；

10. 决定规划设计单位招标（或确定规划设计单位）；

11. 决定建筑设计单位招标（或确定建筑设计单位）；

12. 决定施工单位招标（或确定施工单位）；

13. 决定监理单位招标（或确定监理单位）；

14. 决定公司金额在(　　)万元以上的原材料采购、设备采购安装合同；
15. 确定总额在(　　)万元以上的工程款支付；
16. 决定公司的融资方案；
17. 决定公司的招商方案；
18. 决定销售代理商，并审核销售代理方案；
19. 决定产品销售定价及其他处分事宜；
20. 决定物业管理公司的选聘；
21. 其他。

(十) 股权转让的限制

有限责任公司具有人合性质，根据是《公司法》第71条第4款的规定："公司章程对股权转让另有规定的，从其规定。"如在一定年限内不得转让给第三方或设定一定程序，对受让人的条件(如国籍)做些限制，董事、监事、高管在任职期间不得向现有股东之外的人转让或转让后所持股份不得少于一定量等。

在公用事业特许经营项目中，政府通常会要求中标人对项目公司的股权转让有特别的限制，如在项目竣工正常运行前不得转让，在特许经营期内持有的股权不得少于一定比例(如60%)。因为政府招标的目的是通过公开公平公正招标程序，选择到最有经济实力、最有相关经验、价格最合理(不一定价格最低)的项目投资者、组织者和经营者，将合同授予它，通过合同赋予特许经营权并设定相关义务和责任，以使项目能按招标人的要求按时竣工运营，按约定的条件为社会提供产品或服务。政府看中的是中标人的经济实力、经验和技术，如果中标人将股权全部转让给无经验无技术的人，招标和特许经营的目的便会落空。

另外，理论和实践普遍认为，公司章程不得做禁止转让的约定，除非其他股东同意按转让方的条件受让。限制的有效性有其法律标准，即如果章程规定的限制使股东根本不可能出让其股份，这种限制就没有法律效力。案例：某有限责任公司A股东要转让股份，在其他股东不购买的情况下将股权转让给公司之外的第三人B，B签订了合同并支付了股份价款。其他股东对此提出异议，认为转让无效，理由是公司章程中规定，本公司股东的股权只能在公司内部转让，不得转让给公司之外的第三人，但A认为转让是有效的，理由是按照《公司法》第71条第2款的规定，"股东向股东以外的人转让股权，应当经其他股东过半数同意。股东应就其股权转让事项通知其他股东征求同意，其他股东自接到书面通知之日起三十日未答复的，视为同意转让。其他股东半数以上不同意转让的，不同意的股东应当购买该转让的股权；不购买的，视为同意转让"，并且A已经按照《公司法》规定的程序进行了通知。

(十一) 股东知情权

我国《公司法》第33条规定："股东有权查阅、复制公司章程、股东会会议记录、董事会会议决议、监事会会议决议和财务会计报告。股东可以要求查阅公司会计账簿。股东要求查阅公司会计账簿的,应当向公司提出书面请求,说明目的。公司有合理根据认为股东查阅会计账簿有不正当目的,可能损害公司合法利益的,可以拒绝提供查阅,并应当自股东提出书面请求之日起十五日内书面答复股东并说明理由。公司拒绝提供查阅的,股东可以请求人民法院要求公司提供查阅。”

我国《公司法》没有规定股东是否可以复制公司会计账簿,也没规定是否可以查阅、复制原始凭证,在现实中,小股东由于无法复制公司会计账簿,无法查阅、复制原始凭证,根本无法行使知情权,起诉也无证据。因此章程可以约定,股东可以聘请会计师事务所进行审计。

(十二)约定大股东有忠实的义务

大股东忠实义务的定位左右着大股东与小股东的关系,因而是契约性保护机制的核心条款。其理论依据在于:首先,大股东拥有公司的支配权,通过支配权的行使获得了优越地位,保持优越地位的人依照“衡平法”的一般原理,应负忠实义务;其次,大股东通过支配权参与公司的经营,与董事、高级职员一样有着受托者身份。小股东愿意将钱投进来与大股东合作,这本身就是对大股东的信赖,因此大股东不应辜负这种信赖,当然应负忠实义务。

大股东忠实义务的内容至少应包括:(1)大股东的竞业禁止义务,禁止或不经公开程序并经小股东同意不得进行关联交易,大股东自己另外单独拥有的营业与公司的营业存在竞争关系时,得严格明确业务区分的界限,大股东或他的其他子公司在与公司发生交易时必须经小股东批准;(2)禁止公司的任何资源为大股东的单独利益利用,或纯粹因大股东的利益使公司及其财产处于风险境地,大股东不得以任何方式占用公司的资金和其他资产,不得让公司为其债务提供任何形式的担保;(3)大股东不得侵占公司的商业机会,否则所得利益归回公司并赔偿公司的损失;(4)大股东在行使表决权时,不得作出有损于公司和其他股东合法权益的决定。

(十三)表决权排除的安排

表决权排除是指某一股东与股东会议、某一董事与董事会议讨论的决议有特别的利害关系时,该股东、董事不得行使表决权。包括股东表决权排除和董事表决权排除。例如,凡解除股东(包括股东的关联企业或亲属,下同)的责任,公司对股东行使权利,免除股东对公司所负义务,批准股东与公司间订立的协议,该股东及其代理人均不得行使表决权。通说认为,在涉及利益分配或自我交易的情况下,股东个人利益与公司利益存在冲突,因此对利害关系股东实施表决权排除是必要的。同样,关于董事的表决权排除,也应在合同或章程中对利害关系作具体的界定,通常不仅包括董事本身,还包括其所委派的股东、其亲属。董事往往会利用其地位和手中的权力为自己或其亲属或其“恩主”谋取不合理的利益,大股东常利用董事会来控制公司，利用在董事会上的表决权从事关联交易，损人利已。

表决权限制制度相对扩大了小股东的表决权，在客观上保护了公司和小股东的利益。

（十四）小心设置会议召开的法定比例和人数

我国《公司法》没有就有限责任公司股东会议、董事会议召开的法定股比、人数作出限定。而实际中往往存在大股东利用优势任意召开股东会、董事会，剥夺小股东的开会权、表决权的情况。因此，可以在契约性文件中对股东会召开股比、董事会召开人数予以适当限定，确保小股东有出席会议的权利。对此，首先看股东会议召开的股比限定，譬如，A 占 60% 的股份，B 与 C 分别占 20% 的股份，如果欲保障 A、B、C 均有开会权，就应当在公司章程中或股东协议等契约性文件中约定：会议必须有占 81% 股份的股东出席才可召开。至少应规定会议必须有占 61% 以上股份的股东出席方可召开。再看董事会议召开的人数限定，譬如，董事会由 5 人组成，由大股东 A 委派 3 名代表担任，小股东 B、C 各委派 1 名，这时应列出某些重大事项，规定应由全体董事出席方可召开董事会会议，其他事项，董事会会议法定人数为 4 人。为免大股东利用程序排斥小股东或其董事出席会议，还应对会议的通知程序等作出明确约定。

（十五）表决权的限制

公司章程可以限制有限股股东的表决权。《公司法》第 42 条规定：股东会会议由股东按出资比例行使表决权；但是，公司章程另有规定的除外。”

我国《公司法》第 42 条的“公司章程另有规定的除外”应该如何理解？有三种理解方法：(1) 公司章程可以剥夺股东表决权。(2) 可以不按出资比例行使表决权。(3) 表决权可以由股东以外的人来行使。第一种理解不妥，公司章程只能从形式上对表决权进行灵活的规定，而不得排除表决权作为股东管理权的实质，正如对平等的追求是对实质平等的追求一样。笔者赞同第二种理解，公司章程规定不按出资比例行使表决权，并不是剥夺、限制股东的表决权，可能是公司出于实际考虑作出的灵活规定。如公司章程可以定一个最高投票权，对一个股东的表决权的最高数额进行限制。这一方面是为了限制大股东对企业的影响，另一方面是为了防止公司为第三者收购。第三种理解实际上是分裂表决权，将股东资格与行使表决权分裂开来。公司章程也不能剥夺和限制股东的知情权和诉讼权利。

（十六）僵局的防止

公司章程对表决权行使方式和行使比例的设计对防止公司僵局至关重要。如果设计不当，就会出现下列僵局，不利于公司的发展：(1) 对立两派同等拥有公司 50% 股份；(2) 董事会人数为偶数，对立两派具有选择相同数量董事的权利；(3) 股东之间存在意见分歧时，少数股东通过提高法定人数或提高表决权条件行使自己保有的否决权。

如果在股权50∶50,或董事偶数不可避免时,可在章程中约定,对于简单多数决事项,在出现僵局时,会议主席有决定性的一票(casting vote,or second vote)。

(十七)监事行使监督权的方式

监事会行使职权的方式有集体行使和个人行使两种。德国公司法是采取集体方式行使。而我国台湾地区"公司法"第221条规定,监察人在监督公司业务执行范围内,各得单独行使其监察权。这与董事执行业务以集体方式不同,即任何监察人行使职权时,毋须征求其他监察人的同意,即使与其他监察人意见相左,也可行使。这对公司并无害处,监察人行使职权时无须受制于人,可使监察制度灵活运用,提高监察效率。监事会行使职权的方式是监事会集体行使还是监察个人单独行使,我国大陆《公司法》没有明确,只在第55条规定了监事会的议事方式和表决程序由公司章程规定,即具体方式可由章程规定。在小股东在监事会所占的席位是少数的情况下,如果采取集体行使方式,监事会受大股东的控制,根本无法对大股东或其指派的董事采取监察行为,为了更有效地发挥监事制度的功能,可在章程和合同中约定监事可以单独行使监督权,并适当扩大监事的职权。

总而言之,有限公司是自治组织,通过个性化章程约定调整内部的各种关系,操作简便、易行、成本低,可弥补法律的缺位和不足。"游戏规则"定得越详细越明确,发生争议的可能性就越小,即使发生争议亦有规则可循,从而不仅保护了小股东,也是保护公司和大股东,有利于公司的健康发展。但切记,一切因不同公司、不同情况而异。需要建立最有益于公司发展的结构模式,但不可能找到一个放之四海而皆准的,适合于所有公司的一成不变的统一模式。没有一般性的完美的公司治理结构,只有最适合每一具体公司的治理结构。个性化公司章程就是在法律规定的一般合理性的基础上,实现个别最优的制度机制。

制定、修订有限责任公司章程遵循的原则

李占英*

［摘要］ 公司章程个性化需要是律师非诉业务之一，但在设计个性化公司章程时，要遵循合法性原则、个性化原则、兼顾股东权利和公司权利、体现公司治理要求、权利和程序相结合、内容完整但不冗长、保持一定稳定性的原则。

［关键词］ 公司章程　公司治理　设计

公司章程是指公司必备的由发起设立公司的投资者制定的，并对公司、股东、公司经营管理人员具有约束力的，调整公司内部组织关系和经营行为的自治规则。无论是2005年《公司法》修订，还是2013年《公司法》修正，都给予有限责任公司预留了很大的自治空间，但为此修订公司章程的公司仍寥寥无几，格式化、缺乏可操作性的公司章程仍大量存在，为此公司章程的修订仍是一个可挖掘的律师非诉讼业务。

公司章程是公司的"宪章"，律师都能深刻认同其重要性，但大多对公司章程修订应注意的事项，或修订时应遵循的原则认识不足，现有文章、著作也少有涉及。为此笔者对公司制定、修订公司章程应遵循的原则做一梳理，与各位同仁共同探讨。

一、合法性原则

公司章程虽然是股东制定的公司自治性文件，但章程的制定与修改不得违反《公司法》等法律、法规的强制性规定。对于公司章程设计者来说，应做到三点：一是《公司法》第25条规定的公司章程绝对需要记载的事项不能遗漏，《公司法》确立的股东会、董事会、监事会架构不能突破。实践中出现问题最多的是刚刚成立的公司机关不健全，既然是依《公司法》成立的有限责任公司，就应该设董事会和监事会，再小的公司也不能没有董事会和监事会。二是《公司法》中的强制性条款，保障股东法定权利的条款不能强行突破。实践中问题最多的有两个：(1) 股东会、董事会、经理层的权利划分。笔者认为《公司法》第37、46条关于股东会、董事会职权的规定是强制性规范①，该权利是股东会、董事会专属权利，其他机关不能行使。公司章程只能扩大《公司法》第37条股东会的职权、第46条董事会的职权，不能剥

* 北京市秦华律师事务所律师。

① 也有学者认为，第37、46条是任意性条款。

夺;(2) 股东股权转让权利不能剥夺。出于维护有限责任公司人合性的目的,很多公司往往会在章程中对股权转让作出严于《公司法》的约定,甚至规定禁止股权转让。但有限责任公司本质上毕竟是一个资合公司,资合性决定其股权必须具有流动性,股权流动性是资合性公司生命之所长,流动性越高,其价值就越高。所以公司章程禁止股权转让或者变相禁止股权转让条款都是无效的。当然,设计者如果考虑将股权禁止转让与股权回购相结合还应该是有效的。三是不得违反法律、法规的规定,制定谋求个别股东利益的条款。实践中常见的是控股股东、大股东在公司章程中约定了更大的权利。股权平等是公司法的原则之一,扩大某一股东的权利等于缩小其他股东的权利,应为法律所禁止。当然,如果为了公司发展,同时为股权扩大的股东设置更多的义务,且缩小的不是股东的法定权利,得到受限制股东的同意也应该是有效的。

二、个性化原则

有限责任公司的人合性就是股东间相互依赖和相互信任的关系。《公司法》授权有限责任公司章程可以自行规定或者另行规定的条款就有 31 条,包括公司注册资金的缴纳、股东利润分配方式、股东表决权的行使方式、股东会的召集程序、股东会议事规则、董事长的产生、董事会的职权、董事会的议事规则、经理的职权、监事会的议事程序和规则、股权的转让和继承等事项。其他即便是《公司法》没有明确授权公司章程自行规定的内容,只要不是《公司法》强制性规定的内容,公司章程也可以自行规定。投资者既然选择了有限责任公司形式,就应充分利用此优势,根据公司运作的需要,进行公司章程个性化设计。

三、兼顾股东权利和公司权利

公司和股东是一个矛盾的统一体,股东权利的扩张以公司权利受到限制为代价。公司是股东投资的工具,为股东服务,股东的收益是公司的最终目的,所以保障股东权益尤其是中小股东的权利是公司目标之一。但如果过分强调股东权利的保护,则必然牵制公司运作,降低运营效率,公司僵局出现几率大增,影响公司的稳定,所以公司章程制定要考虑股东和公司权利的平衡,不能随意扩大股东的权利,尤其是公司章程在设计股东申请公司解散权、清算权,股东知情权等可能影响公司正常运作和存亡问题上,更要考虑周密。

四、公司章程应反映公司治理,体现公司治理的要求

公司章程是公司治理的最重要法律文件,所以公司章程要体现公司治理的要求:一是影响公司治理模式的因素——公司设立宗旨、所处行业、股权结构、股东特质、资本规模、发展阶段、经营方针等也都是章程设计者考虑的因素。如股权比例

为2∶8与股权比例为5∶5的章程条款肯定会有差别，因为前者容易形成资本多数决，在章程中应有限制大股东集权的条款，为公司适当地设计一个刹车系统，而后者则容易形成僵局，应当多考虑防范公司僵局出现，并为僵局创造解决之道。二是公司治理的主要内容要体现于公司章程：(1) 公司治理框架是公司章程的必备条款，具体到个别公司要有股东会、董事会、监事会、经理层组织架构的设定以及它们之间权利划分与监督制约关系的内容；(2) 公司治理机制中的决策机制和监督机制是公司章程的必备内容，激励机制应在章程中提及，详细内容可以用单行文件方式以股东会决议方式通过。

五、公司章程应注重权利和程序相结合，具有可操作性

现有公司章程最大的问题就是缺乏可操作性，权利条款往往因为缺乏程序保障而被架空，使得公司章程在面对公司与股东的争议、股东之间的争议、公司与高级管理人员的争议时形同废纸，所以公司章程要注重以程序条款保障权利条款的落实。实践中，尤其要注重两个问题：一是股东权利的落实。无论是《公司法》确定的股东法定权利，如股东知情权中"不正当目的"的判定机关、股东表决权的排除、股东提案权、质询权的行使时间，股权回购的价格确定，还是公司章程中约定的股东权利，法律都没有规定或者详细规定其行使程序，这就要求公司章程进行补充；二是公司各机关的运作。《公司法》也规定了公司机关运作的方式，但有一部分是授予公司章程可以有别于法律自主规定，如表决权排除、股东一票否决权、董事长的职权等。一部分内容《公司法》没有规定，需要在公司章程中予以规定，例如股东会提案制度(谁有提案权，向哪一个机关提交、提交的时间)、股东会通知制度(通知方式、通知内容)、股东会、董事会最低出席人数限制。

六、内容要完整，但要避免出现冗长，保证一定时期的稳定性

首先，公司章程作为公司存在和活动的基本依据和公司行为的基本准则，在制定或修改时，要将可能遇到的、易产生纠纷的情况规定清楚、详细，对法律没有规定或规定不够具体的内容进行细化和补充；其次，各章节之间衔接紧密，尤其是注重股东权利与股东会议事规则相统一，即股东表决权与股东会表决、提案权与股东会议案、股东会召集主持权与股东会召集主持相衔接，避免各章节之间发生冲突。再次，公司章程的内容不是越多越好，因为冗长繁琐的内容，不但无从体现公司章程作为公司"宪章"的严肃性，而且势必增加将来修改公司章程的频率。修改公司章程需要召开股东会，还需要股东会特殊决议通过，会影响公司的运作效率。所以为了保证公司章程内容一定阶段的稳定性，避免公司频繁修改影响公司效率，建议将重要的、原则性的、不能破坏、不能突破的内容写入公司章程，而将其他更细节的内容写入股东会议事规则、董事会议事规则、监事会议事规则和总经理工作细则。

需要说明的是,很多学者在论述公司章程作用时,将保护公司、股东、债权人三者利益平衡作为其中一条重要指导性原则。笔者认为,这种观点是将制定公司章程原则与立法原则相混淆了,公司章程在保证合法有效的前提下,没有保护债权人利益的法定义务。

公司章程是公司最重要的法律文件,是我们每一位同仁接触公司类当事人后必须了解的法律文件,对其内容的掌握和评估,可以体现律师公司业务的基本功底,制定、修订公司章程应该成为律师公司业务中的必备内容。

关于公司章程个性化设计的若干思考

——新形势下传统法律产品的创新与推广

郭春宏*

[摘要]　公司章程在我国已经恢复了整整20年,显然是一个传统的法律产品。可是,20年来,由律师起草个性化公司章程的并不多,众多公司的章程几乎千人一面。这说明公司章程这个法律产品,我们卖得不太好。这是为什么呢?我们如何改变这种状况,使公司章程这个法律产品开始畅销起来?个性化公司章程大行其道之时,即公司自治理念接地气之日。

[关键词]　公司章程　法律产品　个性化

公司章程,律师同行并不陌生。如果从我国《公司法》自1994年7月1日开始正式实施起算的话,公司章程在我国已经恢复了整整20年,显然是一个传统的法律产品。可是,20年来,由律师起草的个性化公司章程并不多,众多公司的章程几乎千人一面,也就是说,公司章程这个法律产品,我们卖得不太好。这是为什么呢?我们如何改变这种状况,使公司章程这个法律产品开始畅销起来?这是一个值得深思的问题。

笔者对此进行了深入研究,发现了问题的症结和解决之道。以下是我对此的若干思考,欢迎律师同行和专家批评指正。

一、公司章程个性化设计大有可为

(一)公司千差万别,章程为何千篇一律?

许多公司在设立时,一般直接拿来工商部门提供的重复《公司法》规定的"范本",做做"填空题"了事,导致同一地区的公司章程几乎如出一辙、千篇一律。这也是导致律师参与起草的公司章程少之又少的主要原因。

公司在设立时,为什么大多数直接用工商部门提供的公司章程"范本"呢?

首先,由于工商部门观念陈旧。长期以来,工商管理部门及其工作人员还保留计划经济时代遗留的处处设"卡"的管理思维,把行政指导误以为行政强制,强制公司照搬照抄章程范本。

其次,投资者章程意识淡薄。公司章程是公司对外交往的名片,是外界了解公

* 广东莞信律师事务所律师。

司的一扇窗口,也是公司长治久安的根本“宪法”。但是不少公司股东章程意识淡薄,没有认识到章程的重要性,尚未领悟公司自治的真谛和公司章程设计的极端重要性。

最后,章程制定者的专业水平不高。要把现实中公司千差万别的差异反映到公司章程中来,使公司章程与公司治理形成良性互动,仅仅认识到公司章程的重要性还远远不够,还需要提高章程制定者的专业水平,这种专业能力既包含扎实的公司法理论功底,又包含丰富的公司治理经验。而目前大多数公司设立登记由普通中介代办,这类中介基本上没有制定较高水准的个性化章程的专业能力。

(二)为什么说公司章程个性化设计大有可为?

也许有律师同行会说,许多公司在设立时,直接用工商部门提供的章程“范本”,哪里有个性化设计的空间呢?之所以说公司章程个性化设计大有可为,主要是因为:

1. 公司章程个性化设计在理论上和法律上具有充足的依据

(1)公司章程的自治性是公司章程个性化的理论依据。关于公司章程的性质,主要有两种不同观点,即契约说和自治法说。事实上,无论是契约说还是自治法说,都认为公司章程具有自治性。根据公司章程的自治性,全体股东有权依法制定个性化的公司章程。

(2)公司法尊重公司自治,并允许公司章程对大多数公司事务进行自主安排,是公司章程个性化设计的法律依据。我国现行《公司法》一个突出的特点是尊重公司自治,弱化和取消了许多强制性法律规范,大幅增加了任意性规范,赋予公司章程更大的自治空间。在不违反法律强制性规定的前提下,股东在章程中不仅可在法律规定的范围内自由约定有关事项,甚至可以排除法律的预设而自主设计安排,自由规范公司的内部关系。《公司法》尊重公司自治,并通过大量的任意性规范来肯定章程自治,这就为公司章程个性化设计提供了法律依据。

(3)工商管理部门对公司登记实行形式审查,而非实质审查。根据《公司登记管理条例》第2条、第51条的规定,公司登记机关依法对申请文件、材料是否齐全,是否符合法定形式进行形式审查;根据法定条件和程序,需要对申请材料的实质内容进行核实的,依法进行核实。但这种“核实”只是其形式审查义务的体现,申请人仍然应当对申请文件、材料的真实性负责。《企业登记程序规定》第3条、第9条也作了相同的规定。

2. 工商部门开始抛弃原来处处设“卡”的旧思维

如上所述,公司章程起草属于公司自治的范畴,工商部门本没有义务协助,也没有权力施加干预。在知名公司法专家大力呼吁和目前正在进行的商事登记改革的冲击下,工商部门已经意识到强制公司照搬照抄章程范本是错误的,并开始抛弃原来处处设“卡”的旧思维。

3. 起草包括公司章程在内的法律文件,是律师的拿手好戏

代办登记的中介公司并没有进行章程个性化设计的专业能力,只有律师才具有这种专业能力。当然,还要提高律师在公司法领域的服务创新能力。

在当前中央大力推进依法治国和商事登记改革的大好形势下,造成公司章程千篇一律并导致律师很少起草公司章程的主要原因,即将一去不复返了!律师同行应好好把握当前的形势,一起做好宣讲推广,公司章程个性化设计必将大有可为,也必将成为律师业务的新的增长点。

有人说,站在台风口上,猪也能飞上天!而律师正处在这样的大好形势下。

有一个非洲卖鞋的故事也许能给我们带来启发:

话说有两个业务员到非洲去卖鞋,发现非洲人都不穿鞋。一个业务员说,非洲人都不穿鞋子,这里没市场,于是打道回府。另外一个业务员则激动地说,天哪!非洲人都没鞋子穿,多大的市场啊,要是非洲人知道穿鞋的好处,都来买我的鞋,我就发财啦!这个业务员经不懈努力,终于打开了一片新兴市场。

开拓公司法律业务也是这样。律师要向社会充分宣讲个性化公司章程的种种好处和重要意义,要大力提倡公司章程个性化设计,甚至"忽悠""土豪们"聘请律师起草公司章程。张老板请了律师起草公司章程,李老板随后也会找律师,王老板也会跟着找律师起草公司章程,就像起草合同一样,起草公司章程也会蔚然成风!当起草公司章程成行成市后,这就成为了律师业务的新的增长点。律师现在搞公司章程个性化设计,如同到非洲卖鞋,大有可为!

当企业家聘请律师起草公司章程后,他的公司的其他法律事务往往也会首先想到律师,从而成为带动公司法律业务新发展的动力!

(三)如何提供个性化的公司章程设计服务?

(1)熟悉并掌握公司法。俗话说"靠山吃山、靠水吃水",律师靠法律吃饭。精通法律政策,是律师区别于其他中介的关键。除了律师,其他中介根本做不了公司章程的个性化设计。

律师要像起草合同那样起草公司章程,就需要像熟悉合同法那样熟悉公司法!

俗话说,打铁先要自身硬!

(2)必要时与工商部门沟通。如果遇到工商部门工作人员不接受律师起草的个性化的公司章程,我们可以用刚才所说的公司章程个性化设计所具有的充足的理论依据和法律依据,以及当前商事登记改革的大形势,和工商部门进行沟通,说服他们接受。

也许有的律师会说,我非常忙,哪有时间和工商部门沟通协调。在这里,我要冒昧提醒一下,如果你真的非常忙,就要多招一些助手,而不应拒绝和工商部门沟通。否则,是在堵自己和其他律师的财路!试想一想,你不和工商部门沟通,工商部门就不接受你起草的公司章程,"土豪们"就看不到你起草的公司章程的价值,这些"土豪们"以后就不再请律师起草公司章程了。

这里介绍一个经验:跟企业报价时报两个价:第一个价是起草公司章程的收费。第二个价是,如需律师和工商部门沟通,应另外支付律师费。

(3) 要根据公司及股东的实际情况,量体裁衣式地设计公司章程。

下面我将以有限责任公司章程中的股权转让限制条款为例,探讨传统法律产品的创新,如何进行公司章程个性化设计以及如何处理相应的公司法疑难问题。

二、股权转让限制条款的个性化设计

在谈股权转让限制条款的个性化设计的时候,需先厘清以下几个法律问题:

(一) 章程对股东内部股权转让进行限制,是否违反股权内部自由转让的原则?

所谓股权内部自由转让的原则,是指在有限责任公司股东之间可以自由转让其股权。

我国《公司法》第 71 条第 1 款规定了该原则。

《公司法》第 71 条第 4 款规定:"公司章程对股权转让另有规定的,从其规定。"第 75 条规定:"自然人股东死亡后,其合法继承人可以继承股东资格;但是,公司章程另有规定的除外。"依以上规定看,法律允许有限责任公司章程对股权转让自由加以限制或鼓励。因此,章程对股东内部股权转让进行限制,并不违反股权内部自由转让的原则。这可以视为股东对其自由转让权的处分。

当然,公司章程的这种限制并非漫无边界,如不得违反法律和行政法规的强制性规定,不得侵害股东的固有权。否则,这种限制性规定无效。

(二) 公司章程能否禁止股权转让?

既然按照《公司法》第 71 条第 4 款"公司章程对股权转让另有规定的,从其规定"可以对股权转让进行限制,公司章程能否禁止股权转让? 对此,存在两种不同意见:

第一种意见认为,公司章程作为自治性规则,可以绝对禁止股权转让。其主要理由是:禁止股权转让,可以理解为股东自愿放弃其股权转让自由权,这纯属股东之间基于契约自由的制度安排,并不涉及他人利益维护问题。

第二种意见认为,公司章程不能绝对禁止股权转让,其理由主要有三点:(1) 有限责任公司的本质属性为资合公司,资合公司股权具有天然的可转让性,股权可转让性是公司制度独领风骚的根本原因。绝对禁止股权转让,违反了有限责任公司的本质属性。(2) 股权具有财产性,财产只有在流通中才能实现其最大价值,禁止转让股权将导致财产的退化,不利于资源的优化配置,从而对整体的社会财富造成损害,有违社会公共政策。(3) 禁止股权转让,与个人法中当事人基于契约自由可以约定不得转让债权没有可类比性。因为个人法上的债权不得转让,属于个别性契约。个别性契约的当事人之间除了单纯的商品交换之外,不存在其他关系,他们之间即使存在合作,该合作也仅限于契约的履行。而公司章程属于团体性契约和长期性契约，股东之间及股东与公司之间需要许多合作以使公司这个团体获得利润。并且由于人的认知在客观上存在局限性，长期性契约往往随着时间的推移和环境变化而发生情势变更。如果禁止股权转让，势必将股东囚禁于一个他不愿意维持下去的关系之中，如同将一个不愿意维持婚姻关系的人囚禁于婚姻的"牢笼"中一样。

因此，绝对禁止股权转让且无合理救济的限制，在多数国家的立法和司法实践中是不被接受的。我国司法实务界较为倾向认定禁止或者变相禁止股权转让的章程限制为无效，学界也多持这种观点。

（三）公司章程能否规定股东对外转让股权必须经公司董事会同意？

《公司法》第 71 条第 4 款规定："公司章程对股权转让另有规定的，从其规定"。按照该项规定，似乎公司章程可以规定股东对外转让股权须经董事会同意，而且国外也有需董事会同意的立法例。

但是，如果把《公司法》第 71 条 1—4 款条文作为一个整体来研究，恐怕就不能简单这么认为了。权利与义务往往是一体两面，不能简单割裂，对股东转让股权的同意权也是如此。比如，根据《公司法》第 71 条第 2 款的规定，股东向股东以外的人转让股权，其他股东享有同意权并承担不同意时的购买义务。法律之所以如此规定，是因为股权转让自由是股东的基本权利，位阶上高于对股东转让股权的同意权，其他股东不能以行使同意权为由变相剥夺股东转让股权的自由。同理，如果公司章程只赋予董事会对股东转让股权行使同意权，而没有一并规定董事会决议不同意时，由公司或其他股东承担按合理价格购买该转让股权的义务及不购买的视为同意转让，就实际上变相剥夺了股东转让股权的自由，这样的规定因违反公司法强制性规范而无效。

当然，如果公司章程在赋予董事会对股东转让股权行使同意权时，一并规定董事会决议不同意时，由公司按合理价格回购该转让股权，由于这种情况下公司回购股权不符合《公司法》第 74 条规定的异议股东行使股权回购请求权的条件，在现行《公司法》未修正之前，这样的规定也会遭遇较大的合法性挑战。

（四）公司法关于股权转让限制的规定是强制性规范还是任意性规范？

我国《公司法》第 71 条第 2 款对股权转让作出了限制性规定："股东向股东以外的人转让股权，应当经其他股东过半数同意。股东应就其股权转让事项书面通知其他股东征求同意，其他股东自接到书面通知之日起满三十日未答复的，视为同意转让。其他股东半数以上不同意转让的，不同意的股东应当购买该转让的股权；不购买的，视为同意转让。"该规定究竟是强制性规范还是任意性规范？

笔者认为，这属于任意性规范，即可以由当事人选择性地适用，或者可由当事人变更或排除适用的法律规范。理由是《公司法》第 71 条第 4 款规定："公司章程对股权转让另有规定的，从其规定。"这表明，对股权转让的法律限制属于任意性规范，公司章程可以对股权转让作出与法律不同的规定。

（五）有效的公司章程限制条款对股权转让有何影响？

如上所述，基于公司自治和股东自治，公司法允许公司章程对股权转让进行限制，当然，这种限制并非漫无边界，它不得违反法律和行政法规的强制性规定，不得侵害股东的固有权，例如不得禁止股东转让股权。否则，这种限制性规定无效。

在公司章程限制条款有效的情况下，限制条款将对股权转让产生以下影响：

1. 有效的公司章程限制条款可能对股权转让合同的效力产生影响

如前所述，按照民法区分原则，股权转让合同的效力应根据法律规定和自身约定判定。一般认为，股权转让合同违反《公司法》和有效的公司章程限制条款，并不必然导致该股权转让合同无效。

当然，如果公司章程对股权转让的限制将导致合同自始不能履行，合同应当认定为无效；如果这种限制只是导致嗣后履行不能，合同应当认定为有效，但会产生违约责任问题。如果股权转让合同违反公司章程中的优先购买权限制条款，将可能被依法撤销。

2. 有效的公司章程限制条款将对股权变动产生影响

股权转让合同违反有效的公司章程限制条款，虽然并不必然导致该股权转让合同无效，但是公司有权以该股权转让违反公司章程为由拒绝在股东名册上予以登记，这将导致股权不发生移转，即不发生股权变动的效力。

当然，如果第三人符合善意取得的要件，则可善意取得该股权。

厘清以上问题后，笔者来探讨股权转让限制条款的个性化设计及其注意事项。

（六）如何设计股权转让限制条款？

1. 把握好对股权转让进行限制的度

《公司法》第71条第4款明确规定："公司章程对股权转让另有规定的，从其规定。"这表明，对股权转让的法律限制属于任意性规范，公司章程可以对股权转让作出与法律不同的规定。但这并不意味公司章程可以随意设定。

有限责任公司兼具人合与资合特性。资合性要求股权可以自由转让，而人合性则要求对股权转让作出限制，以维系公司股东的信赖基础。资合性的最低标准体现在不应当禁止或变相禁止股权转让。绝对禁止股权转让且无合理救济的限制，在多数国家的立法和司法实践中是不被接受的。我国司法实务界较为倾向于认定禁止或者变相禁止股权转让的章程限制条款为无效，学界也多持这种观点。

可见，基于有限责任公司具有人合性和资合性的特点，其股权转让可以完全不设限制，但却不能设定过于严苛的限制或禁止股权转让的条款。

2. 对股权转让的限制须公平合理

公司章程对股权转让的限制必须体现公平性，如果这种限制在股东之间形成不公平待遇，将遭遇合法性质疑。

3. 公司章程可以对股权内部转让和外部转让均进行限制

虽然《公司法》对股权内部转让实行了自由原则，但是从《公司法》第71条第4

款来看,《公司法》并不排斥公司章程对内部转让作出限制。股权内部转让虽然不会影响公司的人合性,但股权在公司内的流动将导致公司股权结构发生变化,甚至带来公司控制权的变更。因此,公司章程对股权内部转让作出比外部转让更加严格的限制也是可能的、合理的。

《公司法》对股权外部转让采限制主义,实行同意原则,即须经其他股东过半数同意,以维护公司的人合基础。但根据《公司法》第 71 条第 4 款的规定,公司也可能基于某种原因考虑,规定股权外部转让无需其他股东同意,或者规定股权外部转让须经其他股东 2/3 以上同意。

4. 公司章程既可作出一般性限制,也可作出特别限制

所谓特别限制是指对特殊情形中的股权转让所作的限制,主要是由于特殊身份关系而产生的特别限制,比如:可对公司董事、高级管理人员持有及转让股权进行如下限制:董事、监事、总经理及其他高级管理人员在其任职期间不得向现有股东以外的人转让股权;或者规定:董事、总经理未经其他全体股东同意,不得转让股权;如其执意退出公司,但又不能获得全体股东同意的,须辞去董事、总经理职务,在其办妥离职及工作移交手续后,按照本章程有关普通股东转让股权的规定执行。

对于普通职工股也可进行特别限制,因为职工股设置的本身主要是将公司的经营业绩与职工的利益联系在一起,以提高职工工作的积极性,如果允许持有职工股的职工自由转让股权,就会违背职工股设置的初衷。

公司章程还可规定股权可以在夫妻之间、尊卑直系亲属之间自由转让,或者规定他们之间的股权转让也要依照向股东以外的第三人转让的条件进行。

一般性限制是指对特别限制之外的一般性股权转让所作的限制。特别限制既可以是对一般限制的紧缩,也可以是对一般限制的放松。

5. 公司章程既可对全部转让进行限制,也可对部分转让进行限制

股东可能一次性转让其持有的全部股权,也可能只转让其持有股权的一部分,公司章程相应可进行全部转让限制,也可进行部分转让限制。

由于股权部分转让往往会增加股东人数,使股东间的相互信任和合作难度增加,因此,公司章程可以对股权部分转让作出比全部转让明显更加严格的限制。因篇幅所限,对于股权转让条款个性化设计可能涉及的优先购买权条款、股权强制性转让条款、股权交付与变更登记条款、异议股东股权回购请求权条款、股权继承条款等条款及相应的参考文本,这次不能展开,有兴趣的朋友可参看拙作《公司章程个性化设计与疑难释解》。

让我们乘着中央大力推进依法治国和商事登记改革的东风,一起来宣传、推动公司章程个性化设计,公司章程这个法律产品开始畅销必将指日可待!个性化公司章程大行其道之时,即公司自治理念接地气之日。

转换企业法律风险管理模式
实现企业法律风险管理创新

刘生林*

法律风险是21世纪企业最大的风险！

2013年8月7日，服刑3年9个月后的兰世立出狱了，他曾于2005年被《福布斯》列为中国富豪榜第70名，成为湖北有史以来第一个进入该榜前100名的富豪，时年39岁、身家20个亿。当年6月，兰世立的东星集团进军航空领域，拿到了民航局批文，以8000万元的资金注册成立了东星航空公司。2006年5月19日，东星航空首航成功。到2009年，东星航空公司的注册资本增加到3.06亿、承租了9架飞机、在册员工1380人，其中飞行员86人，他因此被称作"中国民营航空第一人"。但好景不长，2009年3月15日，兰世立因逃避东星航空所欠税款被抓。

2009年8月26日，武汉市中级人民法院裁定宣告东星航空破产还债，兰世立一手缔造的东星王国也随之崩溃。2010年4月8日，武汉市中级人民法院一审判处兰世立有期徒刑4年，这已是兰世立第四次进入监牢，理由仅是逃避追缴所欠税款5000多万元。从草根到湖北首富，然后深陷囹圄，兰世立的人生充满了传奇色彩，他是商业巨子，是成功的楷模，他是以身试法的罪人，他是第一个吃螃蟹的勇者，他的传奇人生值得我们思考。

我们还看到，大量的企业因为风险应对不力而遭受灭顶之灾。本土企业如秦池、三株、三鹿，等等，企业家的豪言壮语犹在耳边，而企业却已轰然倒下；国际上的案例更是比比皆是，世通、安然、安达信和贝尔斯登，这些曾经辉煌的明星企业如今已成为人们心中"遗失的美好"。成立于1850年的雷曼兄弟，在经历美国内战、两次世界大战、经济大萧条、"9·11"事件后一直屹立不倒，然而就是这家被形容为"19命之猫"的企业，也在一夜之间破产并最终成为在世界范围内致自1929年以来最严重的经济危机的导火索，充分印证了"100－1＝0"的风险定律。

财产毁灭、人员伤亡、市场和企业突然崩溃，充分反映出真实世界的危险。尤其是在全球化、信息化、现代化进程不断深入的当今社会，日益活跃的人流、物流、资本流，进一步加强了风险的不确定性、不可预测性和不可控制性，人们越来越感到自己置身于一个充满风险的世界之中，一个前所未有的"高风险时代"已然到来。正如中国神华股份有限公司总经理凌文所说："昨天的竞争靠成本，谁成本低，谁就有竞争力；今天的竞争靠技术，谁能创新技术，不断地研发技术附加值高的新

---

* 湖北欣安律师事务所律师。

产品，谁就有竞争力；明天的竞争靠风险管理，谁少犯错误，谁不犯大错误，谁就有竞争力！”从某种意义上来说，企业之间的竞争已越来越呈现为对风险管理的竞争，风险管理已成为评价企业经营管理水平的重要标志之一。然而，长期以来，在传统的管理学科中，却难以找到以此相应的管理理论和管理方法，企业对风险不内控，则险象丛生，不控则乱，一控就死。诸多管理者对如何开展法律风险管理工作一筹莫展。探索一种简单明了，且具有可操作性的企业法律风险管理模式，已成为当务之急。中国标准化研究院自2008年开始，开展了对企业法律风险管理标准的前期研究工作，重点调研了中国移动等国内较早开展法律风险管理的企业。2010年4月，《企业法律风险管理指南》国家标准起草工作组在反复讨论、交换意见的基础上，形成国家标准征求意见稿，并向社会公开征求意见。2011年12月30日由国家质量监督检验检疫总局、国家标准化管理委员会发布了中国法律领域的第一个国家标准——《企业法律风险管理指南》GB/T27914—2011。该标准在结合大量企业实践的基础上，运用国际先进的管理理念和技术，为系统防范企业法律风险提供了科学有效的管理方案，拓展了企业法律工作的宽度和深度，是企业法律工作和管理工作的有机融合，具有开创性的意义。

企业法律风险管理是一项创新性的工作，是新形势下企业发展对法律工作提出的新要求。企业法律风险管理工作的开展，将彻底改变企业法律工作的传统理念和模式，不仅是对企业法律工作的全面挑战，也是对企业基础管理的巨大冲击，要求企业进行多方面的调整。面对蓬勃兴起的法律风险管理浪潮，企业的管理层和法律工作人员都要认真思考法律风险对企业各项工作特别是法律工作带来的系统性变革，做好应对，迎接挑战。

企业法律风险管理对企业最大的挑战是理念的挑战。不能深刻理解企业法律风险管理的意义、本质，不能正确区分企业法律风险管理与企业法律顾问工作的差别，就不可能做好企业法律风险管理工作。综观国内外企业法律风险管理的现状，目前最为普遍的做法是通过企业法律顾问开展专项的法律事务工作，实现对法律风险的防范和控制。这种做法可以称之为以事务管理为核心的企业法律风险管理模式，其特征是：(1) 法律风险管理的职责主要由企业法律顾问或者法律顾问所在的部门承担。(2) 没有统一、完整、清晰的企业法律风险管理流程，风险的识别、评估和控制由企业法律顾问在处理不同的具体法律事务过程中分散完成。(3) 没有标准的企业法律风险管理方法和工具，风险的识别、评估和控制主要靠企业法律顾问的个人经验完成。

经比较分析，企业法律风险管理与企业传统的法律顾问工作至少有五个不同。

一、功能不同

从风险防控的角度看，企业法律风险管理最理想的状态是能够实现对法律风险的事前预防，即通过有效的管理手段使企业尽可能不发生或少发生法律风险，而不是等到风险发生之后再去处理和解决。因此,传统的企业法律顾问工作模式,由于无法全面、系统地了解企业究竟面临什么样的法律风险,无法真正介入企业的日常经营活动,实现对风险的过程控制,因而无法将法律风险管理责任分解到各个部门,很难实现这一目标。

二、定位不同

传统的企业法律顾问工作是定位在企业的一个部门,致使法律风险控制与业务发展之间存在着一定的矛盾,是一个无法回避的客观事实,即如果满足业务发展的需要,则可能会面临突破法律、法规、政府监管或相关合约的制约带来的法律风险,反过来,如果满足法律风险防控的需求,则可能影响业务的发展。如何妥善处理这一矛盾,做到既保证企业经营安全又不影响业务的发展,一直以来都是企业法律风险管理中的一个难题。而成功的法律风险管理必须突破部门,定位于全局,才不会因为一味迁就业务的发展而放弃必要的风险控制,也不会因为采取了不必要的风险控制而影响业务的合理发展。相反,它可以很好地平衡这两者之间的关系,并从整体层面上实现企业利益的最大化。这就要求企业在进行法律风险管理的过程中,必须从全局角度综合考虑企业的发展战略、商业利益、风险大小以及风险控制成本等多方面的因素,妥善处理风险控制与业务发展之间的矛盾,在多样化的风险控制策略中择优确定正确的风险控制策略。

三、资源不同

随着企业自身的不断发展壮大以及企业外部法制环境的不断完善,企业面临的法律风险,无论是从风险数量还是从风险复杂程度来说都是在不断增加的,因此,企业对法律风险管理的需求也会日益增长。但从另外一个角度看,企业对法律风险管理资源的投入和供给不可能是无止境增长的,因此便会产生企业法律风险管理的资源投入无法满足企业日益增长的法律风险管理需求的矛盾。在传统的企业法律顾问模式下,这一矛盾尤为突出。面对越来越多的法律工作量和越来越棘手的法律问题,企业法律顾问管理部门普遍感觉是人手不足、经费不够,并且始终找不到有效的解决途径。《企业法律风险管理指南》为解决这一问题设计了科学的管理流程,这就是由企业的法律顾问管理部门承担牵头、组织和协调性质的工作,各个业务部门按照法律顾问管理部门的部署和安排,在本部门的职能范围内承担相应的风险管理职责。这样,便相当于调动了整个企业的管理资源,满足法律风险管理的需求,在很大程度上可以解决法律风险管理资源不足的问题。

四、方法不同

传统的企业法律顾问工作有一个十分普遍的现象,就是工作质量严重依赖从事这项工作的企业法律顾问的个人素质，企业为了追求更高的质量，不得不花费更高的价钱去聘请经验更丰富、专业技能更高的人才，这一方面增大了企业的用人成本，另一方面因人员的随时流动和变更，也加大了企业法律风险管理的不确定性，必然导致企业法律风险管理工作很难对企业的发展发挥稳定的促进作用。

《企业法律风险管理指南》为企业法律风险管理提供了一整套科学、标准的方法和工具，包括如何识别、评估法律风险以及如何有效地控制法律风险等。即便是一个没有任何工作经验、刚刚加入企业的法律顾问，只要他掌握了这套方法和工具，也应该可以满足企业法律风险管理的需要。

五、价值不同

在传统的企业法律顾问模式下，法律风险管理更多地定位于支撑、服务性的工作，其工作内容主要以处理具体的法律事务为主。而企业法律风险管理工作不再局限于为企业提供专业的法律服务，而是站在法律风险管理的角度，将法律风险的识别、评估和控制等一系列工作与企业制度、流程的梳理、改进等管理性的工作结合起来，则企业法律风险管理将不仅会起到降低企业法律风险的作用，同时也将成为企业提升整体管理水平的重要推动力。这样，企业法律风险管理工作便可以在根本上确立自己的存在价值。

通过以上分析我们可以认识到，传统的企业法律顾问工作与法律风险管理工作有重大区别，企业法律风险管理所面临的困境给企业法律风险管理工作也带来了巨大的挑战。企业要走出法律风险管理的困境，就必须转换法律风险管理模式，实现法律风险管理创新，具体而言，主要包括以下六个方面的创新：

（一）管理流程创新

以法律风险管理为导向，建立一套完整的法律风险管理流程，即将法律风险作为管理对象，以合理、有效的控制法律风险为目标，并遵循风险管理的一般原则和规律，并按此要求建立法律风险管理流程。

（二）管理方法创新

没有标准的法律风险管理方法和工具是以往企业法律风险管理工作严重依赖企业法律顾问个人素质的一个重要原因。同时，方法和工具上的不足，也严重影响了企业各类法律风险管理活动的质量。《企业法律风险管理指南》为企业提供了一套标准的方法和工具，供企业在进行法律风险识别、评估和管理等活动时使用。按标准执行，哪怕是不同的人由于使用了相同的方法和工具，得出的结果应该是基本相同的，而不会有明显的差别。

（三）风险识别创新

在传统的企业法律风险管理模式下，对法律风险的识别通常只是片面的、零散的，因而也就导致了企业难以真正实现对法律风险的事前预防。要走出这一困境，企业法律风险管理必须实现法律风险识别的系统性，即全面、系统地了解企业究竟面临哪些法律风险。

（四）风险分析创新

无法准确判断法律风险大小是导致企业法律风险难以妥善处理风险控制与业务发展之间矛盾的一个重要原因。要走出这一困境，企业法律风险管理必须实现法律风险分析的定量性，即用具体的数量值表示风险的大小，预测风险发生的可能性高低和风险发生后造成损失程度的大小。这种评估方法就包括了具体的评估维度、明确的评估标准，以及评估结果数量值的确定方式等。

（五）风险应对创新

在传统的企业法律风险管理模式下，风险应对策略比较单一，通常只是从保障企业经营安全的角度出发，采用简单的避免风险的控制态度。往往是一控就死，不控就乱，导致风险控制与业务发展之间矛盾的激化。要改变这一现状，企业法律风险管理必须实现风险应对策略的多样性，根据风险管理的一般理论，明确究竟有哪些风险应对策略可以适用于企业的法律风险管理，要站在战略的高度上，明确企业选择风险应对策略的整体思路和原则，在法律风险管理流程中设置合理的风险应对策略确定程序，以保障策略确定过程中能够充分地考虑各种因素的影响，满足风险控制和业务发展的不同需求。

（六）风险控制创新

在传统的企业法律风险管理模式下，法律风险管理与企业管理制度、流程的改进完善以及企业的日常经营活动之间通常是相互脱节的，同时，企业法律风险管理责任也主要集中在法律部门一个部门。这种现状不仅导致企业难以真正实现对法律风险的事前预防，也使企业法律风险管理陷入了较为严重的供需矛盾之中，并且难以体现自身的存在价值。要解决这些问题，企业法律风险管理必须实现风险控制的整体性。一是在横向上按照各部门的职能分工，将相应的法律风险管理责任分解到各个部门；二是在纵向上按企业的经营管理流程，将相应的风险管理要求嵌入企业的日常经营之中；三是在载体上将风险控制主要落实到对企业管理制度、流程的改进和完善上，促进企业整体管理水平的提升。

总之，良好的法律风险管理不仅能降低潜在的法律风险，还能提升企业的总体价值，创造竞争优势，并改善企业形象。作为整个标准化管理体制的一部分，优秀的法律风险管理能够切实提高企业的整体管理力度。我们相信，如果这一体系得以正确而完整的贯彻并发展成熟，将对企业的管理模式产生革命性的影响。

浅谈企业法律风险管理体系的构建

魏淑君[*] 董羿宾[**]

[摘要] 中国经济体制随着改革开放已经初步达到资本积累和发展阶段,随着全球经济一体化进程的加快,中国企业与全球经济主体共同在激烈的竞争市场中经历风险和兴衰存亡。企业无不追求商业利润,更重视商业风险,但岂不知法律风险同样可以造成企业重大损失,且商业风险最终也会演变成法律风险。法律风险管理同样可以降低产品和经营的成本,并可预知法律风险,管理法律风险,使企业避免或减少损失,甚至化解颠覆性的灾难,使企业经营可持续,为此法律风险管理体系构建十分重要,笔者从法律风险原理及其实务方面浅谈企业法律风险管理体系如何构建,才能科学、行之有效地管理企业的法律风险,使企业健康发展。

[关键词] 企业 法律风险 管理 体系

2006年6月6日国务院国资委颁布了《中央企业全面风险指引》确定:企业风险是指未来的不确定性对企业实现其经营目标的影响,包括战略风险、市场风险、财务风险、运用风险、法律风险等。① 全面风险管理总体目标:风险可承受、确保内外部(企业与股东之间)真实可靠的信息沟通、遵守法律、保障经济管理的有效性;保护企业不因灾害性风险或人为失误而遭受重大损失。② 2008年金融危机后,世界各国也相继掀起风险管理浪潮,知名大学相继开辟了风险管理课程,出现了注册风险管理师。我国知名企业国美、太阳神、太子奶、光大证券等无不因为内幕交易、行贿、资金链断裂、下属企业失控、越权违规操作等风险导致企业巨大经济损失,甚至濒临破产。法律风险绝不是独立存在的,风险交织存在于企业之中,贯穿于企业的各个职能部门,企业风险需全面管理,法律风险需法律专业与管理专业结合成为体系,专业问题必须专业律师作出诊断报告,应对和化解风险,才能有效管理风险、为企业领导人提供决策依据。

一、法律风险管理体系中的重要资源

法律风险管理不是一个新课题,中外企业的风险管理模块及其数据统计分析软件也层出不穷,但笔者认为,单纯依靠模块、软件是不能很好预见法律风险和管

---

* 山东琴岛律师事务所律师。

** 山东琴岛律师事务所实习生。

① 参见〔美〕国资委:《中央企业全面风险管理指引》。

② 参见〔美〕国资委:《中央企业全面风险管理指引》。

理法律风险的,法律风险分析也不仅仅是套条文,而需运用娴熟的法律,结合实践经验,为企业诊断、预警,建议,管理风险,需有技术含量的法律风险专业律师团队为企业提供可行的最为合适的方案。法律风险管理需要外部资源法律风险专业律师团队作为法律顾问。

法律风险管理是在法律顾问的统帅下,根据企业的性质、行业、经营范围、内部管理体系、外部相对主体、法律环境等情况,由专业律师科学分工、恪尽职责、统一服务,为企业量身打造问询调查模块,针对调查模块作出专业的法律分析报告,制作管理风险方案及其体系。法律风险诊断及其管理,要通过并落实到组织机构的每个经营部门,要有专人工作,操作为企业法律风险管理而设置的模块软件,法律风险管理模块操作的员工则是重要的内部资源。

二、法律风险体系中的要点

著名管理大师彼得·德鲁克(Peter F. Drucker),说过:"没有一家企业可以做所有的事。即使有足够的钱,他也不会有足够的人才。他必须分清轻重缓急。最糟糕的是什么事都做,但都只做一点点。这必将一事无成。不是最佳选择总比没有选择好。"③法律风险同样需要抓重点,解决主要问题,以点带面。笔者先后做过20多家企业的法律顾问,企业既存在相同的法律风险,也因企业的性质、行业、组织机构、产品等而存在不同的法律风险。企业普遍共性的法律风险体系,笔者认为要点是:(1) 资产;(2) 公司治理结构;(3) 合同管理;(4) 知识产权保护;(5) 人力资源保障;(6) 重组、购并项目;(7) 融资的法律风险;(8) 税收的法律风险;(9) 垄断的法律风险;(10) 环保的法律风险;(11) 进出口公司汇率的法律风险;(12) 法律风险预警;(13) 法律风险救济;(14) 法律风险评估;(15) 法律风险管理培训。

三、企业法律风险管理体系的程序

现代企业管理需要能够真正为企业解决问题的律师,律师也希望通过法律服务企业,使企业决策者能够感受到律师参与风险管理是必须的,使决策层高度重视,并为此设立专门的法律风险管理部,如此,法律风险管理体系得以构建并进一步执行。

(一) 尽职调查

企业法律风险具有隐蔽性强、范围广、情况复杂等特点,传统法律顾问,企业内部法务审核,外聘法律顾问处理已经发生的法律风险已经不能满足现代企业的法律服务,企业自身的惯常性操作及法律专业知识的缺乏,都需要外聘专业律师进行

③ 〔美〕彼得·德鲁克:《卓有成效的管理者》。许是详译,机械工业出版社2009年版。

法律尽职调查，发现法律风险，判断法律风险的后果。企业需定期或不定期地整体或局部排查、分析、评估，做到防患于未然。

企业尽职调查的对象会因企业的性质、行业等有所差别，但普遍存在的调查对象主要包括：公司基本情况、股权结构、公司治理、财务管理、行政管理、合同管理、产权管理、知识产权保护、商业秘密保护、投资、担保、重组、收购、融资、人力资源管理、诉讼仲裁、关联企业等多个方面。笔者在实践中根据企业的性质、经营范围、行业等特征制作了一套可复制的风险体检表格式模块，企业可在上述模块中选择答题并对存在的问题作出简答。每个调查对象模块都可以作为法律风险体检的具体专项服务，律师根据答题情况制作法律风险识别、诊断报告。

（二）法律风险诊断报告

法律风险诊断报告是在对企业尽职调查基础上进行识别、判断、建议的报告。法律风险的共性体现及建议主要为以下方面：

1. 资产不实的法律风险

资产不实主要存在于股东用于出资的实物、工业产权、非专利技术、土地使用权等的实际价格显著低于或高于出资时的评估价格；抵押贷款、经济担保的资产评估中，虚列资产，加大盈利，净资产无形扩大，取得银行的信任；纳税申报中，又虚报坏账损失、存货削价、增加亏损，目的是减少纳税。资产及其财务的不实会导致法律追责，甚至是刑事责任，民事责任面临承担经济赔偿责任和相关行政管理部门的罚款，可能会使企业因此毁于一旦。美国通用电气企业（GE）原总裁杰克·韦尔奇曾说过："其实并不是GE的业务使我担心，而是有什么人做了从法律上看非常愚蠢的事。"建议企业，依法投资，按照会计准则及其法律法规评估、记账，在追求利润的同时，考虑法律风险及其责任，避免前功尽弃。

2. 企业治理结构的法律风险

有些企业股权结构设置不合理、法人治理结构不够完善，没有形成有效的制约。有的企业章程照抄公司法或工商局印制的版本，股东会、董事会设置随意，没有对权力的有效制衡，有的企业即便有章程制约，但运行不规范，或未有效运转。建议公司资产重组至股权结构合理、合法，避免股东纠纷导致僵局；公司章程及其法人治理结构的"三会"设置要合理、合法，决策程序要符合章程、法律规定，建立现代法人治理结构。

3. 融资方面

企业融资主要依靠银行借贷，可能存在为借贷申报资产及其盈利不实的报表；民间融资法律概念模糊，可能导致民事甚至刑事的责任。建议多种渠道融资，如：股权融资、债券融资、融资租赁等；严控非法吸收公众存款及借高利贷。

4. 合同管理

在合同订立、生效、履行、变更和转让、终止过程中存在众多的法律风险，任何一个点的法律风险都会造成企业的利益损害或经济损失。合同法律风险是企业法律风险的重点。市场经济也是契约经济,怎样将合同的法律风险降到最低点,是企业法律风险管理系统的重点。建议企业,重大合同签订前需资信调查;法人合同签署需法定代表人签字或授权代表签字并加盖公章;建立合同会签责任制度;根据企业情况制作主要经营所需的合同模板;合同履行有限跟踪。

5. 人力资源

企业人力资源管理部门随着社会保障制度逐渐成为企业的核心部门,企业在招聘开始到签订劳动合同及履行劳动合同的过程中,都要遵守劳动法律、法规,企业的任何违反劳动法律、法规的行为,都可能给企业造成不良后果。建议企业人力资源部门,应根据工作类别,依据国家法律或行业规定的职业资格作为聘用的条件之一,减少不合格录用人员带来的法律风险;应建立员工手册、劳动合同及其履行规范;建立派遣劳务人员与派遣单位的劳务合同备案制;合同建立与涉外企业工会的联系制度。

6. 知识产权

完善知识产权所有和许可使用手续,保护公司商标、专利、著作权、无形资产、商业秘密等合法权益。

7. 对外投资、收购

主要体现在对外设立子公司、收购其他公司的股权,企业对外投资涉及的领域较广,但从法律角度看,主要涉及公司法、证券法、金融法、税务法、知识产权、反垄断法、劳动法、环境法等法律法规。企业对外投资、收购所涉及的法律风险较高,应当单独立项,尽职调查,进行可行性分析,依据章程作出决议;对外投资、收购过程需全面法律控制。

法律风险分析、建议包括但不仅限于上述各方面,报告应附带律师审查过的文件清单及文件;审查过的资料所进行的总结;针对尽职调查所作出的假设;律师对调查对象所隐含的法律风险进行的评议及其建议。

四、法律风险管理系统的设计

在尽职调查及其报告的基础上,根据企业的实际情况设计科学的法律风险管理系统。

(一) 建立法律风险管理信息系统

法律风险管理信息系统应当是一款设计优良的管理软件,该软件首先按企业的管理流程和业务流程来划分部分模块,不能按照法律类别来划分。在管理系统中设置风险指标值,风险达到指标值会产生预警。法律风险管理信息系统应保持畅通,并与法律风险管理部门联动,将企业潜在的纠纷、对方违约侵权等预警及时通报给法律顾问,法律顾问应当针对管理中的预警及时作出专业的细致调查,运用自身的法律专业知识对风险作出识别,根据风险调查及其识别出具法律建议,帮助企业远离风险、规避风险、降低风险,或采取法律风险应对措施。法律风险管理部门应积极利用风险管理信息系统,有效控制风险,将风险管理流程嵌入企业经营管理流程,为管理层决策提供有效的法律支撑。法律风险控制应当积极采购或设计科学、先进的管理软件。现代企业是网络松散与集中集权为一体的管理模式,是事前预警识别、判断、建议与事后法律救助相结合的法律风险管理体系。

(二)建立、完善法律风险管理规章制度

法律风险控制要做到有章可循,使企业逐步由"人治"转向"法治",企业需建立风险管理指引及其风险管理与绩效考核的制度、建立风险预警与法律顾问的联动报告制度、重大决策法律前置论证制度、通过规章制度及责任制有效降低经营风险。

(三)定期法律风险诊断

公司法律风险随着公司外部的法律风险环境和公司内部商业战略调整而相应发生变化,例如,《公司法》于2013年12月28日修正,2014年3月1日施行,《公司法》共修改了12个条款,将公司注册资本实缴登记制改为认缴登记制,取消了公司注册资本最低限额。《公司法》的司法解释接二连三地颁布,企业的增资扩股、对外投资、收购,法人治理结构都会相应发生变化,企业的商业活动的规章也会发生变化,企业法律风险也将随之发生改变。企业需定期对合同、人力资源、对外投资等风险管理系统反映出的法律风险信息进行梳理,结合企业管理规章制度、法律法规,对企业进行法律风险的评估、分析,判断企业出现的新法律风险,制定相应的措施;并在法律分析、评估的基础上总结经验,完善法律风险管理体系,改进法律风险管理工作。

(四)法律风险管理体系培训

企业法律风险管理体系渗透到企业的管理体系,企业管理体系的每个部门,每个员工都是法律风险管理体系中的元素,都必须在公司运作中贯彻执行法律风险体系的规章制度。企业的法律风险管理不仅仅是体系模块的操作,更重要的是管理人员法律风险能力的体现,因此,全面培训企业员工对法律风险体系运营至关重要,尤其是提高企业决策层和其他高级管理人员抵御法律风险的素质。培训企业员工按照法律风险管理指引操作,通过管理体系管理、引导和培育员工的法律意识、风险管理意识,全面提高法律风险管理水平。

法律风险诊断及其管理,不仅仅根据企业的性质、行业等不同而要求律师服务的项目不同,还会因为客户的要求不同提供不同的分项服务。如,有的客户需要某个专项知识产权的服务,如购并服务,购销合同服务,建筑行业招投标及其外包合同服务,委托管理服务,融资服务,对外投资、收购服务,等等。各分项都可做专项法律风险管理服务,各专项配备专业的律师制作识别、诊断标准及风险管理模块,出具法律意见等文书,所以风险诊断及管理的律师业务是专项专业律师集合律师

团队业务,区别于传统的单枪匹马的法律顾问。

五、结语

法律风险识别要有一定的方法,法律风险评估要充分考虑企业的利益合法及刑事责任。法律风险控制要讲究技巧控制成本,法律风险应对措施,要寻求最佳的方案。美国经济学家奈特曾说过:“风险是利润的由来”。④ 所以企业需要在获取利润的同时防范风险,降低损害的成本,相对实现利润最大化。

企业通过法律风险管理体系构建,可以为企业进行法律风险的梳理和剖析,有针对性地提出预防法律风险的措施和对策,为企业摆脱经营困境排忧解难,为企业在经济社会中平稳较快发展保驾护航。

---

④ 〔美〕弗兰克·奈特:《风险、不确定性与利润》,王宇译,中国人民大学出版社2005年版。

中小企业法律风险管理体系实践初探

李　沉*

[摘要]　由于可用资源(包括知识)有限,中小企业往往会选择一条现实、简单而稍显粗放的生存和发展道路。这条道路不仅艰辛,而且通常因为游走在法律的边缘和灰色地带而充满风险;同时,由于原罪的存在,在某种程度上也制约了企业的长远发展。① 本文基于中小企业经营环境及法律风险管理实践,兼顾中小企业发展现实及法律风险管理需要,对中小企业常见法律风险管理进行简要探讨,以期对中小企业进行法律风险管理有所裨益。

[关键词]　中小企业　法律风险　管理

在企业经营过程中,面临众多风险,如市场风险、财务风险、经营风险、政策风险、法律风险等,而法律风险却还没有引起企业及企业经营者的足够重视;但法律风险却确确实实存在,并给企业造成了重大损失,著名的如近期葛兰素史克商业贿赂案、汽车企业垄断案等,至于因违反法律、法规被行政处罚的更是不计其数。一方面,法律风险无处不在;另一方面,由于经营压力大、心存侥幸、违法成本低等原因,中小企业法律意识并不强,这实际使其面临着更大的风险及沉重的"原罪",从而影响企业的发展壮大。

笔者根据多年企业实践经验,就企业常见法律风险的识别、评价、处理与预防等进行初步的探讨,以期能兼顾中小企业发展现实及法律风险管理需要,对中小企业进行系统的法律风险管理有所裨益。

一、中小企业常见法律风险

企业核心业务包括产供销、人财物;从法律的层面,则可以初步划分为公司设立与治理、劳动、合同、知识产权、财税与投融资等方面。

(一) 劳动关系法律风险与管理

基于显而易见的原因,当前一些中小企业存在着不与劳动者签订劳动合同、不

* 湖北欣安律师事务所律师、主任助理。

① 普遍存在的风险体现为:(1) 当员工以企业未依法缴纳各项保险、税款要挟企业满足其过分要求时,企业往往投鼠忌器,不得不做出让步;(2) 由于对合同及其管理的不重视,以至于发生合同纠纷时,由于无法提供有效证据而不得不作坏账处理,从而造成不必要的损失;(3) 在上市投融资过程中,企业往往不得不补交大量税款,以符合上市合法性要求,从而导致实际融资额减少,且有损企业信誉,严重的甚至导致上市失败。

缴或少缴社会保险、协助员工少缴个人所得税等现象。

劳动合同是合法获得劳动者劳动成果、对劳动者行使管理权的前提，同时，由于法律对事实劳动合同的承认，使得不签订劳动合同几乎没有什么好处。因此，企业对劳动合同的管理重点应由不签订劳动合同转移到合理选择与劳动者的法律关系②、合理设计劳动合同条款和劳动合同管理方面。

不缴或少缴社会保险是显而易见的违法行为，有损国家和员工利益；随着劳动者法律意识的提高、国家行政管理过程中数据信息共享水平的提升③，以及国家对劳动者权利保护力度的加强，这种空间应该是越来越小。企业应该逐步改善，合法缴纳各项强制性社会保险，尤其是工伤保险，这对于具有一定职业风险的企业尤为重要，必要时，还应购买商业保险和企业责任险。另外，由于社会保险等可以税前抵扣，因而企业在这些方面的实际成本并没有账面记载得那么高。

缴纳个人所得税是劳动者的法定义务，企业完全没有必要帮助员工少缴所得税，从而承担不必要的法律风险。④

（二）合同法律风险与管理

由于自身条件限制，兼之人情、关系、面子、法律意识淡薄等现实因素，中小企业对日常业务中签订合同、合同条款谈判、证据搜集保存等并不重视，从而使得关系破裂、人情不再、担心诉讼之累等成为导致损失的重要因素。

首先，应将业务活动和关系、人情、面子区分开，即关系、人情、面子不应该影响到业务的正常处理流程。因而，拟定一份标准业务合同和简易订单——使用前最好请法律专业人士审核一下，以备业务之用，如此不损及关系、人情和面子，而且还会为税务稽查、纠纷协商等提供便利。

其次，合同条款设计应起到常见法律风险预防的作用。通常，合同法律风险包括延期交货、逾期付款、逾期验收、质量不合格、价格保证等，应对这些风险作出预防和保障安排，如约定滞纳金或罚金、所有权保留、抵扣、抵押与担保、合同解除权等；约定以仲裁方式解决纠纷可以避免诉讼之累，最大限度地降低纠纷处理成本。此外，还需特别注意提高谈判意识——因急于签订合同而放弃对合同条款进行认真阅读或放弃对苛刻条款的据理力争，其后患是非常严重的。

再次，应明确合同履行管理程序及单证管理制度。包括合同主体资信调查、合同审批与保管、发票及认证管理、收/送货单管理、验收证明文件管理、抵押文书管

---

② 企业之所以聘用劳动者，是为了获取劳动者的劳动力，而获取劳动力的方式除了建立劳动合同关系，还有雇佣、劳务派遣等方式。

③ 实际上，税务机关可能通过以下方式逐步规范企业的纳税行为：(1) 通过共享和分析社会保险与税收数据，确保税务征收的准确率；(2) 通过税负率对比和趋势分期，确保税务征收的准确率；(3) 通过对企业财务报告进行结构分析，确保税务征收的准确率；(4) 其他分析方法。2014 年 8 月，国务院颁布的《企业信息公开暂行管理办法》正式印证了笔者的这一推断。

④ 企业实际是通过这种方式间接降低用工成本，但这种做法并不可取。

理和违约责任管理程序等。[5] 以货物销售为例，一旦发生纠纷，必须提供有效的合同、交货单、验收单等证据证明已经依约履行完毕本方义务的前提下，才能确保违约方责任获得确认和追究，保障企业的合法权益。

（三）财务税收法律风险与管理

由于财力有限，中小企业财务制度往往并不健全，甚至根本没有自己的财务部门和人员；同时，出于生存压力和利益驱使，通过各种途径虚增支出以少缴税费的也比比皆是；有时，还通过个人账户进行企业收付款、股利分配等。

参照会计准则制定企业基本财务制度，对合理降低企业税负、防止财务人员以公谋私、确保现金流安全以及提高企业管理水平大有裨益。例如，确立不相容财务职能相分离、固定资产折旧、库存管理、资产减值、定期审计（包括内部审计、年度审计）等制度，这都有益于合法降低税负、改善财务人员变动及职业道德所导致的经营风险。[6]

合理避税和偷逃税款是有本质区别的。实际上，聘请专业税务筹划师对企业税负水平和结构进行分析，并在此基础上提出合理避税措施——这虽然会产生一定的成本，但比简单的虚增成本、费用要更安全、更有效。

通过建立个人账户进行企业收支或股利分配，以减少企业税负、增加利润，存在极大的法律风险。实际上，根据企业税负结构，通过合法途径可以实现同样的目的；如合理选择纳税人类型[7]、增加企业投资规模[8]、管理人员待遇[9]等。

（四）企业股权与治理法律风险与管理

公司章程、合伙协议、合作协议等文件是公司、企业最重要的文件（以下统称公司章程），规定了各出资人（以下统称股东）的权利、义务及冲突协调机制。但绝大多数中小企业在成立之时，并没有充分认识到这一点，往往简单地拟定一个文本或由专业注册机构选用其通用文本，从而埋下权属不清、所有权和经营权分离不够、股利分配政策模糊、退出机制欠缺等隐患，成为企业最后因股东冲突而大伤元气，甚至解散、倒闭的定时炸弹。因而，一个好的公司章程在内容上一定是完整、量身定制的，且在以下方面应作出明确约定：

---

⑤ 现实中，很多中小型企业日常业务活动中对送货单、验收单并不重视，认为只要有合同就可以了。这种观念是不对的。合同仅仅是对双方权利和义务进行了初步约定，在未能证明本方已经依约履行了义务的情形下，只能按照未履行义务处理，未履行义务，自然就无权要求相应之权利了。

⑥ 一些中小企业未对固定资产进行折旧，从而造成企业多交所得税，造成损失。

⑦ 这是对增值税而言的，按相关规定估算，商业企业和其他企业毛利分别在23.5%和35.5%以上选择小规模纳税人，可以合理减少增值税缴纳额，否则应该选择一般纳税人。

⑧ 适当增加投资规模，一方面可以为企业未来发展奠定基础，同时由于支出的增加，当期缴纳的税负亦会降低。当然，纯粹为了减少税费缴纳金额而增加投资，则未必有效——这需要进行估算。

⑨ 中小企业的管理人员往往是其股东，股东可能出于各种原因，对自己制定了较低的薪酬待遇，导致本属于劳动报酬的部分作为企业利润分配给股东，从而导致不必要的双重课税负担——利润缴纳企业所得税，股利分配需缴纳个人所得税。

首先,明确各股东姓名、股权份额及参与企业营运管理的权限、程序和方式,尤其是要明确挂名股东、干股股东等的权限;这就为避免股东不恰当干涉企业经营、股东之间矛盾的协调提供了有效机制保障。通常,如无明确约定,股东对企业的影响只能通过股东会或董事会实现,股东及其亲属是无权直接参与企业营运管理的。

其次,对股利分配条件、决定、时间和方式进行约定。这将有效避免因股利分配政策不明造成股东分歧和矛盾对企业营运和发展的可能伤害。需要特别注意的是,股利分配应该以相对较高的股东信任度或规范的财务管理制度为前提;否则即便有规范的股利分配制度,股东之间也极有可能因为对企业利润的怀疑而分崩离析,从而造成对企业的伤害。⑩

再次,对退股、入股和股权转让作出明确规定。这将最大限度地确保企业不因股东或股权结构变化而受到不利影响。规定应重点明确退股时机与受让对象的限制、入股的批准及退股、入股股价的确定原则、方法和程序等。

二、企业法律风险管理及其体系

2012 年,国家标准化委员会颁布了《企业法律风险管理指南》(GB/T27914—2011,以下简称《指南》),为企业法律风险管理提供的架构。然而,一方面,广大中小企业面临着各种法律风险,且有对这些风险进行管理的需求和必要性;另一方面,完全按照指南建立完整的法律风险管理体系,对多数中小企业而言还存在意识和现实方面的重重困难。因而,根据中小企业的实际情况和需要,逐步建立企业法律风险管理体系,是协调这对矛盾的现实可行方案。

(一) 企业法律风险管理体系实践方法

《指南》明确了企业法律风险管理的八大原则,这八大原则构成了企业法律风险管理的骨架和内核⑪;笔者在这八大原则的基础上,基于中小企业实际情况和实践经验,总结出以下实践方法:

1. 模块化

在理想情形下,企业应该按照《指南》建立覆盖全部业务的法律风险管理体系;然而,对于很多中小企业而言,这并不现实,也并非紧迫的需要。因此,将法律风险管理体系按产、供、销、人、财、物六大业务模块分解成若干个法律风险管理模块,进而根据企业的实际情况、现实需要及轻重缓急逐一建立,最终随着企业的发展而逐步自然形成有机、完整的企业法律风险管理体系。

---

⑩ 笔者见过太多这样的案例。这也正是为什么笔者建议要建立规范的审计制度(无论是内部审计还是外部审计)的另一个原因。

⑪ 以企业战略目标为导向原则、审慎原则、与企业管理水平相适应原则、融入企业经营管理过程原则、纳入决策过程原则、纳入企业全面风险管理原则、全员参与与全过程原则、持续改进原则。

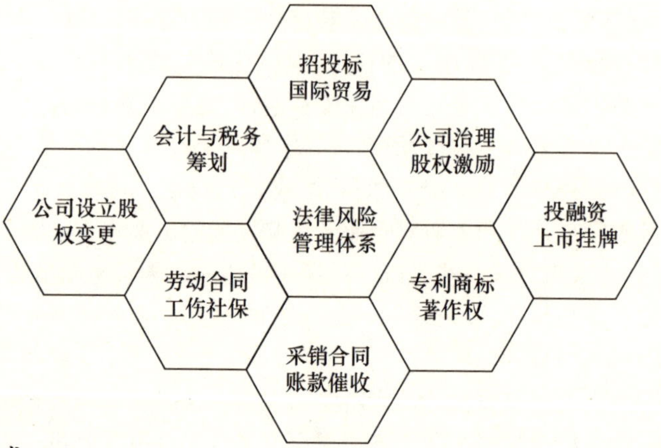

2. 嵌入式

企业法律风险管理体系是一个完整而相对独立的管理体系，但在体系设计与制度构建时，则应该融入到既有的企业管理体系和制度中，尽量避免额外单独再建一个体系，以避免重复、复杂化和损害效率。如销售合同法律风险管理涵盖格式合同管理、合同审批、合同修改、合同存档等内容，而这些管理活动完全可以融入到客户关系管理（合同选择）、销售管理（审批与修改）、文档管理（合同管理、单证管理、票据管理等）等既有制度中，而不必额外再制定一个专门的合同法律风险管理制度。

3. 责任制

企业应该设立法律风险管理官（CLO），负责建立、运行和维护企业法律风险管理体系及其有效性；同时与企业营运管理体系负责人、企业质量管理体系（ISO9001）管理者代表等组成联席会议，以从战略、全局层面更有效、更经济地服务于企业营运和战略目标的实现。

（二）企业法律风险管理体系的建立

企业法律风险管理体系的功能和价值，在于建立一套完整、成体系的法律风险识别、评价、处理与预防机制；这套机制在理论上可以做到完美，但在实务中却难以实现，对中小企业而言更是如此。

实践中，笔者总结了以下可操作性强的技术方法：

1. 法律风险识别技术

法律风险识别可以通过法律风险清单和法律纠纷反馈机制实现。法律风险清单罗列了企业可能遇到的所有法律风险，以及这些风险可能产生的环节和后果；企业可以对比企业法律风险清单进行自查，进而实现对企业法律风险的识别。显然，这种罗列是不周全的，但是可以通过企业法律纠纷反馈机制予以弥补和更新，这种反馈机制既可以对企业自身遇到的新法律风险进行反馈，也可以对外部研究机构、政府机关、其他企业提出或遇到的法律风险予以反馈。

实务中，笔者综合和简化了《指南》附件A和B的内容，拟定了实用性更强的企业法律风险清单。

2. 法律风险评价技术

笔者简化了《指南》有关法律风险影响分析架构，而导入质量管理学中的风险有限系数（RPN）数量模型。

根据RPN数量模型，特定风险管理的必要性和紧迫性由三个因素决定：风险发生后造成损失的严重性（S）、风险发生的频率（O）、风险的可识别性（D）。显然，后果越严重、发生的频次或可能性越大、可辨识度越低，意味着风险越大，越有进行管理的必要；但另一方面，即便风险发生后造成的损失很大、发生的频率很高，但其可识别性也很高——即风险一旦存在，即可被发现并采取有效措施解除，因此，这种看似严重、频发的风险的现实风险其实是很低的。

为了解决这对看似冲突的矛盾，RPN数量模型的解决方案是：

（1）对SOD进行量化。通常对SOD设定10个数量级；后果越严重（不仅仅是经济损失）、发生的频率越高、可识别的程度越低，SOD的值就越大；反之值则越小。

（2）RPN为SOD值的乘积。这样可以较好地综合SOD的影响；同时对特定范围的RPN约定处理的优先级，以便及时稳妥地处理。如设定0—150、151—300、301—400、401—600、601—1000的优先级为E、D、C、B、A级，显然A级风险应该优先得到解决。

（3）RPN并不能完全解决和预防后果极其严重的法律风险；因此作为补充，可以对S作出一定的例外规定。如只要S超过一定数值或属于特定，该风险的处理就属于最优先级。

如某项风险一旦成为事实，企业将被吊销营业执照（S=10），但发生的可能性很低（O=1），且极易被发现并纠正（D=1）。显然，仅凭RPN（RPN=10×1×1=10），则会造成重大损失；这时，就可以补充规定凡是S=10或后果为吊销营业执照的，无论RPN数值多少，处理优先级都为最高级A，这样就可以很好地弥补RPN的不足，对风险起到有效管理的作用。

3. 法律风险处置与预防技术

从管理的角度看，绝大多数风险的成因都是管理问题。因而，实务中，笔者重视和强调从管理意识、方法和制度层面对企业法律风险进行管理，尤其是财务层面，而不是仅仅从法律的角度对法律风险进行管理，这样可以有效避免法律风险管理方案的片面性，及因此造成的过高管理成本。基于此，笔者建议将企业法律风险与企业ISO9001质量管理体系和财务内控体系作为一个整体来设计和建立。

（三）企业法律风险管理体系的维护

按照模块化的实践思路和方法，企业最初建立的法律风险管理体系是局部且不完整的；因而，其维护则承担着完善和改进体系的双重任务。

1. 逐步完善企业法律风险管理体系

随着企业业务、管理、规模的不断变化、发展，企业所面临的法律风险范围、性质也会发生变化；此时，企业就应该根据现实需要，适时建立新的法律风险管理模块，完善整个法律管理体系。如企业加强外贸出口、进入并购重组扩张期等，则应该及时建立国际贸易与结算、投融资等相关法律风险管理功能模块，实现对相关业务法律风险的管理，同时也使企业法律风险管理体系得到进一步完善。

2. 依据新法、新规更新企业法律风险管理体系

企业的法律环境经常随新法、新规的颁布或修订而发生变化，显然，企业应该对按照新法新规对企业法律风险管理体系进行更新和修订，以确保体系的有效性和适宜性。如2014年，关于消费者权益保护、工伤认定、企业信息公开管理等方面的新法、新规出台或实施，企业就应该及时更新法律风险管理体系的相关部分。

3. 根据实际状况定期改进企业法律风险管理体系

法律风险的具体预防和应对措施因每个企业所处行业、市场地位及自身管理水平的不同而呈现较大差异；在实务中，企业至少每年要对过往一年中企业发生的问题、纠纷、风险等进行总结、检讨，并在总结检讨的基础上改进企业法律风险管理体系。如笔者在实践中遇到两起因客户破产导致损失的情形，于是当年就对法律风险管理体系进行了改进，并在格式销售合同中增加了所有权保留条款，以使更好地维护企业权益。

三、中小企业法律风险管理体系实践初步总结

对于市场经济环境下的企业而言，利润最大化是其使命；然而，在消费者—企业—国家的三角社会关系中，企业不仅要正面商业契约违约带来的潜在风险，还需为合法经营付出成本，这显然与企业的使命相矛盾。此二者既是形成法律风险的根源，也是企业敢于冒险的动力。这一点对于中小企业而言就更是如此了。

而在笔者的实践中，广大中小企业并非完全对法律风险及其管理没有意识或者需求，只是这种意识和需求被现实的生存压力和发展躁动所压抑而有待唤醒。事实上，只要从企业管理和发展的角度阐明法律风险管理的必要性和经济性，广大中小企业建立企业法律风险管理体系的积极性比大型企业还要高——因为他们的生存压力远大于大型企业，而风险承受能力又远小于大型企业。

1. 企业法律风险管理是一项投资，而不是费用支出

从风险与利润关系的角度看，利润即是对风险的补偿对价；而企业的赢利于对风险的正确识别和成功处理，以及风险扩大化产生的临时性收益；而进行法律风险管理，则是对规避法律风险损失的投资，这项投资的收益就是损失的降低，降低的损失构成了企业利润的一部分。

如通过企业法律风险管理，可以合法进行劳务用工、规范企业合同管理等，不仅可以避免因灰色操作导致的要挟和讹诈，而且还可以为纠纷的和解、仲裁、诉讼

提供合法、有效、完整的证据,进而确保企业合法权益得到最大限度的保障,减少市场经济的固有风险导致的各种损失。

事实上,针对企业过往较为突出的问题建立相应的法律风险管理制度,更能获得中小企业的支持并满足其现实需求,这也是模块化建构企业法律风险管理体系的现实原因。

2. 企业法律风险管理有利于企业竞争力的保持与长远发展

现实的看,企业的利润来源大致可以分为三个方面:企业合法经营所获得的正常利润、因风险扩大化而产生的额外利润(简称风险利润)、企业不合法经营获得的灰色利润。

对风险进行管理,则意味着锁定风险利润的同时,有效降低风险的确定性可能造成的损失;而对创造灰色利润的风险进行管理,一方面可以将灰色利润账面利润挤出,从而暴露企业的真实经营水平和成果,让企业主和管理者保持清醒;另一方面能有效降低或消除灰色利润可能造成的重大法律风险与损失。可见,企业法律风险管理能让管理者清晰、明确地认识到问题,尽早采取措施并解决问题,进而排除企业未来发展中的风险和障碍,有力保障企业的竞争力与长远发展。其次,对法律风险进行管理,能树立良好的企业形象,提升企业的信誉度,增加企业的无形价值。这种增加不仅体现在产品和服务在市场上的美誉度、号召力和占有率方面,而且还体现在企业营运成本的降低等方面。如,由于企业合法经营,具有较高的美誉度,它可以以更低的成本维系人员、供应商的稳定性,从而使其应对相应不稳定性的支出降低。

3. 企业法律风险建构与内控一体化

企业法律风险管理是企业风险管理的一部分,而非全部;因而,企业法律风险管理体系的建构和完善,应该充分评估、考虑和融入企业现有的内控体系,尤其是财务体系。简单地按照《指南》建立所谓完善、独立的法律风险管理体系,不仅脱离实际,而且会将简单问题复杂化,最终使体系成为一个文本摆设,这显然与《指南》主旨相悖。

有限责任公司股权转让及相关律师实务

赵振华*

[摘要] 有限责任公司股权转让协议的起草、签订、履行是律师的常规业务，但是股权转让是一项有多个环节的过程，中间有很多法律风险节点，股权转让过程律师的参与对股权转让交易的促成、安全完成有着重要作用，由于我国法律没有明确规定股权转让何时完成，所以如何理解何时完成了股权转让，本文将加以论述。

[关键词] 有限责任公司 股权 股权转让 生效 流程 律师实务

一、基本概念

(1) 有限责任公司，是依法设立的企业法人的一种类型，与之有区别的是股份有限公司，有限责任公司依据《公司法》第8条的规定，也称“有限公司”。

(2) 股权，依据《中华人民共和国民法通则》第71条的规定是一种所有权，一种特殊财产所有权，有人合与资合的双重特点，属于无形资产。不同于一般的物权、债权，是基于投资依法形成的一种对被投资的主体及其他相关人享有的一种权利和义务的结合。

(3) 股权转让，是财产权利及相应义务的转让。股权转让是一种民事合意行为，应当按照合同法的一般规定进行，同时股权转让的特性还要符合《公司法》的规定。

股权转让由于公司的性质不同分为：有限责任公司的股权转让；股份有限公司的股权转让。

一般说来，转让人与受让人基于股权转让的合意达成真实一致的意思表示时，股权转让即能成立并生效。但法律规定必须履行批准或登记手续才能生效的，只有经过法定程序获得批准或登记之后合同才能生效。由于股权转让具有财产权利转让的性质，也有义务转让的多重性、复杂性，所以我们这里只论述向股东以外的人协议转让股权的情形，如司法机关强制执行等暂不论述。

(4) 股权转让生效，是指股权转让何时生效，股权转让何时完成，进一步讲就是股权何时发生转移，转移的形式如何。

(5) 股权转让流程，是指律师办理股权转让时的工作顺序及注意节点。

---

* 河南苍穹律师事务所律师。

二、股权转让律师实务

股权转让流程

1. 准备流程

(1) 受让方与目标公司的转让方进行洽谈,初步了解情况,进而达成受让意向,签订转让意向书,意向书约定股权转让失败的损失承担,保密条款等。主张目标公司也派员参加。

(2) 转让方向受让方提供目标公司的资产、债权、债务、员工清单,必要的财务资料。如果无保密必要,应当在一定范围内公开拟定转让股权计划,以便或有债权人行使债权,受让人应充分了解目标公司净资产状况。

(3) 受让方可以对目标公司进行资产评估,对目标公司进行尽职调查。如果目标公司为国有公司或者国有参股公司必须评估。

(4) 转让方履行目标公司其他股东的过半数同意转让股权、优先购买权告知、行使事项。

(5) 双方审查本次股权转让是否符合目标公司章程的其他特殊规定。

(6) 双方正式谈判,签订股权转让合同。主张受让人积极要求目标公司为股权转让合同一方当事人。

2. 股权转让需履行的手续

(1) 双方根据公司章程或《公司法》及相关配套法规的规定,履行各自的内部审批程序,如股东大会决议、董事会决议。

(2) 双方根据法律、法规的要求,将股权转让合同交有关部门批准或备案。

(3) 股权转让合同生效后,双方按照合同约定履行目标公司的财产转移、经营管理权、公文印鉴转移手续。

(4) 将受让人姓名或者名称、股权数额记载于目标公司的股东名册,同时注销转让人的股东名册记录及注销出资证明书,转让人未完全转让股权的,履行减少股权的变更手续。

(5) 目标公司向受让人签发出资证明书,并相应修改公司章程中关于股东名称及出资额的记载。

(6) 股权转让后30日内目标公司向工商行政管理部门申请股东、章程变更登记。

3. 应当注意的节点

(1) 股权转让合同应当符合《合同法》的一般规定。

(2) 股权转让合同应当约定无论是缴纳部分还是未实缴或者认缴全部出资的股权转让后,受让人依法承担公司债务后,转让人与受让人双方如何追偿的问题。

(3) 涉及国有公司或者国有参股公司的,根据《中华人民共和国企业国有资产管理法》第53条、55条的规定，应当报同级人民政府批准，应当进行评估。

中外合资或中外合作的有限公司股权转让的，根据《中华人民共和国中外合资经营企业法》第3条的规定，应当报审查批准机关批准；根据《中华人民共和国中外合作经营企业法》第10条的规定："要经他方同意，并报审查批准机关批准。"

《外商投资企业投资者股权变更的若干规定》第3条规定："企业投资者股权变更应遵守中国有关法律、法规，并按照本规定经审批机关批准和登记机关变更登记。未经审批机关批准的股权变更无效。"第4条规定："企业投资者股权变更必须符合中国法律、法规对投资者资格的规定和产业政策要求。"

依照《外商投资产业指导目录》，不允许外商独资经营的产业，股权变更不得导致外国投资者持有企业的全部股权；因股权变更而使企业变成外资企业的，还必须符合《中华人民共和国外资企业法实施细则》（以下简称《外资细则》）所规定的设立外资企业的条件。

需由国有资产占控股或主导地位的产业，股权变更不得导致外国投资者或非中国国有企业占控股或主导地位。

（4）出资证明书作为公司对股东履行出资义务和享有股权的证明，只是股东对抗公司的证明，并不足以产生对外公示的效力，所以将新修改的公司章程、股东及其出资变更等向工商行政管理部门进行变更登记。至此，有限责任公司股权转让的法定程序才告完成。

（5）股权转让合同提倡签订转让人、受让人、目标公司三方合同。

三、股权转让的相关流程、节点法律依据及理论分析

1. 股权转让的股东过半数同意及优先购买权

由于有限责任公司的人合与资合的双重性特点，其股权的转让，应当特别对待。为了保障股东彼此之间的相互信赖，保证股东人员的稳定性，所以法律规定对股东向股东以外的人转让出资作出限制是合理的，符合资合与人合的初始要求。

2. 股权转让的生效

股权转让的生效是指股权何时发生实际转移的问题，也就是受让方何时取得股东身份的问题，我们认为应当从变更股东名册时起生效。

股权转让何时生效在《公司法》里没有明确规定，但是根据《公司法》第32条第2款、第3款的规定，"记载于股东名册的股东，可以依股东名册主张行使股东权利。公司应当将股东的姓名或者名称及其出资额向公司登记机关登记；登记事项发生变更的，应当办理变更登记。未经登记或者变更登记的，不得对抗第三人"据此，我们认为有限责任公司的股权转让应从变更股东名册起生效。

但是这样就出现股东名册与工商登记记载之间不一致的情况，对此目标公司应当及时办理变更登记，保持股东名册与工商登记的一致性。

还有用股东名册证明股东身份不具有公示效力，股权虽然已经属于受让人，如

果出现转让人对外负有债务,也没有其他财产可供偿还,就有转让人的债权人主张以未变更登记的股权偿还债务的潜在风险,所以为了完全保护受让人的股东权益,应当及时办理公司变更登记手续,律师实务中应当特别注意。

3. 股权转让不及时变更工商登记的其他法律后果

《公司法解释(三)》第28条规定:“股权转让后尚未向公司登记机关办理变更登记,原股东将仍登记于其名下的股权转让、质押或者以其他方式处分,受让股东以其对股权享有实际权利为由,请求认定处分股权行为无效的,人民法院可以参照物权法第一百零六条的规定处理。原股东处分股权造成受让股东损失,受让股东请求原股东承担赔偿责任,对于未及时办理变更登记有过错的董事、高级管理人员或者实际控制人承担相应责任的,人民法院应予支持;受让股东对于未及时办理变更登记也有过错的,可以适当减轻上述董事、高级管理人员或者实际控制人的责任。”

4. 认缴及为实缴出资的转让法律规定

《公司法解释(三)》第19条规定:“有限责任公司的股东未履行或者未全面履行出资义务即转让股权,受让人对此知道或者应当知道,公司请求该股东履行出资义务、受让人对此承担连带责任的,人民法院应予支持;公司债权人依照本规定第十三条第二款向该股东提起诉讼,同时请求前述受让人对此承担连带责任的,人民法院应予支持。受让人根据前款规定承担责任后,向该未履行或者未全面履行出资义务的股东追偿的,人民法院应予支持。但是,当事人另有约定的除外。”

5. 股权转让合同提倡签订转让人、受让人、目标公司三方合同对于受让人的必要性

股权转让虽然是目标公司股东之间的事务,但是完成股权转让不但需要转让人、受让人相互配合,还需要目标公司的配合,所以为了顺利完成股权转让,对于受让人应当提倡三方合同。

法律依据有:

(1)《公司法》第32条第3款规定:“公司应当将股东的姓名或者名称向公司登记机关登记;登记事项发生变更的,应当办理变更登记。”

(2)《公司法》第73条规定:“依照本法第72条、第73条转让股权后,公司应当注销原股东的出资证明书,向新股东签发出资证明书,并相应修改公司章程及股东名册中有关股东及其出资额的记载。”

以上虽然有法定义务,但是如果目标公司不履行,法律没有规定拒不签发出资证明书的罚则,对于拒不变更登记罚则较轻。所以律师在实务操作中应当设定违约条款加以约束,以便股权转让顺利完成。

关于律师在公司的工商登记过程中出具法律意见书的探讨

李安祥*

[摘要] 公司在工商登记过程中对提交材料的真实性负责，公司登记机关对申请人提交材料是否合法进行审查。面临众多的代办公司登记的机构，公司如何选择才能确保其提交的材料符合登记机关办理登记的要求？律师作为长期从事法律实践的专业人员，拥有较强的法律逻辑思维，能够很好地理解法律规定的价值与意义，为公司的工商登记的合法性提供完善的法律意见。并且，相较于众多的代办公司登记机构，律师出具的法律意见书更具有专业性与权威性，能够得到公司登记机关的认可，有助于提高登记工作的效率。

[关键词] 公司　公司登记机关　工商登记　律师　法律意见书

一、引言

公司的工商登记是指公司在设立、变更、终止时，依法在公司登记机关由申请人提出申请，主管机关审查无误后予以核准并记载法定登记事项的行为。首先，从其定义可以看出，公司的工商登记是一种公司与公司登记机关之间的法律关系。分析该法律关系中的法律行为可以得知，公司的工商登记是分阶段的，公司的设立和注销登记属于强制性登记的行政许可行为，变更登记与备案登记属于不产生强制效力的宣示性登记的准行政行为，因此公司登记机关在进行登记过程中审查的尺度也是不一样的。其次，公司登记机关是依据《内资企业登记提交材料规范》和《内资企业登记文书规范》（以下简称“两个规范”）对公司登记的材料进行合法性审查，至于材料的真实性是由申请人自行承担的。申请人如何保证其提交的材料的合法性，公司登记机关如何去审查，以及遇到了“两个规范”中没有提及的问题该如何去办理登记。针对以上发生的现实问题，公司该如何应对以顺利完成工商登记？这时律师的介入就很有必要，作为一名专业的法律人士，律师对公司工商登记的合法性是最有发言权的，现仅就律师在内资公司的工商登记过程中出具法律意见书进行探究。

---

* 江苏李安祥律师事务所主任。

二、律师为公司的工商登记出具法律意见书的必要性与可行性

(一) 必要性

案例一:A 准备设立一个公司,遂承租了 B、C、D、E 共有的房屋,但是该房屋承租协议仅仅是与 B、C、D 三人所签,E 并未签字同意。问题在于该房屋承租协议是否有效,公司登记机关如何审查,A 持这一房屋承租协议能否顺利办理公司设立登记?

案例二:A 是一个改制后的有限责任公司,经过了 2/3 以上表决权的股东同意修改了公司章程,章程约定股东因辞职、违反公司规章制度等情形而被公司解除劳动关系或聘用关系、泄露公司商业秘密、为自己或者他人谋取属于公司的商业机会,应当将其所持有的股份转让给公司其他股东。问题在于该章程条款的修改是否有效,公司登记机关如何审查,能否办理章程备案?

1. 公司在工商登记中存在的问题

案例一和案例二是在公司在登记过程中实际发生的问题,反映了公司与公司登记机关在登记问题上遇到的一些问题,我们对此加以分析。

首先,对公司来说,公司在判断其行为是否合法的问题上,其主要依据是国家工商行政管理总局发布的《公司法》和《公司登记管理条例》,但《公司法》是一部实体法,并且还有强制性规范与任意性规范、效力性规范与管理性规范之分,而《公司登记管理条例》对于公司的登记行为也只是做了形式上的规定,公司在做出具体行为时该如何操作,才能保证其实体上和程序上的合法性? 在公司法务不能处理的情况下,公司会选择社会中介服务机构,比如专门代办公司登记的机构、会计师事务所、律师事务所等。相较于社会上的其他服务机构,律师事务所里都是具有法律逻辑思维的律师,长期接触法律实务,能够较好地理解法律规定的价值与意义,运用法律解决实际问题。在公司行为的合法性问题上,律师能够从公司的实际情况出发去考虑法律规定,为公司提供切实可行、合理完善的法律意见。

其次,对于公司登记机关而言,其审查依据是《公司登记管理条例》和“两个规范”,公司登记机关在工商登记过程中注重审查合法性,即对申请文件、材料是否符合法定形式进行审查,并且不符合要求的应当当场或者在 5 日内一次性告知申请人需要补正的全部内容,而申请人则需要对其提交材料的真实性负责。

《中华人民共和国行政许可法》(以下简称《行政许可法》)第 34 条规定:“行政机关应当对申请人提交的申请材料进行审查。申请人提交的申请材料齐全、符合法定形式,行政机关能够当场作出决定的,应当当场作出书面的行政许可决定。根据法定条件和程序,需要对申请材料的实质内容进行核实,行政机关应当指派两名以上工作人员进行核查。”也就是说,对于行政许可事项,原则上采用的是形式审查的标准,若需要对材料内容进行核实,行政机关则需采用实质审查标准进行核实。

《公司登记管理条例》对于公司设立登记、变更登记、注销登记等程序作出了规定，该条例就审查标准的规定与《行政许可法》一致。基于上述法条可以看出，我国就公司登记的审查，主要采取的是形式为主、实质为辅的标准，但是对于两者之间的界限约定不明。由此也导致了实践中存在种种问题，包括哪些事项应该进行形式审查，哪些事项应该进行实质审查？形式审、实质审应该审查的内容有哪些？应该审查到什么程度？什么时候是其认为有需要的时候？这就是实践中产生混乱的原因。鉴于公司登记机关需要进行合法性审查，并且有 5 日的时间限制，既追求审查的水平又追求审查的效率。但是合法性审查的标准，法律规定不甚明确，这从一定程度上造成了实践中公司审查标准运用混乱。再者，对于一些法律已有明确规定的事项，由于公司登记机关具体审查人员的不同，常常对公司登记事项所需材料有不同的理解，甚至要求提供一些法律规定之外的材料或者提供一些格式化的文本，从而让申请人屡屡感到无从下手，摸不到头脑。这一做法在实践中可能会极大地增加企业的成本，不利于提高登记的效率。考虑到法律规定不明、公司登记机关审查人员业务水平能力有限以及审查的时间限制，律师的介入既能保证登记的合法性，也能提高登记机关的审查效率。

综上，针对公司在办理工商登记过程中遇到的合法性问题的审查，如果仅仅依据“两个规范”来提交材料，可以办理一些简单的登记事项，但是对一些复杂的登记事项比如继承、赠与等引起工商登记的事项如何去提交材料，“两个规范”没有明确的规定，这时就需要对法律进行理解与解释。对法律的理解与解释，律师因其惯常的法律逻辑思维和丰富的法律理论知识而有一定优势，并且借助其法律实践的经验和判断力，能够很好地解决公司实际中的法律问题。

2. 工商登记制度改革带来的影响

修正《公司法》，重点针对公司的注册资本进行改革，将公司注册资本实缴制改为认缴制，放宽了注册资本的条件，将年检改为年报，简化了住所登记手续。根据修正《公司法》，《公司登记管理条例》、“两个规范”也进行了相应修订。2014 年 3 月 1 日施行的《内资企业登记文书规范》减少了 29 种〔其中登记文书减少 19 种（减少 15 种申请书和 4 种附表）、登记审核文书减少 5 种，登记通知文书减少 2 种〕文书。2014 年 3 月 1 日起施行的《内资企业登记提交材料规范》共 30 个，比原规范减少 34 个。该次改革所带来的“宽进严管”理念可能并未被公司所理解，例如一般有限公司设立时不须提交验资报告、没有了最低注册资本限额的规定、年审改为年报、企业信用信息公示等，公司在实际中该如何理解与操作存在着困惑。虽然伴随着注册资本登记制度的改革，我国公司登记制度发生了一系列变革，但是依据“两个规范”进行的形式审查也并不意味着不需要进行合法性审查，《公司登记管理条例》关于公司登记机关的审查标准依然是合法性审查，所以公司在工商登记中遇到的问题依然存在，公司登记机关登记的水平与效率问题依然如故。2014 年 4 月份，A 有限公司为工商登记的问题找到笔者，就该公司的股权转让问题咨询。在该公司办理工商登记时,公司登记机关认为根据《A 有限公司章程》的规定,该股权的转让涉及公司董事股东对非董事股东转让股权,是对董事会和章程的变动与修改,故要求 A 公司提供股东会决议,A 公司认为,根据《公司法》,股东之间是可以自由转让股权的,对登记机关的要求甚为不解,并且 A 公司的股东也比较多,为股东之间的转股召开股东会不切合实际情况。我对 A 公司的情况和工商登记机关进行了解与沟通,为 A 公司办理工商登记出具了法律意见书(见附件一):《有限公司章程》中关于董事会成员出资额以及出资方式的规定,只是根据当时董事会成员的出资情况所作的客观记载和表述,董事股东转让股权并不是对董事会变动,股东之间转让股权只是对公司章程中记载事项作出变更,并非对章程条款作出实质性内容修改,根据《公司法》的规定,股东之间可以自由转让股权,股东之间转让股权的不是对章程的修改,不需要召开股东会,工商登记机关应予办理变更登记。从该案例,我们可以看出,公司登记机关在审查过程中仍然在遵循合法性标准。

(二) 可行性

房产部门在登记过程中只认公证书,对律师出具的法律意见书是不予认可的,但是在公司登记机关,律师的法律意见书是得到认可的,我们对此作了尝试,并取得了良好成效。作为一名长期从事公司法业务的律师,本人积极尝试,为企业在并购、股权转让等相关工商登记过程中出具了法律意见书,并且也已得到了本市工商局的高度认可。该创新业务一方面使企业能够顺利完成工商登记,另一方面又使公司登记机关提高了登记效率,避免在登记中产生真实性、合法性审查的法律风险,得到了企业和公司登记机关的一致好评。

三、律师如何为公司工商登记工作出具法律意见书

针对案例一所出现的公司难题,我们在与工商局进行交流沟通过程中将问题集中在房屋承租协议的效力上,并向工商局出具法律意见书,说明房屋的出租属于管理性行为而不是处分性行为,依据《物权法》,承租协议并不需要全体共有人的同意,故 D 未签字表示同意不影响其效力,工商局可以办理公司的设立登记。

针对案例二所出现的困惑,我们给公司的法律意见是:章程的修改程序上只需 2/3 以上表决权的股东同意即可,这是《公司法》的明文规定,但是从章程条款实质内容来说可能涉及侵害小股东的股权问题,公司可能会面临诉讼的风险。从司法实践来说,公司通过章程条款剥夺小股东的股权,法院一般是不予支持的,但也有个别改制企业的案例获得了法院的支持。考虑到改制企业的特殊性,股东股权来源的不同,有些职工股是职工工龄置换而来,故而更加强调职工对公司的归属性,一旦职工离职则脱离了公司的管理,并且基于有限公司的人合性,应将股权收回。

除了上述两个案例中提到的问题,实践中公司在办理工商登记中出现的问题还是多种多样的,对其合法性的把握并不是公司本身可以做到的,甚至于公司自身

的法务也并不一定能完善地解决。我们就接受过这样的委托，某A房产公司与B房产公司在吸收合并过程中，工商局对于合并的合法性产生疑问，认为该两公司并没有就吸收合并事项形成各自股东会决议就发布了公告，程序上是错误的。该公司的法务没有完善地处理该问题从而不能办理工商登记，A房产公司故而专门委托律师办理。笔者通过了解公司的实际情况，结合法律的规定，向工商局出具了法律意见书（见附件二）：A、B两家公司虽然没有形成关于吸收合并的股东会决议，但是在签订合并协议时已经就合并事宜达成意向，签订合并协议后也依法发布了公告，并且在此后的股东会上对该吸收合并协议进行了追认，该吸收合并协议是合法有效的。A、B两公司的合并虽然在程序上不符合吸收合并的一般程序，但是实质上没有侵害其他股东的权益，符合法律、法规的实质和形式要件，工商局可以办理相应登记。所以，在公司的工商登记过程中，律师的介入还是很有必要的。

结合笔者在实际中向工商局出具的多份法律意见书，现就律师在公司工商登记过程中如何提供法律服务、提供法律意见以及最终出具法律意见书进行总结。

1. 接受委托

公司要进行工商登记就需要对此有所了解，此时公司若有法务就会向法务咨询，若是没有法务则会选择外来机构，比如一些代办公司注册的机构、会计师事务所、律师事务所等。律师的介入是有一定难度的，尤其是在公司已有法务的情况下，但是若是有针对性地对待公司的这一需求，律师还是很有优越性的。针对公司的需求，律师应该全面了解公司的情况，掌握公司的经营与发展的方向，使该项服务更好地切合公司的发展。

2. 尽职调查

接受委托后通过多种渠道对公司进行调查，公司管理人是否有竞业禁止义务，法人的3年禁止期以及改制企业的股权托管问题等公司情况。

3. 公司出具承诺书

公司对其提交律师审查的材料的真实性出具承诺书。

4. 审查材料

律师对比“两个规范”，对公司提供的材料是否齐全、合法进行初步审查，对材料内容的合法性有疑问的，应先了解公司的真实意图，然后给出合理合法的法律建议。

5. 撰写法律意见书

法律意见书的内容应包括审查的材料、援引的法律法规、公司的实际情况与本次发生的法律事实、法律意见、法律意见书的用途等。笔者出具的法律意见书主要由五部分组成，第一部分点明律师接受公司的合法授权，并遵守律师执业道德与准则，就公司办理登记的合法性出具法律意见；第二部分是序言，说明公司提交的材料、出具法律意见所依据的法律法规以及该法律意见书的用途；第三部分是事实，查明公司的概况以及办理此次登记所发生的法律事实；第四部分是法律意见，结合法律法规就此次发生的法律事实的合法性出具法律意见；第五部分是说明，法律意见书的份数及相关附件情况。

四、律师为公司工商登记出具法律意见书的推广

在当前的条件下，国家虽然对公司的注册资本登记制度进行了改革，更加强调公司的自治，但是对公司的后续监管却更加严格，公司与公司登记机关在工商登记中面临的问题依然存在。律师作为法律专业人士，对法律、法规有着深入的理解，能够针对公司的需求提供合理、完善的法律服务，确保公司登记的合法、有效以及公司的商业发展目标。再者，公司登记机关在一些可能存在纠纷或难以确认的情况下，若是要求由律师就申请登记事项的合法性出具法律意见书，可以有效提高工作效率和水平。但是，律师在出具法律意见书时，也应注意尊重事实与法律，按照律师行业的道德准则提供法律服务。

关于律师为公司工商登记出具法律意见书这一非诉新领域，本人曾召集本市公司法业务委员会的委员进行过专门研讨，该项非诉新业务在理论和实践中是确实可行的，如果能够形成一个规范的操作指引进行推广，将有益于律师在公司法业务上的拓展。

参考文献

[1] 刘岳：《行政登记行为性质分析及其司法审查——以工商行政登记为例》，载《衡水学院学报》2007 年第 2 期。

[2] 李孝猛：《我国公司登记审查的法律原则：新折中审查标准——基于规范分析的实证视角》，载《中国工商管理研究》2013 年第 3 期。

附件一:

江苏李安祥律师事务所
关于A有限公司股东之间转让股权法律意见书

(2014)宁李律意字第0002号

××工商行政管理局××分局:

江苏李安祥律师事务所系A有限公司法律顾问,受该公司委托,就公司部分股东之间转让股权一事在程序上和实体上的合法性,出具法律意见。本所指派律师遵循了勤勉尽责和诚实信用原则,对报送贵局备案的资料进行了充分的核查验证,保证本法律意见所认定的事实完整,所发表的结论性意见合法,不存在虚假、误导性陈述或者重大遗漏,并对结论性意见承担相应法律责任。现特出具法律意见书如下:

第一章 序言

一、文件材料

出具本法律意见书之前,本律师事务所律师详细审查了A有限公司及公司部分股东之间转让股权的文件资料,具体如下:

1. A有限公司《企业法人营业执照》;
2. A有限公司章程及章程修正案;
3. A有限公司登记股东名册、验资报告等;
4. A有限公司拟转让股权股东双方身份证件;
5. A有限公司股东股权转让协议共计七份。

上述材料由A有限公司、股权转让方虞××、股权受让方李××提供,材料提供方对于材料的真实性承担一切法律责任。

二、本法律意见书出具的法律依据

1.《中华人民共和国公司法》及司法解释;
2.《A有限公司章程》;
3.《中华人民共和国公司登记管理条例》。

三、本法律意见书的使用范围

本法律意见书仅供南京A有限公司办理股权工商变更手续使用,不作其他用途。

第二章 事实

一、A有限公司

A有限公司系根据《中华人民共和国公司法》以及相关法律规定设立的有限责任公司。该公司现注册资本为人民币××万元,住所地:××,法定代表人:××,工商注册号:××。

现有登记股东29名,分别为:

股东姓名	出资额(万元)	占注册资本总的比例
某某	某某	7.90%
某某	某某	20.64%
•	•	•
•	•	•
•	•	•
•	•	•
•	•	•
•	•	•
累计	某某	100.00%

二、股权转让

2013年3月22日,鲁某某将其持有的A有限公司股权××万元(占公司注册资本的××%)转让给帅某某。

2013年8月21日,虞某某将其持有的A有限公司股权××万元(占公司注册资本的××%)转让给帅某某。

2013年9月23日,张某某将其持有的A有限公司股权××万元(占注册资本的××%)的50%,即××万元(占注册资本的××%)转让给高某某。

2013年9月23日,张某某将其持有的A有限公司股权××万元(占注册资本的××%)的50%,即××万元(占注册资本的××%)转让给李某某。

2014年3月21日,马某某将其持有的A有限公司股权××万元(占注册资本的××%)转让给蒋×。

2014年3月21日,张某将其持有的A有限公司股权××万元(占注册资本的××%)中的××万元(占公司注册资本的××%)转让给蒋某。

2014年3月24日,李某将其持有的A有限公司股权××万元(占注册资本的××%)转让给蒋某。

第三章　法律意见

基于上述事实和文件资料,本律师事务所依据意见书第一章、第二章列明的文件、法律法规及事实,作出如下法律意见:

一、股权转让

本次股权转让合法有效。

《中华人民共和国公司法》第71条第1款规定:“有限责任公司的股东之间可以相互转让其全部或者部分股权。”

《A有限公司章程》第24条规定:“股东在公司登记注册后,不得抽回股金。股东之间可以相互转让其全部或部分股权。”

本次股权转让,系A有限公司股东之间的股权转让。股东之间的股权转让系股东自由、真实的意思表示，并且符合《中华人民共和国公司法》及《A 有限公司章程》规定的条件，是股东之间的自由转让，股权转让合法有效。

二、关于对《A 有限公司章程》第 14 条的理解

《A 有限公司章程》第 14 条关于董事会成员出资额以及出资方式的规定，只是根据当时董事会成员的出资情况所作的客观记载和表述。由于股东的股权属于股东的个人财产，故股东转让股权是对其个人财产的处置，依法应予保护；其次，此次股权转让虽会导致董事会成员出资总额变动，但这并不必然引起董事会成员的变动，对公司的治理结构并不必然产生影响；再者，股东之间转让股权只是对公司章程中记载事项作出变更，并非对章程条款作出实质性内容修改；另外，股东之间转让股权亦不属于《公司法》和《章程》中股东会会议表决的事项。

综上所述，本律师作出如下结论：

根据《公司法》第 38 条及《公司章程》第 27 条之规定，本次股权转让符合法律规定，无须经公司股东会会议表决，即可办理 A 有限公司股权工商变更登记手续。

第四章　说明

一、本法律意见书一式 3 份，1 份于江苏李安祥律师事务所存档，1 份交 A 有限公司存档，1 份交××工商行政管理局××分局。

二、本法律意见书一共 4 页，其后之附件均为本法律意见书不可分割之组成部分。相关法律文件的复印件与原件无异。

江苏李安祥律师事务所律师：李安祥

××年××月××日

附款：

《A 有限公司章程》第 14 条　股东的姓名、出资方式和出资额：

（一）董事会成员出资额 2 388.7777 万元人民币，占 47.78%。

（二）除董事会成员以外的股东出资额 1 771.6664 万元人民币，占 35.38%。

（三）公司职工出资额 839.5559 万元人民币，占 16.84%。

（四）公司内部职工建立职工持股会，委托持股会托管运作。持股会代表进入股东会。

附件二：

江苏李安祥律师事务所
关于B房地产开发有限公司吸收合并A房地产开发有限责任公司法律意见书*

(2014)宁李律意字第0001号

××工商行政管理局：

江苏李安祥律师事务所接受江苏B房地产开发有限公司(以下简称B公司)委托，就B公司吸收合并南京A房地产开发有限责任公司(以下简称A公司)一事，出具法律意见。本所指派律师遵循了勤勉尽责和诚实信用原则，对报送贵局备案的资料进行了充分的核查验证，就B公司吸收合并A公司事项实体上和程序上的合法性，出具法律意见书如下：

第一章　序言

一、文件材料

出具本法律意见书之前，本律师事务所律师详细审查了B公司及A公司进行吸收合并的文件资料，具体如下：

1. B公司股东与A公司股东于2013年10月30日签订的《股东决定》；
2. B公司与A公司于2013年10月30日签订的《吸收合并协议》；
3. B公司和A公司各自的章程；
4. B公司和A公司关于吸收合并的股东会决议；
5. B公司和A公司于2013年11月7日共同发布的吸收合并公告。

上述材料由B公司、A公司分别提供，材料提供方对于材料的真实性承担一切法律责任。

二、本法律意见书出具的法律依据

1.《中华人民共和国公司法》；
2.《中华人民共和国合同法》；
3.《中华人民共和国公司登记管理条例》；
4.《B公司章程》；
5.《A公司章程》。

三、本法律意见书的使用范围

本法律意见书仅供B公司办理吸收合并A公司的工商变更手续使用，不作其

---

* 本意见书中起草时，修正《公司法》尚未实施，因此，本案适用的是2005年修订《公司法》。

他用途。

第二章　事实

一、江苏B房地产开发有限公司

B公司系根据《中华人民共和国公司法》以及相关法律规定设立的有限责任公司。该公司现注册资本为人民币21800万元,住所地:××市××区××路××号,法定代表人:某某,工商注册号:××。

B公司现有登记股东两个,分别为:

小C公司	出资额:20884.4万元	出资比例:95.8%
小D公司	出资额:915.6万元	出资比例:4.2%
合计	出资额:21800万元	出资比例:100%

二、江苏A房地产开发有限公司

A公司系根据《中华人民共和国公司法》以及相关法律规定设立的有限责任公司。该公司现注册资本为人民币3000万元,住所地:××市××区××路××号,法定代表人:某某,工商注册号:××。

A公司现有登记股东1个,为:

B公司　出资额3000万元　出资比例100%

三、吸收合并事宜

1. 2013年10月30日,小C公司(B公司持股95.8%的股东)和陈某某(A公司持股98.296790%的股东)签署了关于B公司吸收合并A公司的《股东决定》,约定了B公司与A公司将签订《吸收合并协议》。

2. 2013年10月30日,B公司和A公司签署了《吸收合并协议》,B公司吸收合并A公司,B公司继续存在,注册资本不变,A公司解散并注销。

3. 2013年11月3日,B公司召开股东会,表决通过B公司吸收合并A公司一事,并形成股东会决议。

4. 2013年11月7日,B公司和A公司依法在《江苏经济报》A2版刊登了关于B公司吸收合并A公司的吸收合并公告。

5. 2014年1月30日,A公司形成股东决定,通过B公司吸收合并A公司一事,确认B公司与A公司于2013年10月30日签署的《吸收合并协议》有效。

第三章　法律意见

基于上述事实和文件资料,本律师事务所依据意见书第一章、第二章列明的文件、法律法规及事实,作出如下法律意见:

B公司吸收合并A公司实质上和形式上符合法律、法规的要求,具体理由如下:

1. 小C公司和陈某某于2013年10月30日签订的《股东决定》合法、有效

2013年10月30日,小C公司和陈某某签订了《股东决定》,约定:B公司吸收合并A公司,B公司继续存在,A公司解散并注销,A公司的债权、债务由B公司承

继;B公司与A公司应于《股东决定》签订后即签署《吸收合并协议》,并发布公告。

《公司法》第44条:“股东会的议事方式和表决程序,除本法有规定的外,由公司章程规定。股东会会议作出修改公司章程、增加或者减少注册资本的决议,以及公司合并、分立、解散或者变更公司形式的决议,必须经代表三分之二以上表决权的股东通过。”A公司章程第52条第(二)款:“股东会作出特别决议,必须经代表三分之二以上表决权的股东通过。”第54条特别决议:“下列事项由股东会以特别决议通过:……(三) 合并、分立、解散、清算和清算恢复”。B公司章程第13条:“股东会会议作出修改公司章程、增加或者减少注册资本的决议以及公司合并、分立、解散或者变更公司形式的决议,必须经代表三分之二以上表决权的股东通过。”

2013年10月30日,小C公司和陈某某签订了《股东决定》,对B公司与A公司将签订吸收合并协议一事进行了约定,因为小C公司和陈某某均系各自公司持股三分之二以上的股东,代表各自公司三分之二以上的股东会表决权,具备了股东会决议通过吸收合并事项的充分必要条件,故小C公司和陈某某签订的《股东决定》是合法有效的。

2. A公司于2014年1月30日形成的A股东决定追认《吸收合并协议》的效力

《吸收合并协议》签订后,B公司已召开股东会表决通过吸收合并事项,A公司因股权整合未完成,在《吸收合并协议》签订之日起7日内没有形成股东会关于吸收合并事项的决议。但小C公司和陈某某于2013年10月30日签订的《股东决定》对B公司与A公司签订吸收合并事项进行了约定,该《股东决定》是双方的真实意思表示,并且具备了股东会决议通过吸收合并事项的充分必要条件,故在签订《吸收合并协议》时,该《吸收合并协议》属于效力待定的合同。

《吸收合并协议》约定,若A公司因股权整合未在协议签订之日起7日内形成股东会决议,A公司在股权整合完成后召开股东会对该协议进行追认的,B公司亦予以认可。2014年1月30日,A公司股权整合完成,B公司持有A公司100%股权,A公司成为B公司的全资子公司。此时,根据《吸收合并协议》的约定,A公司形成股东决定,对《吸收合并协议》进行追认,确认了《吸收合并协议》的效力。因为A公司已经是B公司的全资子公司,B公司吸收合并A公司并没有侵害其他股东的权益。再者,由于《吸收合并协议》约定签字自加盖公章之日起生效,故该《吸收合并协议》应自2013年10月30日起生效。

3. 2013年11月7日,B公司和A公司共同发布了吸收合并公告,没有侵害相关债权人的权益,符合相关法律、法规的要求

2013年10月30日,B公司和A公司签订了《吸收合并协议》,约定协议签订后7日内共同发布公告,虽然A公司因股权整合尚未形成股东会关于吸收合并事项的决议,但为了履行该《吸收合并协议》,两公司于2013年11月7日共同发布吸收合并的公告。公告的意义在于向债权人公示B公司吸收合并A公司一事,保护债权人的利益。A公司和B公司依法于2013年11月7日发布吸收合并公告,并且自

公告之日起45日内，未有个人、企业等组织对B公司与A公司合并提出异议，该履约行为并未侵害债权人的利益，故两公司已具备工商管理部门要求的办理登记的规范性要求。

综上所述，本律师事务所作出如下结论：

本次B公司与A公司在办理吸收合并事项时，因各自公司均就两公司吸收合并事项形成了股东会决议和股东决定，签订了合法有效的《吸收合并协议》，依法发布了《吸收合并公告》，且两公司的吸收合并行为并未侵害相关债权人和公司其他股东的利益，符合法律法规所要求的实质和形式要件，具备了办理江苏B公司吸收合并南京A公司的工商登记和A公司的注销手续的条件。

第四章　说明

一、本法律意见书一式肆份，一份于江苏李安祥律师事务所存档，一份交南京A房地产开发有限责任公司存档，一份交江苏B房地产有限公司存档，一份交南京市工商行政管理局存档。

二、本法律意见书一共8页，其后之附件均为本法律意见书不可分割之组成部分。相关法律文件的复印件与原件无异。

江苏李安祥律师事务所
律师：李安祥
2014年2月20日

附款：

《A公司章程》第五十二条　决议种类：股东会决议分为普通决议和特别决议。

（一）股东会作出普通决议，必须经代表二分之一以上表决权的股东通过；

（二）股东会作出特别决议，必须经代表三分之二以上表决权的股东通过。

第五十四条　特别决议：下列事项由股东会以特别决议通过：

（一）公司成立；

（二）公司增加或者减少注册资本；

（三）合并、分立、解散、清算和清算恢复；

（四）公司章程的修改；

（五）超过公司净资产的20%的风险投资，超过公司净资产的50%的对外投资；

（六）公司章程规定和股东会以普通决议认定会对公司产生重大影响的、需要以特别决议通过的其他事项。

《B公司章程》第十三条　股东会会议作出修改公司章程、增加或者减少注册资本的决议以及公司合并、分立、解散或者变更公司形式的决议，必须经代表三分之二以上表决权的股东通过。

《中华人民共和国公司法》第四十四条　股东会的议事方式和表决程序，除本法有规定的外，由公司章程规定。

股东会会议作出修改公司章程、增加或者减少注册资本的决议，以及公司合并、分立、解散或者变更公司形式的决议，必须经代表三分之二以上表决权的股东通过。

第四部分

律师公司诉讼业务的实务与创新

外部人反向刺破公司面纱

——“公司法人人格否认”在律师实务中的扩张适用

周红民*

[摘要] 我国现行《公司法》对法人人格的反向否认没有明确规定。实务中虽有反向否认的案例,但多以直接适用《公司法》第12条或诚实信用、公平正义等抽象法律原则为裁判依据。理论上虽有对反向法人人格否认的相关讨论,但都限于存在必要性的理论分析,对于外部人反向法人人格否认的适用标准、律师实务中相关问题都鲜有涉及。本文试图从实务上对相关问题予以讨论,以期对公司法实践有所助益。

[关键词] 外部人 反向法人人格否认 适用标准 实务

一、公司法人人格反向否认的司法困境——从一则案例说起

2003年7月1日,某建筑公司与甲公司签订了建筑工程施工合同,合同有甲公司盖章及代理人文某的签字、某建筑公司盖章及法定代表人印鉴和签字。后甲公司又与某建筑公司签订了开工日期为2004年3月20日的建设工程施工合同,合同未明确签订时间,但合同的工程名称、工程地点、工程内容、承包范围与上述2003年7月1日签订的合同完全一致,合同的价款由50万元变成200万元,合同发包人处签字为文某,盖章为甲公司控股子公司乙。因工程款纠纷,某建筑公司诉至法院,要求甲、乙公司对所欠某建筑公司工程款承担连带清偿责任。

庭审查明,2007年8月7日及2008年1月23日,甲公司给某建筑公司付过排水及道路工程款。此外,乙公司曾给某建筑公司发过两次经签章的征询函,表示截止到2009年6月30日,其欠某建筑公司工程款1 400 221.7元。甲公司持有乙公司51%股权。三方对上述事实无争议。

辽宁省沈阳市中级人民法院认为:乙系甲的子公司,二者在人员、业务管理、资金方面存在人格混同情形。在合同的订立、履行以及结算方面,反映不出乙独立的意思表示,其公司经营已处于一种不正常状态,实际上是甲公司的另一个自我。公司法人独立地位和有限责任是现代公司的两大基石,若存在股东滥用法人人格和股东有限责任,导致股东与公司人格混同的,则令滥用股东独立人格的股东对公司债务承担责任,自不待言,而公司也须为股东债务承担责任,此为《公司法》第20条

* 四川信言律师事务所主任,全国律协公司法专业委员会副主任。

有关法人人格否认的应有之义。当然，公司法人人格否认规则仅适用于本案，其效力不得扩张适用于未参加诉讼的债权人或公司股东。遂判决乙公司对该笔债务承担连带责任。

从原告律师代理的角度讲，本案代理无疑是成功的，但站在被告律师角度，反观法院直接适用《公司法》第20条规定的公司法人人格否认规则，判决乙对甲公司债务承担连带责任，则仍有探讨空间。我国《公司法》第20条的规定为适用公司法人人格否认制度提供了法律依据，但该法人人格否认制度的适用对象仅限于公司股东，即顺向否认；而该案的适用对象是公司，属于法人人格的反向适用，即逆向否认。即使逆向否认适用《公司法》第20条所规定的法人人格否认制度的法理，但该案直接以《公司法》第20条作为裁判依据仍有待商榷。这是因为法人人格顺向否认与逆向否认在适用主体、原因、法律效果等方面均存在明显不同。具体表现在：

1. 请求法人人格否认的主体不同

根据《公司法》第20条的规定，请求法人人格否认的主体是公司的债权人，而非股东的债权人。本案中请求人是母公司（股东）的债权人。

2. 法人人格否认的结果不同

根据《公司法》第20条的规定，公司法人人格被否认的结果是公司的股东为公司的债务对公司的债权人承担连带责任。本案中判决的结果是公司为股东的债务向其股东的债权人承担连带责任。

3. 导致法人人格否认的原因行为不同

根据《公司法》第20条的规定，导致法人人格否认的原因行为是公司股东滥用公司法人独立地位和股东有限责任，损害公司债权人的利益。可见行为人是公司股东，受害人是公司债权人。本案中不能认为股东有逃避债务的主观意志，也没有滥用公司独立人格和股东有限责任损害公司债权人和其他股东利益的行为，而受害人是股东的债权人。

4. 法人人格否认的法律效果不同

现行《公司法》中法人人格否认的效力在于个案中否定公司独立法律地位，将其与股东视为一体从而让股东对公司的债务承担连带责任。这种否认使得公司的责任财产范围在个案中扩张，并不会影响公司其他股东的利益。本案中的法人人格否认结果是让公司在个案中对股东的债务承担连带责任。公司以其财产对外承担责任意味着公司资产减少，股东所持股权所对应的资产也就会减少。若存在查封、扣押等情形，甚至可能影响公司的正常经营。因此，本案中判决虽言明法人人格否认仅限于个案，但其实质上损害了其他股东的利益。

5. 法人人格否认的目的不同

《公司法》第20条第3款均以股东滥用公司独立人格和有限责任为落脚点，并相应规定其民事责任。可见该条的目的在于惩罚滥用股东权利的股东。而本案中，裁判者是出于多方综合考虑，为维护公平正义而让公司对其股东债务承担连带责任。

本案中请求否认的主体、承担责任的方向都与《公司法》第20条的规定情形相反，且公司法人人格被否定后产生的实质性影响不同。笔者认为，在上述案例中，不应直接适用《公司法》第20条的规定直接进行反向的公司法人人格否认。目前我国法院在审理关于股东债权人要求公司对股东债务承担连带责任时，大多适用《公司法》中关于法人人格否认的相关规定或者是更为抽象的公平正义、诚实信用原则，是因为这种反向的否认请求与现行公司法人人格否认之间存在诸多联系，而现行法律又无成文的规定。

二、外部人反向法人人格否认的正当性与必要性

反向刺破公司面纱制度起源于美国，是刺破公司面纱制度的变异，是指由股东或者股东之债权人提起，请求刺破公司面纱，认定股东和公司为同一体，进而发生相应法律效果的制度，包括内部人反向刺破公司面纱和外部人反向刺破公司面纱。我国沿袭大陆法系传统，称刺破公司面纱，为公司法人人格否认制度。与之相应的反向刺破公司面纱，则称为公司法人人格否认反向适用。我国公司法上的法人人格否认制度的内涵，仅限于股东对公司债务承担连带责任。此外，在我国行政权通常可无须借助司法权便可实现公共政策、保护公共利益。并且在我国，行政诉讼的原告只能是行政相对人，作为公益代表的行政机关无权提起行政诉讼。这在事实上限制了司法权对公益外部人反向法人人格否认的审查。因此，公司法人人格否认的反向适用的内涵，也仅限于公司对股东的债务承担连带责任。

根据公司独立人格与股东有限责任两项公司制度的根本特征，股东的债权人只能请求执行股东的财产，对于股东投入到公司的财产已转化公司法人财产，股东的债权人仅限于请求执行股东对该公司的股权而不能直接主张执行股权所对应的财产。这是公司独立人格存在的正当性与合法性基础。但在律师实务中，作为律师，经常会发现公司与股东基于各种原因发生人格上的混同情形，如股东滥用公司独立人格损害其债权人权利、利用公司规避法律义务、公司人格形骸化。当发生这种现象时，如果一味死守公司制度的规则，则势必损害善意第三人利益，影响交易秩序；反而是打破这种规则更能维护各方的利益。

公司制度这个被誉为比蒸汽机和电力更伟大的发明，是一个股东、公司、股东债权人、公司债权人四方利益平衡的体系。也正是基于这个利益平衡的维持，公司才能得以存在、发展壮大并发挥其促进经济发展的作用。当公司的独立人格被股东利用以逃避债务、法定义务时，利益平衡机制将被打破，股东的债权人虽然可以通过强制执行制度得以相应保护，但实际上，股东通过与公司之间关联交易等形式可再次将财产进行“合法转移”，增加了股东债权人的受偿风险，势必损害法律要求的公平正义。此时，若不允许在个案中否定公司的独立人格，将公司与特定的股东视为一体，让其对股东的债务承担责任，股东的债权人利益则无法获得保障，公

司制度所创设的四方利益平衡的状态会被打破。相应的,出于对债权的担忧,大众会怀疑公司制度的科学、合理性,妨碍公司的运行,长远看来会阻止社会经济的发展。因此,无论从防止欺诈和不公平以实现个案正义,还是维护公司制度本身的合理性、促进其发展来看,在个案中赋予公司债权人直接向公司求偿的权利都显得尤为重要。

三、外部人反向法人人格否认的适用标准

外部人反向人格否认的本质是在相关利益方之间进行的利益取舍与平衡,抽象的利益判断难乎其难,如何在股东与股东债权人之间进行合理的利益判断,就成为外部人反向法人人格否认的关键性问题。

域外外部人法人人格否认适用,经历了"严格反向控制理论"到"实际控制理论"两个阶段。在2006年美国科罗拉多州的 In re phillips 一案中,州法院表示,如果必须刺破公司财务面纱时,必须要满足三项事实清楚:第一,公司内部控制人和公司实际为同一个主体,没有实质差别;第二,公正结果取得必须是以刺破公司面纱作为前提条件,即内部控制人和公司之间关系已经超越了形式上所能允许的程度,内部控制人利用公司人格行使欺诈或者阻却债权人的合法诉求的行为;第三,实质的衡平结果取得需要通过刺破来实现,申请人必须以明确理由说明为何要对公司人格予以否定。在我国本土环境下,应适用何种标准作为外部人人格否认的适用标准呢?

科罗拉多州法院总结的三项标准,把握住了外部人反向法人人格否认的实质,是对反向法人人格否认实践经验的抽象总结。但其还不够具体,无法直接以之对具体的案件加以衡量。本人认为,应从以下几个方面加以衡量:

1. 是否存在无过错的股东或公司债权人?如果不存在无过错的股东或公司债权人,可以仅以实际控制规则直接适用反向法人人格否认规则。如果存在无过错的股东,则应综合考虑否认的结果对无过错股东的损害程度、有无否认的必要性与及时性,以及否认的结果是否完全抹杀了其他无过错股东对其股权所对应财产的合理期待。

2. 在进行实际控制事实认定时,应充分考虑人事、财务、业务等经营细节,以及控制人与公司的混同程度,而无须关注控制的方向。

3. 诉请人格否认的股东债权人的理由是否充分,股东的不合法侵权行为与公司的关联程度,提出否认请求是否基于合理的信赖,债权人是否为善意、是否有不合法行为等?因为法律不允许任何人从其违法行为中获得利益。

因外部人反向法人人格否认本身是一种利益协调机制。其所调节的诸方利益之间在性质上并无优劣等级之分,而只能在个案中由法官综合考量进行评断。因此,笔者认为很难从量上对其适用标准进行一个确定。

四、外部人反向法人人格否认在律师实务中的适用

(一) 外部人反向法人人格否认与民事相关法律制度的选择

一些人认为,外部人反向法人人格否认制度没有存在的必要,因为其完全可以被强制执行等制度所替代。当然,在律师实务中,作为股东债权人的律师完全可以选择强制执行、撤销权等制度,以解决程序上的公平正义,但实际解决问题的效果往往费时、费力,不太理想。因其与上述制度在制度目的、适用主体、承担责任的条件等方面存在差异,仍有其存在的必要性。

首先,执行股权只能解决债权人的财产性诉求。而有时候债权人提出人格否认诉求则可能是基于解决管辖等非财产性的问题;且强制执行股权的前提是已取得生效法律文书,存在程序漫长、费用高等缺点。

其次,撤销权制度适用条件较为严格,仅适用于债务人放弃到期债权、无偿转让财产、以明显不合理的低价转移财产的行为,造成债权人损害的情形。而提起撤销之诉其举证责任在于债权人,而该涉及的证据,债权人往往难以收集,存在举证困难或举证不能的风险。

(二) 诉讼请求的选择外部人反向法人人格否认的目的是直接向股东背后的公司追索

作为债权人律师,毫无疑问的请求应为“请求公司对股东债务承担连带责任”,但需要讨论的是,这种责任是不分顺序的连带责任还是位次在后的补充责任?

笔者以为,该种责任应为补充责任,即以股东的自有财产无法全部清偿时才由公司以其财产为清偿。原因在于:第一,外部人反向法人人格否认,在一定程度上是以牺牲其他股东以及公司债权人的利益为代价来保障股东债权利益的,以实现公平正义,当债务人有能力清偿其债务时,没有必要牺牲其他人的合法权益;第二,若允许债权人在未经追索其直接债务人就直索公司,这会破坏公司制度存在的基石——股东有限责任和法人人格独立,会损害社会大众对公司制度的信赖以及因此信赖而产生的合理利益预期,不利于公司制度的发展。

(三) 诉讼当事人确定外部人反向法人人格否认请求内容与现行法规定的法人人格否认请求方向相反

其实质是股东债权人要求公司对股东的债务承担责任。因此,债权人应为原告,股东为被告,但公司在诉讼中的地位应为共同被告还是第三人呢?基于公司对债务承担的是补充责任,笔者认为,应当视情况确定其诉讼地位。当债权人只起诉其直接债务人时,法院应遵循不告不理的原理,仅对债权债务关系本身作出审判;当债权人同时起诉债务人与公司时,应将二者均列为被告,但二者承担的责任性质不同;当债权人只起诉公司时,法院应通知债务人参加诉讼,原债权

债务关系如已经审理，则应将债务人列为第三人，如未经审理则应依职权追加债务人为被告。

（四）证明责任分配与证明标准关涉诉讼成败关键的是证据，而与证据相关的最重要的则是证明责任的分配与证明标准

前者是指提出诉讼主张的一方应当举证证明支撑自己主张的要件事实的存在，后者则是指在证据让法官达到何种程度的心证则可认为要件事实存在。

在公司法人人格否认反向适用中，公司股东的债权人的诉讼请求是否认公司法人人格并直接清偿。因此，根据“谁主张谁举证”的证据法基本原则，应当对支撑其诉讼请求的要件事实承担举证责任，即其应当证明股东与公司存在人格混同，并且因为这种混同导致了不公平，而这种不公平只能以反向否认公司法人人格才能消除。但因公司人格混同情况的证据由公司及股东掌握，作为债权人难以进一步提供证据予以证明，因此，笔者认为，在诉讼中，债权人只要提供股东与公司存在人格混同的初步证据即可，在债权人提供股东与公司存在人格混同的初步证据后，人民法院可以根据公平原则和诚实信用原则，确定进一步证明是否存在滥用法人人格行为的举证责任由公司或股东承担。若公司认为其主张不成立，则应举证证明上述情况事实上不存在或者没有必要否认其独立人格，并且只有在达到高度盖然性的确认时，其抗辩才成立。

论股权转让协议的效力

吴洪钢*

[摘要] 围绕有限责任公司股权对外转让协议效力的一系列问题，学界著书立说，各种学说浩繁但无定论，司法实践中此类纠纷也常常是地区、法院各有不同。因此，本文从梳理学界就股权对外转让的效力的认定学说入手，分析股权对外转让协议的效力、其他股东的异议权期限等问题，从而提出相应的解决方案。

[关键词] 有限责任公司 股权对外转让 合同效力 其他股东的异议权期限

一、案情简介

笔者接受A公司的委托，处理A公司股权结构的遗留问题，笔者经过尽职调查后发现：A公司于1998年成立，经多次变更后现有3个股东，分别为A1、A2、A3，其中A1为自然人股东，A2、A3为法人股东。股东A3于2003年因资不抵债申请注销，但A公司从未因A3的注销而做过任何变更，且A3公司的清算报告中写道，"A3公司所占A公司这部分股权因法院判决被查封并冻结"。A1公司于2007年与B(自然人)签订一份股权转让协议，约定将其所占A公司股权的51%转让给B，并做好通知其他股东的相关工作，但至今A公司的其他股东并不知道A1股权转让事宜，且A1这部分股权的变更情况也并未进行相应的工商登记。同时，A公司的公司章程规定，"股东向股东以外的第三人转让其出资时，必须经全体股东过半数同意"。

笔者通过对A公司目前股权结构的状况及尽职调查后所掌握的相关信息抽丝剥茧后发现，要处理A公司股权结构的遗留问题，首先要确定股东A1与B之间股权对外转让协议的效力问题，但是研究我国《公司法》目前的规定不难发现，《公司法》并未明确未经过其他股东过半数同意的股权对外转让协议的效力问题。

二、"其他股东过半数同意"对股权转让协议的效力的影响

(一) 学界学说

根据我国《公司法》第71条的规定："有限责任公司的股东之间可以相互转让

* 江苏众勋律师事务所律师。

其全部或者部分股权。股东向股东以外的人转让股权，应当经其他股东过半数同意。股东应就其股权转让事项书面通知其他股东征求同意，其他股东自接到书面通知之日起满三十日未答复的，视为同意转让。其他股东半数以上不同意转让的，不同意的股东应当购买该转让的股权；不购买的，视为同意转让。经股东同意转让的股权，在同等条件下，其他股东有优先购买权。两个以上股东主张行使优先购买权的，协商确定各自的购买比例；协商不成的，按照转让时各自的出资比例行使优先购买权。公司章程对股权转让另有规定的，从其规定。”

根据上述法律规定，笔者认为，股东对外转让股权的行为，应至少经过两个前置程序：一是应经其他股东过半数同意；二是其他同意的股东的优先购买权。

虽然我国《公司法》规定了股东对外转让股权的前置程序之一是“应经其他股东过半数同意”，但并未明确此程序对于股东对外转让合同的效力的影响。

我国学术界及实务界存在着以下几种不同的观点：

1. 无效说

无效说认为，《公司法》规定“经其他股东过半数同意”，是股东对外转让股权的强制性规定，转让人或第三人都必须遵守。根据《合同法》第52条第5项的规定，“违反法律、行政法规的强制性规定”的合同无效，应认定股东和第三人之间订立的股权转让合同因违反强制性规定而无效。①

2. 未生效说

江苏省高级人民法院《关于审理适用公司法案件若干问题的意见(试行)》第62条规定：“有限责任公司股东向公司以外的人转让股权，未履行《公司法》第三十五条(现行《公司法》第71条—编者)规定的股东同意手续的，应认定合同未生效。”②

3. 效力待定说

由于公司法对有限公司股东股权处分有所限制，擅自转让股权的行为属于越权处分，亦属于广义的无权处分。因此，未通知其他股东或者未征得其他股东同意，侵犯了股东同意权的股权转让协议效力待定。③

4. 有效说

此说认为，根据《合同法》的相关规定，原则上合同依法成立时即发生法律效力，故未经其他股东行使优先购买权的股权转让合同，应遵循合同效力认定的一般

---

① 参见赵艳秋、王乃晶：《特殊情况下有限责任公司股权转让合同效力的认定》，载《学术交流》，2010年第4期。

② 樊涛：《刍议有限责任公司股权对外转让合同的效力》，载《民主与法制》2011年第5期。

③ 参见陈丽萍：《侵犯优先购买权时股权转让协议的效力》，载《人民法院报》2010年9月29日第07版。

逻辑。因此,未经其他股东放弃优先购买权的股权转让合同,应是成立即生效的合同。④

5. 可撤销说

该说认为,"在某些情况下,当事人对自己所作的利益安排会产生某些外部性,影响到合同关系以外的特定第三人利益,产生合同当事人与合同之外特定第三人利益冲突。有限责任公司股东向股东之外的人转让股权,便属于此种类型的利益冲突。此时应赋予该第三人以某种权利,以干预合同的效力。当权利人行使此种权利时,合同应归于无效;如不行使,则合同仍然有效。可撤销说为采。"⑤

(二) 笔者的看法

笔者认为,第一,根据《公司法》的立法意旨,有限责任公司是以人合性为基础成立的公司,《公司法》充分尊重其"人合""自治"的前提,且根据《公司法》第 71 条第 1 款的规定:"公司章程对股权转让另有规定的,从其规定",故笔者认为,《公司法》第 71 条对于"股东对外转让股权应经其他股东过半数同意"并非强制性规定,因此"无效说"并不成立。第二,股东转让股权的协议也并非是效力待定的合同,因为根据《合同法》的规定,效力待定的合同一般是指无权处分的情况,诸如无权代理的行为,但有限责任公司股东处分的是自己的股权,并非他人的,因此并非是无权处分。第三,笔者认为可撤销合同是就合同当事人的双方而言的,合同存在意思表示不真实或重大误解的情况,但于股权对外转让协议而言,协议的双方转让人和受让人之间,并不存在意思表示不真实或重大误解的情况,且其他股东作为股权转让协议的第三人,也并不是协议的当事人,因此不论是从当事人适格角度还是从《合同法》规定合同可撤销权行使条件的角度,都无法认为"未经其他股东过半数同意"的股权转让协议是可撤销的合同。第四,"有效说"仅从民事合同的角度考虑,仅关注股权交易双方之间的利益,但却忽略了有限责任公司之根本——"人合性",故也是欠妥当的。第五,如果简单地将"未经其他股东过半数同意"的股权对外转让协议认定为未生效,也是不合理的。因为未生效并不是合同效力的常态,如果一直让股权对外转让协议处于未生效的状态,会直接影响交易的安全。

综上,笔者认为,对于股权对外转让协议的效力,应从多方考虑,综合判断协议的效力,主要包括三个步骤,只有经过以下三个步骤判断,才能确定股权对外转让协议的效力。

首先,应确定公司章程对股东对外转让股权的规定,是否有悖于公司法股东转让股权的立法精神,若没有则依公司章程的规定确定股东对外转让股权的程序、效

---

④ 参见张钧、吴钦松:《论未经其他股东放弃优先购买权的股权转让合同之效力》,载《河北法学》2008 年第 11 期。

⑤ 刘贵祥:《外商投资企业纠纷若干疑难问题研究》,载《法律适用》2010 年第 1 期。

力。违反公司章程规定的转让行为系无效行为，江苏省高级人民法院《关于审理适用公司法案件若干问题的意见（试行）》第60条规定："公司股东违反章程规定与他人签订股权转让合同的，应认定合同无效，但存在下列情形之一的除外：(1) 章程的该规定与法律规定相抵触的；(2) 章程的该规定禁止股权转让的；(3) 经股东会三分之二以上有表决权的股东同意的。"

其次，若公司章程没有细化规定，才采用"未生效"说，但笔者认为，此种情况下的"未生效"，应是指未满足"经其他股东过半数同意"的程序条件的未生效，简而言之，"经其他股东过半数同意"，是股东对外转让股权协议生效的条件，即此协议是附条件合同。

最后，所有合同的签订，都不能违反法律、行政法规的强制性规定，如果法律、行政法规规定股权对外转让要经审批、登记方能生效的，应遵从法律、行政法规的规定。

就本案而言，A公司章程对股东对外转让股权有明确的规定，即"股东向股东以外的第三人转让其出资时，必须经全体股东过半数同意"，此规定并不存在"章程的该规定与法律规定相抵触的；章程的该规定禁止股权转让的"的情况，同时A1与B之间签订的股权转让协议并未取得"全体股东过半数同意"，也并未召开股东会，故涉案股权转让协议违反了公司章程的规定，当属无效协议。

对于本案而言，涉案股权转让协议是于2007年签订的，现在是否还可以进行股权转让协议无效的确认之诉？

三、股权转让协议效力确认之诉的时效问题

（一）股权对外转让协议无效确认之诉的时效问题

股权对外转让协议无效，共有两种情况：一是违反公司章程的规定；二是违反法律、行政法规的强制性规定。

首先，对于违反法律、行政法规强制性规定的股权对外转让协议，确认其无效，笔者认为协议的当事人不享有确认合同无效的法定权利，只有仲裁机构和人民法院有权确认合同是否有效。合同效力的认定，实质是国家公权力对民事行为进行的干预。合同无效系自始无效，单纯的时间经过不能改变无效合同的违法性。当事人请求确认合同无效，不应受诉讼时效期间的限制。⑥

其次，对于违反公司章程规定的股权对外转让协议，笔者认为，应参照上述"因合同违反强制性规定导致合同无效的"规定，即不受诉讼时效期间的限制，因为有限责任公司的根本是"人合性"，正是基于"人合性"而制定的公司自治性规定——公司章程，是每个股东必须遵守及公司治理必须遵守的规定，违反公司章程，就相

---

⑥ 参见最高人民法院(2005)民一终字第104号民事判决书。

当于违反了公司治理的根本,因此对于违反公司章程规定的协议应认定为无效,其确认无效之诉应不受诉讼时效期间的限制。

(二)股权对外转让协议的之“条件”的“时效”

如前所述,对于公司章程没有细化规定股权对外转让的情况,对于股权对外转让协议的生效应适用“附条件合同说”。因此对于此种情况下该股权对外转让协议生效确认之诉中,此“条件”如何生效?何时生效?

笔者认为,“经其他股东过半数同意”是股权对外转让协议生效的条件,只有经过前述程序,股权对外转让协议才生效。但现实中,往往会出现虽未经过前述其他股东异议程序,也未经过工商登记的变更,但是股权受让方已经入驻公司、参与管理。此种情况下,应如何认定“股权转让协议”的效力呢?

如果简单地认为股权转让行为的条件并未生效、所以股权转让协议也未生效是非常可怕的,此种认定会极大地影响市场交易的安全。因为股权受让方已经进驻公司、参与管理,有的甚至已成为控股股东,若以此认为股权转让协议无效,此股权受让方代表公司做出的行为的效力也将大大受影响,从而影响整个公司的治理及市场交易的安全。

因此,对于前述情况,笔者认为,应对股权转让协议的条件附一个“时效”,此处的“时效”主要包括两个方面:第一,指其他股东经通知后的股权对外转让的异议期;第二,指其他股东在未收到通知的情况下的异议期。

第一种情况下的异议期,已经有《公司法》第71条第2款的规定,即“股东应就其股权转让事项书面通知其他股东征求同意,其他股东自接到书面通知之日起满三十日未答复的,视为同意转让”。

第二种情况下的异议期,是指其他股东未收到通知的情况下的异议期,对于此种异议期的产生应遵循以下原则:第一,股权转让股东并未通知其他股东其股权对外转让一事;第二,股权受让方已经进驻公司、参与管理或者能证明其他股东知道或者应当知道原股东的股权已对外转让。故对于满足前述条件的股权转让行为,其他股东的异议期限应从知道或者应当知道原股东股权对外转让之日起合理时间内行使,如不行使异议权的,视为同意股权的转让。

确定此异议期符合有限责任公司的性质和市场交易安全的要求,具体为:第一,此异议期的确定,能确保资本流通性,符合有限责任公司“资合性”的特点;第二,能有效地防止股权对外转让协议长期处于“未生效”的状态,有利于维护商事交易的安全与稳定。第三,能促使“其他股东”积极行使其异议权,充分发挥有限责任公司“人合性”的特点。

四、结论

综上所述,笔者认为,确定一份股权对外转让协议的效力,不能一概而论,应从上述三个步骤出发，并以有限责任公司的“人合性”“资合性”“自治性”为基准综合考量。同时，也要防止破坏市场交易安全行为的发生，充分促进有限责任公司股东权利的行使和义务的履行。因此，在未来《公司法》进一步修改的过程中，应更加明确股权对外转让行为的效力及异议期行使的种类和期限。

认缴资本制下的股东义务与责任

姜山赫[*]　张　雯[**]

［摘要］　2014年3月1日，经全国人大常委会通过的《公司法》修正案正式实施，标志着我国在公司资本制度层面的重大改革。本文针对公司认缴资本制下股东义务与责任进行了探讨，一方面认为股东在认缴资本制下转移出的更多风险不足以成为揭开公司面纱的依据，将债权人区分为自愿性债权人和非自愿性债权人，并对自愿性债权人进行了细分，厘清股东针对不同的债权人应承担的责任；另一方面认为揭开公司面纱制度的适用范围应限于股东过错责任的前提下，并针对债权人对股东未实缴出资的请求权进行了厘定。

［关键词］　认缴资本制　股东有限责任　揭开公司面纱　自愿性债权人　非自愿性债权人

一、问题的提出

2014年3月1日，经全国人大常委会通过的《公司法》修正案正式实施，标志着我国在公司资本制度层面的重大改革。这次改革的速度和力度是空前的，并没有通过法学界和司法实务界的充分讨论，对于其他辅助制度的修订和制定也未统筹完善，因此留下了很多讨论的空间。学界对这次改革也存在着不同观点，有观点认为，这一改革"属于盲目膜拜法国、日本"，无法保护"债权人不上当、不被骗"，将"招致法院查封有限公司的股权无法在登记机关落实，未来股权的流动也会招致某种不确定性"。① 另一种观点认为，这次公司法改革是"在投资领域转变政府职能、全面建设服务型政府的需要"，其"释放的正能量是巨大的"，"大幅度降低了投资兴业门槛"，因此"注定会载入中国公司法史册"。②

针对学界的不同意见，笔者认为，此次改革的性质无疑是具有进步意义的，鉴

---

* 清华大学法学院联合导师，全国律师协会公司法委员会委员，北京市律师协会监事、并购与重组专业委员会主任，北京市铭泰律师事务所合伙人。

** 北京市铭泰律师事务所律师。

① 甘培忠：《论公司资本制度颠覆性改革的环境与逻辑缺陷及制度补救》，载《"第三届公司法司法适用高端论坛"论文集》，中国商法学研究会、最高人民法院民二庭、中国政法大学商法研究中心联合主办，主题"资本制度改革与公司法的司法适用"，2014年5月11日，北京。

② 刘俊海：《全面深化工商登记制度改革是全面建设投资者友好型社会的法律基石》，载《"公司资本制度的现代化"学术研讨会论文集》，中国社会科学院法学研究所主办"商事法的结构模式与制度创新论坛"，2014年4月27日，北京。

于《公司法》已经修正实施，我们应当更多关注的是如何消除制度设计上的漏洞，以达到平衡保护各方权益的目的。

二、认缴资本制下的股东义务

（一）足额缴纳出资的义务

我国《公司法》第 28 条第 1 款规定："股东应当按期足额缴纳公司章程中规定的各自所认缴的出资额。股东以货币出资的，应当将货币出资足额存入有限责任公司在银行开设的账户；以非货币财产出资的，应当依法办理其财产权的转移手续。"该条款是这次《公司法》修正的重点，也是我国法律对认缴资本制的表述。公司股东对缴纳出资的多少、形式以及早晚，享有完全的决定权，公司章程名副其实成为公司自治的"宪法"，股东只要在公司章程规定的期限内足额缴纳出资额，即完成了其出资义务。另外，我国仍保留了资本维持原则，《公司法》第 35 条明确规定，"公司成立后，股东不得抽逃出资"。

针对股东未履行足额缴纳出资义务的民事责任，《公司法》第 28 条第 2 款、第 30 条进行了规定。《公司法》第 199 条、第 200 条还规定了相关的行政责任。上述民事责任与行政责任与《公司法》修正之前并无差别。

（二）权利不得滥用的义务

我国《公司法》第 20 条第 1 款规定："公司股东应当遵守法律、行政法规和公司章程，依法行使股东权利，不得滥用股东权利损害公司或者其他股东的利益；不得滥用公司法人独立地位和股东有限责任损害公司债权人的利益。"

针对股东滥用权利的民事责任，《公司法》第 20 条第 2 款、第 3 款规定："公司股东滥用股东权利给公司或者其他股东造成损失的，应当依法承担赔偿责任。公司股东滥用公司法人独立地位和股东有限责任，逃避债务，严重损害公司债权人利益的，应当对公司债务承担连带责任。"第 21 条规定："公司的控股股东、实际控制人、董事、监事、高级管理人员不得利用其关联关系损害公司利益。违反前款规定，给公司造成损失的，应当承担赔偿责任。"

综上所述，在认缴资本制下，股东不足额缴纳出资以及滥用权利的相关责任并未发生变化，因此法学界不必对股东滥用法人独立人格过多担忧。

三、认缴资本制下的股东责任

（一）认缴资本制下的股东有限责任

有限责任制度是最重要的公司制度，我国公司法对股东有限责任的表述是《公司法》第 3 条第 2 款："有限责任公司的股东以其认缴的出资额为限对公司承担责任；股份有限公司的股东以其认购的股份为限对公司承担责任。"由此可知，股东对公司应承担的责任不是以实缴出资额为限，而是以最高认缴的出资额为限，不承担无限连带责任。

有限责任的批评者认为，“有限责任提高了资产不足以清偿债权人请求权的可能性，公司股东获取了风险活动的所有收益，却无须承担所有成本，其中部分成本由债权人承担”。[③] 他们认为，有限责任制度将投资者应当承担的风险向外部转移，形成了社会成本，可能侵害债权人的利益，因此并不可取。

我国《公司法》从1993年确定法定资本制，到2005年修订为折中资本制——实质上是一种较为宽松的法定资本制，到2014年实施认缴资本制。公司资本制度越来越尊重市场主体的自主选择，这次修正，一方面是我国市场经济发展的必然结果，另一方面也是我国法律体系日趋完善的必然趋势。虽然有限责任放大了道德风险，但是道德风险本身无可避免，当投资者——无论是自然人或者公司，在无限责任的情形下，自身的财产已经不足以清偿债务的时候，其经营行为本身必然倾向于过度冒险。有限责任确实使得部分债权人可能遭受损失，但不可否认的是，有限责任极大地促进了投资活动，降低了投资活动的成本，提高了多元化投资的效率，也可以避免过于保守的经营活动，其激发出的经济活力所带来的社会福利，必然远远大于债权人所遭受的损失。

不可否认，认缴资本制的确将带来更多的外部风险，公司注册资本越少，对其实施过度冒险的经营行为的激励越大，经营失败后股东所承担的风险越低，而债权人所承担的风险越高，即原本股东承担的风险更多的转移到了债权人的身上。因此，认缴资本制下股东承担有限责任的问题，不是股东是否应当承担有限责任，而是债权人是否应当承担从股东身上转移出来的企业经营失败风险的问题，也就是股东在认缴资本制下转移出的更多风险，是否可以成为揭开公司面纱的依据。

（二）股东有限责任的区分讨论

探讨股东在认缴资本制下转移出的更多风险是否可以成为揭开公司面纱的依据，应当明确认缴资本制下股东对公司承担有限责任作为公司法制度的基石不应被动摇，但由债权人承担的更多风险必然存在显失公平的情形，制定特殊的制度来平衡有限责任制度的社会成本和收益成为必然要求。

在认缴资本制下，如何界定应当揭开公司面纱的标准变得尤为重要。但是，对债权人不加分类、一概而论的讨论，将无法得出令人信服的结论。依据债权人是否自愿与公司交易，已经有美国司法判例将债权人划分为自愿性债权人和非自愿性债权人。在“揭开公司面纱”案件中，司法机关应当着重考虑的一个因素就是该第三人是否自愿与公司进行交易，或者他是否一个非自愿的债权人，典型的如侵权行

---

③ Jonathan Landers, “A Unified Approach to Parent, Subsidiary, and Affiliate Questions in Bankruptcy,” 42 *U. Chi. L. Rev.* 589 (1975).

为受害人。④ 雇员、消费者、合同债权人和贷款人是自愿性债权人。⑤ 笔者认为,这一理论的源头和依据在于西方经济学中对“理性经济人”的假设,假设人都是利己的,而且在面临两种以上选择时,总会选择对自己更有利的方案。

1. 自愿性债权人

(1) 合同债权人与贷款人。对于自愿性债权人,以贷款人为例,由于其向公司贷款时处于完全自愿的意思自治下,其能够意识到贷款给公司将会存在某种风险。在极端情形下,假设借款的公司为“1 元公司”,贷款人可预测的风险无限放大,在这种前提下,贷款人仍然选择贷款给公司,必然是有某种理由,让贷款人确信这种方案对自己更加有利。通常,贷款人会以提高贷款利率的方式对这种风险进行补偿;或者通过分散的多元化债权投资;或者要求公司之外的第三人进行担保等方式降低风险、提高收益,直到这种补偿使贷款人确信其收益已经足以超过可预测风险或至少达到平衡。因此,对于自愿性债权人来说,股东有限责任的风险外部性是不存在的,因为风险经过了提前补偿。另一方面,民法上对民事行为能力和民事责任能力的规定,已经包含了在行为人为完全民事行为能力人的前提下,行为人对自己的利益应尽到合理注意义务的责任,同时行为人应承担该民事行为相应后果的责任。

鉴于自愿性债务人具有的自愿性、选择性和补偿性,认缴资本制下公司股东的有限责任并不能因为股东出资额为 1 元,或者股东认缴资本缴纳期限尚未届满就要求股东承担无限责任,这对于整个社会的经济运行将具有极大的破坏性。

(2) 雇员及消费者。然而,并非所有自愿性债权人都可以通过类似的手段最小化风险,公司的雇员作为自愿性债权人,相对于合同债权人和贷款人明显处于劣势,雇员与公司之间在实践中也很难说是完全的平等主体。因此,我国法律对劳动者的权利保护进行了明显的倾斜。这种弱势地位同样适用于消费者。

雇员和消费者这类自愿性债权人,虽然与公司订立契约关系是基于意思自治,但是其契约订立过程中的谈判空间被大幅压缩,也严重违背经济效率。原因在于,一是对没有商业经验的雇员或消费者,要求其去调查搜集公司的基础信息以及征信情况,必然是不现实的;二是苛求雇员或消费者去调查公司信息的社会成本是巨大的,边际效益极低;三是雇员或消费者除了用脚投票之外,别无其他方式来降低风险,平衡其收益与成本。因雇员和消费者这类自愿性债权人风险承受能力低,其债权无法实现可能会影响其生存,因此无论其债权成立的时间在前或者在后,均应优先于合同债权人或贷款人受偿。

鉴于自愿性债务人所具有意思自治等特点,认缴资本制下公司股东的有限责

---

④ 参见〔美〕罗伯特·W.汉密尔顿:《美国公司法》(第 5 版),齐祥东组织翻译,法律出版社 2008 年版,第 105—108 页。

⑤ 参见〔美〕罗伯塔·罗曼诺:《公司法基础》(第 2 版),罗培新译,北京大学出版社 2013 年版,第 96 页。

任应当坚守,在股东出资额为1元或者股东认缴资本缴纳期限尚未届满的情形下,股东并没有超出法律的框架行使权利,因此不应对股东课以额外的责任。

2. 非自愿债权人

非自愿债权人是非因意思自治与公司成立债权债务关系的债权人,如侵权之债。我国学界有观点认为,“因为他们受到侵害之前对公司毫无了解,很难掌握股东滥用公司独立法人人格的恶劣行为,对其适用法人人格否认的标准应相对宽松”。⑥ 在美国的司法实践中,“相对于合同纠纷案件而言,法院更倾向于在侵权案件中揭开公司面纱。其基本原理源自道德风险的经济学分析——合同债权人可以就事后违约风险的增加而事先获得偿付。相反,侵权债权人却无法事先获得补偿”。⑦

笔者认为,侵权之债的债权人,其所遭受的损害是其自身利益的净减损,在事先并未获得风险评估机会的情形下,不得已而形成的债权。同时,侵权之债的债权人也并未获得事先对风险的补偿。法院在审理时应当考虑到,侵权之债的债权人有权要求侵权人将其权益恢复完整,当公司无力承担或拒绝承担的情况下,股东作为公司经营行为的受益者,应当对公司的侵权之债承担责任。至于这种责任是补偿责任还是赔偿责任,有待于法学界更多探讨,笔者倾向认为属于补偿责任。

四、认缴资本制下对“揭开公司面纱”的探讨

股东恶意隐匿、转移、挪用、侵占公司资产,致使债权人无法受偿的,可揭开公司面纱,股东应当承担无限连带责任。对此,我国《公司法》第20条已经作出了明确规定:公司股东“不得滥用公司法人独立地位和股东有限责任损害公司债权人的利益。……公司股东滥用公司法人独立地位和股东有限责任,逃避债务,严重损害公司债权人利益的,应当对公司债务承担连带责任”。目前在司法实践中,因债权人举证困难,该条款适用难度较大,笔者认为,可以对举证责任进行一定程度的分配与调整,一方面可以倒逼股东完善公司治理结构、规范经营,另一方面也赋予该法条以生命,在司法实践中得以实施,对确有逃避债务行为的股东可形成法律震慑。

《公司法》修正后,不排除认缴资本制下更容易出现一种情形:股东认缴资本额高,而出资额较低,公司在经营过程中故意通过欺诈、隐瞒、误导等手段,使贷款人、合同债权人、雇员或者消费者对公司的经济实力、经营状况等产生错误认识,而与公司形成债权债务关系的情形,如伪造资质证明、政府批文等。这一行为已经跨越了公司法规范领域,涉及刑法的范畴,在刑事附带民事诉讼部分,如公司股东对

⑥ 朱慈蕴:《公司法人格否认制度:理论与实践》,人民法院出版社2009年版,第97—98页。

⑦ 〔美〕罗伯塔·罗曼诺:《公司法基础》(第2版),罗培新译,北京大学出版社2013年版,第98页。

公司实施相关违法犯罪行为是知悉的，且由此而取得收益，股东应当对公司债务承担无限连带责任。

笔者认为，股东有限责任是公司制度下社会经济利益最大化的制度基石，揭开公司面纱制度的适用，必须严格限定在股东具有过错责任这一前提下，以股东过错责任为前提，以造成债权人就其债权无法受偿为损害结果，具有一定的惩罚性。

股东未依法或依章程履行股东义务时，如未按期足额缴纳出资、滥用股东权利、滥用公司法人人格独立及股东有限责任的，公司法人独立人格可以被否认，股东直接承担无限连带责任。

五、认缴资本制下对股东未实缴出资的请求权

债权人对股东未实缴出资的请求权与揭开公司面纱制度是两种截然不同的制度设计，前者对股东的责任仍限于其认缴的出资额，未否认公司法人独立人格，股东仍承担有限责任；后者则因股东过错而否认公司独立人格，股东承担无限责任。

（一）公司清算过程中

最高人民法院《关于适用〈中华人民共和国公司法〉若干问题的规定（二）》第22条规定，公司解散时，股东尚未缴纳的出资均应作为清算财产。股东尚未缴纳的出资，包括到期应缴未缴的出资，以及分期缴纳尚未届满缴纳期限的出资。公司财产不足以清偿债务时，债权人主张未缴出资的股东以及公司设立时的其他股东，或者发起人在未缴出资范围内对公司债务承担连带清偿责任的，人民法院应依法予以支持。

上述条款所规定的债权人对股东未缴出资的请求权，建立在公司不再继续存续，需要清算财产的前提下。对股东到期应缴未缴的出资，笔者不再赘述。对于股东分期缴纳尚未届满缴纳期限的出资，由于债权人对公司的信赖大部分来源于注册资本，而股东认缴的出资是股东对公司的义务，也就是说，债权人对公司的信赖是以股东履行对公司的出资义务为基础的，以公司实体经营为载体。一旦公司实体消灭，债权人的信赖借由公司已经无法实现，因此直接要求股东履行出资义务是应有之义。

（二）公司正常经营过程中

关于在认缴资本制下，一旦债权人无法受偿，其对股东分期缴纳尚未届满缴纳期限的出资可以直接行使请求权的观点，笔者并不认同。正如笔者对债权人的分析中所提到的，坚持股东有限责任有利于最大化社会福利，因此股东在认缴资本制下转移出的更多风险，不能成为揭开公司面纱的依据。但是为了平衡有限责任制度的社会收益和成本，我们可以进行适当的制度设计，区分债权人的类别，对雇员和消费者这类自愿性债权人赋予其优先受偿权，对非自愿债权人，则享有股东对其以认缴的出资额为限的补偿。

如果不加以区分而一概允许债权人对股东未实缴出资行使请求权,其弊必大于利,且属于画蛇添足。原因在于,一是股东选择分期缴纳出资的原因大部分是资金短缺或需要提高资金的流通效率,当债权人因无法受偿而直接向股东主张债权时,更多的股东会选择通过垫资的方式规避债务。此时,认缴资本制就失去了促进投资的作用,甚至会产生抑制投资的效果,而债权人仍然无法就其债权受偿,改革也就失去了意义;二是公司实体尚存,债务承担主体未消灭,公司继续经营有利于偿还债务,债权人的债权仍有实现的可能;三是如公司已经资不抵债,债权人利益已经难以实现,则债权人可以依据《中华人民共和国企业破产法》第 35 条通过申请破产主张股东尚未届满缴纳期限的出资,也就回到了公司清算过程中。

综上可知,针对正常经营中的公司,允许债权人向股东未实缴出资行使请求权,不仅无益而且多余,该项请求权应当仅限于非自愿性债权人。而针对破产清算或解散清算的公司,当然应当允许债权人向股东未实缴出资行使请求权,我国《公司法》和《企业破产法》对此已进行了确认。

六、结语

关于认缴资本制下股东的义务与责任仍然有很多可以探讨的空间,如认缴期限未满股东已去世的情形;认缴制下股权的转让是否区分实缴部分或未缴部分以及未缴部分的支付对价问题等。

本文建议在债权人对股东未实缴出资行使请求权上应当审慎,另外,对股东未按期足额缴纳出资、滥用股东权利、滥用股东有限责任、滥用公司法人独立人格的行为,应当在制度设计上更加完善,适度减轻债权人的举证责任,使法律对股东行为可以有效制约。法律往往具有导向作用,良法不仅对规范范围内的主体的导向是正面的,而且对整个社会的导向也是积极的。此次《公司法》修正对整个社会带来的收益必然是大于成本的,而这些成本也必然可以通过法律的日益完善而逐渐减少。

参考文献

[1]〔美〕弗兰克·伊斯特布鲁克、〔美〕丹尼尔·费希尔:《公司法的经济结构》(第 2 版),张建伟、罗培新译,北京大学出版社 2014 年版。

[2] 管晓峰:《公司资本法律问题研究》,载《"第三届公司法司法适用高端论坛"论文集》。

[3] 赵旭东:《资本制度变革下的资本法律责任》,载《"第三届公司法司法适用高端论坛"论文集》。

[4] 吴日焕:《公司注册资本认缴登记制的理论困惑与实践思考》,载《"第三届公司法

司法适用高端论坛”论文集》。

[5] 邓江源:《股东未届缴纳期限之出资的性质及意义——对公司法、破产法、会计规范的整体考察》,载《“第三届公司法司法适用高端论坛”论文集》。

[6] 王涌:《论公司债权人对未实缴出资的股东的请求权》,载《“第三届公司法司法适用高端论坛”论文集》。

[7] 张俊:《股东出资期限届满前公司债权人的保护》,载《“第三届公司法司法适用高端论坛”论文集》。

[8] 王建文:《论公司资本制度演变的内在逻辑与制度回应》,载《“第三届公司法司法适用高端论坛”论文集》。

瑕疵股权转让的效力及受让人股权限制问题浅析

韩　建[*]　吴东娟[**]

［摘要］　随着新《公司法》及最高人民法院关于适用《公司法》若干问题的规定的出台，我国公司制度日趋完善，但在公司的实际经营活动中仍然存在着众多问题，是现存法律无法解决的，例如瑕疵股权问题。所谓瑕疵股权主要是指股东未出资，未完全出资、虚假出资及抽逃出资等几种情况，理论界普遍认为，即使股权是有瑕疵的，也不能否认股权所有人的股东资格，但是应该对其股东权利进行一定的限制，至于如何限制，何种权利该限制，何种又不该限制等，一直众说纷纭，无法形成定论。在本文中，笔者将针对一个真实的案例所带来的两个难题进行深入分析，为现实中商事活动遇到的障碍提供一些解决思路。

［关键词］　瑕疵股权　转让　受让人　权利限制

甲、乙两人共同出资成立了A公司，经过一段时间的经营后，甲、乙与丙、丁、戊达成股权转让协议，将所有股权转让给丙、丁、戊三人（转让后的占股比例分别为丙70%，丁20%，戊10%），并且依法办理了股权转让手续。经查，甲、乙在股权转让协议签订之前已经把A公司的资产悉数转移，对于这一情况，丙等三人明知，股权转让也并未支付对价。试问，甲、乙股权转让的效力如何？丙、丁、戊能否取得A公司的股权，正常行使股东权利？

在丙、丁、戊经营一段时间后，戊将自己的股份转让给了丙、丁，对此，丙、丁也并未支付对价，在办理了股权转让协议后各自的占股比例变为丙75%，丁25%。后丁以A公司为被告，丙为第三人向法院提起诉讼，要求A公司分配利润。试问，丁的请求是否应该被支持？

一、瑕疵股权转让的效力

本案中，首先要对甲、乙在股权转让协议签订之前把资产转出的行为进行定性，笔者认为，对于A公司来说，甲、乙的行为实际上应该属于抽逃出资，因此，甲、乙所拥有的A公司的股权就是瑕疵股权，在此基础上，要讨论甲、乙与丙、丁、戊的股权转让行为是否有效，笔者认为，首先要讨论的是，主体是否适格，也即甲、乙是

---

*　江苏濠阳律师事务所主任。

**　江苏濠阳律师事务所实习律师。

否拥有A公司的股东身份，有无处置其股权的资格，答案是肯定的。设立公司须有股东的共同意向，并且合法履行公司设立的手续。我国《公司法》第23条第2项对有限责任公司设立条件是这样规定的："有符合公司章程规定的全体股东认缴的出资额"。可见，我国在修正《公司法》颁布后，对公司成立的资本要求实行的是授权资本制，不把全额缴纳出资额作为公司成立的前提，仅有股东的认缴表示并且达成协议即可。因此，对于尚未完全出资的股东，我国《公司法》其实是不否定他的股东资格的，但其仍需对公司负有足额缴纳认缴资金的法律义务。

在本案中，推及至抽逃资金的情况，首先A公司在成立时是合法的，甲、乙抽逃资金的行为是无法影响A公司的主体资格的，所以，A公司还是合法存在，又是由甲、乙达成协议共同发起设立的，因此甲、乙的股东身份也不应该被否定，对于甲、乙抽逃资金的行为，则应该由A公司或者A公司的债权人对其进行追讨。

甲、乙股东身份被肯定，首先解决了股权转让协议的主体资格问题，甲、乙拥有股东身份是否表示他们就有任意处置股权的权利了呢？从民法角度来讲，答案是毋庸置疑的，甲、乙都是独立的个体，股权属于其个人财产，转让的意思表示真实合法，并且完成了特殊动产转让的应有手续，因此这一股权转让行为无疑是有效的。但笔者认为，不能完全从民法角度看待这个问题，甲、乙抽逃出资的行为，实际上相当于未支付取得股权所需的对价，基于权利义务统一的角度，未完全履行义务得来的股东权利，也不应该是完整的，处置行为是否有效，应该看处置的目的和结果，如果是为A公司的利益考虑而做出的行为，笔者认为应该予以认可，这种思路和民法当中的监护制度有雷同之处，无民事行为能力人或者限制民事行为能力人作为一个自然人来说，心智不成熟，无法独立作出意思表示，监护人必须秉着保护其利益的考虑，代为作出意思表示。在商事活动领域中，公司在依法成立后拥有法人人格，但它并不是一个自然人，不能自己作出意思表示，因此，股东就相当于"监护人"的角色，在本案中，甲、乙抽逃资金的行为实际上造成了A公司成为了一个不完整的法人，相当于民法中的"无民事行为能力人或者限制民事行为能力人"，因此，股东作出的有关公司发展的任何决定必须是从公司的利益考虑的。在本案中，实际A公司在转让后，公司效益得到了很大的增长，公司格局也更加科学，因此，应该认为该转让行为是有效的。

二、瑕疵股权转让后受让人的权利限制

对于瑕疵股权的股东权利进行限制，在理论界早已达成了共识，在我国修正《公司法》中也已经有了相关规定，《公司法》第34条规定："股东按照实缴的出资比例分取红利；公司新增资本时，股东有权优先按照实缴的出资比例认缴出资。但是，全体股东约定不按照出资比例分取红利或者不按照出资比例优先认缴出资的除外。"最高人民法院《关于适用〈中华人民共和国公司法〉若干问题的规定（三）》（以下简称《公司法解释（三）》）第17条规定："股东未履行或者未全面履行出资义

务或者抽逃出资,公司根据公司章程或者股东会决议对其利润分配请求权、新股优先认购权、剩余财产分配请求权等股东权利作出相应的合理限制,该股东请求认定该限制无效的,人民法院不予支持。”可见,《公司法》第 34 条是从正面规定了只有实缴了出资才能分取红利,《公司法解释(三)》第 17 条则是采用了法院不支持诉请的形式对公司限制瑕疵股权的合法性进行了肯定,具体限制的股东权利有利润分配请求权、新股优先认购权、剩余财产分配请求权等。因此,对于甲、乙来说,其抽逃出资的行为导致了其不能分取 A 公司红利的后果。

由上所述,甲、乙的股东权利应受到限制,甲、乙两人如果请求分配公司红利是不应该被支持的,在本案中,丙、丁在取得股权时没有支付对价,因此,笔者认为,丙、丁的股东权利也应该受到限制。甲、乙在本案中对 A 公司始终负有足额缴纳注册资金的义务,丙、丁取得的股东权利应受到限制,不是因为继受了甲、乙的瑕疵股权,而是因为股权转让行为存在瑕疵,并未支付相应对价,因此,即使丙、丁取得了股东身份,仍无法取得完整的股东权利,丁的公司利润分配的请求也就不应该被支持了。

假如,在本案中丙、丁为取得股权是支付了合理对价的,此时,丁是否有权利要求公司分配红利?答案应该是肯定的,原因如下:甲、乙对 A 公司负有缴足出资的义务和甲、乙、丙、丁之间的股权转让是两个法律关系,在受让股权时,丙、丁有理由相信甲、乙的股权是合法的,不应受到任何限制,并且也为此支付了对价,因此,丙、丁的股东权利不是瑕疵股权,相应的,请求分配红利是完全合法的。但是,对于公司红利如何分配,按什么比例分配还是公司自治的范畴,公权力不应参与。至于在股权转让后,公司或公司债权人能否要求甲、乙继续履行出资义务,根据《公司法解释(三)》第 19 条的规定:“有限责任公司的股东未履行或者未全面履行出资义务即转让股权,受让人对此知道或者应当知道,公司请求该股东履行出资义务、受让人对此承担连带责任的,人民法院应予支持。”笔者认为是可以的,但如果要求受让人承担连带责任,受让人有理由相信甲、乙已履行完出资义务并且支付了受让股权的相应对价的,也应该允许受让人以此来抗辩。

综上,瑕疵股权受让人的权利限制问题不能“一刀切”,否则对于善意并且支付对价的受让人来说显失公平。

在现代商事活动中,公司作为一个法人,“人格”已经越来越独立,但其毕竟不是一个能独立作出意思表示的自然人,公司的行为是由股东共同决定的,股东之间股权比例的高低,可能造成小股东的利益受损,另外,股东共同利用公司制度损害第三方利益的情况也时有发生,因此,如何在保证公司高度自治、自由竞争的同时,又避免任何一方的利益被不公正地侵害;这将会是商事相关立法永远需要解决的问题。作为律师,我们经常会接触到现存法律无法解决的争议案件,对这些案件所涉及的争议内容,我们有义务提出,并进行思考,讨论,形成建议,力争为我国立法进程的进步作出努力。

证券虚假陈述民事赔偿案件中系统风险的认定标准

张保生* 刘思远**

[摘要] 关于证券虚假陈述民事赔偿案件中系统风险的证明标准和计算方法,由于相关司法解释并未明确规定,各地法院在司法实践中所采取的标准极不一致。本文在分析、研究各地法院认定系统风险不同标准的基础上,提出了系统风险的证明标准、计算依据和计算方法,在保护投资者利益的同时,注重虚假陈述行为人和投资者的利益的平衡。

[关键词] 系统风险 证明标准 市场指数 扣除比例

引言

最高人民法院《关于审理证券市场因虚假陈述引发的民事赔偿案件的若干规定》(以下简称《审理虚假陈述案件若干规定》)第19条规定:"被告举证证明原告具有以下情形的,人民法院应当认定虚假陈述与损害结果之间不存在因果关系:……(四)损失或者部分损失是由证券市场系统风险等其他因素所导致;……"但该司法解释并没有明确如何认定系统风险。在最高人民法院发布的《关于审理证券市场侵权民事赔偿案件的若干规定(征求意见稿)》中,也未对系统风险的认定依据和标准予以明确。

在司法实践中,各地法院对证券虚假陈述民事赔偿案件中系统风险的认定标准不一,差异极大。在银星能源①、大庆联谊②案件中,审理法院或认为被告上市公司未证明系统风险的存在,或认为未证明系统风险对股价下跌的影响,因而不考虑

---

* 北京市金杜律师事务所合伙人。

** 北京市金杜律师事务所律师。

① 陈永峰与银星能源证券虚假陈述民事赔偿案,参见(2009)宁民商终字第6号。

② 陈丽华等23名投资人与大庆联谊公司、申银证券公司虚假陈述侵权赔偿纠纷案,参见《最高人民法院公报案例》2005年第11期,黑龙江省高级人民法院二审民事判决书。

系统风险对股民损失的影响。而在华闻传媒③、德棉股份④、国创能源⑤、海信科龙⑥、广东美雅⑦、南通科技⑧、银座渤海⑨、东方电子⑩案中,审理法院均认可系统风险对投资者损失的影响,但在系统风险的计算依据和标准上,又存在不同的认识。

由于法律规定不明确,加上各地法院在司法实务中的不一致认识,导致在证券虚假陈述民事赔偿案件中如何认定系统风险、如何计算因系统风险因素所造成的投资损失数额成为难点。

一、系统风险对股票价格的影响及处理原则

投资者在进行证券投资时,所面临的风险主要包括系统风险和非系统风险。所谓系统风险,是指由于宏观因素发生变化而对市场整体产生影响,导致整个或某一类证券价格发生较大波动所引起的风险,包括政策风险、市场风险以及利率风险等。而非系统风险,则是指与整个市场无关而发生于某个具体股票或债券的风险,这种风险来自公司内部,如经营风险、财务风险等。⑪

从理论上看,诱多型虚假陈述行为实施后,投资者受虚假陈述行为影响买入该证券,使得该证券股价上涨。而该虚假陈述行为被揭露或更正的信息带来利空效果时,该证券价格应会下跌。正因如此,目前《审理虚假陈述案件若干规定》所规定的投资者损失计算方法,即为虚假陈述实施日至揭露日或更正日内买入,并在揭露日或更正日后、基准日前卖出或持有相关证券的价格差额。

但实际上,影响投资者作出股票投资决定的因素是多方面的,上市公司的信息披露仅是其中一个因素。影响投资者投资决定的主要相关因素有:国家宏观经济状况的变化,国家经济、金融政策的变化,银行利率的影响,通货膨胀,投机操作行为,上市公司本身的声誉、经营状况、股利政策、预期发展前景,以及投资者的心理

---

③ 各投资人与华闻传媒投资集团股份有限公司证券虚假陈述责任纠纷再审案,参见最高人民法院审理的一系列案件。

④ 俞坤荣与山东德棉股份有限公司证券虚假陈述赔偿纠纷案,参见(2011)济民商初字第16号。

⑤ 朱阁强与贵州国创能源控股(集团)股份有限公司证券虚假陈述赔偿纠纷上诉案,参见(2012)黔高民商终字第3号。

⑥ 肖仙柏与海信科龙电器股份有限公司等证券虚假陈述赔偿纠纷上诉案,参见(2010)粤高法民二终字第48号。

⑦ 投资者与广东美雅集团股份有限公司证券虚假陈述赔偿纠纷案,参见广州市中级人民法院审理的一系列案件。

⑧ 苏万福与南通科技投资集团公司虚假证券信息纠纷上诉案,参见(2007)苏民二终字第0112号。

⑨ 张鹤与银座渤海集团股份有限公司虚假陈述证券民事赔偿纠纷上诉案,参见(2004)鲁民二终字第287号。

⑩ 刘建章与烟台东方电子信息产业股份有限公司等虚假证券信息纠纷案,参见(2007)青民初字第70号。

⑪ 参见贾纬:《证券市场虚假陈述民事案件的赔偿范围》,载《人民司法》2002年第11期。

因素和判断等。[12] 而投资者的投资决定直接影响上市公司的股价，因此，上述影响投资者投资决定的因素与虚假陈述行为本身共同影响股价的涨跌，最为典型的是2008年以来的全球金融危机导致的大熊市，导致大盘整体巨额下跌。

对此，最高人民法院副院长奚晓明在全国民商事审判工作会议上的讲话《充分发挥民商事审判职能作用 为构建社会主义和谐社会提供司法保障》(2007年5月30日)明确表示："由于汇率、利率等金融政策、国内和国际的突发事件、经济和政治制度的变动等所引发的系统风险，是整个市场或者市场某个领域所有参与者所共同面临的，投资者发生的该部分损失不应由虚假陈述行为人承担。"最高人民法院副院长李国光也在讲话中表示，损失计算是处理证券市场虚假陈述民事赔偿案件的关键，在这方面应当掌握的基本原则是，虚假陈述行为人只应对其虚假陈述致使投资人所发生的损失负赔偿责任。"在计算投资人的损失时，要将虚假陈述影响股价的因素从其他引起股价波动的因素中分离出来。"[13]由此可见，关于系统风险对股价下跌带来的影响，最高人民法院的态度是应在计算投资损失时，扣除系统风险造成的影响，该部分损失不应由虚假陈述行为人承担。

将系统风险在计算投资损失时扣除，首先，尊重了证券市场风险与收益对等的原则。股票作为一种有价证券，除具有流动性的特征之外，还具有风险性、波动性的特征。股票的特征决定其是一种高风险、高回报的投资方式。投资者买卖股票，理应为市场上可能存在的风险承担责任，而不能因为虚假陈述行为人的虚假陈述行为，而将所有的风险和责任转嫁至其身上。其次，扣除系统风险实现了公平原则。我国证券法的立法宗旨在于保护投资者利益，同时兼顾市场各方主体的利益。在虚假陈述行为发生后，理应保护投资者的合法利益，给予投资者以合理补偿，但这并非意味着投资者的利益保护可以无限扩大。让虚假陈述行为人承担因为宏观经济形势、政策变化等系统风险导致的股价下跌造成的投资人损失，显然对虚假陈述行为人不公平。因此，扣除系统风险对投资损失的影响，平衡了上市公司和投资者的利益，体现了公平原则。

二、司法实务中各地法院认定系统风险的方法

虽然最高人民法院明确了应当在计算投资损失时扣除系统风险的整体原则，但由于相关司法解释没有对系统风险的证明标准、计算依据和计算方法进行明确、具体的规定，因此各地法院在认定系统风险时所持的态度和所采取的方法千差万别。

---

⑫ 国创能源案二审判决书，参见(2012)黔高民商终字第3号。

⑬ 中国证券网：《虚假陈述给股民造成损失如何计算　李国光细解答案》，来自 http://www.cnstock.com/ssnews/2002-12-12/touban/200212120104.htm.

(一) 系统风险的证明标准不一致

根据《审理虚假陈述案件若干规定》第 19 条的规定,系统风险的存在应由被告举证证明。一般情况下,被告会提供市场指数的走势图作为证据,以此证明原告的损失或部分损失是由系统风险所致。在国创能源、大庆联谊、广东美雅、海信科龙、南通科技、东方电子等案件中,审理法院均以市场指数下跌作为证明存在系统风险的证据,而实践中也有部分法院,不仅考察市场指数,同时还要求被告证明具体的风险诱因,以及系统风险与投资损失间的因果关系。

在大庆联谊案中,大庆联谊公司提交了相关股票价格和上证指数变动等证据支持自己的这一主张。黑龙江省高级人民法院判决认为:“大庆联谊公司既然提出这一主张,首先应当举证证明造成系统风险的事由存在,其次应当证明该事由对股票市场产生了重大影响,引起全部股票价格大幅度涨跌,导致了系统风险发生。但纵观大庆联谊公司向一审和二审法院提交的所有证据,并不能证明 1999 年 4 月 21 日至 2000 年 4 月 27 日期间,证券市场存在着足以影响所有股票价格下跌的合理事由,更不能证明该事由与股市价格波动的逻辑关系。对虚假陈述行为和所谓系统风险如何影响股价变动以及各自影响的程度,大庆联谊公司也没有提出具体的区分判断标准和有说服力的理由。”因此,法院对大庆联谊的主张不予采信。

在银星能源案中,宁夏回族自治区高级人民法院判决认定,银星能源一、二审所举证据不能证明在证券投资人投资该股票期间,证券市场系统风险有着足以影响所有股票价格下跌的具体事由,也不能证明该事由与自然人投资损失之间有因果关系,故不应扣减。

在银座渤海案中,一审济南市中级人民法院认为:“审视 2001 年我国的股票市场,涨跌起伏较大,大盘指数处于大动荡中。上半年延续了 2000 年的上扬行情,但大盘指数的震荡有所加剧,上升劲头已显不足。下半年终因央行全面查处违规资金入市、国有股减持试点、新股上市加速、上市公司大量增发配股、证券监管部门加大监管力度,造假企业被查处以及投资者信心严重不足等归属于系统风险因素的影响,股票价格大幅、持续下跌,后市虽有政策面的利好调整,但大盘指数年跌幅超过了 20%。被告银座渤海集团因各方面的原因,自 2000 年度起持续亏损,经营业绩欠佳,自 1999 年年末至 2001 年年末,每股净资产降幅达 35.49%。在公司发展前景不甚明朗、业绩大幅下滑,且股市大盘巨跌的背景下,被告银座渤海集团股票价格的下跌,其原因应归结于公司自身的非系统风险因素及外部的系统风险因素。”二审山东省高级人民法院支持了济南市中级人民法院的判决结论。

在德棉股份案中,济南市中级人民法院既审查了相关指数是否出现大幅度的波动,又考察了是否有客观真实的风险诱因。据此查明 2008 年股市大幅下跌的背景原因,包括 2008 年全球经济危机、国内通货膨胀、汶川地震、股改政策影响等,并结合德棉股份虚假陈述揭露日至基准日期间深成指数、中小板块指数、纺织板块指数的下跌情况,综合认定德棉股份股价的下跌系因系统风险所致,与德棉股份的虚假陈述无必然因果关系。

（二）系统风险的计算依据不统一

关于系统风险的参考标准，大多数法院采用大盘指数、行业板块指数或两者相结合的方式进行判决。

在国创能源案中，双方当事人在质证环节，均认同把大盘点位即上证综指作为考量系统风险的重要因素。贵州省高级人民法院在判决中，也以大盘走势作为参照物与个股的股价走势进行对比。

在大庆联谊案中，黑龙江省高级人民法院也采用了大盘指数的参考标准，判决认为，案涉期间股票市场的大盘走势图反映股市比较平稳，上证综合指数并未发生大幅度下跌，并据此拒绝支持大庆联谊扣除系统风险的主张。

此外，在广东美雅、海信科龙、银座渤海等案件中，审理法院均以大盘指数作为考察系统风险是否存在的依据。

除了大盘指数外，还有法院结合板块指数进行参考。在南通科技案中，江苏省高级人民法院认为，“系统风险既是以证券市场的综合指数、流通股总市值等因素综合体现出来的，则在确定系统风险所致的损失时，就不能采用单一标准，而应在综合分析能够具体体现系统风险的‘上证综合指数’‘沪市全部A股流通股总市值’‘纵横国际所在的机械类行业板块指数’‘机械类行业A股流通股总市值’这四类数据变动情况的基础上加以把握”。

在德棉股份案中，济南市中级人民法院结合深成指数、中小企业板块指数、纺织板块指数的下跌情况，与德棉股份个股下跌幅度对比，最终得出德棉股份股价的下跌系因系统风险所致的结论。

（三）系统风险的计算方法不明确

鉴于一般法院不在判决中详述系统风险的计算方法和计算过程，因此可供研究的范本较少。

在南通科技案中，江苏省高级人民法院最终确定证券市场系统风险造成纵横国际股价下跌的幅度为26%，据此计算原告因系统风险所致的损失数额为买入价×26%×基准日持有股数（该案不存在揭露日至基准日间卖出的情况），再从总损失额中扣除上述计算结果。

在德棉股份案中，济南市中级人民法院计算了虚假陈述揭露日至基准日期间，德棉股份所在的深成指数、中小企业板块指数、纺织板块指数的下跌比例，发现与德棉股份公司股价下跌比例基本吻合，最终得出德棉股份股价的下跌系因系统风险所致的结论。

在东方电子案中，虽然该案系以调解方式结案，但该案系以移动加权平均法计算股民投资损失，且法院为大量而复杂的计算任务专门开发设计了计算软件，因此具有特别的参考价值。该案中，法院以综合指数中的深证A指作为衡量市场系统风险的计算依据。采用的具体方法为,在投资者买入东方电子股票时,视为其同时买入深证A指,采用与计算投资差额损失相同的移动加权平均法,计算每位投资者在买卖东方电子股票时深证A指的变动情况,并以深证A指下跌的比例作为量化系统风险给投资者造成投资损失的比例,其计算公式如下:系统风险造成的损失比例=(买入平均深证A指-卖出平均深证A指)÷买入平均深证A指。为软件计算方便,将系统风险造成的损失比例转化为相对于投资差额损失比例的相对比例(系统风险造成损失的相对比例),其计算公式如下:系统风险造成损失的相对比例=系统风险造成的损失比例÷投资差额损失比例。

三、系统风险的认定方法及计算标准

结合笔者代理相关案件的实务经验,就系统风险的证明内容和计算标准,笔者提出如下建议。

(一)证明系统风险存在的证明方法

1. 市场指数波动幅度

证券价格的形成机制具有复杂性和不确定性,影响投资者作出股票投资决定的因素是多方面的,不同的投资者存在不同的决策思路,影响个股价格的系统风险也不仅仅是一种,因此,各种因素作用到股价的传导机制,即使金融专家也存在不同解读,很难将每个因素作用到股价上的影响进行一一剥离。在这种情况下,市场指数能够综合反映出所有系统风险传导到股价上综合作用的结果,应将其作为认定存在系统风险的最主要证据。

2. 客观真实的风险诱因

但根据目前法院的判定标准,被告在提交指数信息和波动幅度的同时,也应对导致指数波动的重要政治、经济、社会因素进行分析,以说明具体的风险诱因,这些因素包括国家宏观经济状况的变化,国家经济、金融政策的变化,银行利率的影响,通货膨胀,汇率变动,自然灾害等。如当事人对专业政治、经济问题无法解读,可提交金融专家证言或申请鉴定。最高人民法院奚晓明副院长就在前述讲话中认为,"认定系统风险不仅要有客观真实的风险诱因,而且要看相关指数是否出现了大幅度的波动,必要时可以监管部门出具的结论为参考依据"。

3. 其他因素

除了市场指数外,被告还可以从历史关联度、时间长短、虚假陈述内容上进行旁证。

(1)历史关联度。如果某只个股历史上的走势与市场指数保持较高的一致性,则证明个股股价与市场指数的关联性更高,系统风险对该只股票的影响较为直接和延续。这种历史关联度还可以用于判断不同指数的参考权重,如个股的走势与大盘更为接近,或者与其所在板块更为接近,则可在综合计算系统风险扣除比例时，对走势更为类似的指数给予更重的权重。

（2）时间长短。短时间内，系统风险中的某些种类对个股的影响可能无法迅速被体现，但如虚假陈述实施日至基准日的时间跨度越长，系统风险的反应一般更加明显和充分。在广东美雅案、德棉股份案中，法院均认为，在证券市场中，虽然个股在短时间内不受股指波动的影响是有可能的，但在相当长的一段时间内，个股不可能不受股指波动影响。广东美雅案判决认为，“众所周知，从 2001 年到 2005 年，是我国股票市场长达 5 年的大熊市，大盘的跌幅巨大。美雅公司的股票在 2004 年至 2005 年间的价格不断下跌，不可能没有大盘风险的影响，完全否定系统风险的存在是不客观的”。由此可见，时间长短可作为加强法官心证的一个有力因素。

（3）虚假陈述内容。虚假陈述对个股股价的影响程度与陈述内容的重要性有关，例如虚增百分之十利润和虚增一倍利润对股价的影响程度肯定不同。[14] 在国创能源案中，法院从该案虚假陈述行为的特点及其对股票交易价格的影响分析认为，“虽然国创能源公司存在未及时披露信息的违法行为，但其行为并非采取浮夸、利好的方式公布信息，从而引诱投资人作出积极投资的决定，而是延迟披露重大信息。在其延迟公告未及时披露所涉事件后，其股价小幅上涨，没有发生巨幅震荡。而其另两次正当公告受让青岛海协股权及与中铁十八局签订《股权转让协议》的内容与其未及时披露的信息内容基本一致，即转让标的、转让价格、股权数量等均相同，但其股价在这两次公告的前后数日持续小幅上涨，并未引起股价下跌”。因此，从虚假陈述的内容入手，证明虚假陈述行为从常理上不会带来股价大幅波动，从历史上相同内容披露后也未曾带来股价大幅波动的情形，可以加强法官的心证。

（二）系统风险的计算依据

在具体应采用大盘指数还是行业板块指数作为计算依据的问题上，笔者理解，应当根据案件实际情况进行具体分析。一般情况下，个股与板块指数比与大盘指数更具关联性，且板块指数不仅能反映板块的系统风险（如国家的产业政策调整），也能反映整个股市的系统风险，因此，板块数据可作为主要参考依据。但也存在某只权重股对所在板块有着重大影响的情况，此种前提下，如果该权重股出现虚假陈述行为，则板块受权重股股价波动影响，与之呈现一致的状态，却并非反映系统风险。在这种情况下，笔者建议将大盘指数作为主要参考依据。综上，笔者建议，将大盘指数和板块指数结合作为计算系统风险的参考依据，并在一般情况下以板块指数为主，同时可以考察历史上个股走势与大盘指数或板块指数的相似度，以综合合理评定系统风险的扣除比例。

（三）系统风险的计算方法

纵然系统风险的具体计算方法差异很大，但总体上分为两种：一种是确定统一

---

[14] 参见甘培忠、彭运鹏：《论证券虚假陈述民事赔偿中系统风险所致损失数据的认定》，载《甘肃社会科学》2014 年第 1 期。

的扣除比例,不同个案按照统一的扣除比例进行系统风险的扣除;另一种是根据个案不同的买入卖出信息进行分别计算。

后一种方法可以更为精确地计算每一个投资者投资损失中系统风险的占比,但实际案件中不可避免的是,可能存在大量的投资人,有大量买入和卖出的交易,不同的投资人交易时间也不同,要从每个原告主张的损失中一一计算出系统风险再扣除,计算工作量极大。但若东方电子案中法院自行开发设计的软件得到广泛使用,则实现此种计算方式也并非不可完成。鉴于虚假陈述类案件调解结案的比例极大,目前实践中更为广泛运用的是第一种方法,即考察案涉期间市场指数的整体波动情况,确定一个统一的系统风险扣除比例,再按照这一比例统计计算每个原告的具体损失。

但无论采用何种方法,需要注意的是,系统风险合理的扣除方法应该是将个股下跌比例与系统风险影响的下跌比例进行比较,在没有其他因素影响的情况下,两者相比方为虚假陈述造成的损失下跌比例。如南通科技案中,江苏省高级人民法院确定系统风险对股价的影响是下跌26%,则不应直接从损失中扣除26%,而是对比个股下跌比例与系统风险影响进行比较。如果个股下跌也为26%,则应认定个股下跌全因系统风险影响,而不是从投资人造成的损失中仅仅扣除26%。如果个股下跌78%,则在没有其他因素影响的情况下,应认定系统风险给投资者造成的损失应为26%/78%,即全部投资损失中有三分之一是系统风险导致的,应予扣除。

此外,在关于扣除系统风险的法律规范并不明确具体的情况下,笔者建议最高人民法院通过公布相关公报案例的方式,明确系统风险的证明标准和计算方法,以统一目前各地法院不同的判断标准,平衡投资人和虚假陈述行为人的利益。

参考文献

[1] 奚晓明:《在全国民商事审判工作会议上的讲话——充分发挥民商事审判职能作用 为构建社会主义和谐社会提供司法保障》,载《中国审判》2007 年第 7 期。

[2] 李国光:《虚假陈述给股民造成损失如何计算》,载中国证券网。

[3] 贾纬:《证券市场虚假陈述民事案件的赔偿范围》,载《人民司法》2002 年第 11 期。

[4] 贾纬:《审理证券市场虚假陈述民事赔偿案件的几个疑难问题》,载《人民司法》2002 年第 5 期。

[5] 最高人民法院民事审判第二庭:《最高人民法院关于审理证券市场虚假陈述案件司法解释的理解与适用》,人民法院出版社 2003 年第 1 版。

证券内幕交易的认定及案件应对策略

张保生[*] 周 伟[**]

[摘要] 近年来,内幕交易一直是证券监管部门查处和打击的重点,未来对内幕交易的监管和打击力度应会保持甚至加大。上市公司、基金公司、证券公司或其他证券市场参与者一旦被认定为内幕交易,将可能面临严重的行政、民事甚至刑事责任。相关主体应充分认识到内幕交易的危害性和严重的法律后果,了解内幕交易的认定标准。如果面临涉嫌内幕交易调查,应充分重视,积极应对,找准抗辩点,依法维权,以维护自身的合法权益。

[关键词] 监管情况和趋势 内幕交易的法律责任 内幕交易的认定 应对

随着我国资本市场的快速发展、证券期货交易活动日趋活跃,内幕交易等违法违规活动呈易发多发态势,也成为证券市场监管的重点。近年来,证券监管部门更是采取对证券市场内幕交易"零容忍"原则,严厉打击、惩处和防范内幕交易。因涉嫌内幕交易而被调查甚至处罚,对于上市公司、相关个人或其他证券市场参与者的影响巨大,如何应对和处理内幕交易案件,也逐渐引起相关证券市场参与者的关注和重视。

一、中国证券市场内幕交易监管的总体情况和趋势

我国证券市场监管机构对内幕交易的监管经历了逐步完善并成熟的过程。

1994 年,证监会首次查处和公布了我国内幕交易第一案"湖北襄樊信托内幕交易案",此后证监会陆续查处了一系列内幕交易的大案要案,但截至 2007 年,证监会查处的违规案件中涉及内幕交易的仅有 37 起(包括刑事案件)。

近年来,随着内幕交易行为的多发和复杂化态势,内幕交易开始成为侵蚀证券市场公平、公正基础的最大蛀虫,也引起监管部门的重视,采取了严格执法、"零容忍"的政策态度,在打击、惩处和防范内幕交易方面逐步达到国际成熟市场水平。据中国证监会发布的信息,2008 年至 2012 年,中国证监会受理各类违法违规线索 1 458 件,正式立案 500 件,行政处罚 276 件,其中,内幕交易案件 590 件,占证监会受理证券违法违规线索总量的 40%。2012 年、2013 年内幕交易立案案件分别为 70 件和 86 件,相比 2011 年,增幅分别达到 46% 和 79%。足见近年内幕交易行为的多

---

* 北京市金杜律师事务所国内诉讼部合伙人。
** 北京市金杜律师事务所国内诉讼部资深律师。

发以及监管部门对内幕交易的查处和打击力度。

值得关注的是，除了追究行政责任外，近年来，证监会稽查部门与公安部证券犯罪侦查局加强执法协作，行政稽查与刑事侦查衔接更加紧密，为快速有效打击内幕交易、利用未公开信息交易股票等违法犯罪行为创造了有利条件。2008 年至 2011 年期间，在证监会移送公安侦查的案件中，内幕交易案件所占比例由 15% 逐年上升，到 2011 年已高达 80%。2013 年，证监会向公安机关移送内幕交易案件 21 件、移送利用未公开信息交易股票案件 4 件，2014 年以来，向公安机关移送内幕交易和利用未公开信息交易股票案件就多达 29 件。其中包括“黄光裕案”“中山公用案”“高淳陶瓷案”“上海祖龙案”等一批大案要案的相继查处、判决。

就中国证券市场对内幕交易的未来监管趋势，笔者认为，“零容忍”的原则以及严格执法的政策应会继续贯彻，未来对内幕交易的监管和打击力度应会保持甚至加大。2013 年 5 月，中国证监会主席肖钢在《中国证券监督管理委员会年报 2012》中发表讲话表示：“在积极推动重要法律法规修订的同时，坚持对内幕交易、欺诈上市、虚假披露、操纵市场等违法违规行为零容忍，加大惩戒力度。”2013 年 8 月，肖钢主席在《求是》杂志上发表名为《监管执法：资本市场健康发展的基石》，明确提出“宽进严管”、加强监管执法是当前我国资本市场监管转型的“着力点”，此后应当将证监会的“主营业务”从审核审批向监管执法转型，将“运营重心”从事前把关向事中、事后监管转移。2013 年 11 月 30 日，中国证监会发布的《中国证监会关于进一步推进新股发行体制改革的意见》，进一步体现了淡化事前判断与强化信息披露、强化监管执法与事后问责的监管思路。这一系列信号，均意味着监管部门将继续严格监管执法的态度，而内幕交易作为高发易发的证券违法违规行为，也势必是监管和查处的重中之重。

二、内幕交易的法律责任

（一）行政责任

我国证券市场监管分为行政监管、刑事处罚以及民事赔偿诉讼三个体系，其中，行政监管是最主要的监管手段，也往往为刑事处罚和民事诉讼奠定前提和基础。对内幕交易违法行为进行监管和查处的监管部门主要是中国证监会及各地证监局，此外，上海证券交易所和深圳证券交易所也起到了重要的监管作用。

内幕交易行为可能承担的行政责任主要包括：(1) 责令依法处理非法持有的证券。(2) 没收违法所得。(3) 罚款。如果违法所得在 3 万元以上的，处以违法所得 1 倍以上 5 倍以下的罚款，如果没有违法所得或违法所得不足 3 万元的，处以 3 万元以上 60 万元以下的罚款。(4) 警告。单位进行内幕交易的，对直接负责主管人员和其他直接责任人员予以警告。(5) 证券市场禁入。根据违法情节的严重程度，可以对有关责任人员采取 3 至 5 年、5 至 10 年，甚至终身的证券市场禁入措施。

(二) 刑事处罚

目前对内幕交易行为的监管和稽查仍以中国证监会、地方证监局的稽查为主导,通常涉嫌内幕交易的相关线索由中国证监会或地方证监局进行稽查,如发现符合刑事犯罪追诉标准的,则移送公安机关处理。

内幕交易行为情节严重,构成犯罪的,应依法承担刑事责任。根据2012年3月最高人民法院、最高人民检察院发布的《关于办理内幕交易、泄露内幕信息刑事案件具体应用法律若干问题的解释》(以下简称《若干问题的解释》)第6条的规定,具有如下情形之一的,即符合刑事立案追诉条件:(1) 证券交易成交额在50万元以上的;或(2) 期货交易占用保证金数额在30万元以上的;(3) 获利或者避免损失数额在15万元以上的;(4) 内幕交易、泄露内幕信息3次以上的。第7条规定,如果(1) 证券交易成交额在250元以上的;(2) 期货交易占用保证金数额在150万元以上的;(3) 获利或者避免损失数额在75万元以上的,则属于情节特别严重的情形。

根据《刑法》的规定,构成内幕交易、泄露内幕信息罪的,处5年以下有期徒刑或拘役,单处或并处违法所得1—5倍罚金,单位犯罪的,对单位判处罚金,并对其直接负责的主管人员和其他直接责任人员,处5年以下有期徒刑或者拘役。如果属于情节特别严重的,处5年以上10年以下有期徒刑,并处违法所得1—5倍的罚金。

(三) 民事赔偿责任

内幕交易行为造成投资者损失的,投资者有权向内幕交易行为人主张民事赔偿责任。但由于最高人民法院至今尚未出台相关司法解释,就此类案件的立案受理、赔偿标准等作出明确规定,使得司法实践中内幕交易民事赔偿诉讼的案件数量远远少于虚假陈述民事赔偿诉讼案件数量。

2007年5月30日,最高人民法院奚晓明副院长在全国民商事审判工作会议上作关于《充分发挥民商事审判职能作用 为构建社会主义和谐社会提供司法保障》的讲话,明确指出,依据有关机关的行政处罚决定或者人民法院的刑事裁判文书,对内幕交易行为人提起的民事赔偿诉讼,人民法院应当受理。因此,目前阶段,对内幕交易行为人提起民事赔偿诉讼,应符合前置程序的要求,即以行政处罚决定或刑事裁判文书为前提。

但就内幕交易民事赔偿的范围及赔偿标准等问题,因尚没有具体司法解释,给投资者维权带来一定障碍。据悉,最高人民法院目前正就相关司法解释的出台进行研讨。相信在未来司法解释出台后,投资者提起内幕交易民事赔偿诉讼的案件数量将会大幅增加。

三、内幕交易的认定

内幕交易是指内幕信息的知情人员(包括以不正当手段获取内幕信息的其他人员)违反法律、法规的规定,泄露内幕信息,根据内幕信息买卖证券或者向他人提出买卖证券建议的行为。根据相关法律规定,认定是否构成内幕交易,主要从如下几个方面考察:

(一) 相关信息属于内幕信息

内幕信息是指证券交易活动中,涉及公司的经营、财务或者对该公司证券的市场价格有重大影响的尚未公开的信息,常见的包括公司分红、增减资、重大股权转让、重大担保、重大资产处置、并购重组、重大诉讼等。实践中,判断一个信息是否属于内幕信息,主要考量三个关键要素:第一,重要性,即有关信息达到了足以影响投资者决策与市场交易价格的程度;第二,相关性,即有关信息与上市证券或者其衍生品的发行、交易相关联,与期货交易相关;第三,非公开性,即有关信息尚未按照法定或者规定的方式公开,不为一般投资者所知悉。

(二) 相关人员属于内幕信息知情人员

内幕信息知情人员包括三类人员,第一类是因职务、职责、商业关系直接接触、掌握内幕信息的人,如上市公司董监高和主要股东等,证券机构、证监会、交易所和登记结算公司的相关人员等;第二类是上述人员的配偶、父母、子女以及其他有密切关系的人;第三类是从上述两类人那里通过信息传递间接获悉内幕信息的人。

(三) 相关人员在内幕信息敏感期内买卖证券

内幕信息敏感期是指相应内幕信息已形成且尚未公开的期间。

对于内幕信息的形成时间,重大事件、计划、方案、决定的形成时间,一般被认定为内幕信息的形成时间,但对于影响内幕信息形成的动议、筹划、决策或者执行人员而言,其动议、筹划、决策或者执行的初始时间即为内幕信息的形成之时。在同一案件中,不同当事人、同一当事人在不同阶段所掌握的内幕信息的形成时间,可能并不相同,需要立足于当事人从事涉案行为时围绕相关信息的多种因素,根据个案的具体情况综合权衡判断。

对于内幕信息的公开时间而言,我国采取严格要式主义的公开原则,即上市公司信息披露应当在证监会指定的媒体发布。实践中,在上市公司或者其他信息披露义务人尚未披露的情况下,如果媒体率先公布内幕信息,上市公司或者其他信息披露义务人应当立即予以澄清。在正式公告之前,知悉内幕信息的人不得进行交易。但其他投资者可以进行交易,对这些投资者来说,媒体的率先报道一般被视为市场传言。

（四）相关人员“知悉”并“利用”内幕信息买卖证券

认定当事人知道并利用内幕信息进行证券交易，是认定内幕交易的要点和难点。在实务中，主要根据直接证据认定当事人“知悉”内幕信息，包括：当事人自认，当事人曾经参加过相关会议的会议记录，当事人曾收到、阅读相关内幕信息资料的文件上的签字，当事人的电子邮箱中有相关文件的留痕，他人指认其知悉内幕信息，或者有录音、录像资料直接证明存在内幕信息的传递等。在没有直接证据的情况下，则通过丰富的环境证据（即间接证据）形成牢固的间接证据链条，推定当事人“知悉”内幕信息，包括：当事人的职务/职责、当事人之间的固有关系/固定联系、交易前后当事人之间的接触及其异常情况、异常的交易情况、交易行为与当事人接触行为的吻合度、隐含违法性的情况（比如，案发前刻意掩盖接触情况与交易行为，案发后抹除证据痕迹，接受调查时不能自圆其说、蓄意隐瞒和欺骗等）。

如果当事人在知悉内幕信息后从事相关证券的交易，实践中一般推定其“利用”了内幕信息。当事人要想辩驳“未利用”内幕信息，负有举证证明“未利用”的责任，举证难度很大。

四、内幕交易案件的应对

正如前文所述，我国证券监管部门对内幕交易的查处打击力度不断加大，法律对内幕交易的处罚力度也相当严苛，一旦被认定构成内幕交易，不但可能面临严厉的行政、刑事责任，还可能面临巨额的投资者民事索赔。因此，如因涉嫌内幕交易而被调查，如何有效应对，维护自身权益，对于上市公司、上市公司的董事、监事、高级管理人员及其他证券市场参与者等至关重要。

（一）在态度上，要高度重视，积极应对，尽早委托专业律师提供法律服务

内幕交易调查的应对不仅涉及行为本身性质和责任的认定，更涉及对公司声誉、股价、投资者信心等各方面的影响。因此，面对涉嫌内幕交易的调查时，态度上应高度重视，积极应对。对证券监管部门的调查，要态度诚恳，积极配合，不能有对抗情绪，干扰阻碍调查，隐瞒、毁灭证据，但也要依法申辩，必要时可以依法申请听证。

内幕交易调查的应对不同于普通行政、刑事调查，内幕交易侵权民事赔偿诉讼也不同于其他民商事侵权纠纷，无论从程序上、法律适用上均有其特殊性，因此，需要专业的具有证券违规业务经验的律师尽早介入提供法律服务。

（二）理清事实，制定应对目标和应对策略

全面搞清案件事实情况，进行分析研究，自我判断是否构成内幕交易，并预测可能的法律后果，然后进行有针对性的应对。制定应对策略的前提是理清事实，对可能的后果作出客观分析和预判，才能有的放矢。

在全面理清事实，充分论证的基础上，制定应对目标和策略。如果认为相关行为不构成内幕交易，则在监管部门正式立案调查前，通过依法申辩和举证，争取监管部门作出不立案的决定，如果已经立案，则争取不被行政处罚。如果经分析认为，被行政处罚不可避免，则争取轻罚、缓罚，缩小被处罚事项的范围和被处罚的主体。如果涉嫌刑事犯罪，则争取案件不移交公安部门处理。如果行政处罚或刑事处罚不可避免，则争取轻罚、缓罚，为可能面临的民事赔偿责任做好充分准备。

（三）基于案件事实，找出核心抗辩点，依法申辩，不轻易放弃权利

应对监管部门的调查应当态度诚恳，积极配合，如实陈述，不应采取对抗的情绪和行为，但这也不代表完全消极处理、一味认错。根据相关规定，针对监管部门的行政调查和行政处罚程序，当事人有权依法申辩、举证、申请听证，对于行政处罚决定，当事人也有权申请复议甚至提起行政诉讼。基于事实和法律，如果认为不构成内幕交易的，应当依法申辩，找出核心抗辩点，组织相关证据，向监管部门申辩举证，不应轻易放弃权利。

基于内幕交易的几大认定要素，根据相关法律规定和笔者的实务经验，主要可以从如下几个方面抗辩不构成内幕交易：

1. 未进行证券交易

如果在内幕信息敏感期内没有进行过证券交易，则不涉及内幕交易的问题。

2. 相关信息不构成内幕信息

《中华人民共和国证券法》、中国证监会《证券市场内幕交易行为认定指引（试行）》《若干问题的解释》等相关规范性文件，对于内幕信息的认定作出了概括并列举式的规定，根据相关法律规定以及司法实务的通常观点，抗辩相关信息不构成内幕信息主要可以考虑如下因素：(1) 相关信息不属于法律规定的内幕信息；(2) 相关信息不属于重大事件；(3) 相关信息不具有重要性；(4) 相关信息不具有确定性和具体性；(5) 相关信息属于市场传闻；(6) 相关信息已经公开。

3. 不"知悉"内幕信息

认定内幕交易的关键和基础是"知悉"内幕信息，如果相关主体并非知悉内幕信息而进行证券交易，则不构成内幕交易。不"知悉"内幕信息的情形主要有：(1) 不知道相关信息；(2) 不知道相关信息属于内幕信息，比如事先不知道泄露内幕信息的人是内幕人或泄露的信息为内幕信息，有正当理由相信内幕信息已公开的；(3) 不知道相关信息可能影响证券价格；(4) 未接触内幕信息知情人等。

4. 未"利用"内幕信息进行交易

如果在知悉内幕信息后从事相关证券的交易，实践中一般推定其"利用"了内幕信息，相关主体需举证证明所涉证券交易行为并非"利用"内幕信息进行。当事人可以从如下角度抗辩其未"利用"内幕信息进行交易：(1) 交易的一贯性，即交易并非仅在内幕信息敏感期内进行，而与其一贯的交易保持一致性；(2) 交易的合理性及非异常性，比如交易系基于正常的投资分析所作出的投资决策，并非利用"内幕信息”;(3) 交易的公开性，比如交易前后对其所进行的交易进行了披露;(4) 正当交易行为，比如持有或者通过协议、其他安排与他人共同持有上市公司5%以上股份的自然人、法人或者其他组织收购该上市公司股份的，上市公司回购股份，按照事先订立的书面合同、指令、计划从事交易等。

(四) 关注并做好舆情监控，避免引起证券市场波动和媒体不当炒作

舆情以及公司股价的稳定也是应对内幕交易调查的重要方面，如果处理不当，可能因媒体不当炒作而给上市公司造成的影响，远远比因内幕交易而承担的法律责任严重得多。因此，在应对内幕交易调查的同时，要充分关注和做好舆情监控，避免因媒体不当炒作引起市场波动，妨碍监管部门依法作出公正处理。

(五) 保证公司正常生产经营，注重投资者的安抚和权益保护，尽可能赢得投资者的信心

在应对调查时，应注重保证公司正常的生产经营，稳定员工情绪，使投资者对公司的经营业绩和前景保有信心，注重投资者权益保护，尽可能赢得投资者的信心。如果确实存在内幕交易，则应向投资者做好解释工作，树立负责、诚信的上市公司形象。

参考文献

[1] 马韫：《中国证券市场内幕交易监管实践研究和案例分析》，中国方正出版社2014年版。

[2] 朱锦清：《证券法学》(第3版)，北京大学出版社2011年版。

[3] 黄素心：《中国证券市场内幕交易监管研究》，经济管理出版社2011年版。

[4] 陈斌彬：《证券投资基金管理人不当行为的法律规制》，厦门大学出版社2009年版。

[5] 胡光志：《内幕交易及其法律控制研究》，法律出版社2002年版。

[6] 中国证券投资者保护基金有限责任公司：《证券违法典型案例报道选编》，经济管理出版社2010年版。

[7] 张超：《中国证券市场内幕交易：特征分析与案例研究》，厦门大学2014年硕士学位论文。

[8] 胡艺舟：《股票市场内幕交易：监管分析与案例研究》，厦门大学2012年硕士学位论文。

[9] 中国证券监督管理委员会：《证监会通报近三年来内幕交易等案件的执法工作情况》，载http://www.csrc.gov.cn/pub/newsite/jcj/aqfb/201407/t20140702_257166.html，2014年10月11日访问。

[10] 中国证券监督管理委员会：《2013年1月至10月证券期货稽查执法情况综述》，

载 http://www. csrc. gov. cn/pub/newsite/jcj/gzdt/201311/t20131126_238787. html,2014 年 10 月 11 日访问。

[11] 中国证券监督管理委员会:《监管执法:资本市场健康发展的基石——肖钢主席在《求是》杂志发表署名文章》,载 http://www. csrc. gov. cn/pub/newsite/jcj/gzdt/201310/t20131014_236112. html,2014 年 10 月 11 日访问。

[12] 中国证券监督管理委员会:《证券期货执法工作情况与下一步工作思路》,载 http://www. csrc. gov. cn/pub/newsite/jcj/gzdt/201302/t20130222_221508. html,2014 年 10 月 11 日访问。

[13] 中国证券监督管理委员会:《稽查执法成效明显 执法效能不断提升——2011 年上半年证券稽查执法情况综述》,载 http://www. csrc. gov. cn/pub/newsite/jcj/gzdt/201109/t20110906_199480. html,2014 年 10 月 11 日访问。

[14] 陆媛:《内幕交易者“割肉”亦难逃处罚:证监会查处瞿湘内幕交易案,虽交易亏损亦罚款 3 万元》,载 http://news. sohu. com/20081212/n261162342. shtml,2014 年 10 月 11 日访问。

第五部分

律师公司业务案例的分析与启示

上市公司并购新三板公司案例及启示

孙　平*

［摘要］ 截至2014年8月15日，在全国中小企业股份转让系统挂牌的公司(新三板公司)已突破1万家，其中不乏治理结构规范、盈利能力强且成长性较高的优质公司，新三板成为上市公司并购的选秀池。部分上市公司通过与新三板公司进行资源整合，增强了自身盈利及占有市场份额的能力，成为上市公司新的利润增长点；新三板公司与上市公司的联姻为新三板公司借道上市提供了新途径，也为新三板公司融资提供了更有实力的保障平台，实现上市公司与新三板公司共赢，开启了并购的新时代。

［关键词］ 并购现状　股份转让　组织形式变更

一、上市公司与新三板公司并购之现状

上市公司与新三板公司擦出火花，是资本市场发展的必然。新三板公司目前已成为越来越多的非上市公众公司的聚集地，很多优质的公司在新三板平台崭露头角，并以其优质的经营业绩、治理结构等方面吸引着上市公司的目光。2014年7月23日实施的《非上市公众公司收购管理办法》和《非上市公众公司重大资产重组管理办法》，既有利于中小微企业优化资源配置，促进转型升级，也为上市公司并购新三板公司提供了遵循标准及依据，越来越多的上市公司向优质的新三板公司伸出了橄榄枝。

据统计，截至2014年8月中旬，新三板公司与上市公司联姻的分别有以下几例①：

（一）新冠亿碳置入中小板公司东江环保

2014年4月24日，武汉新冠亿碳环境资源开发股份有限公司(简称新冠亿碳)发布出售资产的公告，新冠亿碳拟将其持有的两家子公司(合肥新冠能源开发有限公司和南昌新冠能源开发有限公司)100%的股权转让给深圳市东江环保再生能源有限公司(简称深圳再生能源公司)，深圳再生能源公司系东江环保股份有限公司(简称东江环保，SZ.002671)的全资子公司，交易完成后则东江环保成为新冠

---

* 北京市中咨律师事务所律师。

① 参见王砚丹：《新三板挂牌企业已达1000家》，载中国资本证券网 http://www.ccstock.cn/stock/sanban/2014-08-15/A1408057106178.html，2014年8月15日访问。

亿碳所出售资产的完全控股方。8月22日，新冠亿碳在新三板正式终止挂牌。

（二）瑞翼信息成为中小板公司通鼎光电的控股子公司

2014年5月20日，江苏通鼎光电股份有限公司（简称通鼎光电，SZ.002491）公告了《发行股份购买资产预案》，该预案载明通鼎光电拟向黄健等10名自然人发行股份，购买其合计持有的苏州瑞翼信息技术股份有限公司（简称瑞翼信息，430531）51%的股份。交易完成后，通鼎光电将持有瑞翼信息51%的股权。目前，该项目已经中国证券监督管理委员会（简称中国证监会）上市公司并购重组审核委员会审核无条件通过。

（三）屹通信息并入创业板公司东方国信

2014年7月9日，北京东方国信科技股份有限公司（简称东方国信，SZ.300166）发布《第二届董事会第二十八次会议决议公告》，东方国信拟以发行股份及支付现金的方式，收购上海屹通信息科技股份有限公司（简称屹通信息，430364）全部股东持有的屹通信息100%股份。8月12日，东方国信又发布了《关于收到〈中国证监会行政许可申请受理通知书〉的公告》，中国证监会受理了其提交的项目申请材料。但截至9月30日，东方国信尚未发布该项目已由中国证监会上市公司并购重组审核委员会审核通过的相关公告。

（四）大智慧以换股吸收合并方式收购湘财证券

2014年8月13日，上海大智慧股份有限公司（简称大智慧，SH.601519）发布了《关于同意与湘财证券股份有限公司现有股东签署重组意向书的公告》，大智慧及全资子公司上海大智慧财汇数据科技有限公司（简称财汇科技）拟以非公开发行大智慧股份及支付现金的方式，购买湘财证券股份有限公司（简称湘财证券，430399）100%的股份，本次交易价格原则上不超过90亿元人民币。该次收购成为迄今为止上市公司收购新三板企业中的最大一笔交易。根据大智慧于2014年9月26日发布的《关于重大资产重组进展暨股票继续停牌公告》显示，大智慧已与湘财证券股东签署意向协议，该项目仍在进展过程中。

上市公司并购新三板公司的成功案例目前并不是很多，但进行实质性谈判的并不在少数。新三板挂牌公司对上市公司收购的态度有以下四类：其一，挂牌新三板公司后寻求两条腿走路，寻求独立上市与寻求并购机会共存；其二，挂牌新三板公司就是为了并入上市公司，挂牌无非是为了寻求更好的对价；其三，甚至有的新三板公司挂牌之前就已经名花有主，挂牌无非是在寻求并入上市公司的时机；其四，更多的新三板公司虽然挂牌之初衷不是为了既定的与上市公司并购，但挂牌后很快成为上市公司的猎取目标。当然也有一些新三板挂牌公司是单纯为了自身内生式发展，通过自己做大做强来寻求发展。笔者认为，新三板公司上述之现状以及其公司治理、业务经营、财会处理等方面的规范性、透明性、公开性，必然使其成为未来有竞争力的并购标的。

二、上市公司成功并购新三板公司第一案的操作回顾

通鼎光电发行股份购买瑞翼信息股东黄健等10名自然人合计持有的瑞翼信息51%股份项目，已经中国证监会上市公司并购重组审核委员会无条件通过，成为A股上市公司成功并购新三板公司第一例，也因其并购方案的开创性与法律处理的严谨与巧妙而成为具有创新意义的典型并购案例。通鼎光电与瑞翼信息此次整合，有利于双方资源共享，既为瑞翼信息借道上市提供机会，也为通鼎光电进入移动互联网行业，有效把握市场发展机遇，优化公司产业布局，培育新的利润增长点提供机会。

（一）交易双方及目标公司的基本情况

通鼎光电于2010年10月在深圳证券交易所正式挂牌，隶属于中小板块。主营业务为通信光缆、电缆等产品的研发、生产和销售，主要产品包括通信光缆、室内软光缆、市内通信电缆、射频电缆、铁路信号电缆等。

交易对方系合计持有的瑞翼信息51%股份的股东黄健等10名自然人。

交易标的系卖方所持有的瑞翼信息51%的股份。该公司在2013年2月7日，以经评估的净资产折股，以发起设立的方式整体变更为股份有限公司，并于2014年1月24日在全国中小企业股份转让系统（以下简称NEEQ）挂牌，是一家从事移动互联网业务的高新技术企业，主要从事信息传输、软件和信息技术服务业。主要为中小企业提供移动互联网营销解决方案及系统开发服务，主要业务和产品包括挂机短信、E+翼、本地搜、微生活、流量掌厅等。

（二）交易模式

1. 交易模式

为支付本次交易的交易对价，双方采用了一种“双结构设计，两方共盈”的交易方案，即“发行股份+收购资产”。根据通鼎光电公告的相关文件和通鼎光电与黄健等10名自然人签署的《发行股份购买资产协议》显示，该交易方案为：由交易的买方按通鼎光电定价基准日前20个交易日的每股平均价格作为对价（除权除息后）向黄健等10名股东非公开发行通鼎光电的股票；由交易的卖方向通鼎光电转让其合计持有的瑞翼信息51%的股份，即通鼎光电以非公开发行的股份与黄健等10名股东以转让51%的股份互为对价的方式进行交易。根据上述方案，通鼎光电将向黄健等10名股东发行9 647 651股（最终发行数量以中国证监会核准发行的数量为准）具有一定锁定期的A股普通股股票；黄健等10名股东向通鼎光电转让作价11 500.00万元的瑞翼信息51%的股份（也即瑞翼信息变更为有限责任公司后的51%股权），当交易完成并实施交割后，通鼎光电则成为瑞翼信息的控股股东。

值得注意的是，上述方案仅是通过增发股份认购资产，并未构成重大资产重组。作出这一判断的根据是：第一，从购买资产总额占通鼎光电最近一个会计年度

经审计的合并财务会计报告期末资产总额的比例来看，购买的51%股份资产总额为11 500.00万元，占通鼎光电最近一个会计年度经审计的合并财务会计报告期末资产总额442 795.75万元的比例仅为2.60%。第二，从标的资产最近一个会计年度所产生的营业收入占通鼎光电同期经审计的合并财务报告营业收入的比例来看，标的资产最近一个会计年度所产生的营业收入为3 000.64万元，通鼎光电同期经审计的合并财务报告营业收入为282 159.76万元，前者占后者的比例仅为1.06%。第三，从购买的资产净额占通鼎光电最近一个会计年度经审计的合并财务会计报告期末净资产额来看，购买资产的净额为11 500.00万元，通鼎光电最近一个会计年度经审计的合并财务会计报告期末净资产额为185 764.14万元（即归属于母公司股东的所有者权益），前者占后者的比例仅为6.19%。

从该次交易的上述具体财务数据，即资产总额、营业收入和净资产额来衡量，均未达到《上市公司重大资产重组管理办法》第11条规定的50%的标准。另本次交易亦不会导致通鼎光电实际控制权变更，不属于《上市公司重大资产重组管理办法》第12条规定的借壳上市情形。本次交易属于发行股份购买资产，并需提交中国证监会上市公司并购重组审核委员会审核。

2. 收购瑞翼信息51%股份的安排

本交易方案安排通鼎光电本次通过增发股份购买黄健等10名自然人合计持有的瑞翼信息51%的股份，而不是40%或100%的股份，是有特定原因和理由的。从通鼎光电方角度来讲，首先，收购51%的股权已经可以使通鼎光电达到控股瑞翼信息的目的；其次，通鼎光电将增发的股份作为支付对价，避免了支付大量现金的困扰，减少公司向银行贷款的频率，从而减少公司的财务费用等成本支出；再次，通过购买瑞翼信息51%的股份，所对应的由通鼎光电增发的股份量则相对较少，减少股份稀释量。

从交易对方角度讲，首先，以通鼎光电增发的股份作为支付对价，可以避免大量税负的承担；其次，瑞翼信息成为通鼎光电的控股子公司后，为其借道上市提供了捷径；再次，交易对方直接持有通鼎光电的股票，其身份亦成为通鼎光电的股东，享受收益分配。

从经营方面讲，瑞翼信息剩余49%的股权不进入本次交易，目的是保证瑞翼信息经营团队的稳定性、增强人员凝聚力和确保经营的连续性，加强瑞翼信息管理团队的责任心，为瑞翼信息发展的稳定性和经营的增长性奠定良好的基础，从而实现瑞翼信息与通鼎光电双方共赢。

从风险承担角度讲，收购后，瑞翼信息经营的风险亦由双方共同承担，而不是只由通鼎光电一方承担。

(三) 过渡期安排及对策分析

1. 过渡期的特别安排

本次交易在并购交易的过渡期通常安排之外,专门设计了两项特殊安排。即在基准日(通鼎光电第二届董事会第二十八次会议决议公告日,即2014年5月9日)至交割日之间的过渡期期间,瑞翼信息必须完成两项法律事项。其一,向NEEQ申请摘牌并依现行规则的规定完成摘牌的全部法律手续;其二,股东大会作出将组织形式由股份有限公司变更为有限责任公司的有效决议,并完成相关的工商注册登记变更手续。

2. 过渡期特别安排的缘由

瑞翼信息系于2013年2月7日正式由有限责任公司变更为股份有限公司,并于2014年1月24日在NEEQ挂牌,本次交易首次谈判距瑞翼信息挂牌时间刚刚两个多月,交易双方为何在过渡期作出如此特别安排?本次交易过渡期的特别安排追求的目的究竟是什么?有何特别的法律意义?笔者对此作出了如下分析:

(1) 关于股份转让的限制如前所述,在此交易申报核准前,瑞翼信息系在NEEQ挂牌的股份有限公司。此交易所涉股份的转让受到《公司法》等法律、法规和《公司章程》的限制。依据《公司法》第141条第1款"发起人持有的本公司的股份,自公司成立之日起1年内不得转让。公司公开发行股份前已发行的股份,自公司股票在证券交易所上市交易之日起1年内不得转让",以及瑞翼信息《公司章程》第27条"发起人持有的本公司股份,自公司成立之日起1年内不得转让。公司公开发行股份前已发行的股份,自公司股票在证券交易所上市交易之日起1年内不得转让"的规定,瑞翼信息于2013年2月7日变更组织形式,于2014年2月6日已满1年,黄健等10名自然人作为瑞翼信息发起人股东,其转让股份已不受《公司法》和《公司章程》关于发起人1年不得转让其股份条款的限制,但黄健等10名自然人中有8人在瑞翼信息分别担任董事、监事、高级管理人员,则该8名股东的股份转让仍然受到了限制。

依据《公司法》第141条第2款的规定:"公司董事、监事、高级管理人员应当向公司申报所持有的本公司的股份及其变动情况,在任职期间每年转让的股份不得超过其所持有本公司股份总数的百分之二十五;所持本公司股份自公司股票上市交易之日起一年内不得转让。上述人员离职后半年内,不得转让其所持有的本公司股份。公司章程可以对公司董事、监事、高级管理人员转让其所持有的本公司股份作出其他限制性规定。"据查询,瑞翼信息《公司章程》第27条第2款作出以下规定:"董事、监事、总经理以及其他高级管理人员应当在其任职期间内,定期向公司申报其所持有的本公司股份及其变动情况;在其任职期间每年转让的股份不得超过其所持有本公司股份总数的25%;所持公司股份自公司股票上市交易之日起1年内不得转让。上述人员离职后6个月内不得转让其所持有的本公司的股份。"因黄健等10名自然人中除两名股东未在公司担任职务外,其他8名股东在公司担任董事、监事、高级管理人员职务，因此该8名股东每年能转让的股份不能超过其当年所持瑞翼信息股份总数的25%，如此，通鼎光电收购瑞翼信息51%的股份的交易方案必然无法实现。收购少于51%的股份，虽能使上述法律和《公司章程》的规定得到满足，但有违背交易意愿和安排。若要求担任董事、监事、高级管理人员的相关股东辞职6个月后再转让其持有的瑞翼信息的股份，则会拉长双方交易的进度，在此期间，若发生很多造成交易双方变化的不确定因素，则很有可能导致双方的并购重组意向走向破产。

（2）破解股份转让限制的相关对策。笔者经办的改制项目中多以"有限责任公司"改制为"股份有限公司"为主，将公司从"股份有限公司"转变为"有限责任公司"为第一例。为了保证通鼎光电与瑞翼信息本次交易顺利完成，交易双方约定瑞翼信息在过渡期内按照其股东持有的股份公司的股份比例与持有有限公司股权比例相同，即同比例折股的方式严格依法完成由股份有限公司变更为有限责任公司，并办妥全部工商变更登记手续。为此，瑞翼信息需要依法召开临时股东大会，就相关事项作出决议，并授权专人执行及办理相关变更事宜。

另依据《公司法》第71条及《公司章程》的规定，黄健等10名自然人各自转让其股权时（合计持有51%的股权）需要经过其他股东过半数同意且取得其他股东同意放弃优先购买权书面声明。针对此要求，承办律师事先设计制作了相关股东同意向公司股东以外的人转让股权的文件和其他股东同意放弃优先购买权的声明文件，以排除黄健等10名股东在瑞翼信息变更为有限责任公司后向通鼎光电转让股权可能出现的不确定性和法律障碍。

2014年7月30日，瑞翼信息在江苏省苏州工业园区工商行政管理局完成了工商变更登记手续，公司组织形式由"股份有限公司"变更为"有限公司"，并领取了有限公司的《营业执照》。

（3）从NEEQ摘牌之缘由。目前在NEEQ挂牌的公司应具备的条件之一为股份有限公司，若瑞翼信息变更组织形式为有限责任公司后，必然导致其已不再符合在NEEQ挂牌的条件。2014年4月，全国中小企业股份转让系统有限责任公司并未对摘牌作出具体规定，亦未有新三板挂牌公司在NEEQ摘牌之先例，因此瑞翼信息主动从NEEQ摘牌也为该交易市场的第一例。2014年5月，全国中小企业股份转让系统有限责任公司批准了瑞翼信息摘牌的申请，瑞翼信息顺利变为非公众股份有限公司。

三、案例的启示

通鼎光电发行股份收购资产的案例，创造了资本市场的多个第一：其一，瑞翼信息主动申请从NEEQ摘牌，是该交易市场的第一例；其二，瑞翼信息从在NEEQ挂牌到摘牌不足4个月，是该交易市场主动摘牌速度的第一位；其三，是全国中小企业股份转让系统挂牌公司被上市公司收购的历史第一例；其四，是全国中小企业股份转让系统挂牌公司从挂牌到被上市公司收购速度的第一位;其五,是上市公司跨界并购新三板公司的第一例。这些第一给了作为此案专项法律顾问的律师团队和作为操作者之一的笔者许多启示,笔者在此略作归纳,以供从事资本市场法律顾问服务的同仁共享与探讨。

(一)股份公司设立未满1年,发起人股份转让的操作对策

发起人作为股份公司的最初投资者,是在股份有限公司设立过程中承担相应责任和义务、享有权利的特定人,《公司法》对发起人的人数、住所均有明确的要求。另外,《公司法》对其股份转让作出1年期的限制,也是由发起人的特殊地位所决定的。

因发起人自身的特别原因或特定目的,需要在股份公司成立后1年内向股东以外的人转让其所持的全部或部分股份时,如何合法排除《公司法》中规定的1年内不得转让的限制而达到转让之目的,是值得律师研究和探讨的问题。如果客观条件限制不能等待时间的经过而使限制自然消除,又不具备采取其他有效的方法排除限制时,本案所设计采取的拟转让股份的发起人与其他发起人协商将公司的组织形式由股份有限公司变更为有限责任公司,并在变更组织形式后取得过半数股东同意,并取得其他股东在同等条件下放弃优先购买权的书面声明,从而排除法律障碍的方案,不失为可行的解决方案,但采取此方案需要注意以下几个问题:

(1)无论是《公司法》还是《公司章程》,均对公司变更组织形式作出了严格的程序和实质性要求。其最集中的体现就是股份公司要召开临时股东大会就公司组织形式变更进行审议表决,并经出席会议股东所持表决权的2/3通过。这是股份公司变更为有限公司的规定动作,不可带病强行,更不能忽略。

(2)由股份公司变更为有限公司时,如果仅就公司名称中组织形式部分进行变更,则无须经过工商行政管理部门预先核准。如果公司同时还要变更“字号”或“字号”的某一部分,则注意名称预核准问题。另外,在此变更过程中,有些省市的工商局还要求同时变更注册登记的工商局的管辖。

(3)有限责任公司折股比例与股份有限公司持股比例的,为避免税收负担,净资产中的部分折合为有限公司总出资额(同股份公司股本总额),剩余部分应按股份公司原会计科目及项下金额同科目、同金额构成有限公司净资产总额。

(4)公司变更为有限责任公司后,股东向股东以外的人转让股权的,首先,需就其股权转让事项书面通知其他股东并征求其同意,书面通知其他股东是必须履行的事项,切不可只以口头、电话通知等方式通知。其次,需要取得过半数以上股东的同意。再次,经股东同意转让的股权,在同等条件下,必须取得其他股东放弃优先购买权的书面声明,以避免股权转让存在瑕疵。但《公司章程》对此另有约定的除外。

(二)股东为董事、监事、高级管理人员持有公司股份转让的操作对策

1. 股份转让25%的限制

《公司法》第141条对持有公司股份的董事、监事、高级管理人员转让股份作出了每年转让不得超过其当年持有股份数25%的规定,即任职董事、监事、高级管理人员的股东,每年应预留其当年至少75%的股份在公司。因此,若相关股东想转让其持有公司的全部股份或超过当年股份的25%,必然无法得到满足。

2. 辞职后6个月内不得转让的限制

《公司法》第141条还对任职董事、监事、高级管理人员的股东作出了辞职后6个月内不得转让其股份的限制,意味着上述特殊身份的股东只能在辞职6个月后才有权处分其股份。

3. 对策及建议

针对董事、监事、高级管理人员存在上述1—2项被限制转让股份的情况,依据《公司法》第142条"公司章程可以对公司董事、监事、高级管理人员转让其所持有的本公司股份作出其他限制性规定"的规定一致,笔者认为,公司可以通过修改公司章程中的相关规定,使董事、监事、高级管理人员在一定条件下转让其持有的股份。

若《公司章程》中对董事、监事、高级管理人员持股的限制规定与《公司法》的规定一致,且公司不打算修改章程的,担任董事、监事、高级管理人员的股东又想出售其持有的25%以上股份的,则建议其提早辞去其董事、监事或高级管理人员的身份,在辞职期满6个月后,则可以自由转让其持有的份额。若担任董事、监事、高级管理人员的股东未计划辞去或不便辞去其相关身份,但仍需要转让其持有的25%以上股份,则建议将公司的组织形式变更为有限责任公司,具体操作同上述。

四、结论

上市公司并购非上市公司,可以采取不同的交易模式和相应的交易支付方式。不同的交易模式和支付方式必然会配套不同的方案设计和操作模式,操作模式和方案设计的正确与否,往往直接决定着交易双方所要发生各项费用、税收等成本支出,交易操作方式是否灵活,甚至决定着整个交易的成功与否,因此选择适当的交易方案及操作模式,有利于提高和加快并购的效率及速度,实现交易双方之并购目的。

实质合并破产清算问题研究

——以某钢铁公司及其关联企业实质合并破产清算为例

张智远* 孟凡华**

[摘要] 控制企业及关联企业合并破产,特别是实质合并破产,是一个法律上崭新但实践中已经无法回避的课题。尤其是在一些大型民营企业当中,集团公司与下属公司、控制企业与从属企业、控制人与出资企业之间的股权关系、法人治理乱象丛生,法定代表人、工商登记显明股东、实际出资等不像是取决于法律规定的规范性模式,更像是取决于企业经营中的需要。这种情况出现在控制企业或者某一从属企业进入破产清算程序后,对其他关联企业的甄别、认定,以及如何将关联企业纳入破产清算程序中来。这些企业往往存在账目混乱、资产混同、人员混同、互相担保等现象。鉴于《中华人民共和国企业破产法》(以下简称《企业破产法》)对此又没有明确规定,而实践中确需解决此类问题。笔者围绕经办的破产清算案件,提出实质合并破产问题的引出、破产模式、具体做法以及混同认定等,以供读者参照,形成进一步研究,最终促进司法解释的早日出台。

[关键词] 关联企业 实质合并 破产

一、问题的提出

随着国家层面淘汰落后产能等经济产业结构调整战略的实施,作为全国钢铁大省的河北省面临着极其繁重的消减钢铁产能指标的局面,加之2007年全球经济危机不断向实体领域深化,河北省钢铁产业面临着前所未有的危机。在这样的大背景下,笔者主持承办了唐山一家大型民营钢铁企业的破产清算。在清算过程中,我们发现,清算面临诸多实际问题,甚至有的可能超出现有法律的解决途径。破产清算工作遇到了严重困难:主要是该破产企业与关联企业资产权属不清或者混同,财务凭据、资料缺失或者混杂,该破产企业及其关联企业之间债权债务和担保关系纠缠不清,债权人与该破产企业及关联企业之间资金往来与债权债务关系错综复杂,企业股权代持现象普遍。这些困难和障碍,已经严重影响了破产清算法定程序的正常进行。

---

* 河北冀华律师事务所律师。

** 北京工商大学法学院研究生。

二、解决方案及方案价值

面对这一情况，笔者经过反复论证认为，为了解决目前该破产企业及其后的关联企业在破产清算中存在的资产混同、账目不清、债权债务混乱等问题，同时简化程序、节省破产经费、提高整体破产效率，破产审理法院可以该破产企业与7家关联企业实质混同为由，直接裁定7家关联企业并入该破产企业，实施实质合并破产清算。受理法院和当地政府对此方案给予了积极肯定，一致认为，对破产企业及其关联企业采取实质合并破产是目前解决该破产企业破产清算难题、公平处理关联企业债权清算的较好办法。同时指出，在实施实质合并破产清算中，应当把握“一个案号、一个大会”的破产清算原则。另外，经过我们多次沟通，该破产企业债委会也表决通过了实质合并破产方案，在债权人层面为破产清算的实施奠定了基础。

三、实施实质合并破产清算方式的意义和存在的难题

合并破产，是指关联企业的控制企业或从属企业之一破产而引发的全部关联企业破产。有时也表现为某一个或一些从属企业的破产而引发全部关联企业破产（多数表现为控制企业先进入破产程序）。实质合并破产也有学者称“实体合并破产”“关联企业整体合并破产”，此种破产清算不是简单地对企业破产案件合并审理、合并清算，而是根据“否定法人人格理论”，对关联企业法人人格进行否认，从而将关联企业资产、负债作为整体，全部纳入控制企业或者率先进入破产程序的从属企业之中，作为一个破产案件对外进行破产清算。

（一）实施合并破产清算的意义

1. 对债权人来说，实施合并破产，一是解除了债权人对企业主利用破产清算逃废债务的疑虑；二是解决了债权人对关联企业债权迟迟无法进入程序的难题；三是能够最大限度地对债权人公平清偿。

2. 对于地方政府来说，实施合并破产能够顺利、快速实施地上附着物的拆迁工作，既解决好淘汰落户产能的压力，又使破产企业老厂区土地早日进入收储开发程序，提升企业所在区域在当地市区的形象。

3. 对于企业职工来说，实施合并破产能够全面覆盖破产企业职工，为全面、彻底解决拖欠职工工资、集资款、生活费等涉及社会稳定问题提供路径。

4. 对于破产企业来说，早一天把企业整体破掉，就早一天实现破产转型，落实土地开发。

5. 对于受理法院来说，是提高审判效率、节省审判资源的好办法。

（二）实施合并破产清算存在的难题

1. 实质合并破产法律规定不明确问题。实质合并破产是从美国引入的破产

清算制度,在国内并没有明确的法律规定。尽管近些年最高人民法院考虑到我国民营企业集团产权纠缠不清、人格高度混同的国情,在实践层面积极鼓励各地破产法院大胆尝试实质合并破产,但是毕竟还没有对外颁布相关司法解释(最高人民法院正在对关于实质合并破产的司法解释草稿征求意见)。

2. 受理破产法院审判资源紧张问题。实质合并破产是在破产实践中的一种积极探索,要求破产受理法院在启动和实施破产清算程序中克服众多法律前沿问题,无疑使本来人手紧张的法院将更多地将审判资源(法官业务骨干)投向破产清算案件。

3. 管辖权冲突的解决。按照《破产法》关于受理破产清算管辖的规定及实践,一般管辖是参照工商注册机关和注册地来确定。对具体破产企业清算而言,其关联企业中有的注册地不在同一区域,有的是在市工商局,这就需要受理法院协调地区中院解决管辖权冲突问题。尽管有人认为,既然否定了法人人格,就无须再考虑管辖问题。

4. 关联企业中存在"集体企业""港资股东""代持股份"等客观情况,增加了对关联企业混同的甄别、判断难度。

5. 债权人,特别是国企大债权人对合并破产的态度,也是法院在决定是否实施合并破产清算时的一个考虑因素。

四、实施实质合并破产的路径

(一) 申报准备工作(关联企业认定组卷)

1. 管理人聘请会计师事务所对关联企业进行账目审计,对企业关联性出具审计报告。

2. 律师事务所对企业关联性出具法律意见书。

3. 区政府破产转型领导小组对合并破产出具会议纪要。

4. 企业主及相关人员对企业产权、企业经营管理、企业资产、债权债务及担保情况出具证明。

5. 律师团队组织关联企业混同的证据,对破产企业 7 家关联企业进行甄别组卷。

6. 拟定关联企业合并破产清算申报案卷。以管理人作为申报主体申报关联企业进行实质破产清算。

(二) 实质合并破产并案

1. 法院对破产企业 7 家关联企业实质合并破产清算申请材料进行审查。

2. 法院进行证据核实,对企业主、高管等相关人员进行笔录,召开不同层面的债权人座谈会,征求债权人对合并破产的意见。

3. 经审查,确属需要合并破产清算的,统一出一份裁定,裁定将 7 家关联企业财产、债务一并纳入已经进入程序的“破产企业”破产清算。

五、破产企业7家关联企业实质混同情况

控制企业实质混同具体表现在：

第一，控制企业实际控制人为同一自然人。

第二，经营范围紧密关联，分别负责生产、销售、贸易、融资等，往往一笔业务在控制企业中互有往来。

第三，人员高度混同。控制企业仅设立了一个财务部门，财务负责人均为同一人。企业职工在控制企业间调换频繁，难以区分员工究竟隶属于哪家公司。

第四，财产高度混同，土地、房产、设备没有严格区分，固定资产台账与实物、卡片无法逐一核对，审计机构无法确定设备与房产的权属。

第五，债务高度混同。控制企业相互借款、相互担保，公章统一保管，交叉使用或同时使用，致使部分债权人难以准确界定债务人的身份。

第六，会计账目混同。很多企业没有自己真实单独的财务账目，设备台账、资产台账同主体企业混同在一起。

第七，职工集资款完全混同。企业在经营中，使用不同主体进行集资，但偿还一并进行。

第八，资金调配混同。企业经营中资金调度完全由实际控制人负责统一调配。

第九，企业资产来源相同。破产企业前身为村集体企业，企业主改制购买该集体企业后，将资产混同注入破产企业，从企业来源上就不清晰。

第十，企业性质混乱。改制后，产权统一属于企业主个人，但破产关联企业中有的企业执照还在沿用集体企业时的“老照”。

在破产清算过程中，笔者发现，破产企业数家控制企业均已停产，资不抵债，而且相互之间资产混同、机构人员混同、经济一体化现象极为普遍，关联交易、相互担保、相互走账、相互开票等行为尤其突出，加之职工队伍庞大，安置维稳任务重，无数社会问题、法律问题交织在一起，法律关系相对复杂。有多家债权人提出应对破产企业控制企业（关联企业）与目前的破产企业合并破产。具体实质合并破产清算方式，是指由法院裁定将控制企业资产、债务并入已进入程序的破产企业方式进行破产清算。坚持“立一个案、破一个产、开一个会、由一人管”的四个一原则。

（注：该企业于2014年2月28日正式被裁定受理破产清算，实质合并破产尚在申报中。有些数据和信息由于案件保密未披露，还请读者谅解。）

对赌协议：商事审判思维的反思

——以“甘肃世恒案”为例

王　瑛*

[摘要]　2012年底“对赌协议第一案”甘肃世恒案终于尘埃落定，从该典型案例的司法审判过程和其引发的大规模学理及实践讨论中不难看出，法院对商事领域中金融创新工具的审判思维，将直接影响到我国建立多层次资本市场战略的实施。本文以“甘肃世恒案”中对赌协议为例，反思对赌协议在商事领域的合理化运用以及与司法实践的有效对接。

[关键词]　对赌协议　商事审判思维　适应性效率

对赌协议，也称为估值调整机制（Valuation Adjustment Mechanism），是一种新型的金融工具，在私募股权投资（简称PE投资）领域被广泛使用，它是法律人设计的一种交易结构，意在通过分期决策，使双方在估值无法达成共识时仍能进行交易，其本质功能在于通过调节投资估值以平衡商业风险。一般由投资方与目标公司签订，公司的控股股东或实际控制人，或作为合同签署者，或作为担保人。为达成利益一致，双方通常会在协议中对公司治理作出相关具体安排。对赌协议法律性质的复杂性就在于，一方面作为投融资双方的自由合意，另一方面协议的内容又涉及公司利益、利益攸关者、其他股东乃至公共利益，必然受制于外部规则规制。

在“甘肃世恒案”中，一、二审法院从《合同法》《公司法》的视角适用不同的法律依据，均一而概之地认定对赌协议无效；最高人民法院再审时，将其区分为与控股股东之间的对赌以及与目标公司的对赌，并在效力上予以区别对待：目标公司与投资者之间的对赌协议损害了公司及其债权人的利益，因而无效；而公司股东与投资者之间的对赌协议符合契约自治精神，合法有效。笔者认为，三级法院对对赌协议大相径庭的解读，实际上反映了司法在逐步认知新型金融工具在交易活动中的运用，三审判决都以保护债权人为基石，但忽视了金融工具的商事特质，在不同程度上呈现了司法实践中僵硬使用不契合甚至是过时的法律条文，未深入透析交易实质，不能很好判定当事人权利义务及违背契约自由精神的“硬伤”。虽然最高人民法院终审已有结论，具有指导意义，但三审判决均以当前经济市场环境为大背景进行了保守判决，其中关于对赌协议的相关法律问题仍值

---

* 北京天银律师事务所律师。

得商榷。

一、案件事实

甘肃世恒（甲方）原有注册资本384万美元，香港迪亚公司（丙方）是其股东（拥有甘肃世恒100%股权）。2007年10月，私募股权投资者海富投资公司（乙方）与甲方、丙方以及甲方法定代表人陆波签订的《增资协议书》约定：乙方增资现金2 000万元人民币，其中114.7717万元作为新增注册资本，换取甲方3.85%的股权，剩余1 885.2283万元充作资本公积金。另外，陆波应在2007年年底之前将其所有的锌矿过户至甲方名下。该《增资协议书》第7条第2项也即引起争议的估值调整条款约定：若2008年，甲方的实际净利润低于3 000万元人民币，乙方有权要求甲方按照“（1－2008年实际净利润/3 000万元）×本次投资金额”的公式对其予以补偿，如果甲方不履行该补偿义务，乙方有权要求丙方履行。[①] 结果海富投资以近20倍溢价入股，但2008年甘肃世恒的净利润却仅为2.68万元，且锌矿也未过户。海富投资因此提起诉讼，要求按照增资协议第7条第2项，由甘肃世恒、迪亚公司向其支付协议补偿款1 998.2095万元。

二、甘肃世恒案件审理要旨

一审法院认为，《增资协议书》第7条第2项约定的利润分配方式，没有根据法律规定按照投融资双方所占注册资本的比例进行，违反了《中外合资经营企业法》第8条；同时该约定有不符合《公司章程》中关于公司及其债权人利益的相关保护，违反了《公司法》第20条第1款的规定，属于滥用股东权利的行为；违反了《合同法》第52条第5项的强制性规定，故对赌协议无效。

二审法院的主要观点是：“对赌协议”约定的是甘肃世恒若未来没能实现共识的盈利能力才对海富公司进行补偿，并没有牵涉企业本年度利润以何种比例分配给各方的具体事宜；但是“对赌协议”的履行，使得海富公司的投资款中除了已经计入甘肃世恒注册资本的小部分外，剩余1 885.2283万元在融资方业绩不佳甚至亏损时，仍能得到返还式补偿，该资金性质是“名为投资，实为借贷”，海富公司也没有承担相应的公司经营风险，这违反了最高人民法院《关于审理联营合同纠纷案件若干问题的解答》第4条第（2）项的规定，认定为无效，甘肃世恒与迪亚公司就该剩余部分资金共同予以返还，并支付同期银

---

① 另外，第4项股权回购约定：如果至2010年10月20日，由于甲方原因造成无法完成上市，则乙方有权在任一时刻要求丙方回购届时乙方持有的甘肃世恒的全部股权，丙方应自收到乙方书面通知之日起180日内按以下约定回购金额向乙方一次性支付全部价款。若自2008年1月1日起，甲方的净资产年化收益率超过10%，则丙方回购金额为乙方所持有甲方股份对应的所有者权益账面价值；若自2008年1月1日起，甲方的净资产年化收益率低于10%，则丙方回购金额为（乙方的原始投资金额－补偿金额）×（1＋10%×投资天数/360）。以上条款因不是案件争议条款，故不在正文描述。

行定期存款利息。

最高人民法院(以下简称最高院)认为,二审法院对甘肃世恒与迪亚公司共同返还投资款及利息的判决,超出了海富投资的诉讼请求,同时推翻了二审对于“名为联营,实为借贷”的定性。最高院认为,投资协议中的约定使得海富投资可以获取相对固定的收益,脱离了甘肃世恒的经营业绩,损害了甘肃世恒及其债权人的利益,违反了《公司法》第20条和《中外合资经营企业法》第8条的规定。尽管海富投资与甘肃世恒这一约定无效,但是其与迪亚公司之间的该约定仍然有效。换言之,最高院的该判决传递了一个信号:对赌协议在股东与公司之间签订无效,但在股东之间签订却可以有效。综合上述理由,最高院再审判决迪亚公司向海富公司支付协议补偿款1 998.2095万元。

此案反映的是在目前中国私募股权投资领域本土化过程中,在法律适用尚不明朗的情况下,投资人往往将其与目标公司之间的投资法律关系转化为与目标公司的股东或实际控制人之间的利益关系,这就带来对裁决者法律立场和智慧的进一步拷问。梳理“甘肃世恒案”的三级审判不难看出,司法审查的视角主要是合同自由、广泛适用民法原则和维护行政管理等,而忽视了公司对金融工具运用的合理需求,强行将其归为一种合同类型或者法律、法规项下,继而判定其效力。例如,二审法院即是先以联营合同定性对赌协议,然后以联营合同纠纷的最高院答复,认定其无效。最高院推翻了该定性,但依然套用同一思路先定性对赌协议,使得海富投资可以获取脱离甘肃世恒实际经营业绩的相对固定收益,损害了甘肃世恒及其债权人的利益,后以违反《公司法》第20条和《中外合资经营企业法》第8条的规定为由认定其无效。首先甘肃世恒作为中外合资企业,应当适用特别法《中外合资经营企业法》,该法第8条是有关合资企业的股东之间的利润分配原则的规定,但最高院以此法判决公司与股东之间的“对赌”无效;同时,其判决又悖于该第8条规定,支持控股股东迪亚公司向海富投资承担补偿责任。

究其根本,就“甘肃世恒案”而言,一审、二审法院均认定对赌协议无效,充分反映了我国司法意图保护交易公平的价值取向;而最高院虽然相对确认了对赌协议的效力,也以损害公司及债权人利益为由判定与公司对赌无效,这无疑传达了一种司法态度:司法领域对商事审判更倾向于形式上尊重意思自治,并不提倡与鼓励对赌协议及其背后的私募股权融资领域的商事创新。笔者认为,该审判理念比较适用于相对简单的平均主义民事关系以维护社会伦理性,但商事领域不同,首先商事公平以经济公平与机会公平为首,这意味着各商事主体可以自主选择是否参与交易活动,并自行承担交易结果,该结果可能不对等甚至很不对等;同时,商人是自己最好的法官,追逐最大利益会使其有意识地混淆各种合同性质,以规避类型化的合同风险,这使得商事特别是金融领域创新频频,故司法不应该固式思维而适用民事公平理念,僵化裁判,应注重机会平等的高度自治化。

三、我国商事审判思维的固式成因

(一) 我国的成文法路径依赖传统,影响法官思维固式

博绍克和罗伊提出,公司法上存在结构驱动的路径依赖(Structure-Driven Path Dependence)和规则驱动的路径依赖(Rule-Driven Path Dependence)。前者是由于规则制定者的理性选择和集体行动导致的,因其不能从转轨中获得较大的收益而排斥改革。后者则源于主导型法律规范的力量。我国公司法与合同法、证券法、财产法等法律体系相互交叉,同时又和司法思维等制度实施体系融合不清,庞大的体系致使"先前的选择"在转轨时制约着"此后的选择"。②

进入21世纪后,经济全球化带来的国际竞争加剧,已经直接发展到公司制度层面的竞争,从而推动了世界范围内的公司法改革。主要呈现两个方面③:一是放松对公司设立、经营等方面的管制;二是更加注重鼓励股东参与公司治理和保护股东权。英国公司法改革指导委员会表示,在今天日益增长的全球化经济中,不能孤立地考虑国家的公司法构架。公司法代表国家制度的某一个方面……政府应确保公司法不会成为投资者进入英国开展业务的障碍。④ 世界公司法改革的方向是从严格管制走向对管制者的适度放松,让公司这个商事主体有更多自治权。

我国《公司法》在2005年修订时,虽意图融合世界公司法先进的自由理念,但实际上依然是1993年公司法体例,国家干预商事理念,依附大量强制性规范得以延续。成文法的传统对法官思维方式影响是巨大的,高度集中的立法权和严格维护法律的确定性,使司法受到了严重限制,且先天排斥法官的法律解释权与衡平权;再加之由于司法与行政的界限混淆而产生的"官僚式法官",导致我国的法官在审判时更讲究一种逻辑的形式理性,大多只能在原有立法规则范围内适用法律,且更多时候是惯性适用强制性规范干预商事活动,这就使严格执行成文法传统的我国司法很难应对商事金融领域例如估值调整协议等的频频创新。

(二) 司法更习惯于使用强制性规范干预商事活动

伊斯特布鲁克和菲谢尔认为,公司是参与者之间的"一束合同""一组明示和默示的合同",是一种"自愿冒险",既然如此,公司法应当是一种"赋权法令",应当允许当事人按照他们自己的意愿构造公司的管治模式,而不是试图把某种模式强加给当事人。公司法的效用在于提醒当事人注意某些事项、免费向当事人提供可选择的合同条款和填补当事人空白的备用条款,犹如合同法是补充而不是代替当

② 参见邓峰:《中国公司治理的路径依赖》,载《中外法学》2008年第1期。

③ 参见郭富清:《当今世界性公司法现代化改革:竞争 · 趋同 · 融合》,载《比较法学》2008年第5期。

④ 参见徐克:《英国公司法改革》,载《经济导刊》2005年第1期。

事人之间的谈判。

实践中,公司法是强制规范与赋权规范的综合体,司法审判中对两种规范的倾向性适用往往也决定商事金融创新的命运,基于自由和强制之间的关系,当法官思维受限于"公共利益"的时候,会严格遵守外部规则来干预商事活动。

1. 维护法定资本制

自我国公司法制建立引进了斯托里法官的"托管资金"(trust fund)理论,维持法定资本的稳定、保护债权人对公司资本的信赖利益,一直是我国法院裁判公司纠纷案件时自觉执行的规则和不能触碰的雷区,比如,《公司法》对减资程序的规定要严格于增资程序,在司法审查中更注重减资行为的审查。

2. 维护金融规制

我国一直实行严格的金融规制,在司法实践中对通过股权转让等方式融资与借款之间、投资协议与借款协议之间,有时难以有一个明确的界限,就如二审法院将对赌协议认定为借款协议,法院忽略了商事协议的目的。

3. 维护国有资产管理制度

国有资产是我国商事活动中的特殊领域,其法律、行政法规、规章,甚至处理某一类型具体问题的政策性文件,都是法院处理相关案件的直接依据。焦点主要集中于批准程序,比如,对国资委或国有控股公司直接投资企业股权的转让,必须经过相应国有资产管理部门的批准,否则合同不能发生效力,已经发生的转让行为无效。法院以合同未经相关部门批准,损害了社会公共利益而认定合同无效,显然司法部门否定了商事主体的平等地位。

博登海默曾言:"当法官在未规定案件中创制新的规范或废弃过时的规则以采纳某种适时规则的时候,价值判断在司法过程中会发挥最大限度的作用。"⑤司法机关应在私法自治与强制性规范之间进行取舍,界定公司自治与股东权利分配的边界。股东被赋予的权利不应影响公司作为团体法人存在的独立性,公司的自治行为也应当限定在不危及公司存立的基本框架制度内。公司法允许投资者与公司之间的关联交易,也不干涉股东以股东会决议形式表达的私意,因为公司归根到底是属于全体股东的资产,股东会又属于公司的最高权力机关,既然公司最高权力机关有同意处分公司的权力,法律又有何干涉的理由呢?

四、商事司法审判的应有态度

对赌协议本质上作为一种新型金融类合同,是一种股权安排,与股东权利、公司治理以及公司的权力具有天然的联系,在公司治理中日益凸显其作用,因此在商事金融司法审查中,应当既强调公司法的视角,同时也不陷入公司法过分干预商事

⑤ 博登海默:《法理学——法律哲学与法律方法》,邓正来译,中国政法大学出版社 1999 年版,第 503 页。

活动的误区。

(一) 在公司主体地位的理念下,灵活适用资本原则,协调各方利益

对赌协议的司法审查,应当在公司主体地位的理念下,从其外部性出发,以资本原则为起点,建立不同股东之间、股东和公司之间、股东和其他利益相关者之间的利益冲突协调规则。

1. 股东权利的让渡

《公司法》第4条规定了股东权利,包括:资产收益、参与重大决策和选择管理者等权利。在司法实践中的争议主要表现在股权的部分转让,作为一个完整的权利体系,股权的价值取决于转让时的公司价值,一旦权利分离,会导致股权名存实亡。

最高院的判决认为,"对赌协议"中投资方与公司签订的补偿协议,投资方在脱离了公司的经营业绩情形下,滥用股东权利,取得相对固定的收益,损害了公司利益和公司债权人利益,违反了《公司法》第20条的规定,被认定无效。在该案中,对赌协议的投资款项用于公司经营使公司受益,并没有意图使公司沦为股东个人的工具,也没有在公司经营管控中转移公司资产的故意,且其给目标公司所带来的风险并不是无端强加,所以不能简单地将对赌协议不区分情况地赶进"滥用股东权利"的死胡同。

2. 公司的独立人格与利益

《公司法》第3条第1款规定:"公司是企业法人,有独立的法人财产,享有法人财产权"。在我国的司法实践中,投资人未经法律规定的方式和原因,不得取得公司财产,出资协议虽然由出资方与公司签订,但出资的追缴一般由股东请求。⑥ 以对赌协议为例,一般投资方都要求公司大股东或实际控制人作出补偿承诺,因此补偿约定并不属于《公司法》规定的股东取得公司资产的任何法律途径之一⑦,也即,由于估值调整安排在投资人成为股东之前达成,其不构成一项关联交易,不是股东分配股利,也非回购交易,更不是分配公司清算之剩余财产。因此,投资方基于对赌协议取得公司资产,应属于无效行为。但笔者认为,《公司法》并不必然禁止公司及其股东之间的交易往来和资金流动,故不能泛泛地将股东取得公司资产的行为,

---

⑥ 《公司法司法解释(三)》第11条规定:股权出资必须满足:(1) 出资的股权由出资人合法持有并依法可以转让;(2) 出资的股权无权利瑕疵或者权利负担;(3) 出资人已履行关于股权转让的法定手续;(4) 出资的股权已依法进行了价值评估。股权出资不符合前三项规定的,公司、其他股东或者公司债权人作为异议人请求认定出资人未履行出资义务的,法院应当首先责令出资人在指定的合理期间内采取补正措施,逾期未补正的,应当认定其未依法全面履行出资义务。股权出资不符合第4项,法院应当要求履行评估程序。

⑦ 根据《公司法》的规定,股东取得公司资产的法律途径有:(1) 股东与公司之间开展对价公允、程序正当、合法合理的关联交易;(2) 股东依照《公司法》第167条第4款规定的利润分配顺序,依法取得公司分配的股利;(3) 股东在公司清算时依照《公司法》第187条规定的公司剩余财产分配顺序,依法取得公司剩余财产;(4) 股东在《公司法》第143条规定的法定股份回购的情形下,请求公司回购该股东所持股份。

无一例外地界定为侵犯公司法人的独立财产。

3. 其他股东、债权人、劳动者等利益攸关者

在公司法视角下,对赌协议对利益攸关者的影响,包括:与公司内部的中小股东利益冲突和与债权人、劳动者等外部的利益攸关者利益冲突。公司法的立法主旨在于,通过协议直接或间接地剥夺、损害利益攸关者的合法权益应当被禁止。

主要表现在,股东处分公司财产、债权人的财产价值贬损、表决权机制的不公平等。

对赌协议的争议主要集中于公司对投资方的补偿承诺,虽然从表面上看,对投资者的补偿使公司责任能力受损,投资人在初始投资时支付给公司的溢价投资款是在特定条件下可以调整的款项,触发估值调整机制时对投资者的补偿仅仅是返还投资者过度投资的部分,并没有使目标公司的真实责任能力受到减损和实质改变,因此,对赌条款并不应该被认定是损害了公司及债权人的利益。

以上是成文法弊端的凸显。对赌协议这种新型投融资工具在没有法律明文规定的情况下,动辄就踩进了抽逃公司资产的雷区,这显然是不合理的,既然《公司法》赋予公司以独立人格、独立财产和独立责任,就必须承认公司作为一个法律拟制主体,可以进行相应的经营活动,而公司的行为必然要由有决定权的股东实际行使,只要其决策的内容和程序合理合法,就是公司意志的有效体现,不能将经营活动本身的风险甚至公司自身的问题导致的公司资产减少,一概装进"滥用股东权利"、损害公司和债权人利益的碗里,然后以相关交易活动的无效来避免公司资产的减少,这本身就是一种不公平的倾向性保护的裁判思维。

笔者认为,《公司法》并不必然禁止公司及其股东之间的交易往来和资金流动,故不能泛泛地将股东取得公司资产的行为无一例外地界定为侵犯公司法人的独立财产。问题的核心不在于公司账面财产是否流向投资人,而在于该种财产减少是否有合理依据。以合理的对赌协议约定为前提,投资人待约定条件触发后要求的补偿,就好比普通货物买卖合同,因货物实际数量或质量与约定不符而对支付价格进行调整,是一种基于交易定价调整机制而由公司向投资人返还提前收取的超额价款,由此导致的公司资产减少,没有损害公司的独立财产。

现今中国的公司法资本制度还相当保守,相比于效率更注重安全,相比于个人权利更强调社会秩序。公司作为商主体最大的特征是营利性,提高资本的经营价值才是公司存续的关键所在,所以,股权资本的经营价值应该优先于担保价值,是第一位的。但是在僵化资本制度的过度管制下,过分强调资本的担保价值而弱化其经营价值,导致了对赌协议在中国法律环境中的艰难处境。为使其尽量合法,我国商事主体在构建对赌协议时,进行了不同程度的规避与变通,这不但增加了不必要的交易成本,而且这种法律擦边球式的不确定性,严重影响了小到投融资双方利益,大到投资法律环境甚至是经济发展。2013 年《公司法》关于公司资本制度的修改,体现了我国公司资本制度越来越开放自由的大势所趋。若我国公司法能继续

逐步放松对公司资本的过分管制,给予诸如对赌协议等金融领域创新模式更多的健康生长空间,必将带来金融领域极大的繁荣发展。

(二)引入公司法学视域中的适应性效率理论

伯利和密斯受《资本论》的影响,归纳了现代公司所有权和控制权分离的现象,此后 Jensen 和 Meckling 提出该种分离导致了公司管制(corporate governance)必须应对管理者与股东、股东内部、公司与债权人等缔约伙伴之间的冲突,并概括该种冲突为“代理问题”。此后,代理成本理论长期占领公司法学研究,成为其通用的理论基础和逻辑方法论,无论是在公司所有权高度分散的美国,还是在特殊股权制度的我国,公司法面临的问题一直都是:如何使公司经营最大化满足所有者利益?如何避免公司管理者或实际控制人的机会主义行为?如何保护小股东、债权人的权益?审视甘肃世恒案中三审法院的裁判思路,无疑皆因循了代理成本理论的价值依据:先绑定对赌协议的效力与各参与方的利益,然后割裂整个动态投资合同,静止地看待对赌协议,并仅从其触发履行的结果认定其在股东之间违背风险共担的商事逻辑,在股东与公司之间的资金逆向流出侵害了公司独立财产,在股东与债权人之间可能危及债权人利益。

然而代理成本理论起源于对大型、成熟公司问题的思考,当我们聚焦小型、初创型企业时,理论视角应有所转换和发展。纵观公司法的发展历史,有两个根本性的问题:为什么需要公司法?需要什么样的公司法?经过公司法实践结果[⑧]分析发现,持续不断地回应公司、股东和管理者需求的能力是公司法的核心所在。特别是对于初创型企业而言,传统的范式代理问题并不是其要害,该类企业需要解决的核心问题是风险,是先获得发展机会存活下来才能谈论保护投资者等代理问题,否则公司的所有问题都会被风险和不确定性放大。所以对于风险与创新作出迅速回应的适应力是关键。诺贝尔奖获得者道格拉斯·诺斯称这种能力为“适应性效率”(Adaptive Efficiency)。

所以在立法未予回应时,司法对于公司法规则适应性的认识显得尤为重要,它意味着司法在首先正视对赌协议这种金融创新时的评价标准和思路:法院理应最大限度地包容公司因营业风险而在融资结构和治理结构上的创新,在权衡各参与方利益时,将公司经营的风险、不确定性作为考量的重要背景,在公司的动态发展中评价公司行为。该种司法思维在高风险的初创公司中意义尤为深远,此时的司法将不仅仅是纠缠于不适时的传统公司代理问题,而是以公司动态发展为背景,旨在容纳甚至是辅助公司的融资安排和治理安排,从而使公司能在不损害经济公益底线的前提下,在瞬息万变的商业环境中及时把握商机。若司法以适应性效率思维分析估值调整协议,就能有力而合理地兼顾代理问题与契约自治原则。

---

⑧ Roberta Romano 分析了美国各州相互竞争的公司法文化,探讨了特拉华州公司法为什么能持续地吸引外地投资者,有以下发现和见解(第 84—90 页):特拉华州公司法的吸引力来自它的回应力。

五、结语

本文基于这样一种理念:对于公司法领域的司法审判应当与时俱进,合理适应商事领域不断创新的步伐。作为一种中性的商事金融创新工具,对赌协议顺应了投融资需求应运而生,无论从功能、性质上都具有正当合理的存在基础,法律不应该因为部分使用者的动机不纯,而一刀切地认定对赌协议的履行一定会损害公司及其债权人的利益,与公司法资本原则相抵触。正如美国著名法官卡多佐所言,“法学发展的真正源泉,法律真知的真正来源,必定是法律的实践和社会现实。”“甘肃世恒案”历时3年,历经三审,初审、二审判决,让业界一片哗然。由此我们要总结经验教训,如果司法一直停留在旧的不适宜的理论和思维上去对待新事物,不仅使审判有削足适履之嫌,无法形成长期促进和保障资本积累的法律环境,更会阻碍经济的创新和繁荣。因此,公司法领域的司法在审查对赌协议时,应该转变思维,疏堵结合,不断引导其走向规范与完善。

一起最高人民法院指导案例对公司法律业务创新的启示

祁　兵*

[摘要]　指导案例制度是中央重大司法改革的举措之一,本文以解读最高人民法院发布的第8号指导案件为视角,强调完善公司治理结构对于公司生存、发展的重大意义。结合《公司法》关于公司治理的规定,述及公司治理的范围、具体要求以及指导案例对公司法律业务创新的启示。

[关键词]　指导案例　公司　治理　创新

建立案例指导制度是党中央确立的重大司法改革举措之一。为落实这一举措,确保司法公正公开,统一准确地实施法律、法规,杜绝同案不同判的现象,自2011年12月开始,最高人民法院发布了指导性案例,截止2014年12月,共发布了8批37个指导性案例,其中第8号指导案例(本文以下简称本指导案例),涉及公司治理结构的纠纷。民营企业成立伊始,股东共同出资,一旦公司经营走上正轨,股东之间往往因为经营理念和发展思路的差异,导致无法形成一致的股东会决议,长此以往,公司决策机制将陷于瘫痪,必将产生严重分歧乃至纠纷。本指导案例很有代表性,对于广大民营企业家具有一定的借鉴价值,对于律师行业关于公司业务创新亦有特别的启示。

一、本指导案例的基本案情和裁判要点

原告林方清诉称:常熟市凯莱实业有限公司(简称凯莱公司)经营管理发生严重困难,陷入公司僵局且无法通过其他方法解决,其权益遭受重大损害,请求解散凯莱公司。被告凯莱公司及戴小明辩称:凯莱公司及其下属分公司运营状态良好,不符合公司解散的条件,戴小明与林方清的矛盾有其他解决途径,不应通过司法程序强制解散公司。

法院经审理查明:凯莱公司成立于2002年1月,林方清与戴小明系该公司股东,各占50%的股份,戴小明任公司法定代表人及执行董事,林方清任公司总经理兼公司监事。凯莱公司章程明确规定:股东会的决议须经代表1/2以上表决权的股东通过,但对公司增加或减少注册资本、合并、解散、变更公司形式、修改公司章程作出决议时,必须经代表2/3以上表决权的股东通过。股东会会议由股东按照

*　安徽健友律师事务所律师。

出资比例行使表决权。2006年起,林方清与戴小明两人之间的矛盾逐渐显现。同年5月9日,林方清提议并通知召开股东会,由于戴小明认为林方清没有召集会议的权力,会议未能召开。同年6月6日、8月8日、9月16日、10月10日、10月17日,林方清委托律师向凯莱公司和戴小明发函称,因股东权益受到严重侵害,林方清作为享有公司股东会1/2表决权的股东,已按公司章程规定的程序表决并通过了解散凯莱公司的决议,要求戴小明提供凯莱公司的财务账册等资料,并对凯莱公司进行清算。同年6月17日、9月7日、10月13日,戴小明回函称,林方清作出的股东会决议没有合法依据,戴小明不同意解散公司,并要求林方清交出公司财务资料。同年11月15日、25日,林方清再次向凯莱公司和戴小明发函,要求凯莱公司和戴小明提供公司财务账册等供其查阅、分配公司收入、解散公司。

江苏常熟服装城管理委员会(简称服装城管委会)证明,凯莱公司目前经营尚正常,且愿意组织林方清和戴小明进行和解。

另查明,凯莱公司章程载明监事行使下列权利:(1)检查公司财务;(2)对执行董事、经理执行公司职务时违反法律、法规或者公司章程的行为进行监督;(3)当董事和经理的行为损害公司的利益时,要求董事和经理予以纠正;(4)提议召开临时股东会。从2006年6月1日至今,凯莱公司未召开过股东会。服装城管委会调解委员会于2009年12月15日、16日两次组织对双方进行调解,但均未成功。

江苏省苏州市中级人民法院于2009年12月8日,以(2006)苏中民二初字第0277号民事判决,驳回林方清的诉讼请求。宣判后,林方清提起上诉。江苏省高级人民法院于2010年10月19日以(2010)苏商终字第0043号民事判决,撤销一审判决,依法改判解散凯莱公司。

法院最终裁判的理由是:首先,凯莱公司的经营管理已发生严重困难。判断公司的经营管理是否出现严重困难,应当从公司的股东会、董事会或执行董事及监事会或监事的运行现状进行综合分析。“公司经营管理发生严重困难”的侧重点在于公司管理方面存有严重内部障碍,不应片面理解为公司资金缺乏、严重亏损等经营性困难。其次,由于凯莱公司的内部运营机制早已失灵,林方清的股东权、监事权长期处于无法行使的状态,其投资凯莱公司的目的无法实现,利益受到重大损失,且凯莱公司的僵局通过其他途径长期无法解决。《公司法解释(二)》第5条明确规定了“当事人不能协商一致使公司存续的,人民法院应当及时判决”。本案中,林方清在提起公司解散诉讼之前,已通过其他途径试图化解与戴小明之间的矛盾,服装城管委会也曾组织双方当事人调解,但双方仍不能达成一致意见。两审法院也基于慎用司法手段强制解散公司的考虑,积极进行调解,但均未成功。

此外,林方清持有凯莱公司50%的股份,也符合《公司法》关于提起公司解散诉讼的股东须持有公司10%以上股份的条件。二审法院从充分保护股东合法权益,合理规范公司治理结构,促进市场经济健康有序发展的角度出发,依法作出了上述判决。

二、本指导案例对于民营企业的借鉴意义

民营公司在发展的过程中，由于股东之间经营理念的差异化，出现公司僵局的可能性大大增加，公司经营必然受到影响，甚至会解体，如何尽量避免出现股东分家、公司解散，笔者认为要做好以下几点工作：

1. *股东之间要有相同的经营理念和发展思路*

道不同不相为谋，如果经营理念完全相悖，共同投资创业是件很危险的事情，一开始就会埋下“分”的伏笔，即便企业发展再大，也摆脱不了“分”的命运，国美集团黄光裕与陈晓就是典型的例子。

2. *构建合理现代企业治理结构，平衡各方利益*

股东之间只有相同的发展理念还远远不够，首先，在公司日常经营中，应使所有权与经营管理权彻底分离，不要盲目干预公司经营。其次，在公司治理结构的搭建上，要充分照顾各方利益，各方利益平衡是公司稳定的基石。

在公司运营过程中，由于各种因素，必然会产生各式各样的矛盾。对于股东之间或者董事之间的矛盾，如何依据公司的规章制度和公司章程的约定，妥善地解决矛盾，将考验各出资人的智慧和胸怀，这就要求公司必须有一部内容翔实又富有操作性的章程。有些民营公司甚至在公司章程中连最基本的表决事项、程序和规则都没有约定，也没有出资人退出机制。将来一旦出现了矛盾或者公司僵局时，将无所适从，所以公司治理制度对维护民营公司平稳运营有着莫大的意义。

三、本指导案例对律师公司业务创新具有的意义

本指导案例最大的启示，就是公司要有严格规范的公司治理结构，公司治理是涉及保障投资者的一揽子契约与制度安排的学科，把握公司治理的核心思想，对于企业者自身和政府宏观政策制定者都具有极为重要的理论意义，公司治理在过去的20年中成为商业领域的重大问题。所谓治理，至少包含两种含义：一是治理的行动；二是治理的方法。公司治理就是指公司用以应对股东权利和满足股东希望的过程，公司治理包含公司体系中的权力归属和行使权力所需承担的责任。

目前在《公司法》中涉及公司治理的条款比较多，具体包括以下内容：

（一）有关股东会或者股东大会方面

《公司法》第22条规定了股东会或股东大会、董事会决议瑕疵如何进行法律救济的条件及救济的方式，突出了公司章程的地位，对于维护股东和第三人的合法权益以及维护公司的正常经营管理秩序具有重要意义。

《公司法》第37条规定了股东会行使选举董事、监事的限制性规定，同时更突出了公司章程对表决权的约束力，这有利于平衡公司股东之间的权力，为保护小股东的利益设置了一种制度上的保障。

《公司法》第 39 条对股东会召集请求权的确立，明确规定了符合条件的更多主体均享有股东大会的召开请求权，这样就可以保障股东会可以顺利召开，可以满足股东、少数董事、监事参与公司治理的愿望，同时降低了股东所持表决权比率，有利于公司经营者形成权力制约，防止公司经营管理权力过分集中。

《公司法》第 40 条规定了股东会或者股东大会的主持权和召集权，建立了对公司权力的合理约束，充分体现了公司治理中的民主，同时保证了法律具有更强的操作性和实用性。

《公司法》第 41 条规定了股东会会议通知时间由公司章程或股东约定，如果没有约定的，则应在会议召开 15 日以前通知全体股东，强化了公司治理的自治性。

《公司法》第 102 条规定了股份公司股东提案权，赋予了一定条件的股东以提出会议议案的权利，可以保护中小股东的利益，实现公司治理的平衡。

《公司法》第 103 条限制了股东大会上公司所持自身的股份表决权，真正实现股东表决权的平等。

《公司法》第 121 条及第 104、106 条规定了特别决议事项，强调增加或减少注册资本、变更公司形式以及股份公司的重大交易行为属于特别决议事项，确立了表决累计投票制度，使中小股东对董事、监事的选举产生一定的影响。

《公司法》第 33、116、165 条规定了公司的信息披露制度，对股东的知情范围作了较大的拓展和增加规定，可以有效保障股东受益权、决策权的真正实现，防止公司小股东无法掌握公司的内部信息，有利于股东知情权的落实。

（二）有关董事会方面

《公司法》第 46 条规定了董事会享有章程约定的职权，突出对公司自主决定事务权利的认可，体现了公司经营管理中的效率原则，彰显了董事会在公司事务中的中心地位，使董事会不仅享有法定职权，也可以享有章程约定的职权。

《公司法》第 47 条规定了董事会的召集权和主持权，包括主持权主体产生程序以及怠于履行职责的法律后果，可以充分保障董事会的内部民主，同时能防止由于个别人的原因导致董事会无法召开的僵局。

《公司法》第 122 条采取强制立法的方式，确立了在上市公司中的独立董事制度，独立董事制度的积极意义在于有效监督公司信息披露的客观真实，提高董事会决策的民主化和科学化，同时在公司治理中形成一种有效的平衡机制，更加规范高效地运作公司，对上市公司经营管理和治理具有积极的作用和价值。

（三）其他方面

《公司法》第 13、44 条排除了董事长担任法定代表人的法定性及唯一性，突出公司治理的“意思自治”原则，可以防止董事会以及其他董事在公司治理中权利被剥夺，防止董事长独断专权，从而有利于公司治理的科学与民主。另外，在董事长无法行使职权时，上述法条也规定了其他人如何代行职权，保障公司董事会的正常运转,防止公司处于无序状态。

《公司法》第49条规定,在有限责任公司中,允许董事会选择是否设立经理以及如何设置经理职权,同时,强调章程可以对经理职权另行约定,在立法层面上提高了公司自治的空间。第114条对股份有限公司强调仍然需要设立经理,公司经理职权的规定类似于第50条的规定。

《公司法》第51、52、53、54、55、56、117、118、119条的规定,扩大了监事会的职权,监事会享有罢免建议权、质询权、提案权、股东会议召集主持权、财务监督权、业务监督权和对董事、高管的诉讼权。强调监事会人员组成的独立性,设立监事会主席,也可以设立监事会副主席,完善了监事会会议制度,明确规定了董事和高级管理人员的忠实、勤勉义务,规定了上述人员违反法定义务的责任追究程序。

《公司法》第147、148、149、150条详细规定了董事、监事、高管人员的义务和责任,明确董事和高管人员勤勉尽责、忠实的义务,规定了董事、高管人员因违反上述法定义务而追究其责任的程序,体现了权利与义务的对等,激励与约束机制共存。

《公司法》第57、58、59、60、61、62、63条规定了一人有限责任公司制度,承认了一人公司的合法性,将一人公司纳入公司法范畴,既可以发挥一人公司的自身优势,也可适应了经济发展的客观需要,同时可以最大限度地限制一人公司的缺陷。

《公司法》第151条规定了股东代表诉讼制度,该制度是中小股东与公司利益的重要保障,扩大了股东维权的范围,促进市场经济的有序公平竞争,从而为经济的发展创造出更加具有法制化的环境。

民营企业尤其是小微企业,要取得重大发展,除了民营企业家自身的因素外,全社会也要支持、关心民营经济的发展,努力造就一个有利于优秀民营企业家脱颖而出的大环境。《公司法》为民营经济发展的法律环境提供了一个很好的制度基础,但是关键还要看如何实施。民营经济的良性发展,需要充分运用好《公司法》这一助推器。

李克强总理近期在主持召开的国务院常务会议上强调:民营小微企业是国民经济发展的生力军、就业的主渠道、创新的重要源泉。律师在推动民营企业大发展的进程中大有可为,在公司业务创新的过程中,以下的工作不可忽视:以保护股东尤其小股东利益为基本价值取向,协助公司完善治理结构,建立各项规章制度,健全公司激励惩戒机制,完善股东、董事的权利、义务和责任制度,进行公司诚信体系建设,介入公司外部治理,防范法律风险;注意保护职工、债权人权益,协助公司履行其应负的社会责任。

公司法律业务创新不是无中生有,笔者认为,应该是随着经济的不断发展变化,法律服务也应相应跟进创新,律师行业需要调查研究,深入探讨,不能只停留在理论研究层面,更不能闭门造车,要结合公司诉讼业务中出现的大量问题进行总结,有的放矢,针对性为服务对象提供创新的法律服务。这才是我们当下进行公司法律业务创新的根本所在。

从法院对某资产收购引发的系列案作出的一致判决

——谈对《公司法》[①]第20条的理解与适用

孔伟平*

[摘要] 公司收购常见两种形式:股权收购与资产收购。本案涉及的本来是一起资产收购,由于收购资产的公司在出售资产的公司原地经营,雇用了出售资产的公司的原有员工,生产出售资产的公司的原产品,在出售资产的公司所获得的出售资产的价款不能足额支付其债权人时,该债权人以该资产并购系股权并购,属公司合并,甚至收购资产的公司与出售资产公司系关联公司、构成人格混同为名,要求收购资产的公司对出售资产公司的债务承担连带责任。法院也依《公司法》第20条,支持了原告诉求,生效判决逾百件。但是,本文分析,两类收购在程序上、实体上有很大不同,法院在适用《公司法》第20条上,一定要严格按照法条要求,谨慎把握,否则,对资产收购公司将极为不公。

[关键词] 股权收购　资产收购　公司人格混同　《公司法》第20条　关联公司连带责任

一、基本案情

(一)当事人

甲公司,系由陈某某等5位自然人100%控股的民营公司。

乙公司,系某国有控股公司。

某公司,系由乙公司、甲公司共同设立,分别占股70%、30%的公司。丙公司,系甲公司债权人。

(二)案情经过

2011年,由于甲公司经营不善,资金短缺,无法正常运转,陈某某等股东联系到乙公司,希望乙公司整体收购甲公司。乙公司经审计评估,发现甲公司实际已资不抵债,陈某某等股权已为负值,欲终止合作,陈某某等极力挽留。

---

① 本文中的《公司法》指2005年修订《公司法》。

* 北京市鑫诺律师事务所律师。

经多次协商,各方最后决定由乙公司与甲公司签订《合作协议》,先由乙公司出资70%绝对控股,甲公司出资30%参股设立某公司,再由新设立的某公司收购甲公司的土地、房产、新建生产线、商标等非流动性资产。

开始合作良好,某公司依约设立,聘用了与甲公司解除劳动关系的大部分员工,与甲公司签订《资产转让协议》,向甲公司支付了土地、房产、新建生产线、商标等非流动性资产的全部收购价款5.5亿元,并监督甲公司将所获得价款用于清偿债务。同时,为帮助甲公司安置未被某公司聘用员工,某公司还另借甲公司5000万元。

通过以上运作,某公司不仅盘活了甲公司的闲置资产,解决了甲公司大部分下岗职工的就业,解决了甲公司大部分债务,特别是众多个人高息借款,为当地的经济建设和社会稳定作出了一定贡献。

但僧多粥少,甲公司虽然转让非流动性资产给某公司,获得了价款,但其债务太过庞大,难以全部清偿,这是甲、乙公司合资设立某公司、甲公司转让资产前早已形成的事实,与某公司设立以及受让甲公司资产没有关系。

但甲公司在签署《合作协议》后,偷偷将部分原来未设定抵押的土地、房屋向银行重新设定了抵押,将抵押款挪作他用。某公司设立后,依先前约定与甲公司签署《资产转让协议》时,甲公司故意将此事实隐瞒。直到某公司支付全部转让款,要求甲公司办理资产过户手续时,甲公司才告知部分土地、房屋已设定抵押,必须把银行抵押款归还后才能解押、过户,因此,希望乙公司再借巨款助其渡过难关。

乙公司当然拒绝,双方因此交恶。

由于甲公司不能清偿债务,其债权人丙公司于2013年,在当地基层法院起诉甲公司,甲公司告知自己已是空壳:主要资产、人员已经转让或进入了某公司,剩下的资产要么抵押要么无实际价值,要人没有,要钱也没有,丙公司应该找某公司或乙公司。

于是,丙公司追加某公司、乙公司为被告。

(三)审理过程

1. 各方观点

案件审理中,各方对丙公司的债权金额无异议,对甲公司还债无异议,争议焦点集中在:某公司、乙公司与甲公司是什么关系,某公司、乙公司对甲公司的外欠债务是否需要承担责任。

丙公司认为,甲公司与某公司、乙公司就是一回事,一套人马,两块牌子,因为土地、房产、设备、人员、生产许可证、产品、销售都没变,只是换了牌子,公司名称变成了某公司而已,此事由乙公司、甲公司合手操作,因此某公司、乙公司要对甲公司的债务承担连带责任。

某公司、乙公司认为,自己与甲公司是不同的独立法人,某公司是新设公司,虽然原地收购了甲公司的资产,延续了甲公司的业务,但支付了合理对价,甲公司也已搬走。某公司在收购资产过程中,对甲公司原有的土地、房产、设备、人员、生产许可证、产品、付款账户、债务清理作了安排,都是为减少收购风险,这也是资产收购中的常见手段。某公司与乙公司对甲公司的债务,不应承担责任。

甲公司则认为,其股东陈某某与乙公司协商收购时,都说好是公司合并,但乙公司欺骗了自己,改成了资产收购,而且大大低估了转让资产价值,自己吃了亏,以致不能清偿债务。且乙公司、某公司在协议中设定了很多不平等条件,自己丧失了独立性,被乙公司、某公司控制,因此,乙公司、某公司要对自己的债务负责。

2. 法院判决

一审法院(县法院)认为,某公司和乙公司是甲公司控制的"关联公司",接收了甲公司的印章、证照、有形无形资产和人员,与甲公司人格混同,主要表现在:

(1) 住所地相同。甲公司、某公司住所地相同。

(2) 人员混同。某公司接收甲公司的绝大多数员工,签订劳动合同,缴纳社会保险。乙公司作为某公司的控股股东,委派人员担任了某公司的法定代表人,甲公司与某公司、乙公司的高级管理人员在一段时期内存在交叉兼职现象。因此,人员混同。

(3) 业务混同。甲公司将其生产线、在建工程等资产,包括生产许可证、土地使用权证、房屋所有权证、矿山开采权证、商标注册证、机动车登记和行驶证、开户许可证、各项业务合同、政府批件、财务及会计记录等,交接给了某公司,由此表明甲公司、某公司业务存在混同。

(4) 财产混同。某公司应支付甲公司资产转让款3亿余元,但都进入到了某公司及甲公司共同确认的共管账户,动用资金需同时取得了某公司、甲公司的同意,某公司有权拒绝使用共管账户内的资产转让价款向债权人偿还欠款,表明甲公司没有独立的财务支配权,甲公司、某公司财产存在混同。

鉴此,法院认为,甲公司、乙公司与某公司构成人格混同,损害了甲公司债权人丙公司的利益,故依据《公司法》第20条,判决某公司和乙公司对甲公司欠丙公司债务承担连带清偿责任。

某公司和乙公司不服提起上诉,二审法院(市中级法院)认定某公司与甲公司构成人格混同,乙公司与甲公司不构成人格混同,故判决维持一审关于某公司承担连带清偿责任的判决,判乙公司不承担责任。

虽然乙公司脱离苦海,但乙公司控股70%的某公司没有摆脱困境,要对甲公司欠丙公司的债务承担连带责任。由于该案有示范作用,本来经营良好的某公司将面临灭顶之灾,故某公司只得提起申诉,但再审法院(省高级人民法院)认定判决无误,不予立案再审。

3. 连锁反应

丙公司对某公司的诉讼请求得到法院支持的消息一出,苦苦协商多年、讨债无果的甲公司债权人纷纷起诉甲公司和某公司。在1年多的时间里,某公司被诉案件数量超过100个，涉案金额超过2亿元。

上百个案件，主要集中在下达生效判决的当地法院，后期零散地在北京、江西、江苏也有。虽然法院不同，法官各异，但基本都以有法院生效判决认定事实为由，判决某公司对甲公司外欠债务承担连带清偿责任。某公司虽然不服都提出了上诉，但都被二审法院驳回，迄今已有上百份生效判决。

某公司还在逐级申诉，个别案件已申诉到最高人民法院，但情况不容乐观。

而且，申诉不影响生效判决的执行，一旦上百个案件得到执行，某公司势必走向破产。

二、事实和法律分析

既然各地法院下判的主要法律依据是《公司法》第20条，让我们看看该法条是怎么规定的。

《公司法》第20条规定："公司股东应当遵守法律、行政法规和公司章程，依法行使股东权利，不得滥用股东权利损害公司或者其他股东的利益；不得滥用公司法人独立地位和股东有限责任损害公司债权人的利益。公司股东滥用股东权利给公司或者其他股东造成损失的，应当依法承担赔偿责任。公司股东滥用公司法人独立地位和股东有限责任，逃避债务，严重损害公司债权人利益的，应当对公司债务承担连带责任。"

最高人民法院《民事案件案由规定》（法[2011]42号）将《公司法》第20条第3款纠纷规定为："股东损害公司债权人利益责任纠纷"。

本案及案情相似的上百个案件（以下简称本系列案），能否依据该法条判令某公司承担责任呢，本文从以下几方面展开论述。

（一）某公司是否《公司法》第20条规定的主体

1.《公司法》的规定

上文可见，《公司法》第20条的规定适用的主体是公司的股东，扩大一点解释，也应该是公司的实际控制人，而不是与公司有参股、交易等一般关系的任何人。关于某公司与甲公司的关系，法院认定虽然有许多错误（各地法院判决认定细节有不同，大方向一致），但均认定两个本系列案最基本最关键的事实，各方也无异议，即：

甲公司系陈某某等5个自然人100%控股，某公司不是甲公司的股东，不拥有甲公司股权。

某公司与甲公司并非同一控股股东控制下的兄弟姊妹公司。持某公司70%股权的乙公司的大股东、控制人为国务院国资委直接管理的中央企业，甲公司虽然在某公司有30%股权，但只是参股的小股东，根本不可能控制某公司。

所以，某公司不是甲公司的股东，甲公司也不能控制某公司，显然不符合《公司法》第20条第3款规定适用的主体要件。

2. 部分省市高院的规定

关于《公司法》第20条和适用问题，最高人民法院没有出台司法解释，只有少部分省市高级人民法院（很可惜，不包括本系列案所在地法院）出具了指导意见，如：

重庆市高级人民法院《关于审理股东滥用公司法人独立地位和股东有限责任赔偿纠纷案件的指导意见》（2009年2月11日施行，以下简称《重庆高院指导意见》）；

陕西省高级人民法院民二庭《关于公司纠纷、企业改制、不良资产处置及刑民交叉等民商事疑难问题的处理意见》（2007年12月6日施行，以下简称《陕西高院指导意见》）；

上海市高级人民法院民二庭《关于审理公司法人人格否认案件的若干意见》（2011年7月12日施行，以下简称《上海高院指导意见》）。

所有这些指导意见，都支持了笔者的观点。

《重庆高院指导意见》《上海高院指导意见》《陕西高院指导意见》基本都规定，有限责任公司的债权人依《公司法》第20条提起的股东滥用公司法人独立地位和股东有限责任赔偿纠纷案件，只能以公司和股东为被告，不能以公司和股东以外的人为被告。

《陕西高院指导意见》特别规定，就被告而言，也应只限于实施了滥用公司人格和股东有限责任行为的积极控制股东，并非所有的股东都可以当被告。

《重庆高院指导意见》特别规定，公司债权人以股东名册记载和工商登记以外的民事主体滥用公司法人独立人格和股东有限责任损害其债权为由，请求其对公司债务承担连带责任的，应当先行提起股权确认之诉，也就是说，被告必须是经法院确认的公司股东。

3. 奚晓明讲话观点

2013年9月26日，最高人民法院奚晓明副院长在全国商事审判座谈会上发表讲话"关于商事审判中需要注意的几个法律适用问题"，其观点对本系列案特别有指导意义。

针对《公司法》第20条所规定的公司人格否认，该讲话指出：《公司法》第20条的规定为适用公司法人人格否认制度提供了法律依据，应予强调的是，法人人格独立是公司法的基本原则，人格否认是公司制度的例外。因此，要从严掌握法人人格否认制度的适用条件。在程序上，适用法人人格否认制度应当以当事人主张为前提，人民法院不得依职权主动适用。在实体上，须同时具备《公司法》第20条所规定的主体要件、行为要件和结果要件，避免因滥用该制度而动摇法人人格独立原则的基石。

对公司人格否认的主体要件，该讲话明确：根据《公司法》第20条的规定，法人人格否认制度的适用对象仅限于公司股东。

对审判实践中出现的债权人请求判债务公司的关联公司承担连带责任，即学理上公司人格的“横向否认”，该讲话明确：严格地说，只有顺向否认的模式才符合《公司法》第20条所规定的适用法人人格否认的条件，但逆向否认或横向否认是否适用《公司法》第20条所规定的法人人格否认制度的法理，可在今后审判实践中进一步研究总结。

以上可知，判令某公司承担连带责任，不符合《公司法》第20条的规定，不符合省市高院已出台意见的原则，不符合奚晓明副院长的讲话。

（二）某公司与甲公司是否人格混同

上百份判决均认为某公司与甲公司“人格混同”。到底什么是“人格混同”呢？《公司法》没有规定，最高人民法院目前也没有司法解释，只能依靠法院通过法律常识、日常生活经验法则进行个案判断。

笔者认为，就本系列案而言，法院认定某公司与甲公司“人格混同”，摆出了许多理由，其实是不存在的，下面一一说明。

1. 住所地相同问题

某公司住所地确实是甲公司原所在地，但双方签署《资产转让协议》并完成交接后，甲公司并未在原址继续经营，已外迁他地办公，因此，二者住所地不同。

2. 人员混同问题

在员工方面，某公司是接收甲公司的绝大多数员工，签订了劳动合同，缴纳了社会保险，但是，这些员工之前先解除了与甲公司的劳动关系，并获得了相应补偿，不存在既为某公司员工也是甲公司员工现象。在高管方面，乙公司和甲公司作为某公司仅有的两个股东，依《公司法》，有权行使股东权利，选择某公司的管理者，公司法和某公司的章程都未规定股东的员工不能在子公司兼职，实践中，公司股东的员工在公司兼职，特别是控股股东员工兼任子公司的董事、监事或高管，可以说是商业惯例，司空见惯。因此，不属于人员混同。

3. 业务混同问题

甲公司将其生产线、在建工程等资产转让给某公司，当然，也将相关证照、批文及会计记录等交接给了某公司，甲公司彻底退出，不再从事原业务，这恰恰表明，甲公司、某公司业务截然相异，哪里混同？

4. 财产混同问题

甲公司的流动资产一直归甲公司自己，没有任何改变；非流动资产在转让交付前属于甲公司，转让后属于某公司；共管账户只是当事人协议共管，账户内款项的所有权，无论按商业银行法还是按双方约定都属于甲公司，实际也用于清偿甲公司的债务；如果甲公司的债权人依法申请，法院完全可以冻结、执行。两公司的财产并不存在混同。

（三）甲公司资产转让是否损害债权人利益

法院判决某公司承担责任还有一个理由是，甲公司的债权人债权确凿无误，但甲公司已无财产,财产都已转到了某公司,某公司虽然支付了收购费用,但通过协议实际控制了甲公司,未对甲公司的所有债权人公平清偿,以致部分债权人颗粒无收,因此,某公司与甲公司的资产转让行为损害了债权人利益,应当承担责任。

笔者认为,这种观点也是错误的。

在本系列案中,甲公司在资金紧张、经营困难、流动资产不能按时足额清偿到期债务的情况下,转让其非流动资产,用转让价款清偿债务,既为有权,也为有益。某公司按《资产转让协议》的约定受让甲公司的部分资产,已全额支付价款,并按协议约定监督转让价款用于清偿甲公司的债务,避免甲公司再挪作他用,也系合理合法。

总之,甲公司将资产转让给某公司,只是资产形态改变,价值并没有减少,偿债能力也没有削弱。

其实,对于企业资产出售,最高人民法院《关于企业资产出售合同效力及民事责任承担问题的答复》〔最高人民法院研究室法研(2003)138号〕有明确规定:"企业出售资产的合同,如果买受人支付了合理的对价而且不具有合同法第五十二条规定的情形的,人民法院应当认定出售合同有效。企业出售资产行为不适用《最高人民法院关于审理与企业改制相关的民事纠纷案件若干问题的规定》,企业出售其资产后应自行承担其原对外债务。"

三、结论

综上所述,某公司既非甲公司的股东,也非甲公司控制的关联公司,不存在任何滥用甲公司法人独立地位和股东有限责任、逃避甲公司债务、严重损害甲公司债权人利益的行为和结果,不符合《公司法》第20条第3款适用的主体、行为和结果要件。

某公司受让甲公司的部分资产,已按约定付清了全部价款,接收对甲公司的出资,已为甲公司办理相应的股权登记,让甲公司行使相应的股东权利,甲公司的资产形态有相应转变,财产并没有无对价转移、灭失或者减少,偿债能力并没有削弱,某公司资产受让行为和接收出资行为符合《合同法》和《公司法》的相关规定,并没有损害甲公司债权人的任何利益,甲公司债权人对某公司的诉讼请求应予驳回。

各地法院就本系列案,虽然作出上百份判决,一致判决某公司要对甲公司的外欠债务承担连带责任,但笔者认为,其实都是错误的。

从两起案例看《公司法》第22条规定的60日起诉期限制度的适用困惑及修改

陈东利*

[摘要] 《公司法》第22条第2款规定,股东对股东会决议撤销之诉的起诉期限为决议作出之日起60日内,最高人民法院《公司法司法解释(一)》第3条规定,超过60日的起诉不予受理,最高人民法院民二庭作为该司法解释的起草者,最初将该60日解释为商法上特殊的起诉期限,明确规定不属于诉讼时效和除斥期间,但学界多认为属于撤销权的除斥期间。在最高人民法院民二庭2014年7月出版的审判指导文件中,又将该60日解读为除斥期间。《公司法》目前对瑕疵决议案件二分法立法存在缺陷,容易被股东滥用,立法修改前司法实践可以通过民事诉讼法的期间制度和法律行为构成要件制度进行弥补。

[关键词] 瑕疵决议 诉讼期间制度 可撤销之诉 决议不成立之诉

一、问题的提出

案例一:名流置业集团股份有限公司与云南云生实业股份有限公司股东会决议撤销纠纷上诉案〔案号:昆明市中级人民法院(2009)昆民五终字第31号〕。①

原告名流置业集团股份有限公司作为股东于2008年6月27日起诉要求撤销被告云南云生实业股份有限公司2007年10月30日的股东会决议。一审法院认为:"存在法律瑕疵或违法可能的股东会决议,并不当然使决议中确认的法律关系归于无效,相关法律关系处于不稳定的状态之中,同时,只能通过法院的裁判才能确定相关法律关系的最终效力。基于此种考虑,法律赋予股东请求确认股东会决议无效或请求撤销股东会决议的两种救济权利,为了促使利害关系相对方尽早行使权利,使法律关系恢复稳定的状态,《公司法》第22条第2款还就股东会决议的撤销权诉讼明确规定了维权股东行使权利的期间,按照规定,股东对股东会决议的撤销权行使期限为自决议作出之日起60日,该期间应为不变期间,除斥期间不适用延长、中断、中止的规定。本案中,诉争股东会决议形成于2007年10月30日,而原告提起诉讼的时间为2008年6月27日,显然其起诉已超过60日的除斥期间。"

---

* 北京市金平律师事务所律师。

① 名流置业集团股份有限公司与云南云生实业股份有限公司股东会决议撤销纠纷上诉案,载北大法律信息网北大法宝案例库,网址:http://bmla. chinalawinfo. com/newlaw2002/slc/slc. asp? db = fnl&gid = 117644908。

据此裁定驳回起诉。原告不服，提起上诉，二审昆明市中级人民法院认为，关于法定期间60日的性质问题，本院认为，该期间的性质并非除斥期间，而是起诉期限，理由如下：除斥期间是一种法定的权利存续期间，权利人在这一期间内不行使权利，预定期间届满，便发生权利消灭的法律后果，权利人丧失的是实体权利本身。而最高人民法院《关于适用〈中华人民共和国公司法〉若干问题的规定(一)》第3条明确规定，原告提起诉讼"超过公司法规定期限的，人民法院不予受理"。据此规定，当事人超出该法定期间，丧失的是向人民法院起诉的权利，并非丧失实体权利，故此期间应为起诉期限。对此期间的性质，一审法院所作认定不够准确，本院予以更正。名流置业集团股份有限公司自云南云生实业股份有限公司股东会决议作出之日(2007年10月30日)起60日内没有向人民法院提起撤销该股东会决议的诉讼，已超过法定期间。据此驳回上诉，维持原裁定。

该案判决中，二审法院将《公司法》第22条所规定的60日撤销期间作为起诉期限，既不是诉讼时效，也不是除斥期间，不管原告是否知道及何时知道股东会决议内容，若起诉日期超过了自决议作出之日起60日，法院则不予受理或者裁定驳回起诉。这样的做法虽然合法，但从情理看，则有失公允，理由后述。

案例二：聂小娟与北京国金管理咨询有限公司公司决议损害股东权纠纷案〔案号：北京市第一中级人民法院(2008)一中民终字第3894号〕。②

在该案终审判决书中，一审法院认为："根据我国《公司法》的有关规定，股东会召集程序、表决方式违反法律、行政法规或者公司章程，或者股东会决议内容违反公司章程的，股东有权自该决议作出之日起60日内，向法院申请撤销该决议。本案中，国金公司称聂小娟提起本案诉讼已超出决议作出之日起的60日，已丧失撤销权。虽聂小娟提起本案诉讼系在决议作出之日起60日后，但其在此前诉讼中，主张的事实、理由及请求与本案基本相同，亦是要求撤销上述两次股东会决议。虽聂小娟此前起诉主体有误，但设定股东提起股东会决议撤销之诉期间的目的，不仅仅在于保障公司行为的效率，更重要的是保护股东的合法权益不受侵害，故在聂小娟就股东会决议效力已向法院提起撤销之诉的情况下，其起诉主体有误可构成时效中断事由。现其再次提起本案诉讼，在前次诉讼之日起60日期间之内，故其并未丧失股东会决议撤销之诉的诉权。"二审北京市第一中级人民法院维持原判。

在该案中，两审法院均将60日撤销之诉的起诉期限，理解为诉讼时效，且可以因为相关的起诉而中断。

上述两个案例中，南北两级3家法院对该60日期间的法律性质理解存在很大差异，在第一个案例中，一审法院理解为除斥期间，二审法院认为属于起诉期限，不属于除斥期间。而在第二个案例中，北京的两审法院均认为属于诉讼时效，且可以

② 聂小娟与北京国金管理咨询有限公司公司决议损害股东权纠纷上诉案，载北大法律信息网北大法宝案例库，网址：http://bmla.chinalawinfo.com/newlaw2002/slc/slc.asp? db=fnl&gid=117585205。

因为起诉而中断。

二、关于60日起诉期限法律性质的不同观点

梳理不同的法学专家的观点，发现针对该60日起诉期限的性质，有如下不同的观点和做法：

（一）除斥期间

法学理论界多认为撤销权属于形成权，相应对《公司法》第22条规定的60日期间的法律性质，多界定为除斥期间。③ 除斥期间是指法律规定某种权利预定存续的期间，债权人在此期间不行使权利，预定期间届满，便可发生该权利消灭的法律后果。如《继承法》第25条规定，受遗赠人应在知道受遗赠后两个月内作出接受遗赠的表示，否则视为放弃，两个月即为受遗赠权的除斥期间。类似的还有《合同法》第95条规定的合同解除权行使期限："法律规定或者当事人约定解除权行使期限，期限届满当事人不行使的，该权利消灭。"两者不同的是，前者是法定期间，属于强制性规定，后者包括约定期间。

从除斥期间的自身属性看，该期间不可中断、延长，期间经过则实体权利消灭。

（二）商法上特殊的起诉期限

最高人民法院民二庭在其2008年5月编著出版的最高人民法院《关于公司法司法解释（一）、（二）理解与适用》一书中，在对《公司法司法解释（一）》第3条（"原告以公司法第二十二条第二款、第七十五条第二款规定事由，向人民法院提起诉讼时，超过公司法规定期限的，人民法院不予受理。"）解读时主张，该60日撤销之诉的起诉期间是"商法上一种特殊的起诉期限"，最高人民法院民二庭认为，该条规定"与《日本公司法》所体现的期限性质一致，依照我国《公司法》和本条司法解释的规定，撤销权和异议股东请求公司收购股权的行使期间届满时，股东消灭的同样是诉权，其丧失的是进入诉讼程序的权利，既不是胜诉权利的消灭，也不是实体权利的消灭，因此，该条规定既区别于诉讼时效，也不同于除斥期间。为了反映其具有的这种起诉唯一性的特征，其应当被称为商法上特殊的起诉期限"。④

但需要指出的是，《日本公司法》的上述期间规定，日本学界并不认为构成最高人民法院所称的"商法上特殊的起诉期限"，多数日本法学学者将其视为撤销权属于形成权，相应的起诉期限属于除斥期间。⑤

---

③ 参见王保树、崔勤之：《中国公司法原理》，社会科学文献出版社2006年版，第166页；另见谢文哲：《股东会决议撤销之诉研究》，载北大法律信息网，法律文献编码：335607247，网址：http://bmla.chinalawinfo.com/newlaw2002/slc/slc.asp? db = art&gid = 335607247。

④ 奚晓明主编、最高人民法院民事审判第二庭编著：《最高人民法院关于公司法司法解释（一）、（二）理解与适用》，人民法院出版社2008年版，第56页。

⑤ 参见〔日〕前天庸：《公司法入门（第12版）》，王作全译，北京大学出版社2012年版，第303页。

（三）最高人民法院的新观点

笔者注意到，最高人民法院2008年5月通过《关于公司法司法解释（一）、（二）理解与适用》一书所阐述的“商法上特殊的起诉期限”的观点发布之后，并没有得到学界的广泛认可，学界多数观点仍然坚持认为该60日撤销之诉的起诉期限为除斥期间。而且比较有趣的是，法院系统内部也有更多的意见认同除斥期间的说法。北京市第二中级人法院的商事审判法官主编、2013年5月出版的《经典案例分类精解：公司法疑难案件卷》认为，“该60日为除斥期间，如果股东未在60日内向法院起诉，则丧失撤销权”。⑥

而耐人寻味的是，最高人民法院民事审判二庭在2014年7月出版的《最高人民法院商事审判指导丛书：公司案件审判指导》一书，则选择了除斥期间的观点，该书第五章第134论“公司决议撤销之诉的除斥期间，审判专论：公司决议的撤销对公司利益影响很大，各国或地区公司法都明确规定了决议撤销应以诉讼为之，由法院审查认定撤销权的要件是否具备。为了维护公司决议的安定性，各国或地区公司法规定了撤销之诉的除斥期间，自决议作出之日起算。一旦期间经过后，撤销权人丧失实体法上的撤销权，即使向法院提起诉讼，法院也可不予受理或驳回起诉。该期间属于强行法规定，公司章程或者当事人不得以合意任意缩短或延长。德国和我国台湾地区规定为1个月，韩国规定为2个月，日本规定为3个月，中国大陆规定为60日”。⑦

作为最高人民法院公开发行的商事审判指导丛书，最高人民法院民事审判二庭通过该书的出版发行，似乎是借此更正了之前的观点，即不再将60日期间作为“商法上特殊的起诉期限”，而是接受学者的观点采纳除斥期间的观点。但相应期间届满的后果，是裁定驳回起诉，还是因为实体权利消灭判决驳回诉讼请求？目前未能检索到最高人民法院公布的指导案例，相应观点尚有待进一步的观察。

三、公司决议撤销之诉60日起诉期限制度的不足及完善

司法实践中对于《公司法》第22条公司决议撤销之诉规定的主要意见，是其规定简单、单一，仅以决议作出之日起算60日，不可中断、延长，容易被股东滥用，从而损害其他股东利益。特别是目前我国《公司法》对公司瑕疵决议救济制度规定，是采用二分法，将除了违法无效情形之外的一切违反程序和章程的内容，均列为可撤销内容，在这种情况下，有股东滥用该制度，甚至编纂不存在的股东会决议，过了60日之后再通知其他股东，依据现有规定，该类股东会召集程序违法，属于可撤销的范围，据此如果起诉要求撤销，则人民法院不予受理或者受理后驳回起诉。

---

⑥ 朱江主编：《经典案例分类精解：公司法疑难案件卷》，法律出版社2013年版，第153页。

⑦ 奚晓明主编、最高人民法院民事审判二庭编著：《最高人民法院商事审判指导丛书：公司案件审判指导》，法律出版社2014年版，第457页。

对此，多有学者和法官呼吁修改《公司法》第22条，有法官建议将《公司法》第22条第2款的现行内容直接修改为："股东可以自知道或应当知道决议作出之日起60日内，请求人民法院撤销。股东在决议作出1年后请求人民法院撤销的，人民法院不予支持。"[⑧]但也有学者反对该修改，认为目前《公司法》的该除斥期间规定符合大多数国家公司法的立法模式，我国无须开此先例，而是应该修改公司决议救济模式，借鉴日韩公司法的模式，对瑕疵公司决议采用三分法，将严重违反程序的决议规定为决议不成立，并通过决议不成立诉讼救济，该类诉讼不限制起诉期限，而是遵循两年诉讼时效制度。[⑨]

比较上述两种修改思路，笔者认同第二种观点，应该借鉴日本和韩国公司法的模式，采用三分法，并将存在程序严重违法的公司决议规定为不成立（不存在），一般的程序瑕疵规定为可撤销，可撤销之诉继续采用现有规定的60日起诉期限规定，不成立之诉则不受该60日起诉期限的限制。同时，修改立法（含最高人民法院的司法解释）应进一步详细列举规定可撤销之诉和不成立之诉的不同情形和适用范围。

四、司法实践应对立法不足的建议

如前所述，现行《公司法》第22条的规定，存在诸多不合理，特别是基于目前两分法模式和60日起诉不变期间的规定，很容易被部分股东滥用，导致其他股东，特别是小股东权益受损，按照目前的规定，小股东的救济途径是没有的，甚至连立案进入审判程序的可能性都没有。

鉴于立法修改的遥遥无期，而公司股权已经成为民众财富构成中越来越重要重要的组成部分，相关争议、诉讼案件及争议标的也越来越多，建议法院充分利用现行法律资源，包括《民法通则》的相关规定，能够弥补立法不足，实现公正裁决：

（1）利用《民事诉讼法》第七章规定的"期间"制度补足现行《公司法》第22条撤销之诉60日不变期间的不合理规定。期间制度是民事诉讼法一项很重要的制度，《民事诉讼法》对于期间及其法律后果均规定了明确的内容。《民事诉讼法》第82条第1款规定："期间包括法定期间和人民法院指定的期间。"第83条规定："当事人因不可抗拒的事由或者其他正当理由耽误期限的，在障碍消除后的十日内，可以申请顺延期限，是否准许，由人民法院决定。"鉴于《公司法》第22条第2款规定的是起诉期限，是涉及撤销之诉的程序规定，也应该适用《民事诉讼法》的期间制度的一般规定。法官可以适用《民事诉讼法》的期间规定，对于不知道公司决议或者其他正当事由的情形，允许当事人利用《民事诉讼法》第83条的规定，申请顺延

---

⑧ 朱江主编：《经典案例分类精解：公司法疑难案件卷》，法律出版社2013年版，第153页。

⑨ 参见奚晓明主编、最高人民法院民事审判二庭编著：《最高人民法院商事审判指导丛书：公司案件审判指导》，法律出版社2014年版，第457页。

期限,是否准许,由人民法院决定。如果能够适用该制度,将有效矫正部分股东滥用该60日期间规定,将决议隐瞒、不通知其他股东而导致其他股东无从救济的不公平情形。

(2)利用《民法通则》的民事法律行为制度,对于严重不符合股东会决议程序要件的股东会决议进行否决,建立股东会决议不成立之诉的司法救济途径。

股东会决议作为一项法律行为,除了遵循《公司法》的相关规定,理应遵循《公司法》的上位法民法关于民事法律行为的规定。公司股东召开股东会乃至于形成股东会决议的法律行为,理应遵循公司法及公司章程对于股东会决议的形成要件规定,包括召集、通知、决议等流程,如果相应的程序违法且严重到足以判断该股东会决议是否有效成立,比如没有召集权的人主持股东会,没有按照规定通知相关股东等,法院可以依据民事法律行为的构成要件规定判决该股东会决议不成立。但遗憾的是,经检索目前公开的法院判决,尚未能检索到类似有创新的判决。

如果人民法院能够通过上述两制度对《公司法》第22条公司瑕疵决议制度进行司法补救,将可以有效规避立法缺陷。

如何利用《公司法》中关联企业的关联交易行为维护自己的经济利益

——从一例欠款纠纷实务案例看关联企业、关联交易的法律意义

徐　江*

［摘要］《公司法》确立了关联企业、关联交易的法律制度。司法实践中对于关联企业及关联交易行为如何认定，以及司法认定的结果在具体个案中对双方当事人具体的经济利益的影响如何体现，以及当事人如何通过《公司法》确立的该项制度，结合具体的案情主张权利或进行抗辩，以最大可能地维护自己的权益，是律师实务工作中应该加以研究并总结的问题。

本文结合笔者曾代理过的一例涉及《公司法》中关联企业、关联交易的司法认定以及对案件的具体影响，简单进行分析，供参考。

［关键词］　关联企业　关联交易　经济利益

一、案例索引

上诉人（原审被告）：成都某建设有限公司。

法定代表人：杨某某，总经理。一审代理人：濮某某，该公司员工。二审代理律师：徐江。

被上诉人（原审原告）：成都某混凝土工程有限公司。

法定代表人：杨某某，董事长。

案由：承揽合同纠纷。

案例类型：诉讼类。

审判法院：青羊区人民法院（一审）；成都市中级人民法院（二审）。

二、简要案情

2000年9月，成都某混凝土工程有限公司（以下简称混凝土公司）与成都某建设有限公司（以下简称建设公司）签订了由建设公司承建的成都十二桥路面改造

---

* 四川恒高律师事务所律师。

工程的混凝土供应合同。

2001年7月、2002年5月、2002年6月,双方对生产量进行了3次决算,确认混凝土公司共计完成产值为236 873.03元。建设公司依决算支付了部分工程价款后就未再支付。2003年12月29日,成都某房地产开发有限公司(以下简称开发公司)通过银行向混凝土公司支付工程价款2万元。2005年12月27日,混凝土公司以建设公司为被告向法院提起诉讼,要求支付剩余的工程价款。

建设公司答辩称:建设公司最后支付给原告的工程款是2003年7月15日,之后,建设公司未再支付,混凝土公司也未向建设公司主张权利,混凝土公司于2005年12月27日才提起诉讼,已超过诉讼时效,请求法院判决驳回混凝土公司的诉讼请求。

三、裁判结果

一审法院判决认为,建设公司与开发公司因字号相同应认定两公司为关联公司,且本案没有证据证明混凝土公司与开发公司有经济往来,故开发公司向混凝土公司支付的2万元工程价款应认定为建设公司向混凝土公司所支付。因此,混凝土公司的起诉未超过诉讼时效,建设公司应向混凝土公司支付剩余工程价款。

建设公司不服一审判决,向成都市中级人民法院提起上诉。经审理,二审法院认为,一审审判程序合法,认定基本事实清楚,除认定关联关系的理由不当外,适用法律基本正确。因此,判决驳回上诉,维持原判。

四、案例评析

修正后的《公司法》从法律的层面上,确立了关联企业和关联交易的法律制度。该法第216条第4项规定:"关联关系,是指公司控股股东、实际控制人、董事、监事、高级管理人员与其直接或者间接控制的企业之间的关系,以及可能导致公司利益转移的其他关系。但是,国家控股的企业之间不仅因为同受国家控股而具有关联关系。"修正《公司法》出台后,审判实务中就涉及对"关联企业"和"关联关系"的认定问题。而这种认定的结果则会产生诉讼时效的中断,使本无望回收的工程款,得以在"关联关系"的"保护"下"起死回生"。这是笔者处理过的一个比较具有典型意义的案例,简单总结本案经过及经验,以供相关企业参考。

本案的争点主要在于:2003年12月29日由开发公司支付的2万元款项,是否可以理解为开发公司代建设公司支付,或者说,开发公司与建设公司是否属于修正《公司法》意义上的"关联企业"? 开发公司向混凝土公司支付2万元款项的行为是否可以视为修正《公司法》意义上的"关联交易"? 如果是,诉讼时效自2003年12月29日就会发生中断,混凝土公司则可以通过诉讼主张取得剩余的工程价款;如果否,则混凝土公司超过诉讼时效起诉,其主张不受法律保护。

一审法院在认定时，仅以开发公司和建设公司字号相同作为认定两公司为“关联公司”，进而认定开发公司的付款行为为“关联交易”的法律理由不充分。上诉后，经成都市中级人民法院审理查明：2002 年 5 月，开发公司成立，法定代表人为杨某某，股东为成都某药业设备制造有限公司（法定代表人杨某某），占 48%；建设公司，占 47.5%；杨某占 12.5%。2003 年年检报告反映，该公司股东为杨某某，出资 960 万元，杨某出资 860 万元，成都某药业设备制造有限公司出资 310 万元，出资时间均为 2001 年 10 月。法定代表人亦为杨某某。经过开庭审理和法庭辩论，针对修正《公司法》的立法精神等进行探讨后，成都市中级人民法院认定：“开发公司与建设公司属于关联企业，开发公司的付款行为引起诉讼时效中断的法律效果”，并判决：“建设公司仍应当向混凝土公司支付剩余的工程价款”。

笔者认为，成都市中级人民法院的此判决甚为精准，主要体现在判决书的说理部分对“关联关系”“关联交易”的阐述具有说理性强的特点，也准确理解了修正《公司法》的规定。

理由是：(1) 开发公司与建设公司在股东构成上有相同之处；(2) 两股东的出资超过了总股本的 50%，而且，建设公司还是开发公司的股东；(3) 成都某药业设备制造有限公司与建设公司、开发公司在当时的法定代表人都是杨某某；(4) 由于双方这种紧密的关联关系，虽两公司属于不同法人，但对于债权人而言，已足以使其相信开发公司所支付的 2 万元系代建设公司支付。进一步讲，本案中，建设公司也未举证证明开发公司与混凝土公司有任何法律关系以致付款给混凝土公司的合理依据。而且，2 万元系通过银行转账支付，要使一笔款从两个没有合同关系的主体之间准确地支付，必须是户名、开户银行、账号均准确无误。这种交易可以理解为《公司法》意义上的“关联交易”，从而引起诉讼时效的中断。

因此，通过本案的梳理，相关企业应该对“关联企业”“关联交易”有所参考，在企业管理和款项清欠工作中根据具体情况予以主张或抗辩，最大维度地保护自己的权益。

利用否认公司法人人格原理追偿债务

——何桂钦等诉信宜紫金矿业有限公司等损害赔偿案

苏祖耀*

[摘要] 在何种条件下才能否认公司法人人格从而追究股东责任？在理论和实践中颇具争议。本文结合对ZJ矿业公司所属尾矿库溃坝造成的重大人身和财产损害赔偿系列案的分析，对新设合并情况下被合并的公司一直未解散仍继续各自独立经营，公司合并是否已完成，在合并设立的情形下怎样才是出资到位，股东的增资两天内又转走是否构成抽逃出资，能否认定新设公司法人人格？从而追究股东连带责任等问题进行论述。

[关键词] 矿业公司 合并 出资 否认公司法人人格 连带责任

一、争议焦点

本案是否构成不可抗力，能否认定信宜紫金公司的法人人格，从而追究紫金集团承担连带责任？石花地水电站是否应承担责任？原告的赔偿标准、财产损失的证据认定等，均是争议焦点。但本文仅讨论能否认定信宜紫金公司法人人格，从而追究紫金集团承担连带责任？其中焦点问题又包括：

1. 信宜紫金公司是新合并设立还是一般设立？
2. 被合并的公司一直未解散，公司合并了吗？
3. 在合并设立的情形下怎样才是出资到位？
4. 紫金集团是否构成抽逃出资？
5. 能否认定信宜紫金公司法人人格，从而追究紫金集团的连带责任？

二、案情简介

原告：何桂钦等数千村民。

被告：信宜紫金矿业有限公司（以下简称信宜紫金）；

信宜市宝源矿业有限公司（以下简称信宜宝源）。

广东信宜市东坑金矿有限责任公司（以下简称信宜东坑）；

紫金矿业集团股份有限公司（以下简称紫金集团）等。

2010年9月21日，受台风“凡亚比”影响，信宜紫金所属银岩锡矿高旗岭尾矿

* 广东经纶律师事务所合伙人。

库发生溃坝,给下游村庄带来了重大的人员伤亡和财产损失。溃坝共造成22人死亡,房屋全倒户532户、受损户815户。受溃坝影响,下游流域范围内交通、水利等公共基础设施以及农田、农作物等严重损毁。在灾后几个月内,信宜市法院共立案2 497宗,灾民索偿标的总额高达3.42亿元。

广东省委、省政府依法组织成立"9·21"茂名市信宜市紫金矿业有限公司银岩锡矿高旗尾矿库溃坝事件调查组",且依法委托专家进行技术鉴定,作出《"9·21"茂名信宜紫金矿业有限公司银岩锡矿高旗岭尾矿库溃坝原因专家鉴定报告》及其《补充说明》,《茂名市"9·21"信宜紫金矿业有限公司银岩锡矿高旗岭尾矿库溃坝事件调查报告》及其《补充说明》,《信宜市石花地水电站溃坝事件的调查报告》及其《补充说明》。结论为:"'9·21'高旗尾矿库溃坝事件是一起由特大自然灾害引发和有关涉事单位违法违规造成的安全责任事故。"溃坝原因为:台风"凡亚比"引起的超200年一遇的强降雨是导致发生溃坝的诱因;尾矿库排水井在施工过程中被擅自抬高进水口标高(一号排水井最低进水口标高被擅自抬高2.597米)、企业对尾矿库运行管理不规范(在汛期来临前,应打开一号排水井下部六个进水口拱板,但六个进水孔基本被拱板挡住,造成超蓄而降低调洪能力),是导致洪水漫顶、尾矿库溃坝的直接原因;尾矿库设计标准水文参数和汇水面积取值不合理,致使该尾矿库实际防洪标准偏低,是导致溃坝的间接原因。

关于高旗岭尾矿库溃坝对下游石花地水电站溃坝的影响,调查结论为:"石花地水电站的审批主体和权限符合相关规定;电站设计单位满足资质要求;该电站安全责任制落实情况符合规定要求。""石花地水电站拦河坝防洪能力经复核符合设计防洪要求,可以抵御2010年9月21日坝址断面的天然洪水。""高旗岭尾矿库溃坝对石花地水电站溃坝有直接和决定性影响。高旗岭尾矿库溃坝产生的洪水是导致石花地水电站拦河坝漫顶溃坝的直接原因","信宜紫金矿业有限公司对石花地水电站拦河坝应承担责任"。

信宜宝源2003年6月30日成立,注册资本120万元。2005年1月30日,信宜宝源股权重组,紫金集团成为持股80%的大股东,其他8名小股东共占20%的股权;注册资本维持120万元不变。2005年11月18日,信宜宝源注册资本增加至8 000万元,新加注册资本全部以货币资金出资,各股东的股权比例维持不变,其中紫金集团认缴货币出资6 304万元。

信宜东坑1999年4月16日成立。2005年1月26日,信宜东坑股权重组,紫金集团成为持股80%的大股东,其他8名小股东共占20%的股权;注册资本100万元。2005年11月18日,信宜东坑注册资本增加至2 000万元,新加注册资本全部以货币资金出资,各股东的股权比例维持不变,其中紫金集团认缴货币出资1 520万元。

2006年8月16日,信宜宝源与信宜东坑签订合并协议,经信宜宝源股东会决议通过合并成立信宜紫金。2006年12月14日,信宜宝源和信宜东坑联合刊登《合并公告》。2006年12月14日,签发验资报告,报告记载:全体9名股东缴纳注册资本人民币1亿元,以货币出资1000万元,实物资产出资9000万元;其中:紫金集团以货币出资800万元,实物出资7200万元,合计出资8000万元,占80%的注册资本比例。报告附有信宜宝源和信宜东坑分别编制的(2006年11月30日)资产负债表、固定资产清单、在建工程清单。2007年1月17日信宜紫金成立,取得营业执照。此后,信宜宝源、信宜东坑没有办理注销手续,一直以正常经营的独立法人营业,银行账户继续年审使用,并有频繁资金进出,有独立的股东、组织架构、员工,继续以独立主体对外签订合同和发生经营行为,独立制作财务报表,以宝源公司、信宜东坑报税。

2007年4月17日,紫金集团以3倍溢价购买信宜紫金另8名股东所持20%股权,信宜紫金成为紫金集团全资100%控股的子公司。

未发现信宜宝源和信宜东坑向合并新设的信宜紫金移交公司资产,包括货币资金和固定资产、在建工程及报表所列的应收账款等。经司法会计鉴定,信宜宝源和信宜东坑仍然将验资报告所列资产记载在财务账册中,信宜紫金银行日记账没有显示因合并而由两公司转入资金。信宜紫金成立以来,尚未建立财务会计账册,注册资本金的变动、资金流向,无法从会计账上得到确认。信宜紫金没有年度审计报告。

信宜紫金2008年8月14日收紫金矿业集团的增资款1亿元,2008年8月15日转给信宜东坑2000万元,转给信宜宝源8000万元;2008年8月18日,信宜宝源和信宜东坑将8000万元和2000万元付给紫金矿业集团。同月19日,信宜工商局核发信宜紫金增资后的企业法人营业执照,注册资本为2亿元。

三、策划和代理

起诉之初,茂名市司法局指派律师组成"9·21"溃坝事故系列赔偿案代理律师团,后广东省司法厅指派律师组成顾问小组,笔者为顾问小组成员。律师团在初步审阅了相关资料后,意识到,信宜紫金资产显然不足以承担溃坝事件的法律责任,即使诉讼全赢,灾民也无法获得赔偿。紫金矿业集团拥有信宜紫金公司100%的股权,寻找紫金集团成为主要责任主体的依据非常重要。提出从以下几方面追究紫金集团的责任的思路:(1)信宜紫金公司不是由宝源公司和东坑公司合并而成,而是按普通方式设立,信宜紫金公司初设时1亿注册资本未到位,后增资的1亿注册资本又抽逃,紫金集团应在2亿注册资本范围内承担赔偿责任。(2)从否认信宜紫金公司的法人人格的角度追究紫金集团的连带责任。(3)从信宜公司与紫金集团共同侵权的思路追究紫金集团的责任。在审理过程中,应充分利用政府的调查报告和司法会计鉴定报告,论证本案应适用2005年修订《公司法》第20条和第64

条①，否定信宜紫金的法人人格。

四、法院审理和调解

"9·21"系列案件在信宜市人民法院前后历经8次开庭，开庭时间共84天。庭审过程中双方互不相让，观点针锋相对。关于紫金集团是否应承担连带赔偿责任，紫金集团的主要观点认为：

1. 信宜紫金不是按普通方式设立，而是由宝源公司和东坑公司合并而成，紫金集团并不需要再行向信宜紫金出资，因其对宝源公司和东坑公司拥有80%的股权，因而宝源公司和东坑公司80%的财产即为其对信宜紫金的出资。只要信宜紫金设立时，宝源公司与东坑公司的净资产达到其注册资本的数额，其注册资本就是真实和充足的。宝源公司与东坑公司未办理注销登记且依然以自身名义生产经营，这种法律手续的欠缺或程序瑕疵，并不构成紫金集团义务的不履行。而且，宝源公司与东坑公司未办理注销登记有客观原因，因为我国法律对矿山企业的市场准入非常严格，新设公司只有办理相关证照才能进行生产经营，鉴于我国相关行政手续办理效率的低下，相关证照的办理时间非常漫长，为了避免因此造成矿山停业，紫金矿业暂不注销被合并公司，边办理相关证照变更手续，边继续经营的做法，有利于信宜紫金公司生产经营的继续。

2. 紫金集团不构成抽逃出资。因信宜紫金公司由宝源公司与东坑公司合并而成，宝源公司与东坑公司合并前的债权债务应当由信宜紫金承继。在紫金集团于2008年8月14日真实履行其增资责任将1亿元汇入信宜紫金公司账户后，信宜紫金根据生产经营的实际状况进行了内部资金调配，将该款项拨付给宝源公司与东坑公司，并由其使用，而宝源公司与东坑公司出于清偿债务的目的，又将1亿元支付给了紫金集团，降低了信宜紫金的资产负债率，改善了公司的资本结构，是一种特殊的"债转股"。

3. 信宜紫金由宝源公司、东坑公司合并而成，宝源公司、东坑公司的财产即为信宜紫金的独立财产，因此信宜紫金作为紫金集团的全资子公司，有独立于股东的法人财产，其与紫金集团之间财产界限清晰、相互独立，不应适用《公司法》第64条规定而要求紫金集团对信宜紫金公司债务承担连带责任。信宜紫金公司没有单独建账，不影响其财产的独立性。

4. 紫金集团对信宜紫金不存在过度支配行为，其对信宜紫金高管人员任命、财务监管、资源调配等既是行使股东应有的权利，也是企业集团对成员企业进行统一管理的正常行为，也不存在财产混同、业务混同、人员机构混同等构成人格混同的情形。

12月27日上午，首5宗人身死亡赔偿案件第二次开庭后，被告与原告当庭达

① 由于该案是2012年前的案例，故本文引用的《公司法》条文均是2005年修订的《公司法》。

成了调解协议,5 宗案件的原告均按诉讼请求共计 318 万多元全额获得了赔偿。第二批 15 宗人身死亡赔偿案,被告信宜紫金和紫金集团也与原告达成了调解协议,当事人顺利得到了总计约 949 万多元的赔款。

关于财产损害赔偿案,2012 年 9 月 12 日,双方达成和解协议,由紫金集团一次性赔付 2.43 亿元,其中灾民将得到个人财产损失赔付共 1.85 亿元;公共财产损失 0.58 亿元将由信宜市政府统筹安排。同时紫金方另行承担法院诉讼费用 200 万元。

五、焦点问题评析

(一) 信宜紫金公司形式上是新设合并设立,实质上为一般设立

(1) 没有在法定期限内刊登合并广告。《公司法》第 174 条规定,“公司应当自作出合并决议之日起十日内通知债权人,并于三十日内在报纸上公告”。信宜紫金股东提交设立登记的股东会合并决议日为 2006 年 8 月 16 日,按规定应于 2006 年 9 月 16 日前公告,却在 2006 年 12 月 14 日才公告,不符合《公司法》关于合并的规定。

(2) 在法定公告期届满前申请设立登记。《公司登记管理条例》第 39 条规定:“公司合并、分立的,应当自公告之日起 45 日后申请登记”。信宜紫金股东提交设立登记的合并公告日为 2006 年 12 月 14 日,按规定应于 2007 年 1 月 28 日后申请设立登记,但实际成立日为 2007 年 1 月 17 日,不符合《公司登记管理条例》关于合并的规定。

(3) 出资协议书和公司章程没有企业合并的内容,验资报告审验的股东出资方式不是净资产。如信宜宝源和信宜东坑新设合并为信宜紫金,则新设合并成立信宜紫金时,股东的出资方式应为净资产,即股东各自拥有信宜宝源和信宜东坑的净资产。而信宜紫金股东提交信宜工商局设立登记的合并协议、公司章程、出资协议书和设立验资报告,确定各股东的出资方式为货币出资 10%、资产出资 90%,其约定的出资方式不符合《中国注册会计师执业规范指南第 3 号——验资(试行)》的相关规定,而且公司章程和出资协议书也无信宜宝源和信宜东坑新设合并成立信宜紫金的相关内容。

(4) 信宜紫金设立登记提交的资产负债表与财产清单没有编制基础,因而不真实。《公司法》第 174 条规定:“公司合并,应当由合并各方签订合并协议,并编制资产负债表及财产清单……”《中国注册会计师执业规范指南第 3 号——验资(试行)》3.13(8)(9)点规定:注册会计师应当获取“合并前各方和合并后被审验单位资产负债表及财产清单”和“相关会计处理资料”。相关会计处理资料应当包括:被合并方注销合并日会计科目余额的会计凭证,新设合并成立方接收被合并方合并日会计科目余额的会计凭证,以及记录该会计账簿和根据该会计账簿编制的会

计报表等资料。但是，信宜紫金未设会计账，股东提交给信宜工商局设立登记的信宜紫金2006年11月30日的资产负债表没有会计账作为编制基础，反映的财务状况没有依据，不是信宜紫金财务状况的真实反映；同样的，提交的财产清单没有会计账作为编制基础，信宜紫金并没有收到被合并方财产清单所列的财产，因而不真实。

（5）信宜工商局按一般设立核准，信宜紫金登记成立。按信宜紫金设立申请、章程和出资协议以及信宜工商局的核准，信宜紫金股东应出资货币1 000万元，实物资产9 000万元，但是，信宜紫金股东没有实际缴纳货币1 000万元到信宜紫金注册紫金专户作为出资，也没有实际投入实物资产9 000万元到信宜紫金名下作为出资，其设立时的验资报告所称收到股东投入的货币1 000万元和实物资产9 000万元，实际为信宜宝源和信宜东坑既有的企业法人资产，不是股东可以用于投资的股东所有资产。

（二）被合并的公司解散，是新设合并完成的必备条件

《公司法》第173条第1款规定：“公司合并可以采取吸收合并或者新设合并。一个公司吸收其他公司为吸收合并，被吸收的公司解散。两个以上公司合并设立一个新的公司为新设合并，合并各方解散。”第175条规定：“公司合并时，合并各方的债权、债务，应当由合并后存续的公司或者新设的公司承继。”因此新设合并是以合并各方解散为实质要件和前提的，也只有合并各方解散，其债权、债务才能由新设的公司承继。

本案信宜宝源和信宜东坑一直没有解散，信宜紫金、信宜宝源和信宜东坑均为独立企业法人，主要投资者是紫金矿业集团，其在3个公司的持股比例分别为：100%、80%和80%。3个公司是同时存在的独立企业法人，信宜宝源和信宜东坑只是通过新设合并形式申请办理信宜紫金设立登记，客观上尚未并入信宜紫金。信宜紫金、信宜宝源和信宜东坑都是独立运作的会计主体，只是信宜紫金对外报送的会计报表无独立会计账作为编制基础，未真实反映信宜紫金的财务状况与经营成果；但3个公司都能够独立从事对外报送会计报表等会计处理活动。信宜紫金、信宜宝源和信宜东坑在国家税务局和地方税务局办有税务登记证，正常申报纳税，均为独立的纳税主体。而且信宜宝源和信宜紫金作为独立主体，直接发生业务往来。信宜宝源2008年5月记161号会计凭证反映，向信宜紫金支付“矿山企业生产风险抵押金”30万元，信宜紫金2007年9月3日以转让方式获得锡矿采矿权。根据信宜宝源的生产成本和生产成品记录，从2007年9月开始利用锡矿采矿权试产锡矿，2007年至12月生产锡精矿21.63吨，2008年2月开始正式出产。可见信宜宝源和信宜东坑的资产仍然属于信宜宝源和信宜紫金自身，并没有归属信宜紫金。因此，这并不仅是法律手续的欠缺或程序瑕疵问题。法人是法律拟制的人，合并新设一个法人，必须符合法定的要件和程序。

（三）从新设合并的规定看来，股东认缴的1亿元没有出资到位

如信宜紫金由信宜宝源和信宜东坑新设合并设立，则属同一控制下的企业合并，应将被合并方信宜宝源和信宜东坑原股东出资相加，作为新设合并公司股东的出资。如被合并方信宜宝源和信宜东坑原股东出资到位，且被合并方将其资产和对应的负债与所有者权益并入新设合并公司并解散注销后，则其新设合并成立信宜紫金的股东出资也到位。但是，信宜宝源和信宜东坑客观上至今尚未并入信宜紫金。信宜紫金实际上并没有收到信宜宝源和信宜东坑合并进入信宜紫金的资产及其对应的负债和所有者权益，信宜宝源和信宜东坑的出资，仍然分别保留在其各自独立的企业法人账上，反映信宜紫金设立时股东出资不是信宜宝源和信宜东坑股东原有出资的合并，合并设立为A+B=C，而本案是A+B=A+B+C，C的资产是零。所以，从新设合并的角度来看，信宜紫金股东在设立时所认缴的出资额并没有缴纳到位。

根据企业合并会计准则，会计主体在合并日进行合并时，是将其当日的资产、负债和所有者权益余额进行合并，并据以编制合并会计分录，登记入合并成立的新公司的会计账簿中，被合并方编制注销其在合并日的资产、负债和所有权益余额会计分录并注明转入合并成立的新公司。企业合并没有动态的合并，是被合并方在合并日余额的合并，并不是账簿的合并。

如果信宜宝源和信宜东坑经股东会决议在合并日新设合并成立信宜紫金，则应将信宜宝源和信宜东坑在合并日的资产、负债和所有者权益余额进行合并，并据以编制会计凭证，登记入信宜紫金的新会计账簿中。旧账簿仍归合并前的信宜宝源和信宜东坑所有，由其股东负责保管。

紫金集团也不是以其在信宜宝源和信宜东坑拥有的80%股权作为出资，根据最高人民法院《公司法解释（三）》第11条的规定，出资人以其他公司股权出资，符合下列条件的，才认定出资人已履行出资义务：(1) 出资的股权由出资人合法持有并依法可以转让；(2) 出资的股权无权利瑕疵或者权利负担；(3) 出资人已履行关于股权转让的法定手续；(4) 出资的股权已依法进行了价值评估。信宜宝源和信宜东坑的股权仍然在紫金集团名下，并没有履行股权转让至信宜紫金名下的法定手续。因此紫金集团称其对宝源公司和东坑公司拥有80%的股权，宝源公司和东坑公司80%的财产即为其对信宜紫金公司的出资，此观点是错误的。

（四）紫金矿业集团构成抽逃出资

2008年8月14日，紫金矿业集团对信宜紫金增资款1亿元；同月15日，玉都会计师事务所出具验资报告，同日转给信宜东坑2000万元，转给信宜宝源8000万元；2008年8月18日，信宜宝源和信宜东坑将8000万元和2000万元付给紫金矿业集团。同月19日，信宜工商局核发信宜紫金增资后的企业法人营业执照。

《公司法》第36条规定："公司成立后，股东不得抽逃出资。"最高人民法院《公

司法解释(三)》第12条规定:“公司成立后,公司、股东或者公司债权人以相关股东的行为符合下列情形之一且损害公司权益为由,请求认定该股东抽逃出资的,人民法院应予支持:(一)将出资款项转入公司账户验资后又转出;(二)通过虚构债权债务关系将其出资转出;(三)制作虚假财务会计报表虚增利润进行分配;(四)利用关联交易将出资转出;(五)其他未经法定程序将出资抽回的行为。”紫金集团在增资款项转入公司账户验资后第二天便转到其控制的子公司信宜宝源和信宜东坑,随后将其对信宜紫金的1亿元出资悉数收回,完全符合上述关于抽逃出资的规定。紫金集团称宝源公司与东坑公司出于清偿债务的目的将1亿元支付给了紫金集团,降低了信宜紫金公司的资产负债率,改善了公司的资本结构,其前提是宝源公司与东坑公司已合并为紫金集团,即宝源公司与东坑公司等于信宜紫金。但是,如前所述,宝源公司与东坑公司并没有完成合并为信宜紫金的程序,3家公司是各自独立的法人。最高人民法院《公司法解释(三)》第13条第2款规定:“公司债权人请求未履行或者未全面履行出资义务的股东在未出资本息范围内对公司债务不能清偿的部分承担补充赔偿责任的,人民法院应予支持。”

(五)信宜紫金的法人人格应予否认,紫金集团应对信宜紫金的债务承担连带清偿责任

信宜紫金在初始设立时,紫金集团及其他8名股东未履行出资义务,没有解散信宜宝源和信宜东坑,其1亿元注册资本没有到位,既没有实收资本,也没有从信宜宝源和信宜东坑接收财产,无独立的公司财产。2008年8月14日,紫金矿业集团虽然对信宜紫金增资款1亿元并已到位,但随后又悉数抽走了,信宜紫金实际上是没有任何资本的空壳公司。信宜紫金没有独立的法人财产能够对外承担民事责任。

《中华人民共和国会计法》第3条规定:“各单位必须依法设置会计账簿,并保证其真实、完整”。《公司法》第165条第1款对一人公司财务会计报告的制作和年审还作了特别规定:“公司应当在每一会计年度终了时编制财务会计报告,并依法经会计师事务所审计。”信宜紫金根本尚未建立会计账册,更没有编制财务报表和进行年度审计,无法有效界定、记录、管理、监督和支配其公司财产。信宜紫金纳税“0”申报,没有独立的收入和必要的经费支出。会计鉴定未发现信宜紫金存在业务收入的记录。

没有发现信宜紫金存在发放雇员工资、员工社保费、福利费、员工个人所得税缴纳等记录,表明其没有独立的雇员。信宜紫金的总经理王辉及其他高级管理人员均由紫金集团安排任命,尤其是财务部负责人游明祥与紫金集团签有劳动合同。其任命、考评、解任、报酬水平确定和支付均由紫金集团决定,对紫金集团负责。

会计司法鉴定未发现信宜紫金组织机构正常运作所发生的经费支出,证明其组织机构没有正常履行职责,同时,亦反映其实际控制人紫金集团无需通过信宜紫金本身的组织机构和人员直接支付和控制信宜紫金。

《公司法》第20条规定:“公司股东应当遵守法律、行政法规和公司章程,依法行使股东权利,不得滥用股东权利损害公司或者其他股东的利益;不得滥用公司法人独立地位和股东有限责任损害公司债权人的利益。……公司股东滥用公司法人独立地位和股东有限责任,逃避债务,严重损害公司债权人利益的,应当对公司债务承担连带责任。”公司设立和变动应依法,注册资本应按时缴足,资本不得抽逃,公司人格独立,公司与股东财产不得混同,公司应设独立的账户和会计账册,这些都是股东法定和章程规定的义务,如果违反了,就存在过错,造成债权人的权益受损,股东理应担责。如果采用补足出资、财产返还等措施令债权人利益能得到有效弥补的,可以不否认公司人格。但本案是违法违规造成的安全责任事故,涉及上万受侵害者,而且是不能选择的、非自愿的、被动的、无辜的,受损的是既得利益。居民祖祖辈辈生活在矿山附近,其受难本源于股东设立信宜紫金,在股东出资不到位情况下,若股东以公司人格独立为由逃避责任,利益将失衡,公平正义将无存。公司法20条中的“滥用”,应包括作为和不作为。不出资、不履行公司的法定和章程的职责、无原则放任等不作为有时危害性很大。20条中的“逃避债务”,应从客观结果来判断,即看债权人合法权益的受损结果,而不应仅是有预谋的、故意的、主动性的逃债。在许多情况下,股东并不是故意逃债,甚至债之发生根本无法预见(如过失侵权)。正如朱慈蕴教授所说的,股东在公司有效成立之后抽逃出资,在公司存续期间,转移资产以逃避合同义务,便是对有限责任的滥用。② 只要有出资严重不足、混同、过度控制等行为或状态,我们便有理由相信股东存在有滥用公司法人人格之恶意,“客观滥用论”最为符合法人格否认的实际需要。③

在考察公司人格否认制度时,资本状况应是考察的重要方面。资本是公司设立的关键要素,是公司的血肉,没有血肉的人不是人,没有资本的公司法人是形骸化的法人。出资是股东主要义务,注册资本是股东对公司、对与公司交易的相对人、债权人的最基本的承诺。虽然不能迷信资本,但注册资本记载于章程、登记于工商局、公示于营业执照,确实是世人对股东对公司关心及风险承担程度最直接的判断。股东最基本的承诺没做到,便可能是欺诈。有限责任是以按时如实履行了出资义务为前提的。不出资或抽逃,如果仅补足就了事,等于无违法成本,等于鼓励不出资、虚假出资或抽逃出资。盗窃或贪污被发现后仅退脏是不够的。一本万利可以,无本万利但没损害社会和他人也可,但无本却害人万万不可。“股东抽逃出资或转移出资,使公司资产严重不足,实际上是将经营风险转移给无辜的公司债权人,这种情况下也应该揭开公司面纱。”④本案信宜紫金实际上是没有资本的公

---

② 参见朱慈蕴:《公司法人格否认制度理论与实践》,人民法院出版社2009年版,第75页。

③ 同上书,第71页。

④ 张勇健、金剑峰:《公司法人格否认制度研究》,载张穹主编:《新公司法修订研究报告》(下册),中国法制出版社2005年版,第9页。

司,应否认其公司法人格。⑤

如果说股东的本意是合并设立信宜紫金,因信宜宝源和信宜东坑没有解散,合并程序没有完成,信宜紫金就是一家设立中的公司(尽管已取得企业法人营业执照),设立中的公司的债务也应由公司设立人紫金集团承担。

六、结语

新设公司合并,被合并的公司一直未解散,仍继续各自独立经营,合并是否已完成、出资是否已到位,出资后股东通过其控制的其他公司迂回取回出资是否构成抽逃出资,以及在何条件下才能构成否认公司法人人格?是本案提出的问题。虽然本案调解结案,法院对此没有最终的结论,但原告提出的主张和观点对促成调解,显然是有积极作用的。

---

⑤ 朱慈蕴教授认为,资本显著不足是适用公司法人格否认非常重要的参考因素之一。在公司的资本显著不足达到非常极端的地步,可考虑仅根据资本显著不足否认公司法人格。(朱慈蕴:《公司法人格否认制度理论与实践》,人民法院出版社 2009 年版,第 96 页)。最高人民法院《关于企业开办的其他企业被撤销或者歇业后民事责任承担问题的批复》第 3 点明确:"企业开办的其他企业虽然领取了企业法人营业执照,但实际没有投入自有资金,或者投入的自有资金达不到《中华人民共和国企业法人登记管理条例实施细则》第十五条第(七)项或其他有关法规规定的数额,或者不具备企业法人其他条件的,应当认定其不具备法人资格,其民事责任由开办该企业的企业法人承担。"

主题词索引